ISBN 978-0-267-10333-1
PIBN 10628825


FB &c Ltd, Dalton House, 60 Windsor Avenue, London, SW19 2RR.
Company number 08720141. Registered in England and Wales.

For support please visit www.forgottenbooks.com

# Ludwig I.

## König von Bayern.

# Ludwig I.

## König von Bayern.

Von

Carl Theodor Heigel.

Leipzig,
Verlag von Duncker & Humblot.
1872.

LIBRARY
MAR 22 1976
UNIVERSITY OF TORONTO

Seiner Königlichen Majestät

# Ludwig II.

## König von Bayern

in allertiefster Ehrfurcht

gewidmet.

# Inhalt.

# Jugendzeit.

„Das sollte mir die theuerste Siegesfeier sein, wenn diese Stadt, in der ich geboren bin, wieder eine deutsche Stadt sein würde!"

Dies patriotische Wort wurde von dem bayerischen Kurprinzen Ludwig im Jahre 1805 zu Straßburg gesprochen, als dort Kaiserin Josephine ihr Hoflager hielt und die französischen Erfolge in Süddeutschland durch glänzende Feste feierte. Sein Wunsch aber galt dem schönen Straßburg und schmerzlich ist's, daß der Fürst, dessen Lebensgeschichte zu schreiben wir unternommen haben, den Tag nicht mehr sah, an welchem jener Traum seiner Jugend in Erfüllung ging, und wieder deutsche Fahnen vom Münster wehten.

Es steht zu Straßburg ein stattlicher Palast im Renaissancestyl, der Zweibrücker Hof genannt, mit seinen Façaden nach der Promenade le Broglie und der Brandgasse gekehrt. Hier wohnte Herzog Maximilian von Pfalz-Zweibrücken, während er als Oberst des Regiments d'Alsace sich in Straßburg aufhielt, und in diesem Hause erblickte sein erstgeborner Sohn Ludwig Carl August am 25. August 1786 das Licht der Welt.

König Ludwig XVI. von Frankreich und der regierende Herzog von Zweibrücken Carl August waren seine Pathen. Die Geburt des Prinzen wurde um so freudiger in der Pfalz wie in Bayern begrüßt, als sie die Zukunft des Fürstenhauses sicherte; denn Carl Theodor wie der regierende Herzog von Zweibrücken waren kinderlos. Allenthalben wurden Festlichkeiten veranstaltet und herzlich gemeinte Jubelreden gehalten. Einer der Festredner in Heidelberg war Jung Stilling. Die

Stadt München entsandte eine Bürgerdeputation an den glücklichen Vater. Der nahm die Segenswünsche sehr gnädig entgegen, hob den Prinzen selbst aus der Wiege und legte ihn einem der Bürger in die Arme. „Sagt den Euren zu Hause,“ sprach er, „daß ich sie nicht minder liebe, wie diesen meinen Sohn!“

Die Nachrichten über Ludwigs Mutter, Augusta, jüngste Tochter des Landgrafen Georg von Hessen-Darmstadt, sind nur spärlich, aber übereinstimmend darin, daß sie eine liebenswürdige Erscheinung und von überaus milder und gütiger Sinnesart gewesen sei. Sie war eine warme Freundin der Kunst; eine von ihr gemalte Aquarelle wird im Münchener Nationalmuseum aufbewahrt.

Die trefflichen Eigenschaften von Ludwigs Vater sind bekannt; sie bildeten, als er später den bayerischen Thron bestieg, das Glück seines Volkes, und der Jurist Feuerbach, der wahrlich kein blinder Bewunderer der bayerischen Zustände jener Periode war, gab nur der Wahrheit die Ehre, da er Maximilian Bayerns Heinrich IV. nannte. Zu Straßburg war er wegen seines jovialen Charakters, seiner Freigebigkeit und Leutseligkeit der allgemeine Liebling, und wie seine Soldaten an ihm hingen, zeigt eine heitere Episode aus den Tagen kurz nach der Geburt des Erbprinzen. Bei einer Musterung seiner Grenadiere bemerkte er mit Erstaunen, daß alle Knebelbärte verschwunden waren. Auf seine Frage wurde ihm statt der Antwort ein Wiegenkissen präsentirt, das mit den Bärten der Soldaten gepolstert war. Ein seltsames Wiegengeschenk: aber das Opfer war jedenfalls Manchem schwer geworden!

Der heranwachsende Prinz erhielt eine durchaus militärische Erziehung; das Pathengeschenk Ludwigs XVI. war ein französisches Oberstenpatent gewesen. Die Anschauungsweise des Vaters blieb immer der französischen verwandter, als der deutschen, aber der Sohn bewahrte sich bis an sein Lebensende, das ihn, wie der Zufall wunderlich spielt, ebenfalls auf französischem Boden überraschte, die wärmste deutsch-patriotische Gesinnung.

Jene Aeußerung, welche wir am Eingang erwähnt haben, charakterisirt seine Sympathien deutlich genug. Er that sie, als die dritte Coalition der Mächte den Krieg gegen Napoleon aufgenommen und Bayern, von begründetem Mißtrauen gegen den östlichen Nachbarn und von verwerflicher Hoffnung auf neuen Ländererwerb geleitet, auf Seite Frankreichs getreten war. Eine Reise durch die Schweiz und das Elsaß hatte damals den Prinzen nach Straßburg geführt, und er mußte als Josephinens Gast Theilnehmer der Siegesfeste sein, die seinem Herzen widerstrebten. Uebrigens kam das kühne Wort, das er im Unmuth zum Begleiter sprach, Napoleon zu Ohren, und noch nach vier Jahren hatte der Kaiser es nicht vergessen. Unter Zornergüssen und Drohungen erzählte er es zu Schönbrunn dem österreichischen General Bubna. Auch dem englischen Staatssekretariat des Aeußern ward es hinterbracht und zwar durch d'Antraigues in Berlin, der seiner Meldung die Worte beifügte, welche sein Freund Johannes von Müller sprach, als er die Aeußerung des Prinzen hörte: „Gott! warum nicht den gleichen Sinn in alle deutschen Fürstenherzen, und unser wäre der Sieg und nie wäre solche Schmach über uns gekommen!"

Dem Aufenthalt der herzoglichen Familie in Straßburg wurde ein unerwartetes Ende gesetzt. Auch dort bildete sich im ereignißschweren Jahre 1789 ein Jakobinerklub, dessen Initiative bald Willige und Unwillige zum Kampf gegen das Bestehende rief; das Rathhaus wurde gestürmt, die rothe Fahne aufgesteckt und das Martialgesetz proclamirt. Max Joseph mußte Straßburg verlassen. Nach vorübergehendem Aufenthalt in Darmstadt und Oggersheim ließ er sich mit den Seinen in Mannheim nieder. Sein Haus, früher Eigenthum des Freiherrn von Venningen, war allen Emigranten, von denen damals die Rheingegenden überfüllt waren, gastlich geöffnet.

Hier in Mannheim, dem ein wahres Eden, der Schwetzinger Park angrenzt, verlebte Prinz Ludwig seine Knabenjahre. In einem 1809 geschriebenen Gedichte giebt er der Erinnerung an jene sonnigen Tage Ausdruck:

„Dich vergesse ich nie, die du Aufenthalt warst meiner Kindheit,
Pfalz! und auch, Pfälzer, euch nie; liebe euch, die ihr mich liebt!...
Wiederum sehe ich mich in Schwetzingen's Garten mit meiner
Mutter, der besten, die's gab, die unvergeßlich mir ist.
Liebliche Stelle, woselbst das Mahl wir, das ländliche nahmen,
Vor dem Hügel, auf dem raget der Tempel Apoll's . . .
O Erinnerung jener zu eilig entschwundenen Tage,
Freundliches Andenken du, immerfort bist du mir frisch,

Wie sie waren, die duftenden Blüthen des Kranzes, den reichen
Ich der Flora gewollt. Damals träumte das Kind
Sich in schönere Zeiten, in Hellas herrliche Fluren,
Von dem Olymp kam ihm wieder die göttliche Schaar."

In jenen liederreichen Gauen umschlingt, wie Eichendorff singt, der Frühling Haus und Hof und Wald und alles Gewöhnliche, die Märchen der Vorzeit werden in der Brust lebendig, ein Hauch der Romantik weht überall. Aber auch an ernster Mahnung fehlt es nicht. In diesen gesegneten Thälern wüthete ein räuberischer Feind, die Heidelberger Schloßruine erinnert eindringlich genug an Melac und seine Horden.

Solche Tage der Traner lehrten für die Pfalz gerade damals zurück. Der Krieg gegen Deutschland faud im April 1792 in der Pariser Nationalversammlung berauschte Zustimmung und bald ergossen sich die streitenden Heere über Pfalzbayern, das auf lange Zeit Schauplatz des Krieges blieb.

Da eine Beschießung der Stadt Mannheim in drohender Aussicht stand, mußte die herzogliche Familie abermals nach Darmstadt flüchten. Der Kriegstumult brachte die düstersten Bilder vor die Augen des Knaben. In den Straßen drängten sich die Flüchtlinge, in ihrem Geleit zogen Unruhe, Schrecken, Verwirrung ein, hinter ihnen loderten alle Greuel eines furchtbaren Krieges auf. Des Prinzen königlicher Pathe starb auf der Guillotine. „In welche Zeit," rief damals Johannes Müller aus, „zu welchen Aussichten hat Gott uns bestimmt! Rasende, wie einst im Tschilminar der trunkene Sohn Philipps, laufen mit Fackeln in der Hand in dem alten Gebäude der Staatsverfassungen umher; da brennt ein Thurm auf, dort bricht eine Zinne herab, bald sinkt Alles in den Stanb!"

Die Wehrkraft des deutschen Reiches zeigte sich von der kläglichsten Seite. Das gegenseitige Mißtrauen der beiden deutschen Großmächte lähmte alle Unternehmungen, die Regierungen der kleineren Staaten waren ohne Kraft und Energie. Feindlicherseits zeigte die Jakobinerphrase Custine's: Krieg den Palästen, Friede den Hütten! bald ihren wahren Werth: die Neufranken pflanzten in der Pfalz ihre Freiheitsbäume nur zwischen Ruinen.

Durch das plötzliche Ableben seines älteren Bruders Carl August wurde Max Joseph regierender Herzog von Zweibrücken; doch war der Erbe ein Fürst ohne Land, denn die Sansculotten hielten sein ganzes Gebiet besetzt. Als Mannheim wiederholt belagert werden sollte, flüchtete der Herzog nach Neckar=Elz und kehrte erst, als der Kriegslärm sich verzog, nach Rohrbach an der Bergstraße zurück. Mannlich, der Hofmaler und Günstling des verstorbenen Herzogs Carl August, der vom Herzog Maximilian zum Vorstand der bedeutenden Zweibrücker Gemäldegalerie bestimmt war, schildert in seinen Memoiren*) die Hofhaltung zu Rohrbach: „Ich verlebte glückliche Tage zu Rohrbach bei meinem neuen Gebieter. Der Zwang, dem sich Alles bei dem Fürsten, den ich verloren hatte, fügen mußte, ließ mich wie einen Schüler an diesem Hofe erscheinen, wo alle Etiquette verbannt war, wo volle Ungezwungenheit und Freiheit herrschte, die nur durch die Achtung und Liebe, die Jedermann für seinen liebenswürdigen Gebieter fühlte, in den Schranken gehalten wurden, wie sie die Würde des Wirths erheischte.“ In Rohrbach hielt sich auch die Schwester des Herzogs, Amalie von Baden, auf; hier waren Dalberg und sein Sohn Emmerich gern gesehene Gäste, hieher kamen die preußischen und österreichischen Generale, die der Felddienst in die Nähe des lieblichen Asyls führte.

Im Frühjahr 1796 machte der Herzog von Zweibrücken dem Reichstag Mittheilung, daß ein österreichischer General ihn von neuen Tauschplänen Oesterreichs in Bezug auf Bayern in Kenntniß gesetzt und daß er jetzt wie früher unter keiner Bedingung dazu die Hand bieten werde. Die geheimen Artikel der Friedensschlüsse von Basel und Leoben gaben das deutlichste Zeugniß, daß nur noch das Interesse für die einzelne Höfe maßgebend, nationale Tendenzen nur eine Maske seien. Jeder Staat suchte unter möglichst günstigen Bedingungen loszukommen. Auch Max Joseph begab sich nach Berlin, um mit Preußen wegen der Entschädigung für das an Frankreich verlorene Gebiet zu unterhandeln. Während seiner Abwesenheit erkrankte Prinz Ludwig lebensgefährlich, wurde aber durch den Leibarzt Besnard glücklich wiederhergestellt.

---

*) Das interessante Manuscript befindet sich im Besitz der Familie, doch verwahrt die Münchener Hof- und Staatsbibliothek eine Abschrift, die auf Wunsch König Ludwigs I. gefertigt wurde.

Im nämlichen Jahre schon verlor der fürstliche Knabe seine Mutter. Von ihr war noch zur Leitung des Unterrichts ein einfacher Landpfarrer berufen worden, Joseph Anton Sambuga, dessen Lehre und Beispiel von dauerndem Einfluß auf den Zögling war. Sambuga hielt sich über seine Unterrichtsstunden und die dabei geführten Gespräche ein Tagebuch, das nach seinem Tode durch Sailer veröffentlicht wurde. Diese Aufzeichnungen beweisen, daß der Lehrer nicht blos als frommer, sondern auch als denkender Mann das Bildungswerk förderte. Er bezeichnet selbst als Hauptprincip seiner Methode, es sollte im Schüler bei Allem das Selbstdenken gefördert werden, und diese Anregung in frühester Jugend ging nicht verloren. Das Streben, sich selbst von allem Erforderlichen zu überzeugen, tritt bei den Regierungshandlungen des nachmaligen Königs überall hervor; selbst gegen den Rath und die Vorschläge von Beamten, deren Wissen und Redlichkeit er hochschätzte, zeigte er Mißtrauen; sein Grundsatz lautete: Heißen thut nur die Hälfte, Selbst thut's ganz! Allerdings muß die consequente Durchführung auch zu Mißständen führen.

Es kann dem Kunstmäcen Ludwig als Hauptverdienst zugerechnet werden, daß bei allen seinen großartigen Plänen zur Förderung der Kunst ein methodischer Zusammenhang zu erkennen ist, der nicht selten bis in die Studien und Liebhabereien der Jugend zurückreicht. Der Gedanke, zur Verewigung der Verdienste großer Männer einen Ehrentempel zu bauen, erwachte schon in dem Knaben. Als Ludwig einst mit Sambuga von einer Spazierfahrt nach Schwetzingen zurückkehrte, fragte er seinen Erzieher, ob es denn einem edeln Fürsten erlaubt sei, so große Summen für sein Vergnügen aufzuwenden, da es ja doch so viele Arme gäbe. Sambuga erwiderte, die Vernunft habe nichts dagegen einzuwenden, wenn Fürsten ihr eigenes Geld für Liebhabereien verausgaben, es sei aber doch jedenfalls der Frage werth, ob nicht in den Hallen einer Fürstenwohnung die Bildnisse eines Friedrich des Siegreichen, eines Rupert und anderer verdienter Männer des Vaterlands besser ständen als mythologische Figuren. Der Prinz horchte gespannt auf und blieb dann schweigsam, als ob ein Gedanke in ihm zur Reife käme. Er zeigte für Geschichte entschiedene Vorliebe. Als er später mit Johannes Müller persönlich bekannt wurde, war dieser erstaunt über das ausgebreitete historische Wissen des Prinzen.

Uebrigens scheint Sambuga's Beispiel auch auf die barocke Schreibweise Ludwigs bestimmend eingewirkt zu haben, wenigstens wurde auch gegen ihn der Vorwurf wirren Durcheinanderschiebens der Worte und Sätze erhoben.

Mit Sambuga theilte sich Kirschbaum, früher Lehrer des Staatsrechts an der Hochschule zu Straßburg, in die Unterrichtsstunden. Er machte sich auch besonders um die Weckung des Kunstsinnes in seinem Zögling verdient.

Die stillen Lehrstunden zu Rohrbach wurden plötzlich durch die Berufung des Herzogs von Zweibrücken auf den bayerisch-pfälzischen Kurstuhl nach dem Tode des kinderlosen Carl Theodor unterbrochen. Am 6. März 1799 zog Kurprinz Ludwig mit seinen Geschwistern in der Landeshauptstadt München ein. Der Empfang von Seite der Bürgerschaft war herzlich, obwohl man sonst den „Fremden“ nicht gerade geneigt war.

München an der Grenzscheide unseres Jahrhunderts! Alle jene Stadttheile, die in der Folge glänzenden Neubauten weichen mußten, wurden vorher auf Befehl des königlichen Bauherrn aufgenommen, und diese Gemälde, die in den Cabineten der neuen Pinakothek Platz fanden, geben uns noch ein treues Bild von Altmünchen, der behäbigen, leichtlebigen Ackerstadt. Durch einige treffliche Bauten und Kunstwerke, namentlich aus dem siebenzehnten Jahrhundert, hatte der Name München in der Geschichte der Künste guten Klang gewonnen, im vorigen Jahrhundert aber hatte die Entwickelung der Stadt fast gar keine Fortschritte gemacht. Die religiöse Kunst war allmälig wie die Religion durch den Einfluß der Jesuiten ausgeartet, die Fürsten faßten die Kunst nur als potenzirten Sinnengenuß auf und das bürgerliche Element gewann dort nie solche Bedeutung, daß es für Entwickelung der Künste als Stütze hätte dienen können.

Wer hätte geahnt, welch' großartige Veränderungen der blasse, schmächtige Prinz, der an der Seite des Vaters durch die engen und krummen Straßen Münchens fuhr, in dieser Stadt hervorrufen werde, so daß das unbeachtete Nazareth am Aufschwung der nationalen Kunst ruhmvollsten Antheil gewann!

# Lehrjahre.

„Der Haß gegen alles Alte," schreibt Breyer über die bayerischen Verhältnisse jener Periode an Johannes von Müller, „wie der Haß gegen alles Neue, — das sind die Wendepunkte, um die sich gegenwärtig in Bayern fast Alles dreht, und auch hier einen Factionsgeist, wie ich ihn bisher nur aus der Geschichte gekannt hatte, stets rege erhält." Der Kampf gegen das Feudalwesen, kirchliche Uebergriffe und ein im Mittelalter stecken gebliebenes Verwaltungssystem war unvermeidlich, sollte nicht völlige Lähmung des Staatsorganismus eintreten, der unter Karl Theodors Regierung schlimm geschädigt worden. Gerade damals kam ein Staatsmann von hervorragender Bedeutung an die Spitze, Montgelas, der mit rücksichtsloser Energie sofort in alle Verhältnisse des kirchlichen, politischen und socialen Lebens eingriff. Dagegen wurde Erhaltung des Bestehenden nicht bloß von den natürlichen Gegnern der neuen Richtung vertheidigt, sondern die Josephinische Hast, die Willkür, mit der manche Reformen durchgesetzt wurden, rief auch Gegner im Lager Derjenigen wach, die sich keineswegs gegen fremde und neue Elemente partikularistisch abschließen wollten. Der Kronprinz Ludwig selbst stellte sich ja später an die Spitze der Opposition gegen die Härte, mit der alles Geschichtliche und Ueberlieferte ausgerottet werden sollte, wodurch selbst die künstlerischen Denkmale der Vergangenheit — man braucht nur an den Vollzug des Säcularisationsedicts zu erinnern — gefährdet wurden. Doch muß anerkannt werden, daß in jener stürmischen Zeit, in der allen Staaten die gefährlichsten Erschütterungen drohten, nur durch die entschlossen durchgeführten Reformen ein wirklich lebensfähiger Staat sich entwickeln konnte, wenn auch die Weise der Durchführung zu Tadel Raum giebt. Bayern verdankt dem Minister Montgelas seine Stellung in Deutschland, die nicht bloß durch Waffenerfolge, sondern weit mehr durch die Hebung des geistigen Lebens und die Säuberung des Staatswesens von fremdartigen, schädlichen Einflüssen erzielt wurde.

Die Schwierigkeiten, auf welche die neue Regierung im Innern stieß, wurden noch erhöht durch die Erneuung des Krieges gegen die französische Republik. Man hatte erwartet, daß Max Joseph, der seine legitimen Ansprüche auf Bayern so lange Jahre nur mit Hilfe des Auslands gegen Oesterreich behaupten konnte, den Ausbruch des Krieges als willkommene Gelegenheit ergreifen werde, um gegen jenen Staat aufzutreten. Doch der Kurfürst erklärte sich auf das Entschiedenste zur Reichshilfe bereit und ließ seine Truppen zu den österreichischen stoßen.

Bei Ausbruch des Krieges wohnte zum Erstenmal der fünfzehnjährige Prinz den militärischen Uebungen der Truppen bei, die vor dem Ausmarsch stattfanden. Bald mußte er neuerdings die Laune des Kriegsglücks erfahren. Die Erfolge der Franzosen, die in raschem Siegeslauf durch Süddeutschland zogen, nöthigten die kurfürstliche Familie zur Flucht nach Amberg, und Moreau rückte im Juni 1800 in München ein. Erst im April des folgenden Jahres konnte der Kurprinz mit seinen Geschwistern nach München zurückkehren, das seine Fürstenfamilie mit herzlichem Jubel begrüßte. Wenige Tage später wohnte der Prinz zum Erstenmal einer öffentlichen Sitzung der Akademie bei und blieb von nun an ein eifriger Gönner dieses Instituts, das sich in jener Zeit um Hebung und Läuterung des geistigen Lebens in Bayern nicht geringe Verdienste erwarb.

Im Mai 1803 bezog Ludwig die Landesuniversität Landshut. Kirschbaum und Sambuga begleiteten ihn. Seine Thätigkeit und sein Lerneifer wurden allgemein rühmend erwähnt. Von seiner frühesten Jugend bis in seine Greisentage blieb Ludwig der Gewohnheit treu, schon vor 5 Uhr Morgens an die Arbeit zu gehen. Neben den Privatvorlesungen seiner Lehrer hörte er zu Landshut deutsches und bayerisches Staatsrecht, Staatsökonomie und naturhistorische Fächer bei den Professoren Gönner, Milbiller, Schrank und Feßmaier. Bedeutenderen Einfluß auf seine geistige Entwickelung und Charakterbildung gewann der Professor für Moralphilosophie, Sailer, in dessen Hause sich die Tüchtigsten der akademischen Jugend zu versammeln pflegten. Sailer, der Sohn eines Schusters in dem bayerischen Dorfe Aresing, hatte sich zum Professor in Dillingen emporgearbeitet, war aber, weil er die „Reinhaltung der Religion" gefährdete, entfernt worden. Max Joseph berief ihn trotz der Vorstellungen des Bischofs von Augsburg nach Landshut, wo er als Docent bedeutende Wirksamkeit entfaltete. Jakobi nennt ihn „einen der hellsten Köpfe und der trefflichsten Menschen". Als sich das Ministerium Montgelas in seiner Abneigung gegen alles Kirchliche von wirklichen Uebergriffen nicht frei hielt, wurde Sailer, weil er die Rechte seiner Kirche vertheidigte, als staatsgefährlicher, verkappter Jesuit verfolgt, wenige Jahre darauf dagegen, als die Regierungen Koncordate abschlossen und die „zerstreuten Trümmer ihrer alten Ordnung sammelten", wieder wegen gefährlicher frei-religiöser Aeußerungen als Kryptoprotestant verdächtigt. Zu jeder Zeit aber blieb Ludwig sein Freund und Beschützer und vertheidigte die Ansichten seines Lehrers gegen Rom, wie gegen die Regierung seines Vaters. Das innige Verhältniß, in das er während seines Aufenthalts in Landshut zu Sailer trat, erregte bei Vielen Mißtrauen. Feuerbach schreibt darüber 1804 an seinen Vater: „Seien Sie überzeugt, daß nur Verleumdung es unserem Kronprinzen nachsagt, daß er an der Spitze einer verfolgenden Obskurantenpartei stehe. Er wird, wenn er zur Regierung kommt, zwar anders, aber nach gleichen Zwecken regieren. Er ist liebenswürdig als Mensch und hat einen hellen Kopf mit vielen gründlichen Kenntnissen."

Im Herbst 1803 siedelte Ludwig an die Hochschule zu Göttingen über, die als Mittelpunkt in Deutschland für wissenschaftliche Behandlung des Staatsrechts und der Geschichte galt, für welche Disciplinen der Prinz besonderes Interesse zeigte. Er besuchte die Vorlesungen Schlözers mit pünktlichster Gewissenhaftigkeit. Auch der berühmte Naturforscher Blumenbach wurde sein Lehrer, wie 36 Jahre später der Lehrer des Kronprinzen Max. Nach Verlauf von fünfzig Jahren, im Jahre 1853, sandte die philosophische Fakultät der Georgia Augusta dem ehemaligen Zögling als „Ausdruck wahrer Ehrerbietung, Dankbarkeit und Pietät gegen einen deutschen Fürsten von Seite einer deutschen Hochschule" das Ehrendiplom eines Doctors der Philosophie, „da kein Fürst jemals die Würde des königlichen Namens durch liebevollere Fürsorge für Kunst und Wissenschaft verherrlichte."

Mit den Studiengenossen stand der bayerische Kurprinz in leutseligstem Verkehr. Er pflegte sich nicht selten als Gast bei festlichen Gelagen der Studenten einzufinden und war fröhlich unter Fröhlichen, ohne dabei je seine Stellung zu vergessen. Eine Episode aus der Zeit des Aufenthalts zu Landshut ist charakteristisch. Als bei einem Commerce das Lied: Ich bin der Fürst von Thoren! gesungen werden sollte, richtete ein Bursche an den Prinzen die dreiste Bitte, er möge die Rolle des Vorsängers übernehmen. Mit schlagfertigem Witz lehnte der Prinz ab: „Fürst bin ich schon, und ein Fürst von Thoren möchte ich nie genannt werden!" — Die Ferientage benützte er zu Ausflügen nach den norddeutschen Hauptstädten, wo er besonders die Denkmale der Kunst und des Alterthums studirte.

Mehr als die schuldige Aufmerksamkeit seines Schülers, begeisterte Verehrung brachte er dem Geschichtschreiber Johannes Müller entgegen, dessen Werke seine Lieblingslectüre noch im späten Alter blieben, wie sie ihrer Gefühlswärme und ihres deutschen Patriotismus halber das Ideal seiner Jugend waren. Erst im Jahre 1806 trat er dem verehrten Meister persönlich näher. Die Briefe, die in der Folge zwischen dem jungen Königssohn und seinem Rathgeber gewechselt wurden, sind für Beide ein ehrendes Zeugniß. Breyer schreibt 1807 seinem Freunde Müller: „Als ich die akademische Rede gehalten hatte, sprach unser Kronprinz mit mir und der Hauptinhalt unseres Gesprächs waren Sie. Unter den vielen Jünglingen, welche ich für Sie begeistert habe, hat, was viel sagen will, keiner mit reinerem und höherem Enthusiasmus von Ihrer Größe gesprochen, als dieser unser junger Fürst. Es freute mich, ihn so sprechen zu hören, mehr für ihn noch als für Sie. Als ich ihm sagte, daß ich vor einiger Zeit, nachdem ich lange angenehme Nachrichten von Ihnen entbehrt hätte, mit ausnehmendem Vergnügen in einem öffentlichen Blatte gelesen hätte, daß er Ihre Büste von Schadow in carrarischem Marmor fertigen lasse, ward er roth, fragte, in welchem Blatte ich das gelesen, und die freudigste Verwunderung durchdrang sein ganzes edles Wesen.

„„Ich wünschte sehr, daß Müller hier wäre!““ schloß er und Jakobi und ich stimmten von Herzen in seinen Wunsch ein. „„Wenn er wenigstens nur nach Tübingen kömmt,““ sagte der edle Prinz, „„so haben wir ihn doch näher.““*)

Auch nach Beendigung der Universitätsstudien hielt Ludwig seine Lehrjahre für nicht vollendet. Der treffliche Jakobi wurde beauftragt, ihm über griechische Geschichte und Literatur Vorträge zu halten und lateinische Klassiker mit ihm zu lesen, ein Auftrag, der dem Lehrer, wie er in seiner Selbstbiographie sagt, „Gelegenheit gab, ihm nah genug zu treten, um das edle Blut des Wittelsbachischen Stammes in ihm zu erkennen, seinen Eifer, Kenntnisse zu sammeln, seinen Ernst in wissenschaftlichen Beschäftigungen, die lebendige Achtung, die er gegen alles Große und Schöne hegte, sein Streben nach Großem und Ruhmwürdigem, seinen Haß endlich gegen Gewaltthätigkeit und Unrecht zu lieben und zu bewundern.“ Auch der gelehrte Thiersch stand in regstem Gedankenaustausch mit dem Prinzen über hellenische Kunst und Geschichte. Weit entfernt, daß der innige Anschluß an Sailer in seiner jugendlichen Seele Unduldsamkeit oder starre Exclusivität gegen fremde Elemente geweckt hätte, zog Ludwig fast alle jene protestantischen Lehrer, die Max Joseph zur Hebung des Unterrichts in Bayern berufen hatte, in seine nächste Umgebung. Unmuth und Eifersucht fachte bald zwischen den berufenen und den eingeborenen Gelehrten so heftigen Parteigeist an, daß die Zeit zurückgekehrt schien, wo Fremder und Feind der nämliche Begriff war. Ludwig wurde sogar wegen seines häufigen Aufenthalts bei den verrufenen Ausländern, denen durch Aretin verrätherische Pläne zugeschoben wurden, in den gegen Jakobi angestrengten politischen Prozeß verwickelt. Jakobi blieb auch, nachdem er seine Stellung in München aufgegeben hatte, in regem Verkehr mit seinem ehemaligen Zögling, der fleißig Nachrichten über seine Studien mittheilte. So schreibt er 1843 an Jakobi:

*) Schon 1824 ließ der Kronprinz zu Kassel eine Grabstätte für Johannes Müller erwerben. Später ließ er dort ein marmornes Grabmal mit den Bildsäulen der Klio und Asträa setzen und bestimmte als Inschrift: „Was Thukydides für Hellas, Tacitus für Rom, das war er seinem Vaterlande.“ Da die Stadt Kassel für die Erhaltung der Grabstätte nicht genügend Sorge trug, setzte er in den jüngsten Jahren eine eigene Summe dafür aus.

„Täglich in der Regel lese ich etwas Griechisches; dem ausgezeichneten Philologen wird dieses zu vernehmen angenehm seyn."

Ludwig blieb stets ein eifriger Freund klassischer Lektüre. Thiersch schreibt 1826 an Lange: „Als ich das letztemal den König in seinem Cabinet sprach, einem kleinen Gemach mit einem Fenster, in dem man sich vor der Menge Skripturen und Convolute, Portefeuillen und Büchern kaum umdrehen kann, sagte er über seine griechischen Studien: „„Da liegen meine alten guten Freunde Herodot und Homer neben mir zwischen den Papieren. Sonst habe ich zwei, drei Stunden täglich Griechisch gelesen. Sie haben es mir übel genommen. Hätte ich noch einmal so viele Zeit am Spieltische zugebracht, das wäre in der Ordnung gewesen, aber zwei Stunden lang Homer und Thukydides lesen, das war ein unverzeihliches Betragen. Jetzt findet sich die Besserung von selbst; nur in kleinen Zwischenräumen komme ich noch darüber, so von einem Portefeuille zum andern; doch es wird schon besser werden!""

Da der Prinz für Reiten und Jagen keine Vorliebe hatte und auch an den militärischen Uebungen nur selten, um dem Wunsche des Vaters nachzukommen, Theil nahm, konnte er neben den gelehrten Studien noch manche Mußestunde der Lektüre der deutschen Dichter widmen. Früh war, wie Platen singt, die Schönheit seines Gemüths Bedarf, und nicht vergeblich sog er mit Emsigkeit das tiefste Mark altgriechischer Bildung ein. Schiller und Goethe namentlich ehrte er als die Dichterfürsten. Oft pflegte er zu äußern, er habe nur deßhalb gewünscht, früher auf den Thron zu gelangen, um seinem Lieblingsdichter Schiller eine sorgenfreie Existenz und namentlich die Mittel zu einem längeren Aufenthalt in Italien bieten zu können. Den Todten ehrte er noch dadurch, daß er aus eigenem Antrieb bei einem Enkel Schillers Pathenstelle übernahm. Zu Goethe trat er später in ein innigeres Verhältniß, auf das wir noch öfter zurückkommen werden. Das Unterscheidende zwischen den Dichtungen der beiden Heroen charakterisirt er fein in dem Epigramm Mein Sirius und Hesperus:

„Wenn ich erwache, bevor ich betrete den Kreis der Geschäfte,
Les' ich im Schiller sogleich, daß mich's erhebe am Tag,
Aber nach geendigtem Lärmen, in nächtlicher Stille,
Flücht' ich zu Goethe und träum' fort dann den lieblichen Traum!"

Wenn Ruhe und Stille dem inneren Sein ein freieres Walten gestatteten, versuchte der Prinz auch selbst Spiegelbilder seines eigenen geistigen Lebens in poetischer Form zu geben. Von seinen Gedichten muß Macaulay's Wort gelten: „Fleiß und Geschmack an geistigen Genüssen sind bei Männern, die sich ein müßiges Leben gestatten können und manchen Zerstreuungen ausgesetzt sind, besonders achtungswerth. Es ist ein natürliches Gefühl, daß wir einem Manne Erfolg wünschen, der ohne eine Anstrengung oder ein Verdienst von seiner Seite auf einen Platz hoch über der Masse der Gesellschaft gestellt wurde und der von dieser Höhe freiwillig herabsteigt um Auszeichnungen zu suchen, die er mit Recht sein persönliches Eigenthum nennen darf." Die Griechen nannten Mnemosyne die Mutter der Musen. Auch Ludwigs erste Gedichte beschäftigen sich vorzugsweise mit den vergangenen Tagen, mit den Träumen und Idealen der ersten Jugendzeit. „Der Dilettant, sagt Goethe, glaubt genug gethan zu haben, wenn er Geist und Gefühl zeigt oder er sucht die Poesie blos im Mechanischen und ist ohne Geist und Gehalt." Der erstere Vorwurf trifft fast alle Dichtungen Ludwigs. Die verwahrloste Form, häufige Verstöße gegen die Metrik, barocke Willkür in Wort- und Satzwendungen riefen, während es nie an maßlos schmeichelnden Panegyriken fehlte, auch viel harmlosen und boshaften Spott wach. Den Inhalt seiner Lieder, Sonette und Epigramme, trifft aber der oben ausgesprochene Tadel keineswegs. Die Dichtungen des Prinzen, wie des Königs bieten nicht nur den dankenswerthesten Beitrag zur Charaktergeschichte — sie enthüllen uns die Lebensfragen, die an den Dichter herantraten, und die Lösung, die er diesen Räthseln abgewann — sondern enthalten überdies eine Fülle echter Lebensweisheit. Ludwig war kein Dichter, aber der hohe Adel der Gesinnung und die Geistesschärfe, die in seinen Gedichten zum Ausdruck gelangen, zeigen uns, daß er verdiente, König zu sein.

# Nach Italien!

Sobald Prinz Ludwig die gesetzliche Großjährigkeit erreicht hatte, säumte er auch nicht länger, jenes Land aufzusuchen, das Jedem, dessen Herz und Geist durch das Studium des Alterthums genährt wurden, als gelobtes Land vor Augen steht, Italien! In Begleitung seines Lehrers Kirschbaum und des Grafen Karl von Seinsheim, der zu gleicher Zeit mit ihm die Hochschule zu Göttingen besucht und dort des vertraulichen Umganges mit dem Prinzen gewürdigt wurde, trat er am 12. November 1804 die Reise an.

Nicht nur für Ludwigs eigene geistige Entwickelung, sondern auch für die Neubelebung deutscher Kunst gewann dieser erste Besuch Italiens entscheidende Bedeutung. Im Lande des ewigen Frühlings dehnen sich die Herzen, die Phantasie erhält tausendfach Nahrung, es erwacht ein tief bewegendes Liebesgefühl für das Schöne in Kunst und Leben. So ist der überraschende Zauber erklärlich, den in Italien ein Meisterwerk der Plastik auf den Prinzen ausübte:

„Vor Canova's Hebe zu Venedig, im December 1804.

Was für ein Zauber hält mich hier gefangen!
In mir ein wonnig, nie gespürtes Regen,
Durchdrungen plötzlich von der Weihe Segen,
Der Sinn für Kunst war in mir aufgegangen."

Der Prinz blieb weder damals noch bei seinen späteren italienischen Reisen auf der gewöhnlichen Touristenstraße. Wo ein schönes Denkmal christlicher Baukunst in einer Kleinstadt oder die Ruine eines antiken Tempels in stillem Thal verborgen lag, dahin bog er ab und legte viele Strecken zu Fuß zurück, um mit der Landbevölkerung in nähere Berührung zu kommen.

Das neue Jahr traf ihn in Rom. Wie die Denkmale des sonnigen Götterdienstes der Alten, die Erinnerung an so viele große Männer und Thaten, der hohle Prunk der Gegenwart ihn wechselnd zu Bewunderung und Wehmuth stimmten, schildert er in den Römischen Elegien:

„Innigste namlose Wehmuth fasset mich bey dem Gedanken
Immer an dich, o Rom, nie zu vergleichende Stadt!
Die Jahrtausende, wie die Geschlechter, entstanden und schwanden,
Denkmal der Größe bist du und der Vergänglichkeit auch!
. . . . . . . . Wo einst goldene Hallen, verweilen einsame Vögel,
Tragen den Raub hinein, thaten's die Kaiser doch auch.
. . . . . . . . Alle beraubend,
Wurdest zum Raube du selbst, Rom, der zernichtenden Zeit!"

Aus der tobenden Menge, die sich im Carnevalspuk auf den Plätzen tummelt, flüchtet er nächtlicher Weile zu den Ruinen:

„Und da stehen in prangenden Hallen die marmornen Bilder
Aus der schöneren Zeit jener vergangenen Welt.
Leblos, sind diese beseelter als die hier lebenden Menschen,
Kleinlich, sinnlos vorbey flattert das heut'ge Geschlecht.
. . . . . .
Wie in nächtlicher Stunde ich hier nun wandle, begaben
Einstens die Rächer sich her, schweigend in schweigender Nacht . . . . .
Edel war Cäsar und groß, Brutus war redlicher doch,
Würdig besserer Zeit, der Tage der früheren Roma,
Einsam ragt er hervor aus der vergangnen Zeit!"

Solche Erinnerung mußte die Gegenwart schmerzlich empfinden lassen. Nicht so edel, wie Cäsar, aber von gleicher Herrschsucht getrieben, hatte ja Napoleon auch das deutsche Reich schon unter sein Joch gebeugt:

„Wie im vereinenden Mondlicht Kleinliches schwindet,
Größe erscheinet allein, also erhebet, befreyt
Unsere Seele sich über das Endliche, fühlt sich verkläret,
Bey dem verklärenden Licht ewigen Sternengefilds.
Traulich eröffnet's das Herz dem Gleiches empfindenden Herzen.

Da begegnete mir unter den Fremden ein schon
Aus entlegenen Ländern befreundeter Hannoveraner,
Der für das Vaterland fühlt, dort ist der Adel noch teutsch!
Worte sprachen wir nun aus unsrem innersten Leben,
An die Ewigkeit jetzt dachte die Seele entzückt!"

Und auch in Tivoli, wo die Villa des Varus stand, regt sich patriotische Scham:

„Hermann! tönet es dumpf in die Stille des einsamen Thales;
Freude und Scham zugleich treibt in die Wange mir Gluth,
Denkend an das, was Teutschland ist und was es gewesen.
. . . .
Es gehorchet Teutschland, sich selbst zernichtend, dem Corsen,
Und die Zwietracht allein hat es besiegt und besiegt's."

Hier in Tivoli denkt er auch in phantastischer Schwärmerei an das Mädchen, das ihm die Zukunft als Gattin bescheiden wird:

„Zwei Jahrtausende fast verschwanden, seit Properz gestorben:
Liebe, die ihn durchdrang, lebet beständig im Thal.
Namlose Sehnsucht weckt der verklärende Schimmer des Mondes,
Oeffnet des Menschen Gemüth. Heiliger Ahnung erfüllt,
Schwinget die Seele zur seligen Heimath der ewigen Liebe,
Liebe, du bringest herab, hebst zu den Sternen das Herz!
Johanniswürmchen flimmern herum in den laulichen Lüften,
Scheinen Funken der Gluth ewiger Liebe zu sein.
Unter des Oelbaums bläßlicher Laube bemächtiget meiner
Sich wehmüthiger Schmerz, süßer Empfindung Gefühl . . . . . ."

Rom war damals noch nicht, wie zur Zeit des zweiten friedlichen Römerzuges des bayerischen Kronprinzen, der Sammelplatz jener Talente, die einen ungeahnt glänzenden Aufschwung der nationalen Kunst vorbereiten sollten. Doch hielten sich schon 1805 Thorwaldsen und Canova, Koch, Reinhart, der sogenannte Teufelsmüller und andere Künstler in Rom auf. Mit den Malern, namentlich mit Koch, trat Ludwig in nähere Berührung. Angelika Kaufmann lernte hier den Prinzen kennen und malte sein Porträt, dem seit Ludwigs Tod in der Neuen Pinakothek ein Platz eingeräumt ist. Damals trat Ludwig auch dem Manne näher, der das Verdienst, die geschmackvollste Sammlung der Meisterwerke antiker Plastik geschaffen zu haben, mit ihm theilt, Joseph Martin Wagner, einem geborenen Würzburger, der in Rom künstlerischen Studien oblag. Dieser vorzügliche Kenner des

Alterthums erwarb in der Folge im Auftrag Ludwigs die bedeutendsten Bestandtheile der Glyptothek, die noch heute als das kostbarste Juwel der Isarstadt gilt. Der Plan zu dieser Sammlung reifte während Ludwigs erstem Aufenthalt in Rom und von diesem Zeitpunkte ab war er unermüdlich dafür thätig, kein Tag verging, ohne daß für die Förderung dieses Planes nach irgend einer Richtung gewirkt wurde. Er verspottet selbst seinen Einkaufseifer:

„Als ein Geschenk von den Himmlischen würden die meisten begehren,
Daß sie Steine in Gold dürften verwandeln nach Lust;
Doch ich Verkehrter, ich mach' es anders, bemüht, zu vertauschen
Gegen altes Gestein neues gewichtiges Gold!"

Er führte aus Rom mehrere gediegene Kunstwerke mit, darunter einen trefflichen Antoninus Pius. Als Wahrspruch für seine Sammelthätigkeit stellte er von vornherein auf: Nur das Beste! und erfüllte damit die Forderung, die Goethe an die Freunde der Plastik richtet: „Plastik wirkt eigentlich nur auf ihrer höchsten Stufe; alles Mittlere kann wohl aus mehr denn Einer Ursache imponiren, aber alle mittleren Kunstwerke dieser Art machen mehr irr als daß sie erfreuen." So schreibt auch Ludwig an Martin Wagner: „An Zahl werden die großen Museen das meinige übertreffen; in der Quantität kann sich nicht, an Qualität soll sich meine Sammlung auszeichnen. Das schönste Kaufbare in Rom zu erwerben ist mein Wille. Statuen will ich vorzüglich und daß durch ihre Güte meine Sammlung glänze."

So vergingen Sommer und Herbst in Italien und erst im November kehrte der Prinz über Lausanne und Straßburg nach München zurück.

## Das Kriegsjahr 1805. Verhältniß zu Napoleon. Der erste Kriegsdienst 1807.

Während Ludwig noch im Elsaß weilte, vollzog sich in der Heimath ein jäher Umschwung der Regierungspolitik, der allerdings bei näherer Prüfung der Zeitlage nicht überraschend erscheint. Die bayerische Regierung schloß sich beim neuen Ausbruch des Krieges zwischen Oesterreich und Frankreich an den fremden Staat an. Lange zauderte Max Joseph, die Anwesenheit des Thronfolgers im feindlichen Lande als Entschuldigungsgrund für Bayerns zweideutige Stellung vorschützend, und noch im letzten Augenblicke wollte er den mit Frankreich längst abgeschlossenen Vertrag rückgängig machen. Da traf die Nachricht ein, daß die österreichischen Truppen ohne Anfrage den Inn überschritten, und löste alle Bedenklichkeiten.

Der Kurprinz war über diese Wendung der bayerischen Politik voll Unmuths und sprach denselben nicht nur in Gedichten aus, sondern verhehlte, wie wir an einem Beispiel sahen, auch im Verkehr und vor Zeugen seine deutsche Gesinnung nicht. Berücksichtigt man die persönliche Stellung des Jünglings, so wird man rückhaltlos seine Ueberzeugungstreue schätzen und bewundern müssen.

Doch auch die Handlungsweise Montgelas' kann nicht geradezu verurtheilt werden. Seit langer Zeit lag Zerstückelung oder Eintausch Bayerns in der Absicht der österreichischen Politik. Nur Frankreichs und Preußens Eifersucht; nicht der Reichstag hatte verhindert, daß der gesegnete Landstrich südlich von der Donau zur österreichischen

Provinz umgewandelt worden. Es wurde oft die Beschuldigung laut, Bayern allein sei an der gewaltsamen Auflösung des deutschen Reiches schuld und für die Stiftung des Rheinbundes verantwortlich. Als ob die Reichsverfassung nicht schon längst nur eine inhaltlose Form! Wer auf den „großmachtsüchtigen Rheinbundsklaven Bayern" den ersten Stein werfen will, mag vorerst die geheimen Artikel des Baseler und des Luneviller Friedensvertrages vertheidigen, namentlich die unverhüllt hervortretenden Ansprüche Oesterreichs. Wenn Pertz die Schuld der Rheinbundstaaten streng brandmarkt, weil sie „uneingedenk der sprichwörtlichen Weisheit der Vorfahren: Es ist besser, dem Landsmann den Stiefel putzen, als dem Fremden den Fuß zu küssen", — so ist am logischen Werth dieses Ausspruchs Nichts auszusetzen, aber die Frage möchte doch erlaubt sein, welches Lob diejenigen verdienen, die an den stammverwandten Landsmann derartig freundliches Ansinnen stellen.

Freilich kann nur der Beweis geführt werden, daß die bayerische Regierung nicht allein an der unseligen Wendung ihrer Politik Schuld getragen hat, — eine Rechtfertigung soll und kann nicht versucht werden.

Napoleon rief den Bayern im Manifest von 1805 zu: „Ihr werdet dem Beispiel eurer Vorfahren folgen, die sich stets die Unabhängigkeit und die politische Existenz bewahrten, die ersten Güter der Nationen, und ich werde nicht eher ruhen, bis ich die Unabhängigkeit eures Reichs gesichert habe!" Wie der Verfasser des Manifestes selbst diese Unabhängigkeit auffaßte, zeigte sich bald genug, aber damals sah man in Bayern nur die Lichtseite des Verhältnisses und als Napoleon nach den ersten glücklichen Erfolgen in der Landeshauptstadt einzog, jubelte ihm in allen Straßen die Menge zu. Man verglich ihn mit Karl dem Großen und gefiel sich in der Beobachtung, daß dieser neue Karl berufen scheine, das Unrecht des ersten am Bayernherzog Tassilo zu sühnen. Es wurde auch die Fabel von der Verwandtschaft Bojischer Vorfahren mit den Galliern wieder aufgefrischt, um die Hinneigung Bayerns zu Frankreich gleichsam auf historische Familienbande zurückzuführen.

Zu Anfang November 1805 besuchte Max Joseph in Begleitung des inzwischen heimgekehrten Prinzen den mächtigen Bundesgenossen in seinem Hauptquartier zu Linz. Am 5. December gelangte die Kunde von dem Sieg bei Austerlitz nach München und wenige Wochen später begrüßte Napoleon seinen Verbündeten als König, den Erstgebornen als Kronprinzen von Bayern. An den rauschenden Festlichkeiten, die nun dem Kaiser zu Ehren veranstaltet wurden, mußte auch der Thronfolger Theil nehmen. Festspiele und Concerte wechselten mit militärischen Schauspielen, eroberte Fahnen und Kanonen wurden im Triumphzug in die Stadt geführt, eine französische Truppe gab Freitheater und der Kaiser, wie sein Gefolge waren bis zur Verschwendung freigebig.

Auch den Thronfolger Bayerns sich zu gewinnen, ließ Napoleon Nichts unversucht. Er erbat sich täglich seine Begleitung bei den Spazierritten in die Umgebung, ehrte ihn durch Verleihung des höchsten französischen Ordens und schenkte ihm den Degen, den er selbst bei Austerlitz geführt, mit den Worten: „Tragen Sie ihn zur Vertheidigung Ihrer Rechte!" Aber das Herz des Prinzen war Deutschland treuer, als das der meisten Anderen, welche — am Hofe, wie in Bürgerkreisen — ihre Sympathie für Frankreich zur Schau trugen. Er durfte später in einem Gedichte von sich sagen:

„Da, als noch ein Teutscher sich zu nennen,
War Verbrechen, da, als unterjocht
War die Heimath, mich von ihr zu trennen,
Kein Napoleon hat es vermocht.
Als zum Wechselmord gespannt die Sehnen,
Teutscher gegen Teutsche wüthend focht,
Hat für's Vaterland das Herz geschlagen
Und ich mußte, wie ich's fühlte, sagen!"

Freilich, die Umstände waren mächtiger als er, und um den Besuch Napoleons in München zu erwidern, mußte Ludwig dem Kaiser in seine Residenz folgen. In Paris suchte er bei den herrlichen Kunstschätzen Zerstreuung, im Wohlthun Trost, aber seine Ueberzeugung erlitt keine Wandelung. Er knüpfte vielmehr am Hofe des Despoten, aus der Zwingburg selbst, Unterhandlung mit dem mächtigsten Gegner Napoleons, mit dem Czaaren, an, die auf eine Vermählung mit der Großfürstin Katharina abzielten. Kabinetsekretär von Käser und sein Schwager Baron Posch waren die Zwischenträger.*) König Max erhielt jedoch von dem heimlichen Plan Kenntniß, Käser und Posch wurden entlassen und der Prinz bekam eben, als er sich zur Reise nach Spanien anschickte, den Befehl, sich sofort zur bayerischen Armee zu begeben, die in Preußen einrücken sollte.

Am 31. Mai 1806 schrieb Napoleon an Talleyrand: „Es wird keinen Reichstag mehr zu Regensburg geben, denn Regensburg wird zu Bayern gehören, es wird kein deutsches Reich mehr geben, und dabei werden wir es bewenden lassen." Am 1. August ließ er in Regensburg anzeigen, er erkenne das deutsche Reich nicht mehr an und gleichzeitig erfolgte die offizielle Bekanntmachung der Rheinbundsakte. Das Verhängniß Deutschlands erfüllte sich. Preußen erlag bei der letzten Kraftanstrengung, dem übermächtigen Nachbar die Spitze zu bieten, und der Sieg bei Jena wurde in München durch Victoriaschießen und Tedeum gefeiert.

Zu Neujahr 1807 kam Kronprinz Ludwig nach Berlin. Sein erster Gang war zu Schadow, um eine Büste Friedrichs des Großen zu bestellen!

Er übernahm das Oberkommando über die aus drei Infanterie-Brigaden und einer Kavallerie-Brigade gebildete bayerische Division. Napoleon schrieb an ihn: „Ich sehe es gern, daß Sie sich gewöhnen, Ihre Armee selbst zu befehligen. Es ist dies eine vortheilhafte Eigenschaft für jeden Souverän, vor Allem aber vortheilhaft bei der Stellung, in der sich gegenwärtig ein König von Bayern befindet."**)

Ludwig schlug sein Hauptquartier in Warschau auf, rückte aber bald östlich gegen Pultusk vor. Am 13. Mai erzwangen sich die Bayern im feindlichen Feuer den Uebergang über die Narew, an den beiden nächsten Tagen folgten glückliche Gefechte gegen die Russen. Am 16. entspann sich ein größeres Treffen. Nach vierstündigem heißem Kampf schlugen die Bayern den Angriff auf ihr verschanztes

*) Der Vorgang ist erzählt in General Clerembault's Tagebuch, das im Münchener Reichsarchiv verwahrt wird. Käser's Briefe an den Kronprinzen finden sich laut Ausweis der Liste in dem versiegelten Nachlaß.

**) Schneidawind, der Biograph Radetzky's, wandte sich wiederholt an Ludwig mit der Bitte, ihm zu Abfassung einer „Geschichte des Kronprinzen Ludwig in den Kriegsjahren 1806—1809" behilflich zu sein. Ludwig schlug jedoch das Anerbieten aus: „Eine solche Herausgabe wäre mir ganz und gar nicht lieb, der ich Werke über noch lebende Männer nicht für geeignet halte."

Lager ab, und die Russen traten den einer Flucht ähnlichen Rückzug an. Als der Prinz, dem seine Begleiter freudig das Zeugniß persönlicher Tapferkeit zuerkannten, in das Lager zurückkehrte, wurde er von den Soldaten mit lautem Jubel begrüßt. Er umarmte seinen Begleiter Wrede und erklärte, nur diesem General gebühre Anerkennung und Lob. Vom Schlachtfeld aus meldete er dem Vater „mit einem Gefühle, das nicht zu schildern", den Sieg. Der König ehrte den Muth seines Sohnes durch Uebersendung des Großkreuzes des Max Joseph-Ordens. Der Sieg bei Pultusk brachte den wichtigen Vortheil, daß dadurch der rechte Flügel der langen Operationslinie der französischen Armee vollständig gesichert war und der projectirte Vormarsch an den Niemen ohne Aufschub fortgesetzt werden konnte. Auch in den nächstfolgenden Gefechten hatten die Bayern wiederholt Gelegenheit, Proben ihrer Waffentüchtigkeit ablegen zu können. Sie nahmen Glodochn und Zatory und hatten hervorragenden Antheil am Treffen bei Gomorow. Am 22. Juni schickte der Kronprinz einen Boten mit der Nachricht von dem entscheidenden Sieg bei Friedland nach München. Als Waffenstillstand abgeschlossen war, überließ er den Oberfehl über die bayerischen Truppen, die in Kantonirungen verlegt wurden, an Wrede und begab sich nach Berlin.

In der Zeit jenes Aufenthalts in der norddeutschen Hauptstadt, während sich französische Frivolität dort breitmachte, die französischen Marschälle in den Palästen unter den Linden residirten und auf dem Exercirplatz Feuerwerke abgebrannt wurden, die den Ruhmestempel Napoleons im Strahlenglanz erscheinen ließen, in jenen Tagen der tiefsten Erniedrigung Deutschlands, faßte der bayerische Prinz den Entschluß, dem deutschen Genius einen Ehrentempel, die Walhalla, zu bauen. „Es macht das einen Eindruck," sagt Döllinger in seiner Trauerrede auf Ludwig I., „wie wenn ehedem römische Senatoren dem von der Niederlage bei Cannä heimkehrenden Consul Varro entgegen gingen und ihm dankten, daß er doch am Vaterland nicht verzweifelt habe." Am 3. August 1807 schrieb Ludwig zum Erstenmal an Johannes Müller und ging ihn wegen der Auswahl der berühmtesten Männer, deren Bildnisse in die Walhalla kommen sollten, um Rath an. Und mit der ihm eigenen Energie in rascher Bethätigung aller Entschlüsse traf er sofort die nöthigen Voranstalten. In Begleitung seines getreuen

Dillis, des Vorstandes der Münchener Kunstsammlungen, besuchte er die Ateliers der berühmtesten Bildhauer Berlins. Bei den beiden Schadows, bei Rauch, Tieck und Wichmann bestellte er Büsten deutscher Geistesheroen. Während selbst die edelsten Patrioten trübe resignirten, verlor er niemals das Vertrauen auf die geistige Kraft des Volkes, die früher oder später das Vaterland wieder aufrichten, das Gefühl der Zusammengehörigkeit wecken müsse. Wie Arndt, konnte auch Ludwig von sich sagen: „Als Oesterreich und Preußen nach vergeblichen Kämpfen gefallen waren, da fing mein Herz erst an, sie und Deutschland mit rechter Liebe zu lieben und die Wälschen mit rechtem treuem Zorn zu hassen; als Deutschland durch seine Zwietracht Nichts mehr war, umfaßte mein Herz seine Einheit und Einigkeit." Während des Berliner Aufenthalts, wo der Prinz täglich gezwungen war, mit Berthier, Ney und anderen Marschällen in Berührung zu kommen, entstand das Gedicht:

„Auf, ihr Teutschen, sprengt die Ketten,
Die ein Corse euch hat angelegt,
Eure Freiheit könnet ihr noch retten,
Teutsche Kraft, sie ruhet unbewegt rc."

Das Beispiel, das der bayerische Thronfolger gab, der nicht vom deutschen Geist abfiel, übte seine Wirkung weithin in den deutschen Gauen. „Es gehört", erzählt Döllinger, „zu den frühesten Erinnerungen meines Knabenalters, daß damals in Franken und wohl auch anderwärts neben dem Freiherrn vom Stein der Name des Kronprinzen von Bayern genannt wurde, dessen freimüthig deutscher Sinn wie ein Licht in der Finsterniß schien. Es ward uns Knaben als eine tröstliche Thatsache von unseren Vätern erzählt, daß dieser Prinz doch gewagt habe, dem Weltgebieter gegenüber, vor welchem Alles sich zitternd beugte, seinen eigenen Willen zu behaupten."

## Reisen nach Italien und der Schweiz. Der Feldzug 1809. Vermählung.

Im September 1807 kehrte der siegreiche Anführer der bayerischen Truppen nach anderthalbjähriger Abwesenheit nach München zurück. Da, wo sich jetzt das Siegesthor erhebt, empfing ihn die Garnison mit klingendem Spiel. Als er zum Erstenmal wieder im Theater in die Loge des königlichen Vaters trat, erhob sich dieser und küßte den tapferen Sohn unter fröhlichem Zuruf des Volkes.

Bald darauf mußte der Prinz in Begleitung des Ministers Montgelas nach Venedig aufbrechen, um den Kaiser zu bewillkommnen. König Max und seine Gemahlin folgten nach. Ludwig befand sich am Einzugstag bei der Einfahrt in den Canale Grande auf der köstlich geschmückten Galeere des Kaisers und wohnte auch den folgenden Festlichkeiten bei, die Venedig in ein Zaubereiland verwandelten. Auf der Heimfahrt durch Tirol versprach König Max den zur Begrüßung herbeieilenden Bewohnern baldiges Wiederkommen. Als das erste Grün in den Bergthälern erschien, fuhr er mit dem Kronprinzen nach Innsbruck und nun rief das Knattern der Stutzen bei den überall wiederkehrenden Festschießen in allen Thälern das Echo der Berge wach. Gerade auf die urwüchsigen Tiroler mußte das leutselige Wesen des Königs, das auch auf den noch lebhafteren Sohn übergegangen war, den gewinnendsten Eindruck machen. Napoleon war nur historischen Erinnerungen gefolgt, als er Tirol an das Mutterland Bayern zurückgab. Keine Provinz hätte sich leichter in einen größeren bayerischen Staat eingefügt, als Tirol, wenn die Verwaltung geschickteren Händen anvertraut worden und der übertriebenen Reformsucht bei dem Volke Einhalt geschehen wäre, das „viel erträgt, nur keine Neuerung im altgewohnten, gleichen Gang des Lebens"

Im nächsten Sommer trat der Kronprinz in Begleitung des Grafen Carl von Seinsheim und des Majors Washington eine Reise in die Schweiz an. Vor der Abfahrt schrieb er an Johannes Müller (10. Juli 1808): „Schreiben wollte ich Ihnen noch, Herr Staatsrath, bevor ich in Ihr Vaterland abreise, welches in wenigen Tagen erfolgen wird. Jenseits des Bodensee's trete ich zu Fuße, angethan mit Nägelschuhen, die Wallerschaft an mit drei anderen rüstigen jungen Leuten, denke während eines und eines halben Monats beinahe die ganze Schweiz zu durchgehen, die Orte zu betreten, wo geschworen der ewige Bund, die Altvordern mit ihrem Blute ihn besiegelt als Helden. Schreiben Sie mir bald, den Brief sendend nach Chur unter Aufschrift an den Grafen von Helfenstein."

Auch in der Schweiz schenkte er namentlich der Kunstthätigkeit der Städte Aufmerksamkeit. Bei Christ in Basel bestellte er Büsten berühmter Schweizer für die Walhalla.

Nach seiner Rückkehr verbrachte er den Rest des Jahres, das für Bayern ein Friedensjahr blieb, im Schlosse zu Nymphenburg. Doch der Ausbruch eines neuen Krieges mit Oesterreich zerstörte plötzlich alle Studien und Freuden des Friedens:

„Fühlte mich leben im Land der Hellenen,
Fühlte mich schwingen, mich flüchtig bewegen,
Und in der Seele befriedigtes Sehnen,
Alles befaßte ein freudiges Regen,
Frischer ein schönes, verklärteres Leben,
Fühlten uns in dem Irdischen kaum;
Himmlisches Wogen, beseligend Schweben,
Eilender, wonnebeglückender Traum! — —
. . . . . . .
Im hinschmachtenden Flötengesange
Fällt des Paukenschlags donnerndes Dröhnen
Und in des Saitenspiels fröhlichem Klange,
Trommetengeschmetters durchschütterndes Tönen!"

(Der Blumenkranz, 27. Jänner 1809.)

Neutral konnte Bayern nicht bleiben. Schon die Aeußerung eines solchen Wunsches würde die Antwort des Rheinbundprotektors hervorgerufen haben: Ist der Fürst der Regierung müde? Oesterreich appellirte an die deutsch-patriotischen Sympathien, doch das Oesterreich der Thugut und Cobenzl hatte bisher selbst Alles zur Ausrottung solcher Ideen gethan. Um den Kriegseifer in Bayern anzufachen, ließ es Napoleon abermals an großartigen Verheißungen nicht fehlen, auch wurden schon damals in offiziösen Publikationen, wie Mussinans „Ludwig der Bayer und das Jahr 1809," die Kriegspläne des französischen Kaisers als „vom Interesse der Civilisation geboten" dargestellt.

Max Joseph äußerte den Wunsch, es möge dem Kronprinzen das Oberkommando über das ganze bayerische Armeecorps anvertraut werden. Napoleon ging jedoch darauf nicht ein. „Die Lage ist zu gefährlich," schreibt er am 14. März an den König, „ich will den natürlichen Vorzügen des Kronprinzen ja nicht zu nahe treten, doch eine Armee von 40,000 Mann kann ich nur einer ganz zuverlässigen Leitung, einem kriegsgeübten Soldaten anvertrauen. Ich habe dazu den Herzog von Danzig bestimmt. Der Kronprinz wird in meinem Hauptquartier willkommen sein." Ludwig zog aber vor, das Kommando der ersten bayerischen Division zu übernehmen.

Schon warf Oesterreich bedeutende Streitkräfte nach Bayern, es galt einen verzweifelten Kampf. Wie ernst die Lage von der königlichen Familie aufgefaßt wurde, erhellt aus einem Briefe Feuerbachs vom 11. April: „Heute früh besuchte ich noch den König vor seiner Abreise; er nahm mich bei der Hand mit den Worten: „„Adieu, geht es gut, so sehen wir uns wieder; geht es übel, so — Adieu!"" Hier kehrte er den Rücken. Der Kronprinz hinterlegte vor vier Tagen hier sein Testament, über das er schon vier Wochen vorher sehr lange mit mir gesprochen hatte. Ich besorge aus manchen Anzeichen, unser Kronprinz suche den Tod! Merken Sie sich dieses Wort. Gebe der Himmel, daß ich mich irrte!" — Die Division des Kronprinzen hatte die Aufgabe, München zu decken, wurde aber zurückgedrängt und am 16. April zogen die ersten österreichischen Uhlanen in München ein. Hätte Erzherzog Carl die gewohnte rasche Schlagfertigkeit bethätigt, so wäre der Krieg schnell entschieden gewesen. Er ließ aber Davoust Zeit, seine Truppen an der Donau zu sammeln. General Thierry, der den Kronprinzen von der Vereinigung mit den übrigen Divisionen abschneiden sollte, wurde durch das für die Bayern günstige Gefecht bei Arnhofen zurückgeworfen. Am 20. April verkündete freudiges Jubelgeschrei auf der ganzen Heereslinie die Ankunft des Kaisers. Er hielt an die Bayern, die den Kern der angreifenden Kolonnen bildeten, eine Anrede, die namentlich darauf berechnet war, die Erbitterung gegen die Oesterreicher zu steigern, und ihre Wirkung nicht verfehlte. Die Ansprache wurde durch den Kronprinzen den Offizieren übersetzt, von diesen den Soldaten mitgetheilt. Mit einem kühnen Bajonettangriff begannen die Bayern eine Reihe von Treffen, die Napoleon selbst die schönsten Mannöver der neuen Kriegskunst nannte. Die Oesterreicher wurden gegen Landshut gedrängt, aber schon am 21. Abends war dieser wichtige Punkt in den Händen der Sieger. Auch bei Eggmühl, wo der Kronprinz stand, war der Sieg der Bayern entschieden. Der Kronprinz übernachtete in einem Gehöft zu Egloffsheim. Während der Nacht brach Feuer aus und wenig fehlte, so hätte sich Ludwig nicht mehr über die brennende Treppe flüchten können. Am 26. April rückte er mit acht von seiner Division eroberten Kanonen in das von General Jellalich eilig verlassene München ein.

Doch das Schwierigste war noch im Salzkammergut und in Tirol zu bewältigen, es wurde hier der Krieg zum furchtbaren Mordschauspiel. Die bayerischen Reformen, namentlich auf kirchlichem Gebiet, hatten glühenden Haß gegen die neue Landesregierung hervorgerufen. Die Verbannung der Bischöfe von Chur und Trient machte böses Blut, die Landeseintheilung mehrte die Zahl der Widerspenstigen und die Durchführung der Regierungsverordnungen that das Uebrige, um den Tirolern die stammverwandten Bayern als die schlimmsten Feinde und Unterdrücker erscheinen zu lassen. Die fanatisch erregten Bauern erhoben sich und die Kopflosigkeit der Civil-, wie Militärbehörden ermöglichte das rasche Umsichgreifen des Aufstandes. Zwar wendete sich nach den glücklichen Erfolgen an der Donau die bayerische Hauptmacht gegen diese Aufrührer, aber die Sieger bei Wörgel befleckten den Ruhm ihrer Tapferkeit durch grausame Rache. Fortan war auf beiden Seiten die blind wüthende Leidenschaft entfesselt. Mit dem wachsenden Aufruhr wurden immer größere Rüstungen nothwendig, ganz Bayern war bald nur ein Waffenplatz.

Bei dem ersten Zuge durch Tirol war die Division des Kronprinzen an keinem größeren Treffen betheiligt. Nach dem Angriff auf den Luegpaß wurde er zur Ablösung der Sachsen nach Linz kommandirt, wo er mehrere Wochen verweilte.

Uebrigens blieb das Verhältniß des Kronprinzen zu Napoleon, trotzdem es der letztere an öffentlichen Auszeichnungen nicht fehlen ließ, ein gespanntes, und schon regten sich in Bayern auch andere Patrioten, welche die enge Verbrüderung ihres Vaterlandes mit Frankreich betrauerten. Selbst der Befreiungskampf der Tiroler fand Sympathien. Weit entfernt, das phantastische Geplauder des „Kindes" Bettina Arnim in ihren Briefen an Goethe als geschichtliche Quelle zu betrachten, dürfen wir doch ihren Münchener Nachrichten als einer Stimme aus dem Publikum Beachtung zollen. „Der Kronprinz von Bayern," schreibt sie, „ist die angenehmste, unbefangenste Jugend, ist so edler Natur, daß ihn Betrug nie verletzt, so wie den gehörnten Siegfried nie die Lanzenstiche verletzten. Er ist eine Blüthe, auf welcher der Morgenthau noch ruht, er schwimmt noch in seiner eigenen Atmosphäre, d. h. seine besten Kräfte sind noch in ihm." Der schwarze Fritz (Graf Stadion) erzählt Bettinen: „Eben war ich beim Kronprinzen, der hat mit mir die Gesundheit der Tyroler getrunken und dem Napoleon ein Pereat gebracht, er hat mich bei der Hand gefaßt und gesagt: Erinnern Sie sich daran, daß im Jahre Neun im April während der Tyroler Revolution der Kronprinz von Bayern dem Napoleon widersagt hat, und so hat er sein Glas mit mir angestoßen, daß der Fuß zerschellte."*) Auch erzählt sie, der Kronprinz habe ihr versprochen, jeder Grausamkeit in Tirol zu steuern, und habe auch sein Wort gehalten, er habe mit den gefangenen Tirolern oft die letzten Kartoffeln getheilt u. s. w.

Nach dem Siege bei Wagram wurde die Abtheilung des Kronprinzen wieder zur Unterwerfung der Tiroler Insurgenten abgeordnet. Ludwig that sein Möglichstes, zwecklosem Blutvergießen zu steuern, und überwarf sich deßhalb bald mit dem Herzog von Danzig, der nur durch Gewaltmaßregeln wirken zu können glaubte. Lefevre schrieb

---

*) Eine ähnliche Episode ereignete sich wirklich in der Museumsgesellschaft. Das zersprungene Glas ist im Besitze des Geheimraths v. Ringseis.

deßhalb an den Kaiser nach Schönbrunn: „Wenn ich an meiner Tafel die Augen schließe, so glaube ich wahrhaftig, nach den Gesprächen zu urtheilen, im österreichischen, nicht im französischen Heereslager zu sein.“ Solche Meldungen mußten freilich bedenkliche Erwägungen hervorrufen. Als Napoleon sich zur Scheidung von Josephine entschloß, äußerte er zu General Bubna: „Des Vicekönigs Eugen Kinder sind ja auch Enkel des Königs Max und Bayern wäre doch eine hübsche Entschädigung!“ und über den Kronprinzen selbst äußerte er sich heftig: „Dieser Prinz wird niemals auf den Thron steigen!“

Diese Dissidien mögen wohl auch die eigentliche Ursache gewesen sein, warum der Herzog von Danzig einen strategischen Fehler des Generals Stengel von der Division des Kronprinzen mit Dienstesentlassung ahndete. Stengel hatte Befehl, den Luegpaß zu behaupten, war aber ohne genügenden Grund zurückgewichen. In der Folge stellte der streng bestrafte General ein förmliches Regreßgesuch gegen den Kronprinzen und suchte in Broschüren nachzuweisen, daß er für seinen Divisionär geopfert worden. Ein Kriegsgericht entschied aber 1817, die Rechtfertigung köune nicht auf Kosten des Prinzen gesucht werden, der nur angeordnet hatte, es sollten die Truppen keiner „unnöthigen“ Gefahr ausgesetzt werden, und sprach den Divisionär aller Schuld ledig. Er hatte dem General, als das Strafurtheil gefällt war, selbst gerathen, sich zu beschweren. „Ich will nicht, daß Jemand durch mich oder für mich leide. Ich verlange kein Opfer. Benützen Sie, sagen Sie Alles, was Sie zu Ihrer Rechtfertigung nützlich und nothwendig finden. Mich sollen Sie nicht schonen. Ich kann Ihnen nicht helfen, denn über mich hat der französische Kaiser ausgesprochen: „Qui m'empêche de laisser fusiller ce prince?“*)

Napoleon war über den Mißerfolg in Tirol in hohem Grade aufgebracht und äußerte sich in einem Briefe an Wrede**) auf das Ungehaltenste über die zwischen dem Prinzen und dem Herzog von Danzig bestehenden Zwistigkeiten, „anstatt sich zu raufen, werden nur Schwätzereien und Intriguen angezettelt.“

---

*) In dem betreffenden Aktenstück findet sich die eigenhändige Bestätigung des Prinzen, daß er wirklich diese Worte gesprochen.

**) Vorausgesetzt, daß dieser in von Langs Memoiren mitgetheilte Brief echt ist.

Als aber ein nächtlicher Ueberfall auf der Steinbacher Alp glückte, immer unaufhaltsamer die bayerischen Kolonnen vordrangen und endlich am 25. October Ludwig siegreich in Innsbruck einrückte, schrieb Napoleon an ihn die schmeichelhaftesten Glückswünsche. Andreas Hofer wollte sich anfänglich geraden Weges zum Kronprinzen begeben, wo er einer gütigen Aufnahme sicher gewesen wäre*), aber Haspinger hielt ihn von diesem Schritte ab und bewog ihn, einen letzten Verzweiflungskampf zu wagen. Wieder entbrannte der hitzigste Streit am Berg Isel, doch diesmal wurde den Bayern ein rascher Sieg zu Theil. Hofer wurde nach Erstürmung der Bergschanzen ergriffen und durch den Spruch des französischen Kriegsgerichts zum Tode verurtheilt. Seine Hinrichtung setzte allerdings dem Aufstand ein Ende, aber die deutsche Sache hatte einen Märtyrer mehr gewonnen. Max Joseph war mit dem raschen Verfahren keineswegs einverstanden. Als die Nachricht von Hofer's Tod kam, rief er einem eben in das Zimmer tretenden Hofbeamten entgegen: „Denken Sie sich, sie haben mir meinen Hofer erschossen!" Einen Sohn Speckbachers ließ er auf seine Kosten studiren. Als Kronprinz Ludwig nach kurzem Aufenthalt in München wieder nach Tirol kam, besuchte er Hofer's Haus in Passeyer, sprach seinem Weib und seinen Kindern Trost zu und beklagte das unglückliche Opfer des Aufstands.

In den nämlichen Tagen beschäftigte sich die Wiener Presse nur mit Beschreibungen der Festlichkeiten, die zu Ehren des kaiserlichen Brautwerbers veranstaltet wurden. Die enge Verbindung Oesterreichs mit Frankreich stimmte schlecht zu den Versprechungen, die Napoleon in Bayern hatte laut werden lassen. Der Wiener Frieden brachte für das Königreich im Verhältniß zu den Leistungen und Opfern des Krieges, wie zu der geforderten Gebietsabtretung nur mäßigen Lohn. Dagegen mehrten sich in allen Rheinbundstaaten Steuern und Lasten, und die Erniedrigung der deutschen Fürsten, die vom Kaiser nur noch wie französische Präfekten angesehen wurden, trat immer fühlbarer hervor, schmerzlich vom Könige, schmerzlicher vom Kronprinzen empfunden.

*) Darauf wohl werden sich die Briefe Hofer's an den Kronprinzen beziehen, die sich laut des Verzeichnisses in dem versiegelten Nachlaß Ludwigs befinden.

Ein Lichtpunkt in trüber Zeit war die Vermählung Ludwig's, der sich das Recht eigener Wahl nicht verkümmern ließ. Kaum war das Kriegswetter vorüber gezogen, kurz vor Weihnachten 1809, eilte er nach Hildburghausen, wo am bescheidenen Hofe eine liebenswürdige Prinzessin aufwuchs. Der ersten Begegnung mit Therese folgte rasch die Verlobung, nach wenigen Monden, am 12. October 1810, die Hochzeit. Sie wurde auch dem Volk ein Fest. Auf einer großen Wiese bei der Stadt gaben die Münchener Bürger, wie einst vor vierhundert Jahren bei der Vermählung Herzog Alberts III. mit Johanna von Braunschweig, ein Wettrennen. Zur Erinnerung an Ludwigs Hochzeitstag wurde die jährliche Wiederholung einer ähnlichen Feier beschlossen und in den ersten Tagen des October ist noch immer die Theresienwiese Schauplatz eines Volksfestes, das viele Tausende von anspruchslosen Freunden ungezwungenster Laune ergötzt.

Der Neuvermählte wurde vom königlichen Vater zum Gouverneur des Inn- und Salzachkreises ernannt und residirte als solcher abwechselnd in Innsbruck und in Salzburg.

Der Herbst des Jahres 1811 brachte nochmals für München ein Freudenfest, das auch den Prinzen in die Mauern der Hauptstadt rief. Am 28. November verkündeten 101 Kanonenschüsse, daß dem glücklichen Vater ein Sohn in die Arme gelegt worden, und Reich und Arm feierten das frohe Ereigniß, das den Fortbestand eines geliebten Herrscherhauses sicherte.

Der Jubeltag fiel in eine ernste Zeit. Die Streitigkeiten zwischen Rußland und Frankreich ließen den Ausbruch eines großen Kampfes voraussehen. Bayern durfte nicht hoffen, von den neuen Schicksalschlägen verschont zu bleiben. Der Vater konnte sich deßhalb beim Anblick seines Söhnchens trüber Ahnungen nicht erwehren:

„Sollte hören nur dein kindisch Lallen
Jener, welcher dir das Leben gab,
Frühe für das Vaterland er fallen, —
Weihe eine Thräne seinem Grab.
Werde seines teutschen Sinnes Erbe,
Für die Heimath muthig führ' das Schwert,
Freudevoll für ihre Rettung sterbe,
Werde deiner alten Ahnen werth!“

# Die Befreiungskämpfe. Auf dem Wiener Kongreß. Der Feldzug 1815.

In der Rheinbundsakte hatten die deutschen Fürsten die Hoffnung ausgesprochen, ihr Protector, der Kaiser von Frankreich, „werde sich Nichts so sehr angelegen sein lassen, als die Befestigung der inneren und der äußeren Ruhe und die Aufrechthaltung der neuen Ordnung der Dinge in Deutschland." Doch mußten die Verbündeten bald erkennen, daß mit jener Hoffnung die Wirklichkeit Nichts gemein habe und daß Napoleon sie nur zu Beischaffung der Mittel für Durchführung karolingischer Eroberungspläne ausnütze. Vor einigen Jahren wurde ein Memoire des Grafen von Mercy-Argenteau veröffentlicht, der in der kritischen Zeit vom März 1812 bis zum Abschluß des Rieder Vertrags bevollmächtigter Minister Frankreichs am Münchener Hofe war. Jedes Blatt beweist, daß die Zeit der nominell ungetrübten Unabhängigkeit und Selbständigkeit des bayerischen Staates in Wirklichkeit die Epoche seiner tiefsten politischen Erniedrigung war und daß die Abneigung des Kronprinzen gegen den, „der Freund sich nennend schon sich als Feind bewies", ebenso gut in bayerischem, als in deutschem Patriotismus wurzelte.

Politische Differenzen riefen sogar zeitweise Entfremdung zwischen Max Joseph und seinem Erstgebornen hervor. Graf Mercy erzählt, er habe sich einmal selbst auf Wunsch des Königs nach Innsbruck begeben und vom Prinzen das Versprechen erwirkt, in seinen Aeußerungen sich zu mäßigen.

Noch nie war ein bayerisches Heer so trefflich ausgerüstet, als das Kontingent, das den Marsch nach Rußland antrat. Es ist nicht bekannt, weßhalb Kronprinz Ludwig diesmal die Truppen nicht begleitete. Bei Polozk hatte das Corps Gelegenheit, sich auszuzeichnen, wurde aber furchtbar decimirt. Immer weiter in das Innere Rußlands drangen die Marschkolonnen. „Was denken Sie hierüber?" fragte Max Joseph den französischen Gesandten, „wenn wir es nicht mit dem Kaiser zu thun hätten, welche Lage des Heeres! Alles ist offen zur Rechten und zur Linken, man geht nur immer vorwärts. Aber der Kaiser hat uns an Wunder gewöhnt!"

Doch die Zeit der Wunder war vorbei. Fast im nämlichen Augenblicke, da man in München mit öffentlichen Festen den Sieg an der Moskwa feierte, kam die Nachricht vom Brande Moskau's. Bald hatte das ganze bayerische Kontingent auf den Eisfeldern den Untergang gefunden. Die letzten Zwanzig waren bis Kowno die schirmende Nachhut der flüchtenden Heeressäule. Es ragt in München zum Gedächtniß jener Opfer, von Ludwig errichtet, ein eherner Obelisk, worauf mit einer etwas allzukühnen Dialektik der Erbauer schreiben ließ: „Auch sie starben für des Vaterlandes Befreiung!"

Schon vor dem Ende des verhängnißvollen Jahres war vorauszusehen, daß auch Oesterreich sich zu den nordischen Mächten schlagen und eine große Koalition gegen den gemeinsamen Bedrücker sich bilden werde. Aber noch eine andere, bisher unbekannte Großmacht rührte und regte sich, gegen welche auch die süddeutschen Kabinete nicht lange mit Erfolg ankämpfen konnten, — die öffentliche Meinung.

Der Feldzug des Jahres 1813 begann, jener heilige Kampf, für welchen Deutschland dem Volke Preußens ewig verpflichtet bleibt. Wie neidlos Kronprinz Ludwig die im deutschen Norden ausgeführten Thaten anerkannte, wie er mit Herz und Geist auf Seite der Verbündeten stand, spricht sich in seinen Gedichten aus. An Preußen richtet er die Strophen:

„Einzig dein Friedrich war, einzig bist, Preußen, nun du,
Unvergleichbar glänzest für ewig du in der Geschichte,
Preußen! dein Name läßt denken das Herrlichste nur!"

In die Biographie Scharnhorst's in den Walhallagenossen flicht er ein: „Kein Volk schwang sich von neuem so bald in die Höhe als das Preußische; ein Phönix stieg es aus seiner Asche! Teutsch war es wieder geworden, teutsch wurden die Teutschen alle, was sie seit Jahrhunderten nicht mehr. Solch' herrliche Zeit hatte Teutschland nie früher, als die von diesem Aufschwung bis zum Wiener Kongreß."

Es wurde erzählt, Ludwig habe sich schon vor Abschluß des Rieder Vertrags mit den Alliirten in Unterhandlungen eingelassen, doch ist dieses Gerücht nicht gar glaubwürdig. Neue heftige Auslassungen des Prinzen gegen Napoleon nöthigten aber den königlichen Vater, im Juli den Minister Montgelas nach Salzburg zu entsenden, um dem künftigen Thronfolger wiederholt Vorstellungen wegen seines unvorsichtigen Verhaltens zu machen.

Heilmann wies nach, daß schon im August wegen des Anschlusses an Oesterreich Konferenzen in München gepflogen wurden. Montgelas wußte aber mehrere Wochen hindurch die mannigfaltigsten Hindernisse vorzuschieben. Daß endlich doch der Beitritt Bayerns erklärt wurde, war nicht einem plötzlichen Durchbruch deutsch-patriotischer Reue zu verdanken, nur ein kaltes Abwägen von Vortheilen und Gefahren leitete dabei den gut französisch gesinnten Staatsmann. Es galt nach seiner Berechnung nur dem ersten Sturme zu weichen, dann — „C'est qu'il faut une France à la Bavière!" tröstete Montgelas beim Abschied den französischen Gesandten. Auch Max Joseph hatte kein Verständniß für die damals hervorbrechende Begeisterung, die plötzlich den längst vergessen geglaubten Namen „Deutschland" wieder als Losung wählte, in ihm, wie in den süddeutschen Fürsten überhaupt, hatte mehr französische als deutsche Anschauungsweise Wurzel gefaßt, wenn es auch selbstverständlich nur eine alberne Lüge, daß er aus Freude über den Sieg Napoleons bei Hanau ein festliches Mahl gehalten habe. Der Hauptbeweggrund, der ihn zum Rieder Vertrag die Einwilligung geben ließ, ist aus dem Grundzug seines Charakters, seiner menschenfreundlichen Gutmüthigkeit, abzuleiten. Längst jammerte ihn seiner Landeskinder. Fast jedes Jahr forderte neue Aushebungen und so oft die Saaten reiften, tränkte das Blut von Tausenden fremde Erde. Napoleon hatte Bayern vergrößert, aber diese Gunst mußte theuer bezahlt werden und wenn es auch offiziell in halb Europa verboten war, öffentlich anders zu weinen als vor Freude, so konnte sich der herzensgute König trotz aller Feste nicht verhehlen, wie furchtbar sein Land durch die Bonapartische Eroberungspolitik litt. Der

Rieder Vertrag schien endlich die Lage Bayerns zu sichern, Oesterreich, der gefährliche Nachbar, bot selbst die Hand zu einer Regelung, welche Bayern zu einem wahren Mittelstaat erheben und den Schutz fremder Mächte entbehrlich machen sotte.

Wie fest aber in den Regierungskreisen der Glaube an Napoleons Unüberwindlichkeit wurzelte, bezengt die Aengstlichkeit, womit man nach dem Abfall zu Werke ging, ja diesen Abfall förmlich zu maskiren suchte. Die Schlacht bei Leipzig wurde fast gar nicht gefeiert, Reden und Schreiben gegen Napoleon wurde so viel als möglich unterdrückt. Der Aufruf an das bayerische Volk erwähnt Deutschlands nicht mit einem Worte. Im Hause des Ministers spottete man über die aufstrebende „fatale Deutschheit", gerade in den fein gebildeten Kreisen fühlte man sich erhaben über eine Politik, die an die geschichtlichen Ueberlieferungen des Mittelalters, an die duulle Sage deutscher Größe und Herrlichkeit anknüpfte.

Doch wuchs von Tag zu Tag die Zahl der Gemeinde, der zum Bewußtsein gekommen war, daß auch für Bayern außerhalb Deutschlands kein Heil, daß der Kampf gegen das französische Cäsarenthum gemeinsame Pflichten und engere Knüpfung des Verbandes der Stämme erheische. Schon im Sommer 1813 kounte Gagern von München aus an Stein schreiben: „Deutscher Sinn war unverkennbar in der bayerischen Nation geblieben und durch steigende Bildung genährt. Der König, gutmüthig und verständig, wenn er sich den natürlichen Trieben überläßt; Wrede, selbst ein Rheinländer, der edlen Gesinnung, des ächten Ehrgeizes fähig; auf den Kronprinzen selbst, des heroischen Enthusiasmus empfänglich, war ohnehin zu zählen." Als das freie deutsche Wort auch in Bayern wieder möglich war, erschienen zur nämlichen Zeit, als die urwüchsige Kraftfülle Arndts und die begeisterte Phantasie Görres' dem deutschen Volke zugleich Blüthe und Frucht eines neuen Literaturzweiges spendeten, zunächst als Mahnworte für die Bayern die politischen Flugschriften Feuerbachs. Sie sind dem Bannerträger der nationalen Partei in Bayern, dem Kronprinzen, gewidmet, der den freimüthigen Verfasser, als Montgelas sein Wirken zu hemmen suchte, immer wieder ermunterte, sich nicht beirren zu lassen.

Zu Salzburg, wo der Kronprinz residirte, wurde der Leipziger g durch Gottesdienst und öffentliche Feste gefeiert. Der Kronprinz ließ gegen 800 Arme speisen und diese Armenspeisung am 18. October wurde bis 1867, dem letzten Lebensjahr Ludwigs, alljährlich in einer der größeren bayerischen Städte wiederholt.

Zum Oberkommandanten der Landesbewaffnung ernannt, betrieb er eifrig die Neubildung des Heeres. Die ausgezeichnetsten Männer aus allen Ständen ließen sich als Freiwillige in die Nationalgarde einreihen. Der Tagesbefehl des Kronprinzen vom 16. December 1813 ist offen und energisch gehalten: „Edel ist der Wetteifer in allen Ständen des hochherzigen bayerischen Volkes, durch rühmliche und wohlthätige Handlungen auszudrücken, daß sein sehnlichster Wunsch ihm erfüllt sei, Kampf gegen den, der Freund sich nennend schon als Feind sich bewies.... Alle Kräfte nimmt Frankreichs Kaiser zusammen, um uns wieder in Knechtschaft, in schmählichere noch zu stürzen. Wenden wir auch die unserigen an, uns auf immer zu befreien. Weltherrschaft war sein Ziel, er hat es auch jetzt nicht aufgegeben, nahe war er daran, es zu erreichen, und wird es noch erreichen, wenn wir nun ruhen. Auch vor 13 Jahren wurde für unmöglich gehalten, daß er werden könnte, was er dann geworden. Um so unerschütterlicher sei unser Widerstand!" Zur Errichtung eines Husarenregiments von Freiwilligen gab er 20,000 Gulden und munterte auch Andere zu großen Spenden auf. Nur durch solch' begeisterten Hilfseifer wurde es möglich, in kürzester Zeit die Feldarmee auf 40,000 Mann in trefflicher Ausrüstung zu ergänzen und daneben noch bedeutende Streitkräfte zur Landesvertheidigung aufzustellen.

Es war Bayern nicht vergönnt, an der Seite der ersten Vorkämpfer für die Rettung Deutschlands die Entscheidungsschlacht mitzukämpfen. Die undeutsche Politik, die es bisher verfolgt hatte, zog gleichsam als Strafe nach sich, daß seinem Wiedererwachen eine Niederlage folgte. Doch wusch die Hanauer Bluttaufe den Makel der Verwelschung von den bayerischen Waffen und im folgenden Jahr zogen die süddeutschen Heere vereint mit den preußischen Waffenbrüdern über den Rhein. Aus dem Schaft des Speeres, den das deutsche Volk in Waffen in Frankreichs Erde stieß, sproßte ein köstliches Reis hervor: die deutsche Ehre!

Ludwigs Wunsch, die Truppen nach Frankreich zu begleiten, wurde vom Vater abgeschlagen. Er beklagt sein Geschick in dem Gedichte „Den bayerischen Schützenmarsch vernehmend“:*)

„Seh’ nach Frankreich Teutschlands Jugend eilen,
Mit den Fürsten, ich allein muß weilen
Thatlos, von dem Heere weit zurück.
Mich, den frühe teutscher Sinn begeistert,
Den nicht die Gefahr, nicht Glanz bemeistert,
Seh’ ich ausgeschlossen von dem Glück.“

Die Bayern leisteten namentlich bei Brienne, wo Prinz Carl sich persönlich auszeichnete, bei Bar und Arcis an der Aube gute Dienste. Ludwig gab sofort dem Schlachtenmaler Kobell Auftrag zu Darstellung jener Kämpfe. Endlich umschlossen die Wachtfeuer der verbündeten Heere Paris, der Kreuzzug war gelungen, am 30. März fand der festliche Einzug Statt. Da jetzt die Landesbewaffnung aufgelöst werden konnte, eilte auch Ludwig in die eroberte Hauptstadt und machte von dort aus, um die von Lord Elgin nach der britischen Insel geschleppten altgriechischen Kunstschätze zu besichtigen, einen kurzen Ausflug nach London.

Auf Wunsch des Vaters begab er sich nach seiner Rückkehr nach Wien, wo der Monarchenkongreß zusammengetreten war. Um die Souveräne gruppirten sich hier alle Notabilitäten Europa’s. Wie der Kaiser von Rußland durch seine Ritterlichkeit, der König von Dänemark durch seinen schlagfertigen Witz, so stach der König von Bayern durch seine Leutseligkeit hervor. La Garde überliefert in seinen Bildern vom Fürstenkongreß viele anziehende Züge des liebenswürdigen Monarchen. Meist pflegten ihn seine beiden Söhne zu begleiten, sein Erstgeborner lebhaft gestikulirend und sehr laut sprechend — eine Folge seiner Harthörigkeit — und Prinz Carl, „le beau prince de Bavière“. Festtheater, Bälle, Volksbelustigungen folgten in raschem Wechsel. Niemand war williger, die Bürde der Etiquette abzustreifen, sobald es möglich war, als Kronprinz Ludwig. Er besuchte mit Vorliebe den Salon der geistreichen Rahel Levin, wo edlere geistige Genüsse geboten waren. Auch studirte er eifrig die Kunstsammlungen.

*) Das Gedicht wurde von Stunz und Meyerbeer in Musik gesetzt. Letztere Composition, die Meyerbeer dem König Ludwig widmete, scheint leider verloren gegangen zu sein.

In Wien erwarb er die schönste Perle der Glyptothek, die Ilioneusstatue. Er bezahlte dem Eigenthümer Dr. Barth die bedeutende Summe von 33,000 Gulden. Kaiser Franz war darüber sehr aufgebracht und wollte sich lange nicht ausreden lassen, den Verkäufer in Haft zu ziehen, weil er „seinen narreten Neffen so angeschmiert".*)

Als den deutschen Waffen so glänzender Sieg zu Theil geworden, gab sich die Volksmeinung in Deutschland freudig der Zuversicht hin: Die deutschen Kabinete werden nicht länger den Zug des Zeitgeistes verkennen, sondern zu fester Wiedervereinigung des Vaterlandes zusammenarbeiten. Die Mehrzahl der Stimmen erhob die Losung: Kaiser und Reich. Was für todt gegolten, war nur im Schlummer gelegen, was vor wenigen Jahren noch den Einen ein Aergerniß, den Anderen eine Thorheit schien, war jetzt die Parole der Patrioten. Nur in jener gehobenen Stimmung, mit welcher man die dramatische Entwickelung des Befreiungskampfes verfolgte, in jener Begeisterung, die auch den Nüchternen zum Schwärmer machte, konnte man übersehen, wie wenig die Verhältnisse danach angethan waren, daß der ideale Volkswille zur That werde. Wie kühl wurde das Project der Wiedervereinigung der Deutschen von den Lenkern der europäischen Geschicke behandelt, die sich auf dem glatten Parketboden der Wiener Hofburg bewegten! Die Eifersucht der fremden Mächte und mehr noch der klaffende Dualismus, die offene Frage, welche von den beiden deutschen Großmächten die erste Stelle im Reich zu beanspruchen habe, machten jene Hoffnungen scheitern. Ludwig zeichnete die Lage durch ein treffendes Epigramm:

„Trauriges Bild des Reiches der Teutschen: Zweiköpfiger Adler!
Wo zwei Köpfe besteh'n, ach! da gebricht es an Kopf!"

Dazu kam, daß auch Bayern auf den Rangstreit der beiden Hauptmächte mit scheelen Augen blickte, mißtrauisch gegen beide für die Integrität seiner Souveränität besorgt. Als schon in allem Ernste über ein Separatbündniß zwischen Bayern und Würtemberg mit Anlehnung an Frankreich berathen wurde, verhinderte nur die Abmahnung der gleichgesinnten und eng befreundeten Kronprinzen der

---

*) Ludwig erzählte selbst wiederholt diese Begebenheit. Ich verdanke die Mittheilung Herrn Hofrath v. Hüther.

beiden Staaten die Bethätigung dieser rheinbündischen Gelüste. Damals entstand wohl das Epigramm:

„Einem ungeschickt Schwimmenden glichst und gleichest du, Bayern!
Schwingend dich zwar in die Höh', schnelle doch sinkend herab!"

Krönig verspottet in seiner deutschen Geschichte das „Teutschthum" Ludwigs, dem ja doch der deutsche Held Stein ein Dorn im Auge gewesen sei, weil dieser zu dem Rheinischen Merkur in Beziehungen stand. Es könnte nicht befremden, wenn es in jener Taumelzeit in Wien, da überall, auf Bällen, wie in den Konferenzsälen die Intrigue spielte, auch zwischen dem Kronprinzen von Bayern und Stein zu Differenzen gekommen wäre. Stein wurde durch seinen Abscheu gegen alle Rheinbündelei auch zu manchen ungerechtfertigten Ausschreitungen getrieben, — es braucht bloß an das Engagement des Betrügers Raisach erinnert zu werden. Wie dankbar aber Ludwig die Verdienste des Ritters anerkannte, beweisen die Worte in den Walhallagenossen: „Stein ist der Befreyung Teutschlands Grundstein. Vermitteln, halbe Maßregeln waren seine Sache nicht, wollte entschieden, wie sein Charakter, durchgreifen, nicht schonend verfahren, gegen die mit Teutschlands Feind es haltenden teutschen Fürsten. Auch über ihn sind die entgegengesetztesten Urtheile gefällt worden, weil er nicht blind einer Parthey anhing. Nie vergesse der Teutsche, was er ihm verdankt!" Zum Rheinischen Merkur stand Ludwig selbst in Beziehung und Görres widmete nach Aufgabe des Blattes ein vollständiges Exemplar dem deutschgesinnten Fürsten.*)

Nicht selten wird das „Deutschthum" jener Tage verspottet, man will darin nur verkappten Partikularismus wittern. Mit Unrecht. Es ist wahr, jene deutschen Patrioten verloren das Positive allzusehr aus den Augen; ein dunkles Gefühl war wohl vorherrschend, es müsse für die Einigung etwas geschehen, dagegen mangelte die Einsicht, auf welchem Wege dies zu erzielen sei. Wie unklar war sich aber selbst noch vor wenigen Jahren die Volksstimmung in Deutschland! Welch' lange Entwickelungszeit bedurfte die Einigungsidee zur Läuterung, wie viel verfehlte Versuche wurden gemacht, wie viel günstige Gelegen-

*) Ludwig schenkte später dieses Exemplar, das einige eigenhändige Randbemerkungen enthält, an die Münchener Hof- und Staatsbibliothek.

heiten versäumt! Bei gerechter Würdigung aller Umstände werden wir unsere Anerkennung jenen Patrioten nicht versagen, die durch den Geist der Einigkeit, durch gemeinsame Begeisterung für deutsche Ehre, Recht, Literatur, volksthümliches Wesen das Bedürfniß des Vaterlandes gedeckt hielten und die Schwäche der Form wenig beachteten. Es war eine Schwärmerei, doch verdient sie den wärmsten Dank der Nachwelt.

Uebrigens übersahen jene „Schwärmer" damals nicht, was das praktische Nationalinteresse vor Allem erheische. Der Kronprinz von Bayern unterstützte energisch den Antrag Stein's, daß der Stachelgurt Vauban's, die elsässischen und lothringischen Festungen, zum Schutze der deutschen Grenze nothwendig seien, doch wurde die Abtretung von Elsaß und Lothringen durch die Eifersucht der fremden Mächte hintertrieben.

Auch verwandte sich Ludwig eifrig für die Rückgabe der geraubten Kunstschätze, nicht bloß für Bayern und Deutschland, sondern auch für Rom, dessen Zauberwelt sich ihm vor zehn Jahren erschlossen hatte. Seine Bemühungen hatten aber erst im nächsten Jahre Erfolg.

Schon drohten die diplomatischen Verwickelungen bei der Wiener Konferenz den großen Bund, der Europa gerettet, zu zersprengen, als Napoleon von Elba entfloh, sein Volk zu den Waffen rief, seine Feinde zu den Waffen zwang.

Diesmal wurde der Wunsch des Kronprinzen erfüllt. „Auch ich ziehe in den heiligen Krieg!" schrieb Ludwig freudig am 1. April 1815 an Bildhauer Wagner in Rom. Am 16. Mai, an welchem er in begeisterter Ansprache von der Landwehr Abschied nahm, übersandte er seinem Sekretär Kreuzer Verhaltbefehle für den Fall seines Todes. Sie bekunden insbesondere rührende Sorgfalt für seine Kunsterwerbungen. Für die Ausgrabungen Haller's in Griechenland und die Ankäufe Wagner's und Metzger's sind Geldanweisungen festgesetzt. Kobell soll die Schlachtgemälde des Jahres 1814, Eberhard, Rauch und Schadow sollen die Walhallabüsten vollenden, alle diese Kunstschätze seien Bayerns Staatseigenthum.

Darauf begab er sich an den Rhein zur bayerischen Armee. In einer großen Frontbewegung umzogen die verbündeten Heere Frankreich. Da das bayerische Corps längere Zeit in Mannheim zurückbleiben mußte, hatte Ludwig unfreiwillige Muße. Er ließ sich für diese Stunden Körner's Gedichte nachsenden. Am 1. Juni — am nämlichen Tage, an dem in Salzburg sein Sohn Otto das Licht der Welt erblickte — feierte er noch in Mannheim den Sieg der Verbündeten über Murat durch ein Tedeum. Am 20. endlich konnte er die Bayern über den Rhein führen, aber es war ihnen nicht mehr vergönnt, entscheidenden Antheil am Feldzug zu nehmen, — schon war die Schlacht bei Belle-Alliance geschlagen. Auf dem Marsche noch ertheilte Ludwig in seiner Begeisterung an Rauch den Auftrag, die Büste Blücher's für Walhalla zu fertigen.

In Eilmärschen dann ging es nach Paris, das zum zweiten Ma die Deutschen als Sieger einziehen sah. Ueber Ludwig's Thätigkeit während seines Aufenthalts in Paris geben seine Briefe an Kreuzer Aufschluß. Namentlich war es die Wiedererwerbung der aus Deutschland entführten Kunstschätze, für welche er allen Einfluß, allen Eifer einsetzte. Er, der selbst auf dem Marsche mit griechischer Lektüre sich beschäftigt, nach Paris Niebuhr's römische Geschichte sich senden läßt, hat im Triumph der Gegenwart auch für den idealen Nachlaß der Vergangenheit ein Herz. Am 14. August schreibt er an Kreuzer, er solle unverzüglich das Verzeichniß aller von Franzosen weggeführten Kunst- und wissenschaftlichen Werke senden. Endlich erfolgte der Befehl zur Auslieferung. Als nun Arbeiter aus allen Theilen Europa's in den Museen mit Einpackung der Gemälde und Statuen beschäftigt waren, blieb Ludwig ein eifriger Zuschauer. Der Berichterstatter des Rheinischen Merkurs erzählt, daß er ihn vor der Laokoongruppe getroffen; als sie dann mit einander die Aachener Säulen besichtigten, sagte Ludwig: „Wir haben einen dritten punischen Krieg durchgekämpft, dieses sind die Trophäen"! Am 2. October schreibt er über das Gelingen seiner Bemühungen an Wagner: „Immer war es noch unentschieden, wie es mit dem Römischen gehen würde. Endlich ging's durch, wofür ich mich schon voriges Jahr und heuer schriftlich und mündlich lebhaft verwandte. Dem Großherzog von Toskana habe ich überdies geschrieben und dem Kardinal Consalvi, sie aneifernd, eigene Bevollmächtigte nach Paris zu senden, zur Betreibung der Rückgabe. Hier wurden durch mich für den König ausgezeichnet treffliche Bilder erworben. Die besten unserer etlichen siebenzig im Jahre 1801 geraubt wordenen Gemälde, 30 an der Zahl, waren in hiesigen Magazinen, wir haben sie wieder, unsere Handschriften deßgleichen."

In Paris besuchte ihn auch, durch Prinz Carl aufgefordert, der ehemalige französische Gesandte am Münchener Hofe, Graf Mercy. „Es bedurfte der Aufforderung," erzählt dieser in seinem Memoire, „um mich zu bestimmen, mich ihm vorzustellen. Zwar konnte ich befriedigt sein über unsere persönlichen Beziehungen, ich kannte aber seine entschiedenen Ansichten und fühlte mich nicht geneigt, weder den Druck eines großen Mißgeschicks zu empfinden, noch im Geringsten Grundsätze zu verleugnen, die ich kurz vorher pflichtgemäß vertreten hatte. Die Aufnahme bei dem Prinzen war aber so, wie sein Bruder in Aussicht stellte. „„Sie kennen mich zu gut,"" sagte er, „„um nicht zu wissen, daß ich über das Aufhören Ihrer Thätigkeit als Minister Frankreichs in München große Freude empfand, aber ich hoffe, daß Sie gegen mich gerecht genug sein werden, nicht daran zu zweifeln, daß ich mit großem Vergnügen wieder sehe den Grafen von Mercy."

Auch in Paris vergaß Ludwig nicht die Feier der Befreiungsschlacht, mußte aber bei dieser Gelegenheit selbst die bittere Erfahrung machen, daß in den Regierungskreisen Bayerns seine patriotische Gesinnung sogar Anstoß errege. Von Paris aus schreibt er am 16. September an seinen Sekretär Kreuzer: „Am 18. October sollen die Salzburger Stadtarmen gespeist werden, bei milder Witterung vor der Mirabel unter freiem Himmel, bei anderem wie voriges Jahr in der Residenz, auch wäre weder ich, noch die Kronprinzessin zurück. Heimlich brauchen die Vorkehrungen nicht zu sein, sie haben offen zu geschehen. Will die Bürgerschaft wieder ein Hochamt halten lassen, würde es mich freuen. Die Einladung zum Speisen hat zu geschehen: Zu der Jahrtagsfeyer von Teutschlands Errettung." Am 30. September ordnet er ferner an: „Da verbreitet worden, in Bayern würde der Leipziger Jahrestag nicht gefeiert, wünsche ich um so mehr und gebe Ihnen den Auftrag, zu bewirken, daß, was am 18. October zu Salzburg durch mich, obgleich abwesend, geschehen wird (welcher Umstand dabei zu bemerken ist), in die Allgemeine und Augsburger Ordinarizeitung eingerückt werde, (was Carli vermittelt,) in den Nürnberger Correspondenten und die Münchener Zeitung, in beide, wenn's sein kann.“ Das Mahl faud nun zwar in schönster Ordnung statt, der zweite Wunsch des Prinzen aber stieß auf unerwartete Hindernisse. Banquier Carli schreibt am 26. October an Kreuzer: „Ew. Wohlgeboren verehrtestem Schreiben zu Folge übergab ich sogleich die mir damit gesandten Billets den Redacteuren der allgemeinen Zeitung sowohl als der Moy'schen und verlangte die Aufnahme in ihre Blätter. Ich will nun erwarten, ob die Censur solches gestatten dürfte, denn fast möchte ich daran zweifeln. Eine ähnliche Anzeige von einem frohen Mahl, welches am 18. October zur Feier dieses Tages, der jedem deutsch denkenden und handelnden Mann ewig heilig sein sollte, in unserer Harmoniegesellschaft statt hatte, und wobei unserer Stadtarmen und der bei Hanau blessirten Vaterländischen Krieger durch eine angemessene Spende gedacht wurde, durfte in unseren Zeitungsblättern nichts eingerückt werden. Wir mußten französische Siege feiern, aber deutsche Tapferkeit soll in Vergessenheit bleiben. Sic tempora, sic mores. Genehmigen Sie ꝛc. ꝛc. P. S. Die Inserirung ist nicht gestattet worden und die Redacteurs mußten ansagen, wer ihnen die Billets zugesandt hätte, sie nannten mich, inzwischen bin ich noch nicht zur Polizei vorgefordert worden.“ Ludwig, dem der Brief zugesandt wurde, schreibt entrüstet zurück (9. November): „Ziehen Sie bestimmte Erkundigung ein, wie der heißt, welcher in Augsburg verbothen hat, meine Feyer des 18. October in die zwey Zeitungen zu rücken.“ Kreuzer antwortet (19. November): „Es ist schwer, nach dem Namen desjenigen zu fahen, der in Augsburg das bewußte Verboth gegeben, weil ich den, so ich damit beauftrage, in Verlegenheit setze. So viel ist aber aus allem zu ersehen, daß die Maßregel in Bezug auf diesen Gegenstand eine allgemeine war, folglich von Oben kam und dem Einzelnen auch nicht auf Rechnung geschrieben werden kann.“ — —

Als fast ein halbes Jahrhundert später für die Befreiung Schleswig-Holsteins, wie für Vertheidigung des deutschen Gebiets gegen Frankreich und Italien gerade in Bayern begeisterte Sympathie sich kund gab, lieh der königliche Greis seiner freudigen Erregtheit Ausdruck:

„Nacht war der Frühling meines Lebens,
Im Herbste ist es lichter Tag!......
Sich teutsch zu nennen, war Verbrechen,

Das Wort für Teutschland war verpönt,
Der Korse drohte es zu rächen,
Es wurde teutscher Sinn verhöhnt ....
Wie anders ist es nun geworden!
Als Bayern teutscher nichts es giebt,
Im Süden nicht und nicht im Norden
Wird Teutschlands Ehre mehr geliebt.
Das, was so lange hat gesäumet,
Wonach ich fruchtlos da gestrebt,
Ist Wahrheit jetzt, was ich geträumet:
Ich hab' vergebens nicht gelebt!"

# Reisen nach Rom. 1817—1818. 1820—1821.

Nachdem Ludwig an der Spitze der heimkehrenden bayerischen Truppen seinen Eiuzug in München gehalten, begab er sich nach Salzburg zu seiner Familie.

Das Jahr 1816 brachte für Bayern schmerzliche Verluste. Salzburg, das Innviertel und Tirol mußten an Oesterreich abgetreten werden. Zwar wurde durch die Neuerwerbung der fränkischen und schwäbischen Provinzen ein reiches, wohl kultivirtes Gebiet gewonnen, ja durch diesen Zuwachs war erst die Möglichkeit einer der neuen Zeit entsprechenden staatlichen Entwicklung geboten, doch blieb die Kontiguität des Gebietes trotz der Bestimmungen des Rieder Vertrags unterbrochen. Ludwig wohnte von nun an mit seiner Familie abwechselnd in Würzburg oder Aschaffenburg, wo die prächtigen Bischofspaläste Kroneigenthum geworden.

Als er von einer gefährlichen Lungenentzündung glücklich genesen war, suchte er völlige Herstellung seiner Gesundheit in Italien. Graf Karl Seinsheim, Graf Ingelheim, Kustos Dillis und der Leibarzt Ringseis waren seine Begleiter, als er im September 1817 die Reise antrat. Im Januar des folgenden Jahres langte er in Rom an.

In die Heimathstätte der Herrlichkeit des Alterthums war damals der Genius der Neuzeit belebend eingezogen. In Rom hatten sich die würdigsten Vertreter der neudeutschen Kunst versammelt, die zugleich den Kampf gegen den deutschen akademischen Formalismus und gegen die französische Frivolität aufnahmen. Der Antike war es im vorigen Jahrhundert nicht besser ergangen, als seinerzeit der Aristotelischen Philosophie durch die Scholastik; die Thätigkeit der Künstler vereinigte nur noch, wie Cornelius sagte, „all die schönen rauschenden Ströme echter Kunstmittel, wie lebendig quellende Wässer der Sumpf aufnimmt.“ Jetzt aber wagten jene kühnen Talente und Charaktere, denen der ideale Aufschwung der Kunst in unserem Jahrhundert zu danken ist, den Popanz einer falschen Geschmacksrichtung und einer verknöcherten Tradition von der Schwelle des Gefängnisses zu verjagen, wo die Grazien trauernd schlummerten. Diese Vorkämpfer wagten wieder in das Reich des Geistigen zu greifen, für die höchsten Fragen und geistigen Interessen sinnliche Darstellung zu versuchen, auch die Befriedigung des inneren Auges anzustreben. Mittelpunkt des Künstlerkreises war das Dioskurenpaar Cornelius und Thorwaldsen. Ein junger deutscher Student, dessen Gelehrsamkeit später der Stolz des deutschen Volkes wurde, Böhmer, wurde ebenfalls im Jahre 1818 in die Gesellschaft jener Reformatoren eingeführt. Er schildert begeistert die wunderbare Anregung, die ihm dort geworden: „Wie war es damals so schön, als ich einen großen Kreis von Kunstjüngern kannte, die der Kunst um ihrer selbst willen huldigten, sie mehr liebten als das Leben und vollends als schmutziges Geld oder weltliche Ehre, eitlen Ruhm und Gnadenbezeugungen der Großen; als ein armes, einfältiges, religiöses, häusliches Leben in Zufriedenheit und Genügsamkeit und das Verehren der großen alten Meister unsere Freude, das Aufsuchen des von ihnen betretenen Pfades unser eifriges Streben, Reinheit der Sitten und des Gedankens unser Glück, Lauschen und achtsames Hören auf die Stimme Gottes in unserem Innern unsere tägliche Uebung, enge Verbrüderung Aller zu einem hohen gemeinsamen Ziel unser heiliges Palladium war“.

Es ist von entscheidender Bedeutung, daß die neue Kunst in ihrer Jugendzeit Rom zur Heimath hatte. „Die Kunst ruht auf einer Art religiösen Sinnes,“ sagt Goethe, „auf einem tiefen, unerschütterlichen Ernst, deßwegen sie sich auch so gerne mit der Religion vereinigt.“ Die in Rom sich entwickelnde geistige Bewegung auf künstlerischem Gebiet, die in Ludwig von Bayern den thatkräftigsten Schutzherrn fand, könnte als Gegenstoß zu der Bewegung auf literarischem Gebiet bezeichnet werden, die sich im vorigen Jahrhundert fast ausschließlich über den protestantischen Norden erstreckt hatte. Freilich wurzelten weder diese, noch jene Bewegung im rein Religiösen allein und wie der Messias nicht bloß für Lutheraner geschrieben ist, so kann auch auf die Schöpfungen Cornelius' nicht die römische Kirche besonderes Eigenthumsrecht beanspruchen. Es lebte aber in jedem Einzelnen aus der Künstlerschaar die Romantik jener Tage, die eben weil sie die Unsicherheit des Gefühls erkannt, dem sie sich schrankenlos überlieferte, festen Halt in gottergebener Weisheit suchte. Selbst der Protestant Bunsen konnte sich nach längerem Verweilen im römischen Künstlerkreise den Einwirkungen der religiösen Stimmung nicht entziehen, die nicht bloß Overbeck in seinen Darstellungen die gläubige Naivetät eines Fiesole erreichen ließ, sondern auch bei Koch, Eberhard, Cornelius und vielen Anderen ein wesentliches Element ihres Entwicklungsganges bildet. Sie tritt uns ebenso bei Ludwig entgegen, viele Gedichte tragen diesen träumerisch frommen Charakter, viele Kunstaufträge, ja selbst in der Folge manche Regierungsmaßregeln lassen sich auf jene christliche Romantik zurückleiten. Ueberraschend, obgleich die Verbindungsglieder nicht fehlen, zeigt sich daneben eine glühende Verehrung für die Welt „der in's Dichterland heimgekehrten Götter". Charakteristisch dafür ist sein damals gefaßter Plan, gegenüber der Glyptothek eine Apostelkirche errichten zu lassen. Sailer hatte viel Mühe, ihm den Gedanken auszureden.

Der Eintritt des Kronprinzen war für die „Gesellschaft der guten Geister" ein bedeutsames Ereigniß. Zwar hatte die Kunst bisher an vielen Fürsten wohlwollende Gönner und Beschützer gefunden, hier aber trat ein liebereicher Freund, der auch die köstlichen Augenblicke der Schaffensfreude theilen wollte, in den Künstlerkreis. Daraus erklärt sich die ungewöhnliche Verehrung, die ihm von den Künstlern entgegengebracht wurde, die warme Hingebung, mit der sie sich seinen Plänen anschlossen.

Zuerst suchte er die Schadow's auf, die ihm von Berlin bekannt waren. Im Bartholdi'schen Hause lernte er Cornelius kennen und sah mit raschem Blick, in ihm sei der Künstler gefunden, der ihm zur Ausführung seiner Pläne nothwendig war. Für die stylvolle Durchführung der Fresken in der Glyptothek war kein Künstlergenius befähigter, in Cornelius war wieder der Geist eines Buonarotti lebendig geworden. Sein Biograph Riegel bezeichnet die Bekanntschaft mit dem Kronprinzen als das hochwichtigste Glied in der Kette der Entwickelungsgeschichte des Künstlers, denn gerade in der Periode, als Cornelius Gefahr lief, auf mystische Abwege zu gerathen, wies ihn der hohe Gönner auf das klassische Alterthum zurück. Außer Cornelius pflegten Overbeck, Eberhard, Schnorr und Veit den Prinzen bei seinen Wanderungen durch die Museen und Ateliers zu begleiten. Auch Ohlmüller und Gärtner lernte er damals im Café Greco, dem gewöhnlichen Sammelort der Künstler, kennen. Ihre Brüdergemeinde feiert er in begeisterten Gedichten:

„In der Stille muß es sich gestalten,
Wenn es kräftig wirkend soll ersteh'n,
Aus dem Herzen nur kann sich entfalten,
Das, was wahrhaft wird zum Herzen geh'n! —
Ja, ihr nehmet es aus reinen Tiefen,
Fromm und einfach, wie die Vorwelt war,
Wecket die Gefühle, welche schliefen,
Ehrend zeugt's von euch auf immerdar!"

Cornelius und Overbeck vergleicht er mit Paulus und Johannes:

„Dir, der selbst du glüh'st, wie Paulus glüh'te,
Dessen Eifer deinem gleichend ist,
Wie auch dir mit kindlichem Gemüthe,
Der du wie Johannes harmlos bist ...."

Die älteren Kunstfreunde erhoben sogar den Vorwurf, er lasse sich zu weit vom Enthusiasmus fortreißen. „Es ist," schreibt Niebuhr, „ein wahrhaft neues Licht in der Kunst aufgegangen. Meine Sendung hat hier, ohne Blödigkeit zu reden, vielleicht viel gewirkt. Der Kronprinz kann mehr thun: aber sein Aufenthalt hier hat auch geschadet. Er hat die Jünglinge hochmüthig gemacht, der besonnene Freund genügt seitdem nicht mehr, weil er nicht anbetet!"

In jener Künstlerwelt folgte das scheinbar Unvereinbare in raschem Wechsel, schwärmerische Ablösung vom äußeren Leben schloß nicht die Theilnahme an ausgelassenstem Vergnügen und Festlärm aus. Im Bunsen'schen Hause ging es oft bunt her. „Als neulich der Kronprinz," schreibt Bunsen an seine Schwester, „mit Seinsheim eintrat, wurde er mit dem Landesvater empfangen, er trank mit Allen auf Deutschland und in einer halben Stunde war die Gesellschaft in einem solchen Zustande von Schreien, Tanzen, Singen und Springen, daß das Vorigemal nichts dagegen war." Ein Genrebild Catel's, das in einem Kabinet der neuen Pinakothek hängt, schildert eine ähnliche Scene. Ludwig sitzt mit mehreren Künstlern im gastlichen Gelaß des Don Raffaele d'Anglada an der Ripa Grande und die fröhliche Gesellschaft läßt sich die Frutti di Mare und den Wein trefflich munden. So oft Ludwig nach Rom kam, sprach er bei diesem originellen Wirth vor und nahm an seinem Stammsitz Platz, der an einem in den Tisch gedrückten Bajocco kenntlich war.

In vielen Gedichten sucht er zu schildern, wie berauschend der Umgang mit ebenso lebensheiteren als bedeutenden Männern, das fröhliche Volkstreiben, der pomphafte Gottesdienst, die blitzenden Augen der Römerinnen, die herrliche Natur auf ihn eingewirkt: „Hier, hier lebt der Mensch, lebt als Seliger schon!"

Auch Thorwaldsen trat ihm damals näher. Schon 1808 hatte der Prinz die Statue eines Mars bestellt, zog jedoch, als Adonis im Modell fertig wurde, diese Statue vor und erwarb sie um 2000 Scudi. Thorwaldsen aber gewann sein Werk während der Arbeit so lieb, daß er es auch nach der Vollendung nicht aus seinem Studio lassen wollte. Ludwig bewies ihm gegenüber ungewöhnliche Geduld, entschädigte sich aber für sein langes Harren dadurch, daß er häufig bei seinen Kunsterwerbungen Thorwaldsen's Rathschläge einholte, und der Künstler, wie sein Biograph Justi sagt, „hat sich selbst darin übertroffen, daß er die fast monatlichen Schreiben des Prinzen immer beantwortete." Als er mit dem großen Alexanderzugfries beschäftigt war, schmeichelte er sich mit der Hoffnung, der Kronprinz werde das Werk in Marmor ausführen lassen. Ludwig sprang jedoch von diesem Vorsatz ab und bestellte für die in München zu bauende Apostelkirche ein großes Basrelieffries mit Darstellungen aus dem Leben Jesu. Einige Partien waren schon vollendet, als der Prinz nach Rom kam und nun häufig den Künstler bei der Arbeit besuchte. Thorwaldsen modellirte nun auch die Büste des Prinzen, die in den Saal der Neueren in der Glyptothek aufgenommen wurde.

Die bekannte Henriette Herz, die sich damals in Rom aufhielt, erzählt in ihren Memoiren mancherlei Begebenheiten, die den heiteren und aufgeweckten Sinn des Prinzen in helles Licht setzen. „Die

Deutschen," schreibt sie, „und namentlich die Künstler fanden in dem Prinzen den seltensten Verein aller schönen Eigenschaften und edlen Neigungen. Auch mir erschien der Prinz von so großer Vortrefflichkeit, daß ich für ihren Bestand fürchtete. Als ich in solcher Stimmung einst in seiner Begleitung die spanische Treppe hinaufsteigend ihn fragte: „„Werden Sie denn auch als König so bleiben, wie Sie jetzt sind?"" antwortete er mir, die Schlußzeile des Schiller'schen Gedichtes Columbus variirend: „„Was der Jüngling verspricht, leistet der Mann auch gewiß.""

Auch der schwedische Dichter Atterbom entwirft ein freundliches Bild: „Was Baierns Thronfolger betrifft, so kann ich den Wunsch nicht unterdrücken, daß unser Prinz Oskar (der 1859 verstorbene König von Schweden) ihm, mit Ausnahme seiner Fehler, gleichkommen möchte in dem wahrhaft Ritterlichen und Edlen, das ihn auszeichnet, und vor allen Dingen als unser Universitätskanzler sich ebenso lebhaft für alle Antiphilisterei, sowie für den nach Großem und Schönem strebenden Jugendgeist interessiren wollte."

Als Ludwig endlich nach dreimonatlichem Aufenthalt Rom verlassen mußte, rüsteten die Künstler ihm zu Ehren ein Fest, das alle Theilnehmer mit den glänzendsten Farben schildern. Die Villa Schultheiß vor der Porta del popolo wurde am Tage vor der Abreise in ebenso prächtiger, wie sinniger Weise geschmückt. Die Phantasie Cornelius', der das Ganze leitete, schuf eine Märchenwelt. Als Haupttableau für den Hintergrund malte Cornelius einen riesigen Eichbaum mit emporstrebenden Zweigen, unter ihm eine edle Gestalt, die Poesie, die mit ihren Flügeln die allegorischen Figuren Musik und Malerei, Bildhauerei und Baukunst bedeckt, um anzudeuten, daß alle diese Künste Töchter der Poesie, berufen, das Menschenleben zu veredeln und zu verherrlichen. Andere Transparente waren von Veit und Schnorr gemalt. Auch fehlte es nicht an satyrischen Darstellungen, z. B. wie Simson mit dem Eselkinnbacken die Philister erschlägt u. A. Bei ihrem Anblick rief der Prinz: „Brav, der Kerl hat noch viel zu schlagen!" Der Prinz trug altdeutsches Kostüm, eng anschließenden Rock, breit ausgeschlagenen Kragen und Sammtbarett. Atterbom wurde ihm durch Bunsen vorgestellt. „Sofort fragte er mich eifrig nach den Erfolgen des Strebens der jüngeren schwedischen Literaten, die französische Barbarei abzuschütteln und im Norden ein nationales poetisches Leben wieder zu erwecken, und ob dieß edle Bemühen nicht Gefahr liefe, da wir einen französischen König hätten. Hierauf fragte er mich nach den Zuständen unserer Preßfreiheit. Ich sagte, daß uns Europa darum beneiden würde, aber allerdings politische Broschüren wegen mächtiger Nachbarn mit Vorsicht auftreten müßten. Da klopfte er mir auf die Schulter: „„Ja, leider, ihr tapferen Schweden habt gar verdrießliche Nachbarn."" Hierauf stellte er allerhand Fragen über unsere Sprache und deren Zusammenhang mit dem Isländischen und Deutschen, dann begann er von Ulphilas, schlug sich vor die Brust und betheuerte, daß er ein Motto aus Ulphilas gleich einer Ordensregel im Herzen trüge, aber — da drohte eine brennende Guirlande auf uns herabzufallen, er ergriff mich schnell beim Arm und zog mich nach einem anderen Winkel des Saales. Nun begann eine ganze Kette von Festons zu brennen und als man des Feuers Herr ward, trennte mich ein Strom der Anwesenden vom Kronprinzen. Vor seinem Weggehen trat er noch einmal heran, mir zu sagen, daß er in München ein ausgezeichnetes Bild Karl's XII. besäße, mit Elenshandschuhen, den Raufdegen an der Seite. „„Er war wohl ein Bißchen übertrieben, allein das Zuwenig in dieser Hinsicht schadet mehr, als das Zuviel."" Hierauf sagte er mir noch die Schmeichelei, daß mein Name einen poetischen Klang hätte. Bei Tische wurden verschiedene Toaste ausgebracht, wie: Hoch lebe die deutsche Einheit! Rückert las ein hübsches Gedicht an den Kronprinzen vor, es war ein Kommentar zu Cornelius. Nach der Tafel eröffnete der Kronprinz den Ball und tanzte mit allen anwesenden jungen deutschen Damen, sowie mit den Künstlerfrauen, welche sämmtlich Italienerinnen waren. Hier sah ich zum Erstenmal den Saltarello und die Lavandarina. Der Kronprinz nahm auch an den italienischen Tänzen Theil, worauf die Damen um ihn einen glänzenden Halbkreis bildeten, und nun bat er um das Absingen deutscher Nationallieder. Ein vortrefflicher Chor, geleitet von Dr. Ringseis, stimmte das: Am Rhein, am Rhein, darauf Goethe's: Was hör' ich draußen vor dem Thor, dann das alte: Es reiten drei Reiter zum Thore hinaus, Ade! und zuletzt einige Tyrolerweisen an. Diese Scene kam mir wirklich wie ein schöner Traum aus dem Mittelalter vor: dort der Königssohn und werdende König in altdeutscher Tracht (während in München zufolge königlichen Verbots kein Mensch sogenannte deutsche, für schwärmerisch und revolutionär angesehene Kleider, zu tragen wagt), um ihn der Kreis altdeutsch gekleideter Damen, und alle einem Chor von Sängern lauschend. Der geniale und liebenswürdige Cornelius, in dem die Deutschen einen neuen Dürer erwarten, saß beständig an der Seite des Kronprinzen. Bei den Worten: „Gegrüßt, ihr schönen Damen, welch' reicher Himmel, Stern an Stern!" schwang der Kronprinz ein blitzendes Weinglas und verneigte sich vor den Schönen Unsichtbare militärische Orchester schmetterten dann und wann in den allgemeinen Jubel ihre Symphonien herein, während Kanonensalven in Pausen aus dem Garten herauf dröhnten: die Artillerie leitete der berühmte Landschaftmaler Reinhard. Bei der warmen Luft einer italienischen Nacht blickte durch die offenen Thüren und Fenster der blaue Himmel des Südens mit seinen goldenen Sternen herein, vom Balkon hatte man einen herrlichen Blick auf die italienische Landschaft im Hintergrund, sowie auf das alte Rom dicht vor uns in tiefe Schatten gehüllt."

„Dieses Fest," sagt Riegel, „wird, so lange deutsche Kunstgeschichte dauert, als ein schönes Denkmal des großen Aufschwungs fortleben, den besonders die Malerei durch Ludwigs königlichen Schutz genommen. Es war kein Fest, was Diener ihrem Herru, was Hofleute ihrem Fürsten gaben! nicht dem Prinzen galt es, es galt der Kunst, deren begeisterter Pflege ein begabter, thatkräftiger und reicher Fürst sich rückhaltlos gewidmet hatte. Und das war billig. Denn fragen wir uns offen: was wäre aus der deutschen Kunst, namentlich der Malerei geworden, ohne Ludwig's schützenden Arm? Durch jene festliche Erklärung seitens der Künstler nun an den Dienst der Kunst unverbrüchlich gefesselt, schied Ludwig aus der Tiberstadt mit dem Gruße: Auf Wiedersehen in Deutschland!"

Ludwig stattete am frühen Morgen nach dem Feste an Cornelius seinen Dank in edelster Form ab, indem er ihm den Kontrakt zur Ausführung der großen Wandgemälde in der Glyptothek zuschickte. Von Florenz aus schickte er an die Künstlerschaft eine Flasche 1631er Steinwein zu einer Agape im Café Greco mit einigen Widmungstrophen.

Auch im Herbst 1820 mußte der Prinz, der an Lungenschwäche litt, wieder den milden Himmelstrich Italiens aufsuchen. Im November traf er in Rom ein und verkehrte wie früher in Mitte seiner lieben Künstlergemeinde den ganzen Winter. Als er einmal Thorwaldsen's Atelier besuchen wollte, wurde er durch irgend einen Zufall auf der Straße aufgehalten und dieser Zufall rettete ihm das Leben, denn mittlerweile brach die schwere Decke des Ateliers ein. Er erwarb während dieses Aufenthalts namentlich viele schöne Münzen. Wie Bischof Streber in seiner Geschichte des bayerischen Münzkabinets erzählt, pflegte Ludwig, wenn er sich in München aufhielt, oft Tage lang den Münzenschatz zu studiren. Trat er eine Reise an, so nahm er einen Katalog mit, um für Ergänzung der Lücken Sorge zu tragen, und niemals kehrte er ohne einige seltene Exemplare nach Hause. Diesmal ließ sich Thorwaldsen nicht nehmen, dem Fürsten ein Abschiedsfest zu veranstalten, das bei Madame Butti Statt fand. Der fürstliche Freund dankte ihm sofort nach seiner Rückkehr von München aus:

„Herr Staatsrath — nein, nicht so! Lieber, guter, großer Thorwaldsen! Was dieser Name ausdrückt, vermögen keine Könige zu geben. Wenn blutiger Kriegsruhm längst verklungen, lebt noch hehr- und segensvoll des großen Künstlers Namen: erzeugend leben seine Werke fort.

Das herzliche Fest, das mein herzlicher Thorwaldsen mir gab, verschönte noch meine letzten Stunden in Rom, machte aber meinen Abschied schwer. (Folgen Grüße in italienischer Sprache.) Daß Rom mir noch näher erscheine, reiste ich in 10 Tagen hierher, heimisch bin ich in ihm und meinem Herzen nahe seid ihr lieben, guten Menschen. Da ich morgen nach Würzburg gehe, ist es möglich, daß mein Bildniß erst diesen Winter nach Rom komme; lieber so spät, als daß Sie kein gutes bekämen, der Sie in Marmor mich lebend dargestellt. Nun Lebewohl bis auf Wiedersehen."

# Die Glyptothek.

om's Schätze von Meisterwerken antiker Skulptur weckten in den Wunsch, jenen Gestalten der mythischen und heroischen oesie auch in seiner Heimath eine Stätte zu gründen. Er war ſt ein Knabe, als in ihm dieser Entschluß reifte, und mit welchem ührte er den Plan bis in seine letzten Lebenstage durch! Urlichs' hte der Glyptothek, die über die Erwerbung ihrer Bestandtheile nde Nachrichten mittheilt, bietet die interessantesten Beiträge schichte der Kunst und der archäologischen Studien in unserm ubert. Die Korrespondenz zwischen Ludwig und Wagner umlein 909 Briefe des Letzteren und 554 des Fürsten. Dazu ch der fast ebenso bedeutende Verkehr mit Haller von Hallernd eifrigste Beiziehung hervorragender Künstler und Kunst-

s eine beträchtliche Anzahl von Skulpturen erworben war, s der Wunsch, zu ihrer Aufbewahrung eine würdige Halle zu ' Es wurde dem hohen Kunstfreunde das Glück zu Theil, auch den geeigneten Mann zu finden. Während seines Aufenthalts is im Jahre 1815 lernte er den jungen Baumeister Klenze der bei den Kasseler Bauten König Jerome's beschäftigt war, r seiner Neigung und Kunstrichtung wenig entsprachen. Der lrchitekt, der den Kopf voll großer Entwürfe hatte, war dem gen Prinzen hoch willkommen. Schon bei der ersten Zusammenat er den Künstler, mit dem Eintritt in hannoversche Dienste g zu warten, und wenige Tage später kam eine schriftliche

Aufforderung, in die Dienste des Kronprinzen zu treten, bis eine Stelle im bayerischen Staatsdienst frei wäre. Die von anderen Architekten eingereichten Entwürfe für den Museumsbau wurden bei Seite gelegt, als Klenze den Entwurf einer edlen Tempelhalle vorlegte, welcher sofort den begeisterten Beifall des Prinzen fand. Am 15. März 1815 schreibt Ludwig an Kreuzer: „Lichtenthaler (sein Lehrer für die alten Sprachen) soll in Lateinischer oder Griechischer Sprache ein Wort aussuchen, das z. B. wie Bibliothek = Büchersammlung, die Stätte, in welcher Bildhauerwerke aufgestellt sind, bezeichnet." Bald erhob sich zum Staunen der Münchener außerhalb der Stadt ein griechischer Bau, vom Publikum schlechtweg das „närrische Kronprinzenhaus" genannt. Auch Schelling nennt es in einem Briefe ein „Gebäude ohne allen Styl"!

Inzwischen kam Kiste auf Kiste aus Rom und Griechenland für den Kronprinzen an, der in den Briefen an seine Beamten und Diener nie verfehlt, ihnen die ängstlichste Sorgfalt für diese Sendungen einzuschärfen. Bargen ja doch die unscheinbaren Kisten die edelsten Schöpfungen der Blüthenepoche der Kunst!

Die Vorschrift, die für alle Agenten galt: Nur das Beste ist gut genug! veranlaßte sogar, daß sich mancher glückliche Kauf zerschlug. „Wenn nicht vom Parthenon, laufe ich es nicht!" entschied Ludwig, als ihm ein berühmtes Reiterfragment angeboten wurde. Trotz der Höhe einzelner Kaufsummen genügten zur Erwerbung verhältnißmäßig überraschend geringe Mittel; es erklärt sich aus der Gewandtheit und Uneigennützigkeit der Agenten und dem glücklich gewählten Zeitpunkt, da durch die vielen Kriege in Italien die Adelsfamilien, in deren Besitz die plastischen Werle hauptsächlich sich befanden, in finanzielle Bedrängniß gerathen waren. Ludwig machte sich kein Gewissen daraus, auf solche Umstände zu speculiren, denn

„Kleinlich, sinnlos vorbey flattert das heut'ge Geschlecht,
Auf die es umgebenden Werke der Künste nicht achtend,
Fremder als Fremde darin leben die Römer in Rom."

Wenn Wagner einen besonders glücklichen Kauf oder Tausch gemacht hatte, fiel zwar der Lohn nur spärlich aus, doch wußte der Geber stets seinen Werth durch ein herzliches oder witziges Wort zu erhöhen. Als Wagner das großartige Unternehmen des Ankaufs und des Transports der Aegineten zu glücklichem Abschluß gebracht, schenkte ihm der Prinz eine Uhr und schrieb an ihn: „Wie Odysseus, viel geduldet haben Sie, Wagner, und das wegen meiner, dessen ich mein ganzes Leben eingedenk sein werde. Der Zeit rastloses Vergehen zeigt die Uhr, die Zukunft wird Ihnen aber zeigen, daß jene nicht fähig ist, mich die Dienste vergessen zu machen, welche Sie mir erwiesen."

Fast an jedes größere Stück der erworbenen Schätze knüpft sich eine interessante Geschichte. In vielen Fällen mußte größte Vorsicht und List aufgeboten werden, nur um die Entfernung aus Rom zu ermöglichen. Als der Kauf des sogenannten Barberini'schen Fauns durch den schlauen Wagner glücklich durchgesetzt war, wußte Canova im letzten Moment ein Ausfuhrverbot für alle antiken Kunstwerke durchzusetzen, die Statue wurde in den Vatikan abgeführt. Wagner gab die Hoffnung auf Wiedergewinn des Kunstwerkes auf, nicht so Ludwig. Er setzte Alles in Bewegung, um das Verbot der päpstlichen Regierung rückgängig zu machen. Endlich erreichte er durch Cardinal Consalvi, den er persönlich kannte, daß der heimlichen Ausfuhr kein Hinderniß in den Weg gelegt werden solle. „Falle ist keine zu besorgen," beschwichtigt er die Besorgnisse Wagners, „auch schon darum nicht, weil viel auf mich gehalten wird und der päpstliche Hof Baierns Thronfolger nicht aufbringen wird." Die römische Regierung sträubte sich aber plötzlich wieder auf's Neue und machte den unglaublich naiven Vorschlag, der Prinz sollte für die bereits erlegte Kaufsumme durch eine Statue Canova's entschädigt werden. Natürlich wurde dies abgelehnt, die Unterhandlungen wurden eingestellt. „Der Schlaf (die Chiffre des Faunus) schläft," schreibt Wagner, „und es ist nöthig, ihn auch noch ein wenig schlafen zu lassen, um ihn, wenn es Zeit sein wird, zu wecken." Inzwischen flüchtete Napoleon von Elba, der Krieg brach wieder los. Ludwig benachrichtigt seinen treuen Wagner am 1. April 1815: „Wahrscheinlich in der morgen beginnenden Woche verlasse ich Wien. Auch ich ziehe in den heiligen Kampf. Aber Rom wird nicht vergessen. Wie jedes Uebel sein Gutes hat, werden durch den Krieg in Rom die Kunstsachen wohlfeiler." Nach der Einnahme von Paris verwandte sich der Prinz eifrig für die Zurückgabe der aus Rom geraubten Antiken. Diesen Bemühungen lag auch ein selbstsüchtiges Motiv zu Grunde: überraschend schnell erfolgte die

Bewilligung der päpstlichen Regierung zur Ausfuhr jenes heiß erkämpften Kunstwerkes. Doch erst nach fünf Jahren langte der Koloß nach einer abenteuerreichen Fahrt in München an.

Wichtiger noch waren die gleichzeitigen Erwerbungen in Griechenland. Seit 1809 nahm dort der Nürnberger Architekt Haller von Hallerstein im Auftrag des Kronprinzen Nachgrabungen vor. Ihm glückte der herrliche Fund in den Ruinen des Athenetempels auf der Insel Aegina; doch waren die so berühmt gewordenen Statuen Eigenthum des britischen Vicekonsuls. Als sie versteigert werden sollten, war der Kronprinz rasch entschlossen. Er wies Wagnern Kredit auf 70,000 fl. an und beauftragte ihn, unter allen Umständen den Kauf abzuschließen. „Frisch auf, nach Zante," ruft er ihm zu, „nach Hellas heiliger Erde, Sie sind ein Mann von Herz und Kopf, ausübender Künstler und Kenner, beides ausgezeichnet, Ihnen vertraue ich ganz!" Und Wagner verläßt sein erstes großes Gemälde und begiebt sich auf die Reise, die nicht gefahrlos, da der Krieg auch auf das Mittelmeer ausgedehnt und in allen Küstenländern die Pest ausgebrochen war. In Zante galt es einen Wettstreit der List mit schlauen Griechen und prahlerischen Engländern. Der Kauf gelang, doch der Kampfpreis war noch lange nicht in Sicherheit. Feindliche Verfolgung und widrige Winde scheuchten lange das Schiff von der Küste Italiens zurück. Angesichts der Küste endlich, bei Capri, erhob sich noch einmal ein wüthender Sturm, doch plötzlich brach sich seine Macht, wie wenn Minerva selbst die empörten Wogen gebändigt hätte, und nach dreimonatlicher Reise lief das Schiff in Ostia ein. Die äginetischen Statuen erregten in Rom ungeheures Aufsehen. Der russische Minister Nitroff erbot sich, statt der Kaufsumme von 10,000 Dukaten das Zehnfache zu erlegen. „So viel ist gewiß," schreibt Wagner an den Prinzen, „daß ein Kleinod der Sammlung Ew. königlichen Hoheit es sein wird und viele Antiquare sich die Federn darüber stumpf schreiben werden." Ludwig erwidert: „Je mehr darüber geschrieben, je berühmter sie werden, desto lieber wird mir's sein, wenn auch hierin Teutsche sich am meisten auszeichnen!" In Deutschland waren die Ansichten über den Ankauf anfänglich sehr getheilt, man fand den Preis zu hoch, da ja „den Werken aller Hauch von Idealität fehle". Erst nachdem die musterhafte Beschreibung und Erklärung Wagners erschienen, der damit sein herrliches Werk würdig krönte, erkannte man den hohen Werth dieses Mittelglieds zwischen dem ältesten unnatürlichen und dem späteren gleichsam übernatürlichen Styl der griechischen Plastik. Die Restauration wurde von Thorwaldsen so genial durchgeführt, daß es selbst dem Kenner schwer fiel, die ergänzten Partien zu unterscheiden.

Doch der Kronprinz arbeitete für seine Glyptothek nicht bloß durch fremde Hände. Er selbst ließ sich in Wien, Paris und London die Bereicherung seiner Glyptothek angelegen sein. Von London aus klagte er seinem Wagner, daß die Besichtigung der durch Lord Elgin aus Griechenland fortgeführten Kunstwerke den Stolz auf seine eigenen Schätze sehr gemindert habe und fügt eine ausführliche kritische Beschreibung der Skulpturen des Parthenon bei. Urlichs äußert darüber: „Wer diese Stellen liest, wird ermessen, ob König Ludwig wirklich keinen Kunstsinn oder Verstand (Gervinus) besaß; wärmer und im Ganzen richtiger ist kein Urtheil ausgesprochen, als dieser unmittelbare Eindruck veranlaßte.“

Auch bei dem Bau des Gebäudes blieb er keineswegs müssiger Zuschauer, sondern berieth sich mit Klenze über Eintheilung und Ausschmückung oft halbe Tage lang. Wie es seine Gewohnheit war, zog er dann über die nämlichen Puulte auch Wagner und den von diesem empfohlenen Architekten Gärtner zu Rathe. Letzterer beurtheilte das Bauunternehmen sehr ungünstig. Er schreibt: „Antike Bildwerke können ihrer Natur nach keinen fremden Schmuck um sich leiden; alles Gezierte, Schön- oder Vielfarbige thut ihnen Schaden, je trüber und schmutziger der Ton ist, der sie umgiebt, desto mehr scheinen sie zu gewinnen.“ Ludwig war mit dieser Ansicht durchaus nicht einverstanden, fügte jedoch bei: „Ihre freimüthigen Beurtheilungen machen Sie mir nur noch schätzenswerther!“ Wie eingehend er selbst mit dem Detail sich beschäftigte, erhellt z. B. aus folgender Anweisung (15. November 1815) für Kreuzer: „Schreiben Sie Wagner sogleich als von mir erhaltenen Auftrag, ob für das die Skulpturen bewahrende Gebäude er Wände von Gipsmarmor wünsche und alle gleicher Farbe. Gleiche Frage, die Büstenpostamente betreffend, und ob alle einer Höhe sein sollten, welcher Farbe? Ob die nur wenige Statuen enthaltenden Zellen der beiden Sähle Tiefe zu bekommen hätten, wenn nicht, wäre es, vorzüglich des Lichtes wegen, auch in anderer Hinsicht sehr schwierig zu lösende Aufgabe. Wie die Verbindung der zwei Sähle und der Zellen unter einander zu machen? Durch große Bogen? Doch nicht durch Thüren? Holz darf kein Stückchen selbst in dieses Gebäude kommen. Zweckmäßig finde ich die vorgeschlagenen Ruhebänke, aber von welchem Stoff? Vielleicht Marmor? oder Gipsmarmor überzogen? oder Mischung mit Küssen darauf? Wünsche schleunige Beantwortung."

Der Bau kostete große Opfer. Am 28. Juli 1819 schreibt Ludwig an seinen Sekretär: „Kreutzer, das scheint mir doch zu stark, daß nach Abzug der Marmorbearbeitung, soweit solche in Salzburg geschieht, und der Frachtkosten nach München, alles nicht zu meiner Haushaltung verbraucht werdende von meiner Appanage und dazu die großen Vorschüsse Eichthals zu meinem Glyptothekbau gebraucht worden seit meiner Ankunft, und überdem noch 12,948 fl. 49½ kr. mehr!" Er mußte sich deßhalb in der Erwerbung neuer Kunstwerke einschränken. „Des Geldes," schreibt er (27. November 1822) an Wagner, habe ich im Vergleich meiner großen Unternehmungen so wenig, daß ich auf jeden Skudo schauen muß. Auch um Billiges sind meiner Sammlung nicht nothwendige Gegenstände mir zu theuer."

Solcher Verdruß hemmte aber nicht einen Augenblick die Fortsetzung des Unternehmens. Mit der nahenden Vollendung wuchs die Lust am Schaffen. „Es muß eine wahre Freude sein," schreibt Wagner, „die Antiken nach langer Verborgenheit endlich unserem Vaterlande zu Licht und Zierde aus den Kisten hervorgehen zu sehen. Merkwürdig mag es sein, den Eindruck zu bemerken, den sie auf das Publikum machen, das doch großen Theils nichts dergleichen noch gesehen hat. Aber leider, den Meisten wird der Bierkrug noch immer lieber sein. Doch mit der Zeit und thätiger Handhabung kann sich Vieles verbessern."

Fast bei allen Bauten Klenze's ist den drei Schwesterkünsten Gelegenheit geboten, sich vereint in edlem Wetteifer zu zeigen. Die Ausschmückung des Antikenmuseums mit Fresken erfuhr vielseitigen Widerspruch, doch als die tiefsinnigen Zeichnungen für die Säle, die als Eingangsräume bestimmt waren, dem hartnäckigsten Gegner, Wagner, vorgelegt wurden, stimmte auch er in das Lob des Künstlers ein, der sich hier gleich groß als Denker, Dichter und Maler bewährte.

Als Ludwig den Thron bestieg, war die Sammlung im Ganzen und Großen abgeschlossen, doch wurde die Ergänzung noch immer eifrig gefördert. „Zwischen uns," schrieb der König am 3. November 1825 an Wagner, „bleibt es beim Alten; sey Wagner gegen den König, wie er's gegen den Kronprinzen war, der gerade, aufrichtige, freimüthige Mann." Der treue Diener wurde nun reichlicher bedacht, auch Cornelius wurde auf edle Weise belohnt. Der König beschied ihn mit seinen Schülern in die Glyptothek und führte sie dort unter das Bild der Zerstörung Troja's. „Mau schlägt den Sieger auf dem Schlachtfeld zum Ritter," rief er mit bewegter Stimme, „Sie sind hier gleichfalls auf Ihrem Felde der Ehre, und ich mache Sie also hier zum Ritter!" Indem er dies sagte, hing er dem Künstler den Ritterorden der bayerischen Krone um und umarmte ihn.

Am 10. August 1827 schrieb Ludwig an Wagner: „Der Aegineten-saal ist beendigt, sie aufgestellt und dermalen wohl schon auch auf dem steinernen marmorbekleideten Stylobat. Von herrlicher Wirkung ist dieser, sind die anderen fertigen Glyptotheksäle. Zweimal bei Fackelbeleuchtung besah ich sie diesen Sommer. Dankbar dachte ich, daß ich das Meiste, was sie enthalten, Wagner's Bemühungen zu danken habe, namentlich die Aegineten."

1830 wurde die Glyptothek dem Besuche des Publikums geöffnet.

Von Gervinus wird der Vorwurf erhoben, die fernere Completirung sei oberflächlich betrieben worden. Der Tadel mag nicht ganz unbegründet sein, doch ist zu erwägen, daß die Anlegung der Pinakotheken, der Vasensammlung, der vereinigten Sammlungen und anderer Unternehmungen Zeit und Geldmittel in Anspruch nahmen. Auch wurde das Ziel nie ganz aus den Angen verloren. 1843 ließ Ludwig durch den Gesandten Graf Spaur in Rom einen neuen Tausch mit dem Hanse Barberini einleiten, er solle sich nur an die päpstliche Regierung wenden, um das Ausfuhrverbot zu umgehen, „was eingedenk dessen, was ich für die Kirche gethan, und bey des Papstes persönlicher Gesinnung doch erreicht werden kann, wenn auch lange Zeit dazu erfordert würde; gleich soll damit begonnen werden und anfängliche Verweigerung darf nicht entmuthigen".

Noch im Jahre 1863 erwarb er von Mr. Perey Badger eine Sammlung von Basreliefs aus Ninive.*)

---

*) Den Abguß von Statuen erlaubte er nur sehr ungern und es zeigte sich auch, daß solche Aengstlichkeit nicht übertrieben war. Als 1864 für Napoleon III. Abgüsse der beiden Venusstatuen gemacht wurden, erlitt die größere beim Transport erhebliche Verletzungen. Behufs der Restauration dieser Stellen, sowie weil beide Statuen durch Bubenhand garstig befleckt waren, wurden sie in einem Gelaß der neuen Pinakothek untergebracht. Dies ist der wahre Sachverhalt der Angelegenheit, welche so viel Staub aufwirbeln machte. Von vielen Seiten, namentlich von D. Strauß wurde der König wegen der Entfernung der Statuen des Mangels an eigentlichem Kunstverständniß bezichtigt, da ihm die Nacktheit der Antike lasciv erscheine u. s. w. Bei Ludwigs Temperament konnten diese überlauten Klagen nichts Anderes bezwecken als den Befehl, die Statuen sollten gar nicht mehr ausgestellt werden. „Ein Publikum," sagte der alte König erbittert, „das solche Kunstwerke so verstümmelt, hat gar kein Recht, über die Entfernung zu klagen." Doch wurde der Befehl vom Könige selbst vor der letzten Reise nach Nizza zurückgenommen. (Mittheilung des Herrn Hofrath v. Hüther und des Herrn Galeriedirektor v Zimmermann.)

# Familienleben.

Graf Platen, der als Edelknabe am Münchener Hofe bei der Vermählung des Kronprinzen anwesend war, entwirft in seinem Tagebuch ein liebenswürdiges Bild von dem jugendlichen Paar: „Der Kronprinz würde ein ausgezeichneter Mann sein, auch ohne Prinz zu sein. Vortrefflich erzogen, wissenschaftlich gebildet, gehört er zu den Menschen, deren Werth bei jeder näheren Betrachtung wächst. Sich zu einem großen und verdienstvollen Regenten zu bilden, ist sein ganzes Streben; deßhalb will er, daß ihm nichts fremd bleibe, deßhalb verlangt er von allem genaue Einsicht, das Geringste, wie das Größte interessirt ihn. Ein Kenner der neueren Sprachen, studirt er auch die alten; oft hat man ihn in Salzburg, den Homer in der Hand, die Berge besteigen sehen. Für die Einheit und die Größe Deutschlands glühend, ist er ein Feind der französischen Zwingherrschaft. Daß er die Musen liebt, daß er selbst dichtet, seine Begeisterung für die bildende Kunst und seine tiefe Kenntniß derselben mußten mich besonders anziehen. Die Leutseligkeit, die Gutmüthigkeit, die Natürlichkeit der Kronprinzessin, ihre Zärtlichkeit für den Kronprinzen entzückten mich, ihr Lächeln, alle ihre Geberden sind unwiderstehlich."

Und das gleiche Lob, das der vom Prinzen erkorenen Fürstin bei der Hochzeit gespendet wurde, wurde auch an ihrem Grabe nicht versagt. Dötlinger nennt sie „ein Musterbild der Gattinen und Mütter, an deren Ruf auch nicht der leiseste Flecken haftete, gegen welche nie und nirgend ein Wort des Tadels vernommen ward."

Ludwig wußte ihren Werth wohl zu schätzen. Er charakterisirt ihr Wesen in dem Gedichte „An meine Frau:"

„Nicht im ersten Augenblick geachtet
Wird das Herrliche nach seinem Werth,
Doch je länger er von uns betrachtet,
Um so mehr wird Raphael geehrt!"

Und als er aus Italien zurückkehrte, begrüßte er die Gattin:

„Zwar in den Augen unsrer teutschen Frauen
Ist keine Gluth, und keine Flamme brennet;
Doch das, was nur die teutsche Sprache nennet,
Von allen nur das teutsche Weib auch kennet:
Die Weiblichkeit an ihnen ist zu schauen,
Durchdringet uns mit Liebe und Vertrauen."

Doch vermochte die Verehrung vor dem schlichten und einfachen Wesen der Gattin nicht ganz sein Herz auszufüllen. Er schildert sein eigenes Temperament in dem Gedichte „Ich":

„Ruhe kann nicht mein Wesen ertragen,
In der Ruhe versumpfet das Meer,
Stürme müssen es peitschen und schlagen,
Leben, eintöniges, lastet zu schwer.
Froh des Berufes, den Gott mir gegeben,
Hoher Genuß, zu erfüllen die Pflicht;
Aber nur als ein Herrscher zu leben,
Meiner Natur genüget es nicht,
Muß mich verschiedenen Kreisen gesellen,
Daß mannigfaltig ich werde erregt,
Auf des Lebens entströmenden Wellen
Bis in die Ewigkeit rastlos bewegt.
Gegensätze verschönern das Leben,
Geben ihm Würze und machen es reich,
Muß von dem Königsthron mich erheben,
Muß auch machen dem Bürger mich gleich.
Feurig muß das Leben mir schäumen,
Soll es bekommen den Werth, der beglückt;
Sehnen will ich und schwärmen und träumen,
Phantasie nur befriedigt, entzückt."

Schönheit, sprühender Witz, lebhafte Unterhaltungsgabe waren für ihn unwiderstehliche Magnete. Er liebte den Umgang mit schönen und geistreichen Frauen, ließ sich solche, wo er sie sah, vorstellen und blieb mit manchen, z. B. mit der Marquesa Florenzi, die er in Rom en lernte, — sie machte das italienische Publikum mit einer Reihe der vorzüglichsten Schöpfungen deutscher Denker und Dichter bekannt und verdankte hohen Ruhm ebenso ihrem Geiste, als ihrer Schönheit — Zeitlebens in lebhaftem Verkehr. Seine Liebesgedichte verrathen, wie empfänglich für alle Aufwallungen und Stimmungen, wie leicht erregbar sein Gemüth. Er war ein echter Sohn der Romantik und hielt an den Grundsätzen und Gewohnheiten, die in den Salons der Herz und der Rahel ihre Heimat hatten, auch noch in einer Zeit fest, die dafür kein Verständniß und keine Entschuldigung mehr hatte. Seine Gattin verkannte ihn niemals, sie blieb ihm stets mit gleicher Liebe zugethan und erkämpfte nachsichtig und duldend manchen stolzen Sieg.

Die Ehe des hohen Paares war reich gesegnet. Von vier Prinzen und fünf Prinzessinen starb nur Prinzessin Theodelinde im Alter von einem halben Jahre, alle übrigen erfreuten sich heranwachsend der kräftigsten Gesundheit. Im stolzen Gefühle seines Familienglücks ließ Ludwig als König die sogenannten Familienthaler prägen, mit den Brustbildern der ganzen königlichen Familie und der Umschrift: Segen des Himmels.

Mit wärmstem Eifer ließ er sich die Erziehung seiner Söhne und Töchter angelegen sein. Als sein Erstgeborner Max sechs Jahre alt war, bat er seinen alten Lehrer Sailer, er solle einen würdigen Geistlichen als Erzieher auswählen. Da der Erste sich nicht in das Hofleben finden konnte, schlug Sailer den Schotten Mac Iver aus dem Schottenkloster in Regensburg vor. Für ihn setzte der Vater eine auf alle Zweige des Unterrichts und der Erziehung eingehende Instruction fest, die für seine eigene Geschichte ein wichtiges Dokument bildet, da sie über seine religiösen, politischen und socialen Ansichten interessante Aufschlüsse bietet:

„An Herrn Maciver, meines Erstgebornen Erzieher.

Vor Allem die Bezeugung meiner Zufriedenheit mit der, schon in der kurzen Zeit, daß Sie bei meinem Sohne sind, bewirkten vortheilhaften Veränderung. Was den Unterricht betrifft, setze ich Folgendes fest: Von Anfang November bis Ende December (Sonntag und Feiertag ausgenommen) täglich zwei halbe Stunden, in welchen Sie ihn werden lesen lernen. Ich sage zwei halbe Stunden, weil sie nicht in dieselbe Tageszeit fallen dürfen; dieses gilt für alle folgende Unterrichtszeit gleichfalls. Jannar bis Februar täglich zwei Dreiviertelstunden; März bis Juni täglich zwei Stunden. Mit dem Monat März kann auch nebst dem täglich eine Viertelstunde, aber nicht sitzend, sondern im Zimmer auf- und niedergehend, mit dem Kopfrechnen zu lernen verwendet werden, aber zu keiner bestimmten Zeit im Tage. Mit dem Monat März hat der förmliche Religionsunterricht, den Sie gleichfalls ertheilen werden, zu beginnen, und im Juni die vom Hofbibliothekar Lichtenthaler zu geschehende Unterweisung im Klavierspielen, welches beide auch in zwei zum Unterrichte festgesetzten Stunden zu verrichten; von welchem im Juni zum Klavier täglich eine Viertelstunde zu nehmen. Dieses gilt, bis ich anders bestimme. In welchem dieser Monate Sie es für geeignet finden, beginnen Sie meinem Sohne kleine Fabeln und Erzählungen auswendig lernen zu lassen. Das Gedächtniß, was für einen Fürsten so wichtig ist, muß geübt, muß geschärft werden. Dahin streben Sie, daß religiöses Gefühl meinen Sohn durchlebe, wie das Blut den Körper, so jenes die Seele. Gottesfurcht, mehr noch Gottesliebe fühle er, Liebe ist das Höchste. Teutsch soll Max werden, ein Bayer, aber teutsch vorzüglich, nie Bayer zum Nachtheil der Teutschen. Wie die Britten sind wir Teutsche, und mehr noch **ein** Volk, obgleich unter mehrern Fürsten. Was mein Sohn verspricht, das halte er, der zu gewöhnen ist, nicht leichtsinnig zu versprechen. Zuverlässigkeit ist eines jeden Menschen, vorzüglich aber eines Fürsten seiende Haupteigenschaft. Zutrauen macht stärker noch als Heere, aber es muß verdient werden. Abneigung flößen Sie meinem Sohne gegen Frankreich, Teutschlands Erbfeind, und gegen das französische Wesen (unser Verderben) ein. Wie kann ein Teutscher Frankreich Freund sein! So lange es wenigstens Elsaß noch von Teutschland abgerissen, unterworfen behält, von Teutschland, zu dem es gehört und durch Sprache und Lage immer gehören soll. Mensch im höheren Sinne des Wortes muß mein Sohn werden, Mensch und Christ (der veredelte zur Vollkommenheit strebende Mensch ist Christ), er achte die Menschheit und liebe die Menschen; Achtung gegen das Alter, Anhänglichkeit an das Alte, wenn es nicht schädlich, bekenne derselbe, überhaupt nichts Bestehendes zu ändern, wenn dieser Grund nicht obwaltet. Gegen Selbstsucht (Egoismus), die Pest unserer Zeit, ist sehr bei Max zu arbeiten. Gehorsam gegen den König, gleichviel wer die Würde bekleidet, ist ihm einzuprägen, Gehorsam, Verehrung und Liebe gegen seine Aeltern. Das fehlte nie, und wird nie fehlen, daß sich Leute zwischen den regierenden Vater und den thronerbenden Sohn zu stellen trachten; darum kann das herzliche, innige Band zwischen beiden nicht fest genug geschlungen werden, nie des Sohnes Aufrichtigkeit dem Vater zu viel sein. Keine Vorlesungen sind über diese Gegenstände zu halten, aber im täglichen Leben, bei den so oft sich ergebenden Gelegenheiten dazu einzuprägen, daß es zu einem eigenen Gefühle, zu eigener Denkweise werde. Darauf werde gehalten, daß mein Sohn sich wirklich beschäftige, seine ganze Aufmerksamkeit auf einen Gegenstand anhaltend richten lerne. Auf Wahrheit werde unerbittlich strenge gehalten. Obgleich Du mir angenehm klingt, soll dennoch bewirkt werden, daß Max, wenn ich zurückkomme, nur Sie zu mir sage, wenn es schon gegen andere Väter rathsam ist, bestehet dieses um so mehr gegen den fürstlichen Vater, der wahrscheinlich Herrscher einstens wird, den König und Vater vereinigend. Die Sinne, Ohr und Augen, vornehmlich letztere, sollen auf Spaziergängen einstimmig, und nur, daß es meinem Sohne Freude gewährt, geübt werden. Wenn mein Sohn Griechisch und Latein, was von Lichtenthaler, Englisch, was von Ihnen wird gelehrt werden, beginnen soll, wie überhaupt, was andere Unterrichtsgegenstände betrifft und von wem solche vorzutragen, werde ich künftig bestimmen, der ich meine Zufriedenheit mit Ihnen wiederholt bezeuge und meine Freude, Maciver gefunden zu haben.

Würzburg, 6. October 1817, den Abend vor meiner Abreise.

Ludwig, Kronprinz."

So lange Mac Ioer den Unterricht leitete, ließ sich Ludwig von Zeit zu Zeit über die Erziehungsresultate berichten. Die Briefe an ihn schrieb er meistens in englischer Sprache, um sich selbst zugleich im Englischen zu üben. Doch machte er in dieser Sprache nie große Fortschritte, während er fertig Französisch und Italienisch sprach und schrieb und sich noch in späteren Lebensjahren spielend die spanische Sprache aneignete.

Nach drei Jahren kam an Stelle Mac Ivers der protestantische Philologe Lichtenthaler. Mit ihm las der Vater selbst im schönen Veitshöchheimer Garten den Homer, während der junge Max sich mit dem Bruder Otto umhertummelte. Da der gelehrte Lichtenthaler für praktische Erziehungsmethode keine geeignete Persönlichkeit, fiel die Wahl auf Hohenhausen, der schon im neunzehnten Lebensjahre als Militär hervorragend sich ausgezeichnet hatte und rasch zum Hauptmann vorgerückt war. Auch mit ihm theilte sich der Vater selbst in das Erzieheramt. Die Söhne wurden streng erzogen. Bevor sie ihr sechzehntes Jahr erreichten, erhielt jeder nur, wie die Rechnungsbücher nachweisen, monatlich vier Gulden Taschengeld. Wenn der Vater verreiste, mußten ihm die Schulhefte der Knaben nachgesendet werden. Von Rom aus schreibt er (29. November 1823) an Hohenhausen: „Prägen Sie meinem lieben Max gelegentlich nur recht ein, daß ich es für thöricht halte (ohne daß ich es auf ihn sagte), sich etwas auf den durch seine Geburt bekommenen Stand zu Gute zu thun, daß gerade ein solcher uns anspornen soll der Welt zu zeigen, daß wir dessen nicht unwürdig sind. Nicht nur scheinen, selbst etwas tüchtiges zu sein: dahin gehe des Fürsten Streben, daß er als Mensch Werth habe. Auf des Ihnen Anvertrauten Herz, Geist und Körper wachen Sie sorgsam. Mit freudigem Herzen gewahrte ich, wie Max an Liebe, Anhänglichkeit und Vertrauen zu mir gewonnen habe, seit Sie bey ihm. Das bleibe nicht nur, sondern wachse noch immer, und machen Sie, daß er recht fühle, daß es besser als seine Eltern niemand mit ihm meynen könne“.

## Antheil an der Politik in den Restaurationsjahren 1816—1825. Sturz des Ministeriums Montgelas. Konkordat. Pläne zur Wiedergewinnung der badischen Pfalz. Das bayerische Verfassungswerk. Der erste Landtag. Sympathien für Griechenland.

Ludwig hielt sich als Kronprinz von den eigentlichen Regierungsgeschäften fern. Das Gouverneuramt, das er in Salzburg und Würzburg bekleidete, war nur ein Ehrenposten. Alles, was die Zeitungen über den Thronfolger zur Kenntniß des Publikums brachten, beschränkt sich auf Züge aus dem Privatleben; seine Kunstliebe, seine wissenschaftlichen Studien werden gerühmt, auch tadelnde Stimmen werden laut, da er einmal nicht Bedenken trug, in München mit Cornelius Arm in Arm die Straßen zu durchschreiten.

Doch die Politik ist ein Doppelschauspiel und das Spiel hinter den Coulissen bleibt dem größeren Publikum unbekannt. Aus den Briefen des Prinzen selbst und aus den Mittheilungen eingeweihter Zeitgenossen erhellt, daß Ludwig auch schon vor der Thronbesteigung in mehreren wichtigen Fällen entscheidenden Einfluß geltend machte.

Weder durch den Rieder Vertrag noch durch die deutsche Bundesakte war das „französische System" völlig gebrochen, das Anlehnung Bayerns an Frankreich, sowie die Umbildung der gesammten Verwaltung nach französischem Muster anstrebte. Der Sturz Napoleons hatte nicht reuige Wiederkehr zur deutsch vaterländischen Sache, sondern nur ein gezwungenes, ängstliches Einlenken zur Folge. Montgelas war ebenso klug und geschäftsgewandt, als wachsam und entschlossen, ein feingebildeter Staatsmann aus der Schule der französischen Hofkreise und doch zugleich ein Schüler der Revolution, — aber immer mehr Franzose, als Deutscher. Kein Fürst verrieth weniger autokratische Willkür, als der Liebling seines Volks, Max Joseph; kein Minister führte so autokratisches Regiment, als Montgelas. Das ganze Staatsleben erhielt einen gewissen militärischen Zuschnitt. Die neuen Gebietserwerbungen boten der Umgestaltungssucht weites Feld. Eine geographische Eintheilung des Landes sollte alle Erinnerungen an alte Stammesverschiedenheit ausrotten und das nämliche Centralisationsystem wurde in allen Verwaltungszweigen durchgeführt. Das schon im Jahre 1808 gegebene Versprechen einer Konstitution blieb unerfüllt, Montgelas sprach unbedenklich dem Volke die Reife zur Theilnahme an der Regierung ab. Nur für das Fürstenrecht allein, das ihn selbst ohne Beschränkung an der Spitze erhielt, nicht auch für jene Freiheit, die mit der Tafel des Gesetzes schützend neben den Thronen steht, sollten die blutigen Opfer des Befreiungskampfes gebracht sein. Wie ungerecht auch die Verketzerung des Wirkens der bayerischen Regierung unter Montgelas' Leitung in den bekannten Tendenzschriften Raisach's, weil hier nur die Schattenseiten hervorgehoben sind, so sind doch viele Vorwürfe nicht zu entkräften. Auch die religiöse Seite wurde nach der Rheinbundsepoche bedeutsamer. Auf die rationalistische Franzosenzeit folgte innige Wiedereinkehr in das religiöse Leben, denn nie hatte sich, wie Jakobi sagt, die Gewalt des Unsichtbaren über das Sichtbare, des Göttlichen über das Ungöttliche so mannigfaltig und durchgreifend geoffenbart, als in der Befreiung Europa's aus der gallischen Cäsarenherrschaft. Montgelas stellte nun allerdings als Princip auf, er wolle im Lande den Cultus der christlichen Religion in ihrer Reinheit wieder herstellen, aber die von Staatswegen versuchten Mittel entsprachen nicht immer diesem Programm. Die Befreiung der Protestanten aus einer unwürdigen Stellung ist freudigst zu begrüßen, aber solch' edle Toleranz stand in Kontrast zu manchen intoleranten Maßregelungen der katholischen Welt. Die Aufhebung der Klöster z. B. war eine politische Nothwendigkeit, die Art des Vollzugs war ebenso unklug, als unwürdig.

Wie in den Rheinbundstagen Kronprinz Ludwig an der Spitze der Opposition gegen die äußere Politik Montgelas' stand, so war er jetzt bemüht, den Einfluß des Ministers auf die innere Verwaltung zu hemmen und zu schwächen. Ein Zufall unterstützte seine Bemühungen, das übermächtige Regiment zu stürzen. Eine Depesche des französischen Gesandten Mercy, die über die letzte Unterredung mit Montgelas vor Abschluß des Rieder Vertrags Nachricht gab, war in die Hände des Wiener Kabinets gekommen. Ihr Inhalt veranlaßte, daß von Seite Oesterreichs unermüdlich der Rücktritt des französisch gesinnten Staatsmannes gefordert wurde. Dieser Bundesgenosse ließ endlich den Kronprinzen und Marschall Wrede ihr Ziel erreichen. Am 2. Februar 1817 wurde Montgelas plötzlich aller ihm anvertrauten Staatsämter enthoben. Die meisten öffentlichen Organe standen nicht an, die Entlassung des Ministers als „die kräftigste und segenvollste Regentenhandlung des Königs", den 2. Februar als einen „ewig denkwürdigen Tag in Bayerns Geschichte" zu feiern; nur wenige Stimmen vergaßen nicht des schuldigen Dankes gegen den Gestürzten. Der intellektuelle Urheber des Staatsstreiches blieb nicht unbekannt. Aus Varnhagens Mittheilungen läßt sich erkennen, wie am badischen Hofe die politische Wendung beurtheilt wurde: „Dies große Ereigniß hatte der Kronprinz bewirkt und es hieß, Baiern werde nun einer wahrhaft deutschen Richtung folgen und auf der konstitutionellen Bahn ein großes Beispiel geben. In Baden wurde man hiedurch nicht wenig geängstigt, man sah einen großen Sieg Baierns in der öffentlichen Meinung voraus, die damals noch als eine Macht angesehen wurde, und fürchtete den Rückschlag auf Baden." Der gestürzte Minister rächte sich später durch strenge Kritik der Regierungsthätigkeit des nachmaligen Königs in seinen veröffentlichten Briefen. Der unvermittelte Gegensatz in der Gemüthsart, wie in der Geistesrichtung des rationalistischen Staatsmanns und des romantischen Fürsten erklärt es, daß jedem von beiden Verständniß und Achtung für die bedeutenden Vorzüge des politischen Gegners fehlte.

Als oberste vollziehende Stelle wurden nach Montgelas' Rücktritt fünf Ministerien eingesetzt, als oberste berathende Stelle ein Staatsrath, an dessen wichtigeren Verhandlungen auch der König und der Kronprinz Theil nahmen.

Die Aenderung der Stellung, welche die Staatsregierung zur Kirche einnahm, wurde bald offenkundig durch den Abschluß des

Konkordats. Anselm Feuerbach bezeichnet den Kronprinzen als Urheber. Es läßt sich nicht feststellen, ob diese Ansicht begründet, es ist aber erklärbar, wie sie entstehen konnte. Der Kronprinz ließ sich damals in die dunklen Labyrinthe jener Romantik verlocken, die aus französischer Libertinage plötzlich in einen krankhaften Mysticismus übersprang. Baader veröffentlichte damals seine Werke über Divination und Magnetismus, Frau von Krüdener hielt ihre Missionen, die Wunderkuren des Fürsten Alexander Hohenlohe erregten Aufsehen in ganz Europa. Als sich die Nachricht von der Heilung der Prinzessin von Schwarzenberg verbreitete, lud der Kronprinz den geistlichen Arzt nach Brückenau ein, und bald wurde das Gerücht ruchbar, er habe sich gleichfalls einer frommen Kur unterworfen und sei von seiner Schwerhörigkeit geheilt. Da sich gerade damals ein fanatisirter Pöbel in einigen Städten zu Excessen gegen Protestanten hinreißen ließ, so befürchteten Manche das Bestehen einer organisirten Propaganda, an deren Spitze der „pfäffische" Kronprinz stehe. Deßhalb wurde auch das Konkordat längere Zeit hindurch von protestantischer Seite als Werk einer gegen sie gerichteten Opposition betrachtet, während es im Wesentlichen nur ein friedlicher Vertrag zwischen Staat und Kirche zur Ausgleichung der beiderseitigen Rechte und Güter, die durch die Säkularisation gänzlich verrückt waren. Begründet war dagegen die Klage, daß durch den neuen Vertrag die Hoheitsrechte des Staates auf empfindliche Weise geschädigt seien. Da sich deßhalb namentlich in den fränkischen Provinzen energische Opposition erhob, die im Ministerium selbst Anklang fand, so folgte das Religionsedikt und es reden nun, wie Görres sagt, die beiden feindlichen Gesetze unaufhörlich streitend gegen einander, indem das jüngere das ältere zwar der Form nach bejaht, im Wesen aber verneint. Was das Verhältniß Ludwigs zu den beiden Gesetzen betrifft, so ist allerdings bekannt, daß er sich oft unwillig über diese Quelle von Irrungen äußerte und meinte, die Regierung hätte sich zu den Zugeständnissen des Konkordats nicht herbeilassen sollen, wenn sie nicht wußte, was sie wolle. Keinesfalls aber ist er für die Abänderungen in dem ursprünglichen Konkordat-Entwurf der bayerischen Regierung verantwortlich, die zu Gunsten des päpstlichen Stuhls durch den nachmaligen Kardinal Häffelin fabricirt wurden. An den Bestimmungen des Religionsedikts wurde selbst unter dem Ministerium Abel festgehalten. Bitter beklagt sich ja das Parteiprogramm der Ultramontanen, Strodls Geschichte jenes Ministeriums, über „den alten Geist der absoluten Gewalt", der auch in jener Zeit „als der böse Dämon umging, um die Kirche zu fesseln nach Willkür".

In der äußeren Politik Bayerns beschäftigte namentlich eine Frage den Kronprinzen in hohem Grade, die Wiedererwerbung des alten Pfälzer Gebiets für Bayern. In dem Gedichte „Des Heidelberger Schloßes Wiedersehen im Sommer 1810" beklagt er, wie er nur als Fremder an dem alten Sitz der Väter verweilen dürfe . . . Das Heidelberger Schloß wieder aufzubauen, war ein Lieblingsplan Ludwigs. Die Pfälzer selbst, vorzüglich die Mannheimer richteten ihre Hoffnung darauf, wieder unter das Haus Wittelsbach zu kommen. Oesterreich hatte das feste Versprechen gegeben, im Fall des Erlöschens der männlichen Linie im Hause Baden die Ansprüche Bayerns zu vertheidigen. Als aber 1817 ein neues badisches Hausgesetz erlassen wurde, das die Hoffnungen Bayerns zu vereiteln schien, wurde Metternich, in dessen Händen alle diplomatischen Fäden zusammenliefen, vergeblich durch den Kronprinzen bestürmt, sein Versprechen zu erfüllen. Aus den interessanten Mittheilungen Varnhagens, der damals am Karlsruher Hof eine bedeutsame politische Rolle spielte, erhellt, wie thätig der Kronprinz agitirte. Metternich erschrak aber vor den „turbulent liberalen" Grundsätzen des bayerischen Thronfolgers und erklärte, daß eine Vergrößerung Bayerns „für Deutschland und für das ganze jetzige System überhaupt nur nachtheilige Folgen haben könnte." Daß die politischen Grundsätze des Kronprinzen allerdings geeignet waren, einen Staatsmann wie Metternich in mancher Beziehung zu beunruhigen, erhellt aus einigen vom Prinzen eigenhändig niedergeschriebenen Bemerkungen „Am Teutschen Bundestag vorzuschlagen" (Bad Brückenau 9. August 1819):

„Gegenseitiges Gestatten, ohne Erlaubniß dazu begehren zu müssen, auf jeder Hochschule im teutschen Bunde studieren zu dürfen. Es müßten denn besondere Gründe entstehen, um den Besuch einer solchen einstweilen zu untersagen.

Schweizer (wenigstens ein Regiment) in Sold zu nehmen, sie von Frankreich abzuziehen, geneigtere Stimmung für Deutschland zu erzielen. Das Regiment hätte nach Maynz zu kommen, wodurch Gewinn für Oesterreich und Preußen, die um das zusammen ihrer dortigen Krieger Zahl vermindern könnten. Nach dem für Festungsbau bestimmten Maaß würde zu ihrem Unterhalt beyzutragen seyn.

Wenn Mannheim wieder mit seinen Wittelsbachern vereynigt seyn wird, der Antrag am Bundestag zu machen, daß dessen Sitz dahin verlegt werde, vielleicht damit verbunden, auf eigene Köſten (in dem jetzigen Zeughausgebäude) daselbst die Wohnung des Oesterreichischen Präsidialgesandten und den Versammlungssaal herrichten zu lassen.

Antrag zu stellen, daß in allen teutschen Orten des Bundes der 18. Oktober gefeyert wird. (Gienge dieses auch nicht durch, so dieses in Bayern doch zu verordnen.)

Preßfreyheit, wie in England, in allen teutschen Bundesstaaten durch Bundesschluß."

Gervinus will die Wurzeln des bayerischen Verfassungswerkes nur in dem Bestreben finden, den Liberalismus der badischen Regierung zu überbieten und die eigene Souveränität gegenüber den deutschen Großmächten zu sichern. Es bleibt aber wohl für dieses so folgenreiche Ereigniß der gewichtigste Faktor: der König erkannte den Geist der Zeit. Mit dem Sturz Napoleons war gerade in den Rheinbundstaaten in bestimmtester Form das Verlangen hervorgetreten, die völkerrechtliche Freiheit müsse ergänzt werden durch die staatsbürgerliche. Das Volk selbst hatte das Befreiungswerk vollbracht, es war nur ein gerechtes Verlangen, daß es auch zur Förderung seiner Interessen eigene Hand anlegen dürfe, daß namentlich die Stellung des dritten Standes gehoben werde, dem nicht bloß der militärische Erfolg, sondern überhaupt der ganze Aufschwung des modernen geistigen Lebens zu verdanken war. Die Forderung einer Volksvertretung, einer Verfassung, trat immer lauter hervor. Der unverrückbare Glaube an die Unverletzlichkeit der Person des Fürsten solle die Grundlage der Verfassung bilden, aber der Minister sei nicht bloß dem Fürsten, sondern auch der Staatsbürgergemeinde verantwortlich. Noch im Jahr 1815 zwar wurde Anselm Feuerbach als staatsgefährlicher Publicist bestraft, weil er behauptete, nur in der Anerkennung einer gesetzmäßigen Freiheit beruhe die Sicherheit des Fürsten, wie das Wohl des Volkes. Doch mit dem Sturze des autokratischen Ministeriums Montgelas war auch die Anschauung zu Grab getragen, welche Geister als Gespenster verketzerte. Gerade auf dem Throne Bayers saß ein Fürst, der sich am wenigsten der Selbsterkenntniß verschloß, daß auch der Regent den menschlichen Leidenschaften und Schwächen unterworfen sei und dagegen einer Wache bedürfe. Wie der bekannte Ritter v. Lang, dem König Max sich stets als wohlwollender und wohlthätiger Gönner erwies, überhaupt nur die Schattenseite der bayerischen Zustände für seine Memoiren ausbeutet, immer geneigt, mit dem geschenkten Pferd den Geber niederzureiten, so spricht er auch von den Arbeiten der bayerischen Verfassungs-Kommission nur mit hämischem Spotte. Er will sich durchaus nicht zu dem Geständniß bequemen, es sei das Verfassungswerk auch aus edlen Motiven gefördert worden. Der Vorwurf der Lässigkeit trifft in Wirklichkeit die Arbeiten nur, so lange sie durch Montgelas geleitet wurden. Als man mit seinem System gebrochen, wurde rasch Ernst gemacht. Zu der berathenden Kommission wurde auch der Kronprinz beigezogen und er, wie sein königlicher Vater, vertraten in allen streitigen Fällen die Ansicht der freisinnigen Minderheit. Wie uns einige auf losen Blättern von Ludwig eigenhändig niedergeschriebene „Bayern's Verfassung betreffende Bemerkungen" zeigen, wollte er den Ständen eine außerordentlich weit reichende Kompetenz eingeräumt wissen.

„Bad Brückenau, 17. July 1818. Der Abgeordnetenkammer sollte freystehen, wenn vielleicht auch nicht Aufhebung bestehender Abgaben, doch Verwandlung in andere anzutragen.

Nur mit Bewilligung der Landstände dürfte Aenderung im Schuldenwesen, dürften neue Schulden gemacht werden.

Wäre festzusetzen, daß vielleicht nach jedem vom Könige kommenden Antrag die Landstände gleichfalls einen machen können.

Wenn nicht in einem oder dem anderen Zweige, sondern der Gesammtsausgaben Voranschlag überstiegen wird ohne landständische Genehmigung, wenn ohne solche Schulden gemacht werden, so sind die das angehenden Minister dafür verantwortlich."

„Aschaffenburg, 20. September 1818. Zu viele Eydesleistungen? Statt alle 3, alle 2 Jahre, dann aber $^1/_3$ der Reise- und Tages-Gelder weniger.

Jede Kammer habe ihren Vorstand (Präsident) selbst zu wählen (der König aber das Verwerfungsrecht).

Wie in England ein eigenes Ständesitzungsblatt."

„Würzburg, 3. Oktober 1815. Nur heimgefallene Lehen, andere Staatsgüter aber blos mit Landständischer Genehmigung zu verleihen.

Ohne solche keine neuen Schulden gültig.

Ob und welche Aenderung, Preßfreyheit betreffend?

Nach den 6 Jahren ob für jede Steuer Ständische Einwilligung erforderlich? Vielleicht festzusetzen, wenn dieses nicht bereits geschehen."

Die Veröffentlichung der Verfassungsurkunde soll unerwartet rasch vor sich gegangen sein, um eine Reise des Kronprinzen von Italien nach Griechenland, wo ein Aufstand bereits erwartet wurde, zu hintertreiben; Ludwig mußte zur Unterzeichnung nach München zurückkehren. Am 26. Mai 1818 verkündeten Glockengeläute und Kanonendonner die Uebergabe des königlichen Geschenkes, das dem bayerischen Voll ein Unterpfand seiner Selbständigkeit, eine Grundveste innerer Wohlfahrt werden sollte. Noch zauderten bang die übrigen Regierungen, die Mündigkeit der Völker anzuerkennen. „Allgemein war daher das Erstaunen, die Verwunderung", schreibt Varnhagen, „von München her hatte man ein solches Vorangehen am wenigsten erwartet, Alles war wie geblendet von der neuen Erscheinuug, durch die sich Baiern gleichsam an die Spitze von Deutschland stellte; erst jetzt schien ihm wahre Selbständigkeit erworben, neue Macht und Bedeutung verliehen." Wenn Bayerns Vorgang, urtheilte die norddeutsche Presse, auch nur einen edlen Wetteifer erwecken sollte, so ist dessen Verdienst um das gemeinsame deutsche Vaterland schon groß genug, um von allen Patrioten gehörig gewürdigt zu werden.

Am 27. Mai leistete der Kronprinz als der Erste den Eid auf die Verfassung. Bei der Eröffnung des ersten Landtags am 4. Februar 1819 stand er zur Rechten des Throns. Nie erschien die Macht eines Königs, das Ansehen eines Thronfolgers ehrwürdiger, als in dem Augenblick, da sie die Grenzen anerkannten, die ihnen das vaterländische Gesetz anwies.

Der stürmische Verlauf des ersten Landtags schien den Argwohn, der gegen das konstitutionelle Wesen überhaupt noch vielfach vorwaltete, zu rechtfertigen. Es zeigte sich, daß der echte Staatsbürgersinn auch erst herangezogen werden müsse, während jetzt noch bei Berathungen und Abstimmungen Standesegoismus und Provinzialgeist sich breit machten. Doch wurde Samen zu manchem Guten ausgestreut. Das Steigen der Staatspapiere bewies, wie sich der Staatskredit durch die neue Einrichtung gehoben, und zur Verbesserung der antiquirten Gerichtsverfassung waren bedeutsame Schritte gemacht.

Kronprinz Ludwig stimmte im Reichsrath mit einer verschwindend geringen Minorität zu Gunsten der freisinnigen Reformen. Von Brückenau aus ließ er seinem Sekretär am 10. Juli 1819 folgende Anordnung zugehen: „Lassen Sie in die Allgemeine Zeitung und in den Fränkischen Merkur einrücken: Se. königl. Hoheit der Kronprinz sind nicht nach Aschaffenburg, sondern nach Würzburg abgegangen, um daselbst den Kronprinzen von Preußen zu sehen. Sie verließen aber München nicht eher, als bis Sie vorher noch für das mündliche gerichtliche Verfahren und dessen Oeffentlichkeit Ihre Stimme im Reichsrath gegeben hatten." Am 13. Juli: „Lassen Sie ferner einrücken: Es verlautet aus achtbarer Quelle, daß S. k. Hoheit nicht mit der Mehrheit der Reichsräthe, den Fortbestand der gegenwärtigen Gerichtsverfassung betreffend, einverstanden waren, sondern dafür stimmten, daß S. Majestät zu ersuchen sey, die Frage wegen Trennung der Justiz von der Policeygewalt in reifliche Erwägung nehmen zu lassen."

Als Metternich sich aus Italien über München nach Karlsbad begab, äußerte er zum Minister Graf Rechberg, glücklicher Weise sei die erste und letzte Ständeversammlung in Bayern ohnehin bald beendet, er hätte außerdem bei dem Bunde beantragen müssen, daß sie geschlossen werde. Es folgten die Karlsbader Beschlüsse, die das letzte Aufflackern nationaler Wünsche mit Acht und Bann belegten. Der eigentliche Hauptzweck, die süddeutschen Verfassungen zu stürzen und den Feudalstaat allenthalben emporzurichten, wurde nicht erreicht. Wie ein Mann erhoben sich die bayerischen Justizbeamten mit dem Urtheile, es dürfe die Landesgesetzgebung durch die Karlsbader Beschlüsse keine willkürliche Aenderung erleiden, bayerische Landeskinder seien nicht der Mainzer Kommission auszuliefern. Der Partikularismus erwarb sich hier auf dem Gebiete innerer Politik, wo er allein erlaubt ist, ein denkwürdiges Verdienst um die deutschen National=

interessen. In Bayern hatten Fürst und Volk friedliche Abrechnung gehalten, deßhalb zeichnen sich auch die Untersuchungsakten wegen revolutionärer Umtriebe in Bayern auf merkwürdige Weise vor ähnlichen Schriftstücken aus den übrigen deutschen Staaten aus. So sagt z. B. Ministerialreferent Schmidtlein in seinem Gutachten über die Untersuchung gegen den Erlanger Studiosus Gründler: „Ich gestehe es gern, daß ich der Meinung bin, man sehe bei diesen Untersuchungen mit erhöhter Einbildungskraft mehr Lufterscheinungen und Chimären als Realität und man werde diese Schreckensbilder weniger durch Inquisitionen, als dadurch verscheuchen, wenn man Bayerns erhabenem Beispiel folgt und die Nationen nicht mehr länger mit getäuschten Hoffnungen hinhält."

Auch Kronprinz Ludwig war nicht damit einverstanden, daß man jetzt plötzlich die Theilnahme des deutschen Volkes am politischen Leben unterdrücke, während gerade der allgemeinen politischen Regsamkeit die Wiederbefreiung vom französischen Joch zu verdanken war, daß das deutsche Nationalgefühl jetzt als strafbare Empfindung gebrandmarkt werde, da man doch nur in diesem Zeichen gesiegt hatte. Er verurtheilt bitter die Restaurationspolitik in dem Nachruf an Theodor Körner:

„Zum Gemeinen ist herabgesunken,
Was, in heiliger Begeistrung trunken,
Sich das Herz so schön, so groß gedacht!...."

Ludwig war damals dem politischen Schriftsteller Behr in Würzburg wohl gewogen, dessen Namen später unter seiner Regierung eine traurige Berühmtheit erlangte. Behr wollte durch seine politischen Schriften gereinigte konstitutionelle Anschauungen verbreiten und das Interesse am Staatsleben wach erhalten. Auch die Ereignisse der späteren Zeit rechtfertigen keinen Zweifel an der Redlichkeit seiner Absichten, doch litten seine Erörterungen an wunderlicher Verworrenheit, so daß Stein ihn schon damals einen hypermetaphysischen Schwätzer nannte. Varnhagen theilt mit, wie der Umgang mit solchen Volksmännern dem Kronprinzen am Berliner Hofe verübelt wurde, es war dort auch das Gerücht verbreitet, der Kronprinz wolle im Reichsrath den Grafen von Rechberg wegen Hochverraths belangen, weil er den Karlsbader Beschlüssen beigestimmt habe.

Auch den beiden nächsten Landtagen 1819 und 1825 widmete Ludwig seine Aufmerksamkeit, auch unscheinbaren und doch oft so wichtigen Einzelnheiten aus allen Zweigen der Verwaltung, die zur Verhandlung kamen.

Ein eigenhändiges Koncept des Prinzen vom 30. Juny 1825 enthält folgende „Notizen zur Besprechung mit Fachleuten":

„Gewerbe nicht frey? Welchen Nutzen aus der neuen Einrichtung?

Wie dahin zu bringen, daß mehrere Baulen errichtet und auch für den untersten Bauer von Nutzen?

Welches Verhältniß die Einkommensteuer zur Abgabe des Landmanns? (Mehrere Worte unleserlich.)

Güter nicht unter Mannesnahrung zerstückt.

Einkommensteuer nicht von oben herab taxieren.

Mit Wirtemberg, Darmstadt Manufakturvereine.

Steuer nach jetzigem inneren Verschleiß vertheilen, allen Handel frey lassen.

Eisenbahnen für Getreide, Salz, Holz.

Wie Getreidehandlungsgesellschaft zu errichten?

War das Patentsystem Oesterreichs von Nutzen?

Wie die Verbrauchssteuer ohne Spioniererey anzunehmen?

Verhinderungsmittel, daß nicht auch mit Ausländischen Waaren Haußierhandel?"

Ein anderes Koncept seiner Hand enthält folgende Fragen und Thesen:

„München, 9. Juny 1825.

Zum Behufe auf dem Landtage vorkommender Gegenstände.
1. Bis die Creditanstalt sich dermaßen erweitert, daß sie Besitzer von weniger als 10,000 Gulden Vermögen unterstütze, sind von diesen viele unterlegen. Durch Stiftungsvermögen ihnen zu helfen zu 4 Prozent? Denn entgeht etwa den Stiftungen 1 Prozent Einnahme, doch vielleicht ein kleineres Uebel. Auch für den Rheinkreis?

Klein's Ansichten auf Seite 400 Ewiggeld-Einrichtung z. Th. auch auf Landbesitzungen anzuwenden.

17. July 1825. Heymat, Ansässigkeit, Gewerbe. Auch in Fällen von üblem Leumund, wer über ein Jahr lang Beweise von Besserung gegeben, darf heyrathen.

Wenn alle Interessenten und der Grundherr mit einverstanden, darf auch unter 45 Kreuzer Verpflegung stattfinden.

27. July 1825. Dadurch daß den Gemeinden die Entscheidung zukömmt, ob die Bedingniß zu Ansässigkeitmachung vorhanden, scheint nicht viel gewonnen durch's Gesetz.

28. July 1825. Realgerechtigkeiten können veräußert werden, jedoch nur an solche, die es selbst verstehen." —

In Zusammenhang mit der liberalen Strömung in jenen Jahren steht auch die warme Sympathie, die Kronprinz Ludwig der Erhebung und politischen Wiedergeburt des Hellenenvolkes entgegen trug. Unter der türkischen Herrschaft zum Zerrbild eines Staates herabgesunken, fand Griechenland endlich in sich selbst die Kraft zur Befreiung. Als 1821 der Aufstand losbrach, gewannen die Griechen sofort die Theilnahme des gebildeten Abendlandes, das ohne Arg in den Helden Botsaris und Ypsilanti die Nachkommen der Streiter von Marathon und Salamis erblickte. Freilich war, wie Gervinus streng, aber gerecht urtheilt, der beste Theil der Tapferkeit in diesen Mainottengeschlechtern ihre Räuberkunst, in ihrer Sprache hatten die Begriffe Ehre und Preis nur eine Bezeichnung und ihre Habsucht ließ sie nur die Weisheit des Mannes anerkennen, der viele Goldstücke hat. Wirklich glänzend aber waren die Kriegsthaten des kleinen Völkchens ohne Kriegserfahrung, ohne Geldmittel, ohne Gemeinregierung, gegenüber einem Staatskoloß mit unermeßlichen Hilfsmitteln.

Je ängstlicher man von reaktionärer Seite die griechische Erhebung, von der das Signal zu neuer Aufregung in Europa auszugehen schien, als wahnsinnigen Taumel herabzusetzen suchte, desto engeres Bündniß schloß der Humanismus mit den neuen Kreuzrittern.

Der bayerische Thronfolger war der erste Fürst, der dem kühnen Unternehmen seine wärmste Gunst zuwandte. Begeistert pries er den „anbrechenden Tag im Osten":

„Vaterland der herrlichst größten Helden,
Thron der ewig unerreichten Kunst,
Ewig hohes Vorbild aller Welten,
Reichgeschmückte mit der Musen Gunst,
Du, der edlern Menschheit treue Wiege,
Hochbegabte Hellas! siege, siege!

Rufet sehnend jedes Volk dir zu.
Heimath alles Schönen, alles Hohen,
Unterdrückt in dir, doch nicht entflohen
War es, sieg' im heil'gen Kampfe du!"

Da der Sieg den Freiheitskämpfern lächelt, ruft er der Homerbüste in seinem Arbeitszimmer zu:

„Freue dich, alter Homer, denn frey ist wieder dein Hellas,
Nicht mehr lies't der Sklav', einzig der Freye dich nun!"

Wie eifrig Ludwig die europäische Politik in der griechischen Anelegenheit verfolgte, ergiebt sich aus einem eigenhändigen Koncept „Ergebniß der gelesenen Gesandtschaftsberichte":

„Am 10. Juny 1825. Oesterreichischer Seits nicht mehr erpicht gegen die Griechen, aber der stattfindenden Lage nach auch nicht zu ihren Gunsten sich verwenden können. Allgemeines Abwarten des Ergebnisses dieses Feldzuges. Russischer Seits Mißvergnügen über Oesterreichs Benehmen. Jenes festhaltend auf Beharrung Spanischer Herrschaft in Amerika, mehr als Oesterreich. Schweden, Niederlande erklären, daß sie Englands Beispiel, Amerika betreffend, ohne Nachahmung lassen würden, wenn es ihr Vortheil. Wahrscheinlich ergebnißloses Ende. Mit Hessen, Baaden, Nassan, Mauthverband betreffend, Unterhandlungen in Stuttgart. Daselbst theilweise Niederlassung des Russischen Gesandten v. Anstetten (Baadens alter Freund, Bayerns Gegner in der Erbheimfalls-Angelegenheit). Russischer Einfluß daselbst leicht dadurch zu bewirken.

Kaiser Alexander hat vorgeschlagen, Krieg gegen die Türken zu führen, zu Billigem gegen die Griechen sie zu bewegen und der eigenen erlittenen Beleidigungen wegen, Oesterreich aber hat ihn weit von sich geworfen, Frankreich auch und Alexander gab nach.

Am 27. Juny 1825. Oesterreichischer Consul in Griechenland ernannt. ... Wie Griechen heuer siegen, scheint, daß Frankreich, Oesterreich und England nicht weit entfernt, ihre Unabhängigkeit anzuerkennen."

Als die Theilnahme des Abendlands sich mehr und mehr durch thatsächliche Beweise, durch finanzielle Opfer kundgab, bildete sich unter dem Protektorat des Kronprinzen auch in München ein

Griechenverein. Der Vorstand Thiersch schreibt 1822 an Jacobs: „Sollte mir einmal einfallen, die Geschichte dieser Tage und das unselbständige und charakterlose Verfahren der Machthabenden bei dieser Gelegenheit zu schreiben, so würde dabei Niemand in günstigerem Licht erscheinen können, als ein oft verkannter und hochgestellter Fürst, Kronprinz Ludwig, der auch bei dieser Gelegenheit das Aechte seines Wesens nicht verleugnet hat."

## Thronbesteigung und erste Regierungshandlungen. Verlegung der Hochschule von Landshut nach München.

Das fünfundzwanzigjährige Regierungsjubiläum, das König Max Joseph 1824 feierte, war für das ganze Land ein wahres Familienfest, hingen doch Alle mit gleicher Liebe an „Vater Max". Wie von einer Ahnung gedrungen, schloß der König seine Ansprache an die 1825 zum dritten Mal versammelten Landstände mit warmem Dank für die bei jener Feier bezeugte Liebe und Treue seiner Unterthanen, „ehe er aus ihrer Mitte schiede". Es war wirklich ein Abschiedswort. Sein 69. Namensfest war sein letzter Lebenstag. Von einem Ballfest heimgekehrt entschlummerte er in der Nacht des 12. October 1825.

Der Thronfolger hielt sich eben im Bade Brückenau auf. Da die Erscheinung eines Kometen in den ersten Stunden des 15. October zu erwarten war, hatte er Befehl gegeben, ihn zu wecken, sobald das Gestirn sich blicken lasse. In der nämlichen Stunde langte die Depesche an, welche dem Sohne den Tod des Vaters meldete, den Prinzen auf den Königsthron berief. Am 18. October kam er in München an, wo jeder festliche Empfang unterbleiben mußte. Am folgenden Tag übernahm er die Regierung und leistete den Eid auf die Verfassung. Er verband damit eine herzliche Ansprache an die versammelten Staatsdiener. „Dasjenige," schloß er, „was der von mir gesprochene Eid als König, an der Stelle meines erlauchten Vaters mir auferlegt zu erfüllen, habe ich den besten Willen und erwarte von der Gnade Gottes, daß er mir die Kraft dazu verleihen werde. Schwer ist es, nach einem König, wie der uns entrissene war, zu herrschen, ihn erreichen, unmöglich."

Erwartungsvoll sah das Volk den ersten Regierungshandlungen seines Fürsten entgegen. Der edelste Gruß wurde ihm aus beredtem Dichtermund geboten, Platen richtete an ihn die berühmte Ode:

„Vom Sarg des Vaters richtet das Volk sich auf,
Zu dir sich auf, mit Trauer und Stolz zugleich .....
.....
Des Thrones glatte Schwelle, wie selbstbewußt,
Wie fest betrittst du sie, wie gereift im Geist,
Ja, leichter hebt dein freies Haupt sich,
Seit die metallene Last ihm zufiel.
Dir schwellt erhabne Güte das Herz, mit ihr,
Was mehr noch frommt als Güte, — der tiefe Sinn! ...
......
Allein, wie sehr du Wünsche des Tags verstehst,
Nicht horchst du blindlings jedem Geräusch, du nimmst
Das Zepter, jenem Josef ungleich,
Nicht in die weltliche Faust der Neurung.
Ehrfurcht erweckt, was Väter gethan, in dir,
Du fühlst verjährter Zeiten Bedeutsamkeit,
In's Wappenschild uralter Sitte
Fügst du die Rosen der jüngsten Freiheit!"

Auch Rückert begrüßte begeistert die Thronbesteigung Ludwigs. „Sei du ein christlicher Fürst", rief ihm Görres zu, „Säule zugleich dem Glauben und Schützer der Geistesfreiheit und dein Beispiel möge die Zeloten von zweierlei Art verstummen machen, die beide mit einander unvereinbar halten."

In welch verschiedenartigen Metamorphosen naht sich die Himmelstochter Hoffnung den Stufen eines Thrones! Eine Schrift Wellmer's: Was haben wir Bayern von der Thronveränderung zu hoffen? vertritt das Programm der zahlreichen Feinde des konstitutionellen Princips: nur durch Wiederherstellung der reinen Monarchie könne sich der Staat auf der Höhe halten, der König allein lenke als Weisel alle Kräfte zum gemeinsamen Ziel. Noch offener spricht sich die Schrift eines ehemaligen Abgeordneten „Anforderung an Bayerns Landtag" aus: „der König sei an die Verfassungsurkunde nicht gebunden, wenn sie ihn Gutes zu thun hindere; da nun der König nie etwas Anderes als das Gute wollen kann, so folgt daraus, daß er sich über die Formen der Verfassung hinaussetzen darf, sobald er seinen Willen auf andere Weise nicht durchzusetzen vermag." Solche Stimmen im Lande waren nur der Widerhall von Wünschen und Forderungen der Kabinete der Großmächte. Wenn daher gegen die Regierungsthätigkeit Ludwigs der Vorwurf erhoben wird, daß sich das idiokratische Element oft ungeeignet in den Vordergrund drängte, so muß andrerseits auch die Treue hervorgehoben werden, mit welcher der Fürst allen jenen Versuchungen widerstand. Das schöne Wort in dem Gedicht „Königsgefühl":

„Herrlich, über freies Volk zu walten,
Nicht nach Willkür grenzenlos zu schalten,
Sondern in den Schranken, die besteh'n,
In dem Edelen sein Volk erhöh'n . . . ."

hatte hohe Bedeutung in einer Zeit, da innere und äußere Feinde der Verfassung keineswegs vereinzelt waren.

Die ersten Anordnungen des Königs waren ein selbstredender Beweis, daß er sich für seinen Beruf treffliche Erfahrungen gesammelt. Er strebte sofort da Verbesserungen an, wo sich wirklich die Schattenseite der vorigen Regierung erkennen läßt, auf dem Gebiet der Staatsfinanzen. Unter König Max I. waren die bayerischen Staatseinnahmen durch außerordentliche Gebietsvergrößerung um mehr als das Dreifache gestiegen, aber auch in gleichem Maß die Ausgaben und die Schulden des Staats gewachsen. Mit den erworbenen Ländern mußten bedeutende Schulden übernommen werden, die vielen Kriege erheischten große Anstrengungen und Opfer, die darauf folgenden Friedensjahre brachten Getreidenoth und Handelskrisen. Dazu kam, daß in der staatswirthschaftlichen Verwendung der Einnahmen mancherlei Fehlgriffe gemacht wurden, namentlich waren für Verwaltungszwecke unverhältnißmäßig große Summen aufgewendet worden. Im Ganzen und Großen aber war die bedeutende Schuldenlast eine unausweichbare Nothwendigkeit, um Bayern zu seinem politischen Rang zu erheben und es ist ja nicht mehr als billig, daß für Vortheile, die auch für die Nachkommen erworben sind, ein Theil der Anstrengungen auf diese übertragen werde. Schwerer wiegt dagegen der Vorwurf, daß die gefährlichste Unordnung im Staatshaushalt überhand genommen. Der ausgezeichnete Geschichtsschreiber der

Regierung Max Josephs, Lerchenfeld, entwirft ein trübes Bild von der in der Finanzwirthschaft eingerissenen Verwirrung. War ja doch selbst der Bestand der Staatsschuld noch keineswegs festgestellt.

Diesem Punkte widmete Ludwig die erste Sorge. Gesprächsweise äußerte er sich einmal über die Goldmacherei an den Höfen des vorigen Jahrhunderts: „Die wahre Kunst des Goldmachens besteht in einer geregelten Ordnung der Finanzen." Von diesem Grundsatz ausgehend verfehlte er in keinem Monat sich die Rechnungen seiner Kabinetskasse vorlegen zu lassen und prüfte sie bis ins Kleinste, selbst den jeweiligen Geldkurs verfolgte er stets genau. Und wie er in seinen eigenen Angelegenheiten ein trefflicher Hauswirth, so verwandte er auch vorzügliche Sorge auf die Finanzverhältnisse des Staates. Schon am 24. und 25. October 1825, wenige Tage nach seiner Thronbesteigung ernannte er zwei Kommissionen zur Berathung über Ersparungen im Civil- und Militäretat des Staatshaushaltes. Der Wunsch, das Gleichgewicht zwischen Soll und Haben endlich herzustellen, war in ihm so lebhaft, daß er selbst allen Sitzungen dieser Kommissionen, die oft halbe Tage in Anspruch nahmen, beiwohnte und unermüdet den raschesten Betrieb der angeordneten Maßregeln überwachte.

General Heydeck erzählt in einem Memoirenfragment, wie ihn der König zur Theilnahme an der militärischen Berathungskommission beizog. „Ich werde", äußerte der Monarch, „im Interesse des allgemeinen Besten nachhaltige Ersparungen einführen und Maßregeln treffen müssen, die manchem Einzelnen wehe thun werden. Fünf Millionen Pensionen in einem Staate wie Bayern! So kann und darf es nicht weiter gehen. Auch beim Heer müssen Ersparungen eintreten. Ich habe eine Kommission unter meinem Vorsitz ernannt, gestern war die erste Sitzung. Den Feldmarschall Wrede konnte ich nicht dazu nehmen, denn da würde sich jeder gescheut haben, einer anderen Meinung zu sein als er, und ich will und muß am Kriegsbudget eine Million ersparen. Ich möchte Sie auch zu dieser Kommission beiziehen, denn Sie keunen die Armee und haben mir selbst einmal in der Oelmühle zu Freiham gesagt, daß man große Ersparnisse ohne Nachtheil für das Heer bewirken könne." Als Heydeck sich sträubte, sagte der König sehr ernst: „Es ist Ihre Pflicht, mir, der erst den Thron bestieg, mit Ihrem Wissen und mit Ihrer Erfahrung beizustehen. Ich kann mir übrigens den Grund Ihres Widerwillens erklären und finde ihn natürlich, da Sie Adjutant des Feldmarschalls sind und über Einrichtungen sprechen sollen, welche vom Fürsten herkommen und von denen manche durchaus abgeschafft werden müssen. Die Grenadier- und Kuirassiergarden müssen aufgehoben werden, ich will keine Garde, ich brauche keine, darüber hab' ich schon beschlossen. In allen anderen Dingen aber wird, wenn Sie dies beruhigen kann, die Ansicht des Feldmarschalls gehört werden. Das letzte Wort der Entscheidung aber behalte ich mir vor, denn ich bin der König." Die Frage, in welcher Weise die Gliederung des Heeres geändert werden solle, rief in der Kommission heftige Debatten hervor. Da der König zu sehr in's Streichen gerieth, rief Heydeck: „Majestät, mager darf die Armee wohl sein im Frieden, aber Blut, Nerven und Knochen müssen ihr doch bleiben". Der König ließ sich zur Ansicht der Offiziere bekehren, bestand aber hartnäckig auf Aufhebung der Garden. „Sie müssen weg! Ich kann diese Grenadiere, diese Schabenremisen nicht leiden!"

Vereinfachung der Staatsverwaltung war sein Hauptziel. Der Besoldungsetat wurde geregelt, viele überflüssige Stellen wurden eingezogen, das Generalfiskalat, das Medizinalkollegium, das geheime Taxamt aufgelöst. Wie durchgreifend diese Maßregeln wirkten, zeigt ein Vergleich des Staatshandbuchs von 1827 mit den früheren Jahrgängen. Natürlich fand diese Sparsamkeit den Beifall aller Verständigen, wenn auch bei der nothwendigen Operation die Schädigung so vieler Privatinteressen hie und da hätte schonender vollzogen werden können.

Es gelang in überraschend kurzer Zeit, den Staatskredit zu heben. Schon 1827 konnte in der Kammer die Erklärung abgegeben werden, daß Bayern zum Erstenmal seit langer Zeit kein Defizit aufzuweisen habe. Im Militäretat wurde im Jahre 1826 eine Million erspart und zwar wurde diese erste Beschränkung der Militärausgaben hauptsächlich erreicht durch Aufhebung der kostspieligen Garden und Vereinfachung des Montursystems. Bei der Artillerie dagegen sollte auf ausdrückliche Anordnung des Königs von allen Ersparungsrücksichten Abstand genommen werden.

Eine Reihe von Veränderungen im Beamtenthum schloß sich an. Die Minister Rechberg und Lerchenfeld wurden pensionirt, letzterer erhielt jedoch den wichtigen Gesandschaftsposten zu Frankfurt. Für das Ministerium des Aeußeren wurde Graf Thürheim, für das Finanzministerium Neumeyer, nach seinem Abgang Graf Armansperg im Volksmund Sparmansperg genannt, berufen. Zugleich wurde der Geschäftsgang in den Ministerien derartig organisirt, daß die Entscheidung in allen wichtigeren Fällen unmittelbar dem Monarchen zufiel, während der Wirkungskreis der Minister auf das Vorschlagsrecht und die Beaufsichtigung der unteren Behörden beschränkt blieb.

Cicero verlangt von den mit der Leitung eines Staats Betrauten, sie sollen den ganzen Körper des Staats mit ihrer Fürsorge umfassen. Wenige Regenten werden diese Mahnung so streng beobachtet haben als König Ludwig. Seine Selbstthätigkeit tritt in allen Zweigen der Staatsverwaltung entgegen, auch im untergeordnet Scheinenden. Wir werden später ausführlich auf die Regierungsprincipien des Königs eingehen müssen. Seine ersten Signate lenkten die Aufmerksamkeit von ganz Europa auf ihn.

Am 24. November 1825 erfolgte die Aufhebung des Censuredikts, das in Folge der Karlsbader Beschlüsse in Bayern eingeführt war. Metternich äußerte darüber laut sein Mißfallen. Als der bayerische Gesandte in Wien dies gleichsam im Auftrag berichtete, wurde er abgerufen. Ludwigs drastische Antwort soll gelautet haben, er sei nur Gott und der beschworenen Konstitution verantwortlich, da nun Kaiser Franz nicht der liebe Gott und Metternich ganz gewiß nicht die Konstitution sei, so möge sich dieser die Schlußfolgerung selbst ziehen. „Unter den Diplomaten und Höflingen," schrieb Varnhagen in sein Tagebuch, „ist eine wahre Wuth gegen den König von Baiern; im übrigen Publikum aber freut man sich seiner Maßregeln und oft in sehr lebhaften Ausdrücken." Er notirt auch eine großes Aufsehen erregende Aeußerung Ludwigs: „Ich lerne einsehen, daß die Zersplitterung Deutschlands in viele Staaten für die Nation doch noch nothwendig und vortheilhaft ist; unter den vielen Fürsten ist doch immer einer liberal und eine heilsame Opposition gegen die anderen."

Mit größter Spannung harrte man, welche Stellung die neue Regierung gegenüber den Religionsgenossenschaften einnehmen werde.

Die Entfernung einiger Protestanten aus dem Staatsrath wurde als feindseliger Akt von den Glaubensgenossen betrachtet. Dazu kam, daß der König mit Kaiser Franz bei einer Wallfahrt in Altötting zusammenkam, auch sofort die Wiederherstellung einiger geistlicher Orden vorbereitete. Dadurch wurde die Befürchtung rege gemacht, es werde nicht bloß im Allgemeinen eine Reaktion gegen den Rationalismus der vorigen Regierung eintreten, sondern auch eine der Toleranz und Parität feindlich gesinnte Richtung die Oberhand gewinnen. Diese Besorgnisse wurden jedoch durch das energische Auftreten des Königs namentlich in der Schulfrage bald zerstreut. Bei Beeidigung des Bischofs von Eichstädt (30. October 1825) sprach er zu dem versammelten Klerus: „Wenn Sie, meine Herren, Ihre Pflicht thun und auf die wahre Volksbildung wirken, kann der König ruhig sein. Mit Gottes Hilfe wird es gehen, wie ich es für's Beste halte und will, und es muß gehen!“ fügte er energisch hinzu, so daß alle Anwesenden die Ueberzeugung gewinnen mußten, dieser Regent werde sich nicht am Gängelband einer Partei führen lassen. Thiersch schreibt 1826 an Jacobs: „In kirchlichen Dingen wird es einige Festtage mehr, einige Prozessionen, Klöster u. a. geben, dabei wird es aber sein Bewenden haben. Die oberen Behörden sind so besetzt, daß an ein Uebergewicht der Geistlichen nicht zu denken ist. Der König hat eine zu gute Natur, ein zu lebhaftes Gefühl seiner Lage und seiner Bedürfnisse, um sich hier Preis zu geben“. Auch Feuerbach, der sich anfänglich heftig über „Faselei und Pfafferei“ ausgelassen, schreibt 1827 an seine Freundin Recke: „Unser König, wie stark auch der Schein gegen ihn sein möge, ist, wenigstens nicht wissentlich, durchaus kein Schutzherr einer über ihre Grenze hinausschreitenden Hierarchie oder Begünstiger irgend eines auf allgemeine Verfinsterung oder auf Unterdrückung des Protestantismus angelegten Planes“. Der Plan, für die anwachsende protestantische Gemeinde in München ein geräumiges Gotteshaus zu bauen, wurde rasch in Angriff genommen. Die Grundsteinlegung fand in feierlichster Weise Statt. Auch die Bekenner des mosaischen Glaubens, obwohl der König nicht geneigt war, ihnen den Vollgenuß der bürgerlichen Rechte einzuräumen, wurden geehrt durch die Anwesenheit des königlichen Paares bei der Einweihung der Münchner Synagoge.

In Göttingen hatte sich Ludwig mit den Einrichtungen dieser damals berühmtesten Hochschule Deutschlands bekannt gemacht. Nach seinem Regierungsantritt beschloß er nach diesem Vorbild die vaterländischen Universitäten umzugestalten. Durch die Verlegung der Hochschule von Ingolstadt nach Landshut, die auf Anregung Montgelas' erfolgte, war ein Aufschwung des wissenschaftlichen Lebens, wie man ihn gehofft hatte, nicht geweckt worden, obwohl es an trefflichen Lehrern nicht fehlte. Ludwig fand ein wirksameres Mittel, um einen wahren Mittelpunkt des geistigen Lebens im Lande zu schaffen. Ein Reskript vom 3. Oktober 1826 ordnete die Verlegung der hohen Schule nach München an. Der Plan fand lebhaften Widerspruch bei vielen Räthen, die den Aufenthalt in einer größeren Stadt für den Lerneifer der Studirenden schädlich erachteten. Ludwig hielt jedoch an der Ansicht fest, daß frühzeitiger Eintritt der Jugend in das sociale Leben einer größeren Stadt und der dadurch geweckte allgemeinere Ideenaustausch für die geistige Ausbildung nur förderlich sein könne. Die Folge lehrte, wie richtig er gesehen. Schelling nannte in einer späteren akademischen Rede die Schöpfung der Münchner Universität die glücklichste That König Ludwigs. Seine Pietät für das Geschichtliche veranlaßte die Anordnung, die den akademischen Lehrern eine besondere Amtskleidung für feierliche Gelegenheiten vorschrieb. Zugleich wurde der jeweilige Rektor gleichsam als Repräsentant der Wissenschaft für hoffähig erklärt. Es lag im Plane des Königs, der Hochschule ein würdiges Haus zu schenken. Vorläufig wurde ihr der Wilhelminische Palast angewiesen, wo fast alle wissenschaftlichen Sammlungen vereinigt waren. Um den Ehrgeiz und den Produktionseifer der einheimischen Gelehrten zu ermuntern, wurden mit den berühmtesten Lehrern Deutschlands Unterhandlungen angeknüpft, sie für München zu gewinnen. An Luden, Raumer, Tieck, Thibaut, Mittermaier, Oken, Görres und Schubert erging die ehrenvolle Einladung des Königs, die leider nur von den drei letztgenannten angenommen wurde. Görres, der bereits einen Cyklus widersprechender Entwicklungsstadien durchlaufen, hielt sich damals, wegen seiner Schrift „Teutschland und die Revolution“ seit mehreren Jahren von der preußischen Regierung verfolgt, in Straßburg auf, wo er seine politische Thätigkeit fortsetzte. Die Bemühungen des Berliner Kabinets, die Berufung des kirchlich radikalen Gelehrten nach Bayern zu verhindern, blieben erfolglos; namentlich durch Sailer's Verwendung wurde ihm ein Lehrstuhl der Geschichte an der Münchner Universität übertragen. Interessant ist das Urtheil, das der neu berufene Lehrer nach seiner ersten Audienz über den König äußerte. „Es ist eine ganz absonderliche Natur, die keineswegs auf den ersten Anlauf zu durchblicken ist; der Ausdruck seines Auges, wenn er es im ruhigen Aufschlag auf den, der vor ihm steht, heftet, ist fein, geistreich und mit einiger durchleuchtenden Schalkheit gutmüthig". Dem geistvollen Görres gelang es rasch, eine große Schülerschaar um sich zu sammeln. Freilich will es den nüchternen Leser seiner später gedruckten geschichtsphilosophischen Vorträge bedünken, daß er berauschendes Feuerwasser statt klaren Weines den Hörern bot. Schubert, der Novalis unter den Naturhistorikern, ebenso Eschenmayer, gehörten einer Görres verwandten Geistesrichtung an, auch der merkwürdige Franz von Baader ist diesen Mystikern anzureihen. Es fehlte jedoch nicht an Vertretern einer freieren wissenschaftlichen Richtung, ja es war sogar der direkt ausgesprochene Wunsch des Königs, daß in München alle Elemente geistigen Strebens eine Freistätte fänden. „So ist's gut", schreibt Feuerbach, „Wasser und Feuer verträgt sich in der Natur auch nicht und doch grünt die Saat und keimt die Frucht." In der juridischen Fakultät entfalteten Gönner, Schmidtlein, Stürzer, Maurer, in der philosophischen Oken, Martius, Thiersch, Schmeller, Schorn u. A. eine bedeutsame Wirksamkeit. Namentlich Thiersch behauptete bei König Ludwig selbst großen Einfluß, den er als einer der bedeutendsten Repräsentanten des klassischen Studiums verdiente. 1827 wurde auch Schelling nach München berufen und galt bald als der Mittelpunkt der neuen Schöpfung Ludwigs. Lebhafte Ueberraschung rief die Berufung Hormayr's hervor, da er sich bei der Tiroler Insurrektion als der heftigste Gegner Bayerns hervorgethan. Er erhielt neben seinem Lehramt die Stellung eines Staatsraths. Es war ein originelles Mittel, sich einen gefährlichen Feind zum Freunde umzuwandeln.

Am 14. November 1826 erfolgte die feierliche Eröffnung der Hochschule. In der alterthümlichen Amtstracht bewegte sich der Zug der Professoren, die Insignien der Universität voraus, durch die

Straßen der Stadt. Die Zahl der Studenten war auf 1630 gestiegen. Der Festversammlung, die Professor Dresch mit einer freimüthigen Rede über die Würde der Wissenschaft eröffnete, wohnte der König persönlich an. Er erwiderte auf die Ansprache: „Nichts konnte mir besser gefallen, als was über die Unabhängigkeit der wissenschaftlichen Forschung, über Freiheit des Wortes und der Mittheilung gesagt wurde. Es ist auch meine lebendigste, meine tiefste Ueberzeugung, daß hier jeder Zwang, jede Censur, auch die billigste, verderblich wirkt, weil sie statt des gegenseitigen Vertrauens, bei dem allein die menschlichen Dinge gedeihen, den Argwohn einsetzt.“ Wie er das Verhalten der studirenden Jugend geregelt wünschte, drückte er in seiner drastischen Redeweise einer Deputation der Studenten aus, die ihm den Dank der Hochschule überbrachten: „Ein vormaliger Studirender der Ludwigs-Maximilians-Universität dankt vielmals. Religion muß die Grundlage sein und durch das Leben geleiten. Bigotte und Obskuranten mag ich nicht, auch keine Kopfhänger. Die Jugend soll auf erlaubte Weise fröhlich sein. Raufereien dulde ich nicht. Kleiden können sich die Studirenden, wie sie wollen.“ Ludwig war der entschiedenste Gegner des Duells. Bald nach seinem Regierungsantritt wurden strenge Strafen für solche Selbsthilfe festgesetzt und 1842 wiederholt die Behörden zur Einschreitung angewiesen.

Die alten von der Ingolstädter Schule herübergenommenen Satzungen paßten nicht mehr für das neu aufblühende Institut. Thiersch, mit ihrer Revision betraut, suchte auf möglichst ausgedehnte Studienfreiheit und Aufhebung des alten Zwangs hinzuwirken, der nur der Ausbildung des Charakters schädlich, fand aber heftigen Widerspruch bei vielen Kollegen. Der König wollte deßhalb selbst Entscheidung treffen. Nach langer Konferenz stimmte er Thiersch's Vorschlägen mit den Worten bei: „Nun, auch wir wollen der Jugend selbst vertrauen.“

Die Reorganisation der bayerischen Landesuniversität wurde ergänzt durch die Reformen, die im März 1827 für die Akademie der Wissenschaften angeordnet wurden. Während sie bisher, ohne in andere Bildungsanstalten einzugreifen, ohne direkte Selbstthätigkeit für Volkskultur isolirt stand, wurde jetzt eine enge Vereinigung mit der Hochschule durchgeführt. Die Akademiefonds wurden zur Besoldung der Universitätslehrer, ihre großartigen Sammlungen für Unterrichtszwecke beigezogen. Auch zu den historischen Vereinen, die sich unter dem Schutze der Regierung allenthalben im Lande bildeten, sollte die Akademie in innigere Beziehung treten und so als erste wissenschaftliche Körperschaft und Mittelpunkt alles geistigen Schaffens und Strebens, wie Schelling sagte, jetzt erst die wirkliche Frucht der Wissenschaft pflücken.

Allerdings kehrte sich auch manche Schattenseite hervor, wie es bei den schroffen Gegensätzen unausbleiblich war, die in der Zusammensetzung des Lehrkörpers neben einander traten. Anwandlungen des Neides von Seite eingeborner Gelehrten, der Ueberhebung von Seite Berufener führten zu Gehässigkeiten. „Die Bayern," schreibt Görres, „halten ungefähr auf gleiche Weise zu den Fremden, wie die Rheinländer zu den Preußen, es ist kein sonderlicher Verkehr zwischen beiden." Dazu kam die religiöse Spaltung. Die neuangelegten Straßen, wo Roth, Niethammer, Thiersch u. A. wohnten, hießen eine Zeit lang das Protestantenviertel, wie man im Mittelalter eine Judengasse hatte. Es fehlte aber auch nicht an Zeichen dafür, daß sich diese Kluft überbrücken lasse und endlich, wie Feuerbach hoffte, „ein schöner Auferstehungstag des Wahren, Guten und Rechten sich zeigen werde." Ueber die Stellung, die der König gegenüber diesen Angelegenheiten einnahm, äußerte sich S. Boisserée in einem Briefe an Goethe: „Der Herr achtet nicht auf das Parteiwesen, aber er hat bisher immer gezeigt, daß jede Partei sich täuscht, die glaubt, ausschließlich auf ihn zählen zu können. Sein großartig hoher Sinn giebt auch die beste Hoffnung, daß der allerdings noch bunte, chaotische Zustand der Münchner Universität sich auf eine heilsame Weise ordnen wird".

## Neue Bemühungen für Wiedergewinnung der Jungpfalz. Zollverträge. Landtag 1827—28. Kultusverhältnisse. Schulreformen. Preßwesen.

Seit Ludwig den Thron bestiegen, setzte er seine Bemühungen, Bayern wieder in den Besitz der ganzen Rheinpfalz zu bringen, noch eifriger fort. Die Trennung des bayerischen Rheinkreises von den diesrheinischen Provinzen zog viele Nachtheile in militärischer wie commercieller Beziehung nach sich, namentlich der Handel wurde durch die fremden Mauthlinien eingeengt, die überall den Rheinkreis umgaben. Ludwig ließ in Karlsruhe ein Tauschprojekt in Vorschlag bringen, das jedoch zurückgewiesen wurde. Um Metternich an die im Rieder Vertrag eingegangenen Verbindlichkeiten zu erinnern, begab er sich selbst 1826 nach Schloß Johannisberg, erlangte jedoch nur zweideutige Versprechungen. Den günstigsten Einfluß auf die Streitfrage versprach er sich von dem ihm persönlich befreundeten Czaaren Nikolaus, der gerade auch im Jahre 1825 auf den Thron kam. Er sandte im Jänner 1826 den Fürsten Wrede mit einem eigenhändigen Schreiben an den Czaaren nach Petersburg*). „Ich fordere", heißt es darin, „von Eurer Kaiserlichen Majestät nicht mehr als daß Sie den Bestimmungen des Aachener Vertrags Ihre Zustimmung versagen, durch die Bayern seines Rechts auf den Rückfall der Pfalz verlustig gehen soll . . . Die göttliche Vorsehung hat uns zu gleicher Zeit auf den Thron berufen, Eure Majestät auf den des mächtigsten Kaiserthums,

*) Ich verdanke die Mittheilung dieses Briefes der Güte des Herrn Oberstlieutenant v. Heilmann, der im Ellinger Archiv davon Abschrift nahm.

mich auf den meines kleinen Königreiches: dies erachte ich als ein günstiges Vorzeichen für mich. Ich sehe in Rußland die stärkste Stütze Bayerns, ich wiederhole es, dies ist mein politisches Glaubensbekenntniß." Kaiser Nikolaus empfing den Feldmarschall mit Auszeichnung, die Antwort war jedoch höflich ausweichend.

Die Successionsfrage trat erneut in den Vordergrund, als Friedrich von Baden 1827 starb*). Bayern beharrte auf der Behauptung, weder die Erklärung des Großherzogs, noch die vorübergehende Anerkennung der europäischen Mächte habe den bayerischen Ansprüchen präjudiziren können. Es ist hier nicht am Platze, auf die Ausführungen der diplomatischen Denkschriften, die von beiden Seiten gewechselt wurden, näher einzugehen. In Altbayern, besonders in München wurden die Anstrengungen des Königs ungünstig beurtheilt, man befürchtete, Mannheim würde zum Schaden von München bevorzugt werden. Ein rascher militärischer Handstreich hätte vielleicht zu dauerndem

*) Mit dem badischen Erbfolgestreit wurde bekanntlich in jener Zeit der merkwürdigste Kriminalprozeß der Neuzeit, die Geschichte des räthselhaften Findlings Kaspar Hauser in Verbindung gebracht. Wie aus zahlreichen Signaten hervorgeht, nahm Ludwig an der Untersuchung regen Antheil. Namentlich Feuerbach trat für die Herkunft Hausers aus einer hohen Familie ein. Bei weiterem Verlauf der Untersuchung mehrte sich aber nach Merker's Vorgang die Zahl der Zweifler, die zur Ansicht hinneigten, es werde die dem „Kinde von Europa" bewiesene Theilnahme einem Unwürdigen, einem Betrüger geschenkt. Das angebliche Attentat 1829 und die angebliche Ermordung 1834 bieten in der That manche Indicien, die auf Täuschung und Selbstverletzung hinweisen. Hauser wollte wohl das abgekühlte Interesse an seiner Person wieder rege machen. Die Herkunft des Findlings blieb bis zum heutigen Tage unaufgeklärt. Es ist auch gar nicht wahrscheinlich, daß ein so junger Bursche von Vornherein einen so komplicirten Plan ersonnen, der psychologisches, medizinisches und polizeiliches Interesse wach rief. Erst durch die Art des Verfahrens gegen ihn — er wurde ja von den Gelehrten als förmliches Experimentirobjekt behandelt — mochte in ihm der Gedanke geweckt werden, den Roman seiner Lebensgeschichte selbstthätig weiter zu spinnen. So weit es sich aus dem Ministerialakt entnehmen läßt, beharrte Ludwig bei der von Feuerbach entwickelten Ansicht. Mit Recht rügte er das Verhalten der Gerichte nach Hausers Tod. Er signirte (26. Jänner 1834): „Die ersten polizeylichen Maasregeln erscheinen viel zu spät ergriffen. Statt eines Polizeydieners hätte wenigstens eine polizeyliche Commission augenblicklich auf die erste Anzeige sich an den Ort der That begeben und diesen besichtigen sollen, wenn es anders nicht möglich gewesen seyn sollte, daß eine gerichtliche Commission durch schleunige Communikation nach einstweiliger Bewachung des Platzes oder Sperrung des Gartens noch rechtzeitig zur Einsicht aufgefordert worden wäre. Es ist dieses der Polizeystelle im geeigneten Wege zu rügen."

Besitz der Jungpfalz verholfen, was der Diplomatie nicht gelang. Als aber später einmal die Klage laut wurde, man habe damals die günstigste Gelegenheit verpaßt, erwiderte der König: Es ist ein Haus rasch angezündet, aber schwer gelöscht*)!

Sonst war Bayerns äußere Politik, deren Leitung seit 1827 dem Justizminister Zentner, dem Schöpfer der bayerischen Verfassungsurkunde, anvertraut war, in dieser Periode in keine wichtigere Frage verwickelt. Im Bundestag zielte seine Politik darauf ab, Reibungen zwischen den beiden deutschen Großmächten zu verhüten, da es das entschiedenste Interesse an Erhaltung des Gleichgewichts hatte.

Eminent politische Bedeutung erhielt jedoch in der Folge ein Institut, das ursprünglich nur Förderung der Handelsinteressen beabsichtigte. Zwar standen nicht mehr, wie zur Zeit der Diktatur Napoleons, die deutschen Heere einander kampfbereit gegenüber, aber noch immer führte man Krieg gegen den wechselseitigen Verkehr. Eine

---

*) Viel Lärm verursachte ein Gerücht, es sei zur Förderung der Erbschaftsfrage ein „Raub" wichtiger badischer Archivalien beabsichtigt worden. Nach Lage der Akten reduzirt es sich auf folgenden Vorfall. Oberrechnungsrath Bowinkel aus Karlsruhe wünschte, aus badischem in bayerischen Dienst überzutreten, allerdings in der Hoffnung, daß man ihn in Bayern wohl gebrauchen können und deßhalb gut lohnen werde. Da er voraussah, daß von Seite Baden's seiner Entlassung Schwierigkeiten entgegengesetzt würden, so wollte er Maßregeln ergreifen, „daß im Falle er chikanirt würde, er noch das Heft in der Hand habe". Deßhalb brachte er (2. Oktober 1827) dem k. bayerischen Landkommissär Petersen ein paar Koffer und Packete mit Archivalien zur Aufbewahrung. Unmittelbar darauf wurde er jedoch in Karlsruhe verhaftet und durch einen badischen Beamten von Petersen die Auslieferung des Depositums verlangt. P. weigerte sich, weil die Papiere für Bayern von Wichtigkeit sein könnten. Justizminister Zentner wies ihn aber an (2. Nov. 1827), „daß zwar seine Vorsicht, die besagten Papiere zurückzuhalten und vordersamst den ganzen Vorgang zu höherer Kenntniß zu bringen, gut geheißen werde, daß jedoch diese Papiere unweigerlich verabfolgen zu lassen seien, da gar nicht abzusehen ist, in wiefern das dießseitige Gouvernement dabei interessirt seyn könnte und die erwähnten Gerüchte keine Beachtung verdienen." Auch dem Generalprokurator des Rheinkreises, v. Völderndorf, wurde (11. Nov. 1827) befohlen, „nach Vorschrift der Gesetze ohne Aufenthalt in dieser Sache zu verfahren, da sich überhaupt kein rechtlicher Grund finde, warum der Requisition des badischen Gerichts nicht auf das Schleunigste entsprochen werden sollte und anonyme Verläumdungen die dießseitige Staatsregierung niemals bewegen können, von dem Wege des Rechts abzuweichen." Auf Grund dieser Weisungen erfolgte die Auslieferung des gesammten Materials nach Karlsruhe.

politische Aussöhnung der Staaten hatte stattgefunden, aber auf staatswirthschaftlichem Gebiet standen sie feindseliger gegen einander als je zuvor. Bei Ludwigs Regierungsantritt waren in Deutschland nicht weniger als 22 Zollschranken aufgerichtet, jedes Land glaubte seinen eigenen Nationalreichthum zu fördern, wenn es den Nachbarn in seiner Entwicklung hemmte. Die Beendigung dieses staatswirthschaftlichen Kriegszustandes erfolgte erst mit Schöpfung des deutschen Zollvereins, der zuerst eine engere Vereinigung der Bundesglieder herbeiführte. Es wurde mit Recht darauf hingewiesen, es sei dariu ein Beleg geboten, wie manches Treffliche aus den Bestimmungen der Bundesakte abzuleiten gewesen wäre, da ja das gauze Institut kraft Artikel 19 vom Bunde hätte in's Leben gerufen werden können. Doch die Einheitsidee war so geschwächt, daß sich die Regierungen seither nicht einmal auf den freieren Standpunkt erheben konnten, sich mindestens in Bezug auf Zölle und Handel als ein zusammengehöriges Ganzes zu betrachten.

Es ist Ludwigs persönliches Verdienst, richtig erkannt zu haben, welch' glückliche Bedeutung ein Anschluß Bayerns wenigstens an die süddeutschen Staaten gewinnen müsse. Mit Baden war in Folge des gespannten Verhältnisses eine Vereinigung nicht anzubahnen, mit Würtemberg aber wurde am 12. April 1827 der erste Zollvertrag abgeschlossen, der eine neue Epoche im Nationalleben der Deutschen einleitet. Ein Artikel des Vertrags bestimmte ausdrücklich, es solle der Beitritt der übrigen angrenzenden Länder erstrebt werden. Die Durchführung der Idee für ganz Deutschland kounte nur von Preußen ausgehen, das ebenfalls zuerst mit Hessen einen Separatvertrag abschloß, dem bald andere Staaten beitraten. Bei Gelegenheit der Naturforscherversammlung zu Berlin im Herbst 1828 wurde durch Cotta eine Verbindung der verschiedenen Staatengruppen angeregt, und so kam im Mai 1829 der Vertrag zu Staude, der die Grundlage des später in's Leben gerufenen Zollvereins bildete. „Ueberall", sagt Gervinus, „wurde der Vertrag als die erste, die verdienstvollste und wohlthätigste Leistung begrüßt, deren sich Deutschland zu erfreuen hatte." —

Am 17. November 1827 versammelte Ludwig zum ersten Mal die Volksvertreter um seinen Thron. In der Thronrede, die er selbst verlas, sind schlicht und klar die Ansichten des Monarchen, die Maßregeln, die er für Ordnung des Staatshaushalts für nöthig erachtete, entwickelt. Die Königsstimme zerstreute alle Zweifel an seinem festen Willen, an der Verfassung festzuhalten und ihre zeitgemäße Ausbildung zu fördern. Kein Punkt, der für das allgemeine Interesse von Wichtigkeit schien, war übergangen. Verbesserung der Rechtspflege, Einführung des Steuerdefinitivums, Erleichterung des Verkehrs und der Landwirthschaft durch Zollordnung und Culturgesetz, Einführung des Landrathinstituts waren zeitgemäße Verheißungen, auch ein Gesetzentwurf zu einer auf das Princip der Oeffentlichkeit und Mündlichkeit gegründeten Gerichtsordnung wurde in Aussicht gestellt. Man erkannte, daß die Rede des Königs eigenes Werk*) und begrüßte sie als Unterpfand des königlichen Willens freudig im ganzen Lande. Die Einmüthigkeit zwischen Regierung und Volksvertretung wurde auch in der ganzen Sitzungsperiode nicht getrübt. Freilich wurde der Reform der Gesetzgebung nicht sonderlicher Vorschub geleistet, doch wirkliches Verdienst erwarb sich die Versammlung durch die Einführung des Instituts

*) Die Privatbibliothek König Ludwigs verwahrt drei verschiedene Koncepte der Thronrede von des Königs eigener Hand, deren Korrekturen manches Interesse bieten.

So lautet in der ersten Fassung die auf die Konstitution bezügliche Stelle: „Nicht von Mängeln frey ist unsere Verfassung, aber weil sie nicht alles Gute enthält, darum werde ihre Güte nicht verkannt, unter den bey ihrer Entstehung vorhandenen Umständen konnte sie kaum anders werden und Erfahrung zeigt manches, was Theorie nicht lehren kann. Weise giebt unsere Verfassung selbst die Wege an, wie Verbesserungen in ihr zu bewirken. Ohne daß der Stände Rechte durch sie vermehrt würden, bestehen die Ausübende Gewalt (Verwaltung) nachtheilig hemmende Fesseln." In der zweiten Fassung sind die Sätze „Unter den bey ihrer Entstehung 2c." und „Ohne daß 2c." gestrichen. In der dritten ist statt dessen eingefügt: „Vieles Gute ist bereits auf den früheren Landtagen geschehen, vieles doch bleibt zu thun übrig. Daß Landräthe noch fehlen, wirkt sehr nachtheilig."

Weiter heißt es in der ersten Fassung: „Wie ich gesinnt bin, wie ich für gesetzliche Freyheit, des Thrones Rechte und die eines Jeden schützende Verfassung bin, dieses jetzt noch zu versichern, würde hoffentlich überflüssig sein." Im zweiten Koncept ist diesem Satz angefügt: „Desgleichen, daß ich Religion für das Wesentlichste ansehe und Kunst und Wissenschaft sehr schätze." Das dritte Koncept enthält die Abänderung: „Desgleichen, daß ich Religion als das Wesentlichste ansehe und jeden Theil bey seinen Rechten (bey dem Zustehenden) zu behaupten wissen werde."

der Landräthe, das sich im Rheinkreise vorzüglich bewährt hatte. Als bei der Budgetberathung die Regierung das günstige Resultat der finanziellen Reformen mittheilte, bekundete sich die frohe Ueberraschung der Stände durch ein herzliches: Hoch lebe der König!

Allerdings zeigt sich der Modus, wie diese Ersparungen erzielt waren, nicht über allen Tadel erhaben. An die Einschränkung des Militärbudgets knüpfte nicht ohne Grund Graf Taufkirchen die Befürchtung, sie werde allmälig der Bildung des Heeres schädlich werden. Die ständige Beurlaubung großer Abtheilungen des Friedensstands verhinderte Uebungen in größeren Massen. Von Waffen und Kriegsgeräth wurde nur das Nothwendigste angeschafft. Ludwig erklärte wiederholt, es solle Alles vermieden werden, was zur Entkräftung der Heeresmacht führen könnte, doch es gelang nicht, das richtige Verhältniß zu finden, und dieser Fehler wurde empfindlich gestraft, als sich zeigte, daß der Krieg denn doch nicht aus der Gesellschaft verbannt und für den politischen Werth eines Landes in erster Linie seine Wehrkraft maßgebend sei.

Damals hatte aber die Regierung nicht bloß die Stände, sondern überhaupt die öffentliche Meinung für sich, die fast einhellig möglichste Einschränkung des Militäretats forderte. Gegenüber den Warnungen Taufkirchens wurden auch damals die Schlagwörter Volksmiliz und Landsturm angeführt und an die Tage von Gammelsdorf und Kronach erinnert.

Indessen hielt die Regierung doch an dem Plane fest, den Bau einer Hauptfestung mit allen Kräften zu betreiben. In Mitte des Landes, an dem Strome, der immer die Operationslinie für die militärischen Bewegungen in Bayern sein wird, bot sich Ingolstadt als geeignetster Waffenplatz dar. Der König selbst legte 1828 den Grundstein zur neuen Festungsanlage.

Nach Schluß des Landtags wurde Eduard von Schenk, der Dichter des Belisar, zum Minister des Innern ernannt. Ludwig gab dem Bischof Sailer davon am 31. August 1828 Nachricht. „Ich weiß, daß es Sie freut, darum schreibe ich es Ihnen. Solche Gesinnungen wie die seinigen brauche ich an der Spitze der Staatsgeschäfte und ich wollte das Talent in der ganzen Kraft seiner Jahre am rechten Platze haben." Die Ernennung dieses Neuromantikers rief wieder jene Stimmen wach, die eine Regierung Bayerns nach „rein katholischen Principien“ hofften oder befürchteten. Und solche Hoffnungen und Befürchtungen fanden noch anderweitig Nahrung. Ludwig hielt sich für verpflichtet, den Bestimmungen des Konkordats nach allen Seiten hin gerecht zu werden. Durch das Konkordat war festgesetzt, der Staat solle zur Entschädigung für das an sich genommene Kirchengut einige Klöster wieder in's Leben rufen. Ludwig begünstigte nun das Wiederaufleben älterer religiöser Orden in hohem Maße. Es findet seine Erklärung in dem religiösen Sinn des Monarchen, wie in der Abneigung, die er überhaupt gegen Umsturz der Einrichtungen und Vernichtung der Denkmale alter Zeit empfand. Er sah in den Klöstern namentlich des Benedictinerordens Asyle der Wissenschaft, der Mildthätigkeit und des Friedens. 1827 wurde Kloster Metten wieder in's Leben gerufen, die Franziskaner und Kapuziner durften sich in München und vielen anderen Orten neue Ordenshäuser bauen und erhielten vom Könige reichliche Unterstützungen, ebenso die verschiedenen weiblichen Orden*). Den barmherzigen Schwestern wurde 1827 das Münchner Krankenhaus eingeräumt und ihre Verdienste um die Krankenpflege fanden auch bei solchen Anerkennung, die in der Wiederkehr der Bettelmönche nur einen Rückschritt zu erkennen vermochten. Schon 1826 wurden auch Klerikalseminare zu Speyer und Freising neu errichtet, die schon bestehenden höher dotirt.

Wenn unter der vorigen Regierung vielleicht im Purismus, der mit allem Kirchlichen wie mit den Volksgebräuchen aufräumen wollte, zu weit gegangen wurde, so suchte der Zögling der deutschen Romantik auf dem Throne im entgegengesetzten Sinne zu wirken. Im Gottesdienst sollte der gewohnte Prunk entfaltet werden, die Kultusstätten sollten ihren reichen Schmuck wieder erhalten. Die Christmetten wurden wieder eingeführt, öffentliche Prozessionen überall erlaubt. Eine Aeußerung Ludwigs ist charakteristisch: „Eine Religion, welche die Kunst verwirft, kann nicht die wahre sein, deßhalb steht der Protestantismus dem Katholizismus nach.“ Den Einwohnern Ober-Ammergau's wurde wieder die Aufführung des Passionspieles erlaubt, die Montgelas verboten hatte. Das alte Volksschauspiel hatte übrigens

*) Näheres siehe bei Sepp, Ludwig Augustus, p. 396—420.

keinen geringeren Fürsprecher, denn Goethe. Dieser forderte Sulpiz Boisserée auf, ihm die ausführlichste Schilderung zu entwerfen. „Für dergleichen", schreibt er, „ist das südliche Deutschland fruchtbarer als das nördliche; es gehört eine mittlere Unschuld dazu, wenn dergleichen hervortreten soll."

Andererseits war jedoch König Ludwig geradezu ein Gegner aller religiösen Kopfhängerei und allen ultramontanen Zelotismus. So sprach er sich wiederholt mündlich und schriftlich gegen den Jesuitismus aus, der alles Staats- und Geistesleben nur von hierarchischer Warte aus beobachtet und alles der Restauration des alten Kirchenthums im Weg Stehende zelotisch bekämpft und verfolgt. Als die Stadt Landsberg Willens war, die aus Freiburg vertriebenen Jesuiten aufzunehmen, verbot er dies und bemerkte in dem darauf bezüglichen Brief an Minister Wallerstein (11. Juli 1834): „Seine politischen Umtriebe habe ich diesem Orden vorzuwerfen, besorge auch, daß der Benediktiner werdenden Erziehungsanstalt sie Abbruch thun würden. Teutsche Gesinnung soll in die Jugend gelegt werden, aber dieser waren die Jesuiten in Deutschland immer fremd: wo immer sie waren und sind, ihres Ordens Zweck verfolgen sie, nur ihn, Nebensache das Vaterland!" Auch bei der Stiftung der Seminare betonte er, wahrhaft apostolischer Sinn solle dort geweckt werden, nicht Fanatismus oder leerer Formalismus: „Fromm sollen meine Bayern sein, aber keine Kopfhänger!"

1827 erging energische Weisung an alle Regierungen, sie sollten innerhalb der Grenze ihrer verfassungsmäßigen Kompetenz streng darüber wachen, daß fernerhin bei Trauungen gemischter Ehen die katholischen geistlichen Behörden, „deren Verfahren in solchen Fällen weder mit dem Geist christlicher Duldung, noch mit den seit dem westphälischen Frieden in allen deutschen Staaten beobachteten Grundsätzen übereinstimme und daher auf keine Weise gebilligt werden könne", sich keine Verletzung ihrer Pflichten gegen den Staat zu Schulden kommen ließen.

Es wäre wohl nur eine Forderung der Billigkeit, daß Gervinus, der auch in dieser Periode der Regierung König Ludwigs überall nur Obskurantismus und mittelalterlichen Ungeschmack erblickt, auch den Anstrengungen der Regierung, die allgemeine, wie die politische Bildung in Bayern zu heben, Aufmerksamkeit gewidmet haben möchte. Der 1829 unter Mitwirkung von Thiersch, Schenk, Schelling u. A. bearbeitete Schulplan erfreute sich auch über die Grenzen Bayerns hinaus vielseitigen Beifalls. Nur übertriebene Aengstlichkeit, die allenthalben schwarze Gespenster sehen will, konnte behaupten, daß klerikaler Einfluß den Plan diktirt habe. Diese Anklage wurde in Paulus' Sophronizon laut, in welchem Organ fast zu gleicher Zeit die Frage, ob den Juden Staatsbürgerrecht zu verleihen sei, dirett verneinend beantwortet wird. Thiersch wies solche Jesuitenriecherei gebührend zurück. Es war auch nicht dem Einfluß einer Kongregation zuzuschreiben, daß dieser Schulplan noch im nemlichen Jahre einer Revision unterworfen wurde. Ludwig schreibt von Würzburg aus an seinen Sekretär (27. August 1829): „Minister v. Schenk sagen Sie, ich wünschte den gegenwärtigen Schulplan und den vorhergehenden nach Berchtesgaden geschickt zu bekommen; gleichfalls demselben, daß mir hier inständige Vorstellungen gegen ersteren gemacht werden, daß des Latein und Griechischen zu viel, zu wenig aber dessen, wessen man bedürfe, vorgeschrieben wäre." Ludwig nahm mehrere eingreifende Aenderungen selbst vor, die den Realien, namentlich der Muttersprache eine bedeutendere Stellung einräumten.

Der beste Gradmesser für die Bildung eines Volkes ist die Landespresse, die verkörperte öffentliche Meinung. Sie war bisher in Bayern auf einem gar niedrigen Standpunkt geblieben, insbesondere das Ministerium Montgelas war einem freieren Ideenaustausch mißgünstig gewesen. Ein Erlaß des Ministeriums des Innern vom 21. Dezember 1829 erklärte als ausdrücklichen Willen des Monarchen, „daß die Freiheit der Presse innerhalb der gesetzlichen Schranken auf keine Weise beeinträchtigt und daß insbesondere dem Recht der freien Beurtheilung des amtlichen Wirkens der zum öffentlichen Dienst berufenen Personen, soweit nicht dadurch gesetzliche Ehrenrechte verletzt werden, der gebührende Schutz gewährt werden solle." So hob sich die Tagespresse unter dem Schutze der Regierung selbst. Eisenmann gab in Würzburg das freimüthige Volksblatt heraus. Das ministerielle Organ „Inland" stellt die Erklärung an die Spitze, eine Regierung, welche die Existenz einer öffentlichen Meinung aufheben wolle, würde sich nur selbst jedes Stützpunktes in derselben berauben. Saphir, den, wie er sagte, die Preßfreiheit in Bayern reizte, gab ein Witzblatt „der deutsche Horizont" in München heraus. In Augsburg erschien seit drei Jahrzehenden die „Allgemeine Zeitung", die sich namentlich durch den Werth ihrer belletristisch-wissenschaftlichen Beilage zu einem Weltblatt erhob. In derselben Stadt wurden auch die „allgemeinen politischen Annalen" herausgegeben, vom Führer des süddeutschen Liberalismus, Rotteck, redigirt, ohne daß dem Unternehmen von Seite der Regierung Hindernisse in den Weg gelegt wurden. Als Ernst Münch die bayerische Staatsregierung und den Monarchen heftig angriff, trat Rotteck energisch für sie ein. „Das bayerische Ministerium", schreibt er 1831, „mit Zeutner und Armansperg findet an Bürgerfreundlichkeit und Weltansicht nur wenige seines Gleichen in Deutschland. Baierns jetziger König ist an persönlichen Anlagen, wie in öffentlichen Grundsätzen ganzen Fürstenreihen weit überlegen, er geht einen festen Schritt vorwärts zwischen Frankreichs Sturmlauf und Oesterreichs Rückgang. Sollte einst der Gedanke einer Diktatur für Deutschland in's Werk treten, so würde Bayern als reindeutscher Staat die reindeutsche Aufgabe am freiesten lösen."

## Reisen im Lande. Die Walhalla.

Ludwig lebte einfach wie ein wohlhabender Privatmann in seiner Residenz; nur bei wenigen Gelegenheiten wurde königliche Pracht zur Schau getragen. Der Wunsch, die Stunden, die nicht von Regierungsgeschäften in Anspruch genommen waren, in zwangloser Muße zu genießen, führte ihn fast jeden Sommer nach dem stillen Brückenau, dessen Heilbäder ihm zusagten. In aller Frühe wurden die Geschäfte erledigt, dann Partien veranstaltet, denen sich nicht selten fremde Gäste beigesellten. Bei einer solchen Bergpartie 1830 rettete der König einem jungen preußischen Referendar Kaskel das Leben, indem er ihn vor dem Sturz von steilem Felsenhang bewahrte*). Der Abend wurde entweder im Kursalon oder im engen häuslichen Kreise verbracht, dann gab es eine Partie Schach oder ein Lottospiel mit gar harmlosen Geldeinsätzen.

Im August 1827 reiste der König von Brückenau nach Weimar, um Goethe kennen zu lernen und dessen Geburtstag mitzufeiern. Gaus erzählt in seinen „Rückblicken" Ausführliches über diesen Besuch. Die Erscheinung, daß ein König eine Reise unternahm, um einen Schriftsteller zu ehren, rief damals allgemeines Staunen hervor. „Schön, herrlich!" ruft Varnhagen aus, „dieser König weiß, daß auch

*) Eine ähnliche Episode wurde auch von dem Engländer Humphrey erzählt, den König Ludwig mit persönlicher Gefahr aus einem Seestrudel gerettet haben sollte. Ludwig selbst erklärte dem Schriftsteller Drobisch, daß ihm von dieser That nichts bekannt sei, „aber," setzte er hinzu, „es freut mich doch, daß die Leute auch einmal etwas Gutes von mir gelogen haben."

Köuige huldigen müssen, und thut es in würdigster Weise!“ Fast den ganzen Tag, den Ludwig in Weimar zubrachte, blieb er in Goethes Haus im Kreise seiner Familie. Er überreichte dem Dichter auch das Größkreuz seines Hausordens, „um den Orden zu ehren“. Goethe waudte sich dabei förmlich an den eben anwesenden Großherzog: „Wenn mein gnädiger Fürst erlaubt?“ Karl August aber rief lachend: „Alter Kerl, mach doch kein dummes Zeug!“ Goethe schrieb bald darauf an Sulpiz Boisserée, der König habe sich so vollständig theilnehmend und bekannt mit seinem bisherigen Wesen, Thun und Streben erwiesen, daß er es nicht dankbar genug bewundern könne. Ludwig selbst, obwohl ihn das imposante Wesen dieses „Verstandesmenschen“ fast erschreckte, widmete diesem Zusammensein einen enthusiastischen Nachruf:

„Träume her aus einem schön’ren Leben,
Vor der Seele mir die Tage schweben,
Die beglückt in Weimar ich genoß ......“

Bei Gelegenheit seiner Erholungsreisen nach Brückenau, Aschaffenburg und Berchtesgaden besuchte Ludwig in den ersten Jahren seiner Regierung fast alle bedeutenderen Städte und Flecken seines Landes. Kostspieligen Festlichkeiten war er, wie er offen erklärte, abgeneigt. Er bat, die Summen, die von den Gemeindebehörden dafür ausgesetzt wurden, lieber dem Griechenverein zufließen zu lassen. „Statt Beleuchtung oder anderer kostbarer Festlichkeiten“, schreibt er (8. August 1829) an Grandauer, „möchte ich viel lieber recht große Beiträge in die Unterstützungskassa. Ball ohne Nachtessen wie in Augsburg verdirbt nur den Magen.“ Ueberall suchte er sich selbst Kenntniß zu verschaffen, welche Früchte seine Reformen in der Staatsverwaltung getragen. Die Kunstschätze Augsburgs und Nürnbergs fanden in dem königlichen Gast den einsichtsvollsten Verehrer, überall wurden historische Erinnerungen aufgefrischt und historische Denkmale besucht, ohne daß darüber der Gegenwart und ihrer Forderungen vergessen worden wäre.

Nirgends aber war der Empfang des Monarchen herzlicher und glänzender als in Rheinbayern, das er im Juni 1829 besuchte, der Jubel galt eben hier nicht bloß dem Könige, sondern auch dem

Rheinlander. Ludwig unterbrach mehr als eine ceremoniöse Ansprache mit den Worten: „Ich bin ja ein Pfälzer, bin euer nächster Landsmann, ihr liebt mich, davon bin ich fest überzeugt!" Das liebliche Neustadt, das alte Speyer, das feste Landau, das aufblühende Kaiserslautern suchten sich in Festlichkeiten zu überbieten. Der König erkundigte sich allenthalben nach den Bedürfnissen und Wünschen, nach den Vortheilen der Gewerbefreiheit, begab sich in Schulen und Gefängnisse und wohnte zu Zweibrücken einer öffentlichen Gerichtssitzung bei, um das Pfälzer Verfahren kennen zu lernen. Doch nicht bloß auf die Städte erstreckte sich das Volksfest, in allen Thälern drängten sich geschmückte Schaaren zu Roß und zu Wagen, dem Könige den Gruß zu bieten. Zu besonderer Befriedigung gereichte ihm, daß gegenüber der alten Hauptstadt des Pfälzer Landes, die er nicht zurückzugewinnen vermocht, auf bayerischem Boden eine neue Stadt hoffnungsvoll emporblühte. Wo vor wenigen Jahren nur ein Weiler lag, ragten jetzt hundert Fabrikschlote und in freundlichen Straßen tummelte sich eine arbeitsame Bevölkerung. Da der Name Rheinschanze der Bedeutung des neuen Handelsplatzes nicht mehr entsprach, gewährte Ludwig mit Freude die Bitte der Bewohner, daß Hafen und Stadt seinen Namen trügen.

Als den schönsten Festtag seiner langen Regierungszeit bezeichnet Ludwig selbst den Tag der Grundsteinlegung zur Walhalla. Am 2. Oktober 1808 hatte der Jüngling an Johannes Müller geschrieben: „Walhalla ist kein Werk für einen Kronprinzen, wäre zu kostspielig; soll ich einst König werden!, errichte ich es!" Seit dieser Zeit aber waren in seinem Auftrag durch Künstlerhand nach und nach die Brustbilder der berühmtesten Deutschen geschaffen worden. Der Platz für die Halle wurde schon 1810 bei Gelegenheit eines Besuches des Fürsten Taxis gewählt. Im Herzen Deutschlands, nördlich von der ehrwürdigen Karlingerstadt Regensburg, von der Goethe sagt: „Es liegt gar schön, schon die Gegend mußte eine Stadt herbeilocken!" bis zu dem alten Stauf hinab, wo einst Albertus Magnus die geheimnißvollen Gesetze der Naturkräfte zu ergründen strebte, zieht sich eine langgestreckte Hügelkette längs des schönen Donaustromes hin. Eine isolirt sich erhebende Höhe, der Breuberg, sollte das Gebäude tragen. „Groß muß es werden", schrieb Ludwig an Müller, „nicht bloß kolossal im Raume, Größe muß auch in der Bauart sein, nicht zierlich und hübsch, hohe Einfachheit, verbunden mit Pracht, spreche sein Ganzes aus, würdig werdend dem Zweck!" 1821 wurde Klenze mit dem Bauplan betraut. Er entwarf den Riß zu einer Tempelhalle, von einem dorischen Peristyl umzogen*), und Ludwig gab seine Einwilligung. Wohl wurden schon damals Wünsche laut, die für die deutsche Walhalla einen Bau in altdeutschem Styl forderten, doch ließ sich nicht ohne Berechtigung entgegnen, ein gothisches Münster sei eben wieder nicht passend zur Aufnahme von Büsten nach antiken Vorbildern. Endlich gedieh der Plan zur Reife.

Am Jahrestag der Leipziger Schlacht 1830 zog eine festlich geschmückte Flottille von Regensburg stromabwärts. Auf beiden Ufern jubelte eine unermeßliche Volksmenge, von der Stadt tönte feierlicher Glockenschall herüber, Böllerschüsse krachten, denen das Echo der Hügel antwortete. Auf der auserwählten Stätte hinter Donaustauf sammelte sich der Kreis der Geladenen. Schenk hielt die Festrede, dann machte der König selbst die üblichen drei Hammerschläge. „Möchten in dieser sturmbewegten Zeit", sprach er dabei, „fest, wie dieses Baues Steine vereinigt sein werden, alle Deutschen zusammenhalten!"

Zur Feier des Tages richtete wieder Platen an den König, dessen Thronbesteigung er begrüßt, eine begeisterte Ode:

## Die Ehrenhalle.**)

Männer des Ruhmes schauen, — im Bild auch nur —
Hebt hoch das Herz, gibt Flügel dem Puls Schlag,
Mit gold'ner Keite bindet die Rede,
Hin reißt mit liebenden Armen das Beyspiel.

---

*) „Sehr freut mich Ihr richtig dorisches Gefühl," schrieb Klenze (4. Febr. 1830) an Heydeck, „denken Sie sich meine Freude, die Walhalla so bauen zu dürfen. Sie soll Ihnen gefallen. Dorisch ist der Bau des Menschen, wie er von Gott kam, Korinthisch, wie ihm der Kickel über den gesunden Sinn wuchs, und gothisch, wie er in's — ich habe es ausgestrichen, alle Wahrheit ist nicht gut zu sagen!"

**) Wir fügen das ganze Gedicht ein, weil es unseres Wissens bisher noch unbekannt. Das Manuskript, von des Verfassers eigener Hand geschrieben, befindet sich in der Fideikommißbibliothek Ludwigs I., jetzt im Besitz S. kgl. Hoheit des Prinzen Luitpold von Bayern.

Nicht Jedem steht nach niederem Myrten Reis,
Nach theurem Lorber der Sinn. Mich freut es,
Zweige herab von der heiligen deutschen
Eiche zu brechen für ein edles Haupt,

Das, nicht verschmähend, was Hellas Schönes,
Was Roma Starkes gezeugt, auch würdiget
Deutsche Sitte, und — was uns hoch stellt —
Ringen zum Höchsten, unserem, Aller.

Ob ich ihn nenne, den Enkel von Herrmann,
Der hervor in Marmor deutscher Heroen
Gestalten rufet, ein anderer Odin
Zum Geister Mahl' in Walhalla sie sammelnd? —

Jetzt nicht! — Hinweg die so oft entweihte,
Dem Schwachen und Wüth'rich vergeudete Blume!
Nur von segnendem Volke gebrochen,
Und in der Nachwelt Kränzen duftest du

Wohlgeruch, Lob! nicht in des Knechtes
Hand, der um Gold und um Gunst vielleicht buhlet.
Rühmlicher nennt ihn die That. — Doch wie ist mir? —
Es hebt mich — Wo führt es gewaltig mich hin? — —

Aus grüner Welle, o seht, auftauchet
Sein ernstes Haupt Altvater Rhein! —
Er spricht, o hört des Greisen Wort,
Der Cäsarn, und nicht dem Varus schlief:

„Glück auf, ihr Söhne, es hat die Vergelterin
„Den Fremdling ereilt noch vor dem Weltgericht.
„Im Staub nicht flattern mehr Teuts Adler,
„Zürnend schlägt der Löwe die Lenden.

„Schon gleitet die Fessel vom Fuß mir — doch, wisset,
„Der Fremde, noch ist er der ärgere Feind nicht.
„Die Ruthe war in lenkender Hand er,
„Für lang Verdientes, schwer Gebüßtes.

„Darum, wenn ausgekämpft erst der eiserne
„Kampf, dann greift in Busen und reutet
„Das Gift dort aus der niederen Habsucht,
„Des Kriechen und Heucheln und Gottesläugnens.

„Weh dem, der wähnet, nur auf der Rechtlichkeit
„Grabe steh' fest des Ruhmes Säule!
„Wo wohnte noch Ehre und Recht und Wahrheit,
„Wohnten sie nicht in der Fürsten Brust, denn

„Glänzende Bettler sind meine Ritter,
„Vom Dunst der Bücher aufgeblähte
„Schwäzer die Weisen, Knaben die Männer,
„Klingende Schellen geworden die Priester.

„Doch unter leichter Asche nur schlummert
„Der Götterfunke, der nimmer erstirbt im Volk.
„Ein Wort, und rings umstarren, o Fürsten!
„Euch Felsenreihen der Edlen! Das Wort heißt:

„Ehre dem Biederen! Brod dem Fleißigen!
„Dem Verdienste Achtung! Verachtung dem Schein! —
„Bildsamer Thon sind der Menschen Gemüther,
„In der Hand liegt die Form des wackeren Meisters.

„Fort denn auf dem Pfade zum Licht durch die Finsterniß,
„Du, wiedergebornes in blutiger Taufe bald,
„Mein Heldenvolk, groß im Verein der Kräfte,
„Ohnmächtig, wenn undeutscher Neid dich trennt."

Von nun an regten sich tausend fleißige Hände am Donaugestade, der königliche Gedanke wurde rasch zur That. Auch bei diesem Gebäude wurde wie bei der Glyptothek den drei Schwesterkünsten Gelegenheit geboten, mit vereinten Kräften zu wirken. Durch die Anwendung der Lithochromie im Innern wurde jene harmonische Pracht erzielt, die auf jeden Beschauer ergreifenden Eindruck ausübt und ihn leicht vergessen macht, daß in der Mischung römischer und griechischer Details in der Halle innere Widersprüche vorliegen. Die Bildwerke in den äußeren Giebeln, die Besiegung der Römer und der Franzosen durch die Deutschen darstellend, gehören zu den bedeutendsten Marmorgruppen, die seit Iktinos und Kallikrates Zeit überhaupt wieder erstanden. Wie läßt sich ihnen gegenüber am Vorwurf festhalten, Schwanthaler's Werke seien nur für den Guß, nicht für den Marmor geschaffen! Mit ihrem Bildner ringen Wagner, der im Saalfries die Entwickelung des deutschen Kulturlebens darstellte, und Rauch mit den lieblichen Ruhmesgenien um die Palme. Das prächtige eiserne Hängewerk der Decke ist nach Schinkel's Idee gefertigt.

Für die Auswahl der Namen und Bildnisse, die in die Halle der Verklärten aufgenommen werden sollten, blieben im Allgemeinen die Bestimmungen Müller's maßgebend. Der Geschichtschreiber war auch auf den Wunsch des Prinzen eingegangen, „alle diese Männer, nicht gelehrt, ohne alles Citat, aber mit lebendiger Vorstellung dessen, was jeder war und was zu sein er uns lehrt, aufzuzeichnen." Doch starb J. v. Müller, bevor er den Plan ausgeführt hatte, und Ludwig übernahm nun selbst die Abfassung kurzer biographischer Skizzen über die „Walhallagenossen". Man mag den Styl barock nennen und den einen und andern Verstoß gegen die Geschichte tadeln, aber man muß der Objektivität des Verfassers Gerechtigkeit widerfahren lassen. Einige Namen, z. B. den Vandalen Genserich, den Einsiedler von der Flüe, dessen Bedeutung Müller wohl überschätzt, u. A. möchte man vielleicht missen, andere, wie Melanchthon, Zwingli &c. vermißt man ungern. Auch Luthers Bild fehlte anfänglich in der Walhalla, Ludwig war dem Reformator abgeneigt, der ihm das deutsche Schisma verschuldet zu haben schien. Später ließ er sich durch viele Vorstellungen und Bitten bewegen, sein Standbild aufzunehmen. Doch die Schilderungen des Lebens und Wirkens eines Hutten, Sickingen, Aventin, Friedrich II. u. A. in den „Walhallagenossen" beweisen, daß finsterer Geist so wenig wie engherziger Patriotismus die Wahl bestimmte. Nicht Ludwig der Bayer, sondern Friedrich der Schöne, obwohl er dem Wittelsbacher nicht bloß an Waffenglück nachstand, nicht Tilly, sondern Wallenstein und Bernhard von Weimar fanden Platz in Walhalla, ebenso die eifrige Vertheidigerin des orthodoxen Protestantismus, Landgräfin Amalie von Hessen, wie der Jünger des sinnlichen Heidenthums, Heinse.

Nach zwölf Jahren, wieder am Jahrestag des Leipziger Befreiungskampfes, öffneten sich die ehernen Thore des deutschen Ehrentempels. Unter den Klängen des von Stunz komponirten Walhallaliedes schritt der König mit großem Gefolge die majestätische Marmortreppe hinan. Das Gelübde, das er vor 35 Jahren nach der Schlacht bei Jena den zürnenden Walküren geleistet, war gelöst. Auch bei dieser Feier gab er dem Wunsche Ausdruck, Walhalla solle vor Allem zu Erstarkung deutschen Sinnes beitragen. Im Jahre 1830 war auch für ein einiges Deutschland kaum mehr als der Grundstein gelegt. Im Laufe der folgenden zwölf Jahre war an dem Bau nicht lässig fortgearbeitet worden, obwohl ein ausschweifender Partikularismus in gleicher Weise, wie das Streben nach unbedingter Einheit, das sich zu anarchischer Tendenz verirrte, die Entwickelung der Einheitsidee schädigten. Aber es waren doch wenigstens die Glieder des deutschen Volkes nicht mehr durch Zollschranken zerrissen und die deutsche Bewegung im Jahre 1840 hatte gezeigt, daß die Widerstandskraft dieser Nation trotz der schwachen Form ihrer Vereinigung nicht mißachtet werden dürfe. —

Ein Herbsttag im Jahre 1870 neigte sich schon zur Rüste, als der Verfasser dieses Lebensbildes den Eichenwald durchschritt, der die Walhalla auf der Landseite bis zum Gipfel des Berges den Blicken verbirgt, und endlich die herrliche Halle vor sich liegen sah.

„Tretet ein! Auch hier sind Götter."

Man vergißt die Walhalla nie. Der Kunstkritiker Hermann Riegel, den man nicht der Parteilichkeit für den königlichen Bauherrn oder für den Architekten zeihen wird, gesteht: „Mir ist die Walhalla, deren Lage schon an Aegina erinnert, stets wie ein Tempel des Zeus Pangermanikos erschienen, wie ein wirkliches Heiligthum deutscher Ehre, in dem man Andacht üben kann!" Welche Erinnerungen werden wach, wenn wir die langen Büstenreihen überblicken! Hier das energische, der Kaiserkrone würdige Haupt Friedrich Barbarossa's, dort der herrliche Dürerkopf, der männliche Scharnhorst, der häßliche und doch so anziehende Kaut! Die letzten Sonnenstrahlen brachen eben durch das Dachwerk und beleuchteten die Bildnisse Stein's und Gneisenau's, allmälig zog sich ihr Schimmer hinüber zu dem ernsten Lutherbild.

Trittst du hinaus durch die Erzpforte, welch' reizendes Bild! Weithin in der Ebene ein Kranz von Dörfern, deren Namen das altdeutsche Gepräge nicht verleugnen, zu beiden Seiten Hügelgebilde, von Hopfen und Reben überrankt, und mitten in dunklem Forst, vom dämmernden Himmel sich geisterhaft abhebend, die weiße Marmorhalle mit dem hell schimmernden Treppenbau! Das Rauschen der Donau, in der sich schon die Sterne spiegeln, erzählt von alter Macht und Herrlichkeit, die feierliche Stille einer heiligen Einsamkeit lockt in Träume. Zur Walhalla schreiten die Götter auf dem Irisbogen über den Strom. Wie sich Helena und ihre Gespielinnen beim Anblick der Ritterburg, die Phorkyas ihnen zeigt, scheuer Furcht nicht erwehren können, so staunen auch die Schutzgötter Germania's ob der fremdartigen Pracht — —

Da blitzten in der nahen Stadt feurige Garben auf! Der Dom, dessen himmelanstrebende Thürme der Erbauer Walhalla's vollenden half, steht in einem Feuermeer. Die Stadt, in welcher Ludwig der Deutsche begraben liegt, feiert ein deutsches Siegesfest und die Wiedergeburt des Reiches. Das Aufleben der alten nationalen Begeisterung half den deutschen Waffen zum Sieg, Dank den Fürsten, die sich als Träger der nationalen Idee bewährten, ist als schönstes Siegesmal ein starkes, glückliches Deutschland wieder erstanden, — die edlen Wünsche des Gründers des nationalen Heiligthums Walhalla sind zur That geworden! —

## Aufschwung des Kunstlebens in München. Neue Bauten. Kunstsammlungen.

---

Die Künstler, welche den Prinzen als künftigen thatkräftigen Beschützer der Kunst gefeiert hatten, wurden in ihren Erwartungen nicht getäuscht. Nach seinem Regierungsantritt sammelte Ludwig die bedeutendsten Talente um seinen Thron, die nun in harmonischer Thätigkeit zusammenwirkten. Ihm war es ernst mit der Kunst, sie galt ihm nicht als Zeitvertreib, sondern als das edelste Bildungsmittel. Im richtigen Augenblicke griff er in die große Bewegung, in den neuen frischen Aufschwung der deutschen Kunst ein und wurde der Schirmherr ihrer Jugendtage.

Es ist nicht selten der Vorwurf zu hören, die Kunst sei nach München nur als das Mädchen aus der Fremde gekommen, könne deshalb dort nur ein Schattenleben fristen, werde nie im Herzen dieser Banausen Wurzel fassen. Allerdings rief Ludwig die ersten Meister der Kunst aus allen Ländern deutscher Zunge in seine Residenz. Aber gab es nicht auch bedeutende einheimische Talente und rangen diese Dorner, Wagenbauer, Gebrüder Adam, Gebrüder Quaglio, Eberhard, Bürkel, Neureuther, Haushofer, Enhuber, Ainmüller, Ziebland, Leeb, Stiglmayer, Wagner, Schwanthaler u. A. mit weniger Glück und geringerem Verdienst um den Lorbeer, als die aus der Ferne Berufenen? Nicht wenige von den aufgeführten Künstlern hatten sich schon des Wohlwollens und der Hilfe Max Joseph's erfreut, der zwar persönlich keine Vorliebe für die Kunst zeigte, aber den Beruf des Regenten, die Kunst im Laude zu heben, wohl erkannte.

Der phantastisch-sinnliche süddeutsche Volkscharakter erleichtert das Einleben der Kunst. Thorwaldsen's Ausspruch, die Bildhauerei schließe sich inniger dem Protestantismus an, die Malerei dem Katholizismus, fand seine Bestätigung in der Thatsache, daß in Berlin die Plastik, in München die Malerei höheren Aufschwung nahm. Der Landschaftsmalerei bot das reizende bayerische Oberland mit seinen freundlichen Dörfern günstige Stoffe, das derb gemüthliche Volkstreiben dem Genre. Anregend überdies wirkten und belehrend die großartigen Kunstsammlungen, welche die Prunkliebe und der Geschmack bayerischer Fürsten in ihrer Hauptstadt angelegt. Als im Jahr 1800 der Kommissär der französischen Rheinarmee, Neven, die Münchener Sammlungen aufsuchte, um eine Auswahl für die Pariser Museen zu treffen, rief er erstaunt aus: „Hier ist wirklich der Glanz und der Geschmack der Tuilerien wieder zu finden! Wie haben es nur diese Fürsten angefangen, Schätze zu gewinnen, wie sie die Könige Frankreichs nicht besaßen!"

Ganz unberechtigt ist freilich der spöttische Einwand nicht, die große Mehrzahl der Bevölkerung habe für den Kunstsinn ihres Königs kein Interesse gehegt. Nachdem die Kunst in Deutschland so lange Zeit förmliches Geheimgut der Höfe und weniger Bevorzugter gewesen, war es nicht möglich, daß sie plötzlich eine durchgreifende Veränderung im Leben eines Volkes hervorzurufen vermocht hätte. Daß sie sich aber vollzieht, daß die Pflege der Kunst und der Wissenschaft durch die bayerischen Könige auch höheren Schwung in den Volkscharakter gebracht, darf man wohl behaupten, ohne den Vorwurf unberechtigten Selbstgefühls scheuen zu müssen. Ludwig behielt diese erziehende Aufgabe der Kunst stets im Auge, alle seine Unternehmungen waren für die Oeffentlichkeit berechnet und sollten der Gesammtheit des Volkes zu Gute kommen.

Bei Anordnung und Ausführung seiner Pläne ließ sich Ludwig allerdings auch durch fremdes Urtheil unterstützen. Namentlich Klenze war in den meisten Fällen sein Rathgeber und wurde deshalb scherzweise als „Kunstgeneralbevollmächtigter" bezeichnet. Doch nicht nur das reiche Ganze so vieler Kunstunternehmungen war die eigenste Geistesarbeit des königlichen Schutzherrn, sondern auch die Anordnung des Einzelnen, sowie die Wahl und Bestimmung der geeigneten Kräfte.

„Man sage, was man will," spricht Goethe zu Eckermann, „das Gleiche kann nur vom Gleichen erkannt werden und nur ein Fürst, der selber große Fähigkeiten besitzt, wird wiederum große Fähigkeiten in seinen Unterthanen und Dienern gehörig erkennen und schätzen."

Die Vorbereitungen zu jedem einzelnen größeren Werke wurden planmäßig in aller Stille getroffen, so daß, wenn man zur Ausführung schritt, jene Sicherheit und Schnelligkeit möglich war, die alle Welt überraschte. Und alle diese großen Summen für Bauten und Bilder und Statuen wurden aus Privatmitteln des Königs gedeckt, soweit sie nicht vom Staat übernommen wurden. Gervinus will diesen Versicherungen nicht Glauben schenken, denn „die innere Noth des Landes, die unerträglichen Lasten der Steuerpflichtigen, der traurige Staud der Finanzen unter Ludwigs Regierung" seien sprechende Zeugen dagegen. Unsere Darstellung der bayerischen Verhältnisse unter der Regierung Ludwigs I. wird genügend darthun, wie wenig begründet gerade diese Vorwürfe sind. Auch gewährt ein Einblick in die Geschäftsbücher des Kabinets, die in keinem Bankhause pünktlicher geführt wurden, die sicherste Ueberzeugung, daß für Kunstschöpfungen ausschließlich die Mittel des Kabinets zur Verwendung kamen und genügend waren.

Freilich mußte man eben deshalb mit den Mitteln in gewissem Sinn haushälterisch zu Werke gehen. Als mit Thorwaldsen Verhandlungen wegen der Reiterstatue Max I. gepflogen wurden, forderte der Künstler einen sehr hohen Preis. Klenze mußte auf Befehl des Königs ablehnen. „Sie wissen", schreibt er, „daß alles Große, was Se. Majestät unser trefflicher König in der Kunst schon gethan hat und noch thun wird, nächst den geistigen Triebfedern auf der größten Sparsamkeit und Ordnung beruht und daß sich derselbe auch das Liebste zu versagen weiß, wenn es gegen wohl überlegte Berechnung der Kräfte und Mittel geht." Thorwaldsen, solch edle Motive ehrend, erniedrigte sofort den Preis. Ludwig dachte wie der Prinz in Emilia Galotti: „Nach Brot gehen soll die Kunst nicht, aber der Künstler muß auch arbeiten wollen." Die Künstler selbst erkannten dankbar die Hilfe des Königs an. „Unser Glück", sagte Cornelius, „ist die Ausübung unseres Berufs und damit sind wir reicher, als die Reichsten!"

Berechtigter ist der Vorwurf, daß der Werth der künstlerischen Arbeit oft beeinträchtigt wurde durch das rasche Tempo, das auf Befehl des Königs angeschlagen werden mußte. Durch solche Unruhe, die bei dem halbvollendeten Werk schon an das nächste mahnte, wurde hie und da die planvolle Ausführung der Arbeit gestört; sie findet ihre Erklärung im sanguinischen Temperament des Königs, der bis zum letzten Lebenstage Entwürfe aller Art im Sinne trug.

Der Bedeutendste des Künstlerkreises um Ludwigs Thron war Cornelius.

„Leicht überzeugt man sich", urtheilte Raczinsky, „daß die Münchener Schule und die Schule des Cornelius eine und dieselbe sei; es ist unmöglich zu verkennen, daß er durch den Schwung seines Geistes alle Uebrigen mehr oder minder in die Richtung hineingezogen hat, welcher er selber folgt; die Höhe, zu welcher er sich emporgehoben, hat ihnen zum Ziele gedient und sie zu Anstrengungen vermocht, welche dieser Schule das sie unterscheidende Gepräge der Großheit geben." Um diese Sonne drehte sich eine große Zahl hellleuchtender Planeten, wenn es auch nicht an Kometen fehlte, die ihre eigene Bahn zogen. Fast jedem Talent wurde die thatkräftige Hilfe des fürstlichen Kunstfreundes zu Theil, dem diese Sorge die liebste Lebensfreude war. Aus allen deutschen Ländern zogen die Musenjünger nach München und verpflanzten neues Leben in die behäbige Isarstadt. Ernst Förster erzählt eine hübsche Episode. Er war 1827 neben anderen Schülern Cornelius' bei der Ausmalung der Arkaden mit historischen Fresken beschäftigt und eben an der Arbeit, als heftig an die Thüre geklopft wurde. Er öffnete, es war König Ludwig. Er mußte ihm nun zeigen, was bereits fertig, und Namen und Heimat eines jeden Künstlers benennen. Es kam zu Tage, daß sie den verschiedensten deutschen Ländern angehörten. Dies machte dem Könige die größte Freude. „Das ist schön!" rief er wiederholt, „aus allen Gauen Deutschlands kommen die Künstler zu mir, wir wollen aber auch ein rechtes Kunstleben führen!" Von nun an kam er fast alle Tage, um sich von dem Fortgang der Arbeiten zu überzeugen und mit den jungen Malern zu unterhalten.

Ludwig ging bei der Bestellung dieser Gemälde aus der Vaterlandsgeschichte von der Idee aus, nur die Kunst könne die Geschichte aus dem Gedächtnisse in das Herz, aus der Gelehrtenstube in das Volk verpflanzen. Leider sind die Stoffe nicht durchgehends glücklich gewählt, auch verrathen einige Bilder noch deutlich die Schülerhand. Was aber hier, wie bei so manchen bildlichen Darstellungen in der Glyptothek und in der Residenz dem Werth des Bildes an sich Abbruch that, die zu selbstständige Betheiligung von jüngeren Künstlern, kam ihrer Entwickelung, somit der Kunst selbst zu Gute. Das beste Uebungsmittel des Schülers bleibt ja immer, wie Goethe sagt, die Theilnahme am Werle des Meisters. Als 1829 die Fresken enthüllt wurden, gab Ludwig durchaus nicht zu, daß eine eigene Wache für die Gemälde aufgestellt werde. „Man muß", sprach er, „ohne Mißtrauen den Gemeinsten im Volke an den Anblick des Schönen gewöhnen!"

Schnorr aus Leipzig erhielt schon 1825 als Weihnachtsgeschenk das Dekret einer Professur an der Münchner Akademie. Durch ihn wollte Ludwig Fresken aus der Odyssee in einer Reihe von Festsälen der neuen Residenz ausführen lassen, während durch Cornelius ebenso die längst verklungenen Sagen von Chriemhild und dem starken Hagen wieder ins Leben gerufen werden sollten. Der Plan wurde aber verrückt durch die Weigerung Overbeck's, Rom zu verlassen. Es mußte deshalb Cornelius die großen Altargemälde in der Ludwigskirche übernehmen, die Overbeck zugedacht waren, Schnorr die Nibelungensäle. Der junge Kaulbach erhielt ebenfalls Aufträge zu einem großen Freskogemälde im Odeon und zu einem Bildercyklus aus Klopstock's und Goethe's Dichtungen, ebenso Schwind zu einem Cyklus aus Tieck's Dichtungen für die Burg. Stieler, dem die Wiedergabe weiblicher Anmuth in seltener Weise gelang, wurde mit der Aufgabe betraut, Münchens schönste Mädchen und Frauen für die sogenannte Schönheitsgallerie der Residenz zu malen. Heinrich Heß, dessen Schaffen an die heiter unbefangenen Meister Italiens erinnerte, führte sein Meisterwerk aus im Freskenschmuck der Allerheiligenkirche. Auch seinem Bruder, Peter Heß, dessen Schlachtengemälde sich durch lebensvolle Darstellung auszeichnen, fehlte es nicht an königlichen Aufträgen. Neureuther, der originelle Arabeskendichter, der Thiermaler Albrecht Adam, die Genremaler Kirner, Rhomberg, Heydeck, Bürkel, die Landschafter Heinlein, Morgenstern, Haushofer und viele Andere wurden bedacht.

Rottmann ging 1826 im Auftrag des Königs nach Sicilien. Als er, zurückgekehrt, dem Könige seine herrlichen Landschaftsskizzen zeigte, beschloß dieser sofort, solche Perlen nicht in seinen Privatgemächern zu verschließen, sondern ließ sie al fresco in den Arkaden des Hofgartens ausführen. Die herrlichen Bilder sind heute mit Recht der Stolz der Isarstadt.

Die Grundsteinlegung zu dem Dürerdenkmal zu Nürnberg 1828 gab Gelegenheit zum ersten großen Ehrenfest der deutschen Künstler, das in der jugendlich aufstrebenden Genossenschaft das Gefühl der Zusammengehörigkeit stärkte.

„Wie hell leucht' uns Dein reines Licht!
Wir hören, was Dein Mund uns spricht,
Wir wollen's treu bewahren:
Eins ist, was Gutes wirkt und schafft,
Zu jeder That lebendge Kraft,
Einheit schützt vor Gefahren!
Großer Meister, bist erstanden,
Erdenbanden
Fesseln mehr Keinen,
Dein Tag soll uns ewig einen!"

So sang die Künstlerschaar an Dürer's Grab auf dem Johanniskirchhof, es war ein erhebender Morgengruß der deutschen Kunst!

1826 und 1829 brachte Ludwig wieder mehrere Wochen in Rom zu, wo er die Villa Malta, ein einfaches, aber reizend gelegenes Besitzthum, durch Kauf erwarb, um ganz ungestört in der Weltstadt leben zu können.

„Wie werth bist Du mir, liebes Asyl, wo endlich den Menschen
Findet der König auf's neu', welchen daheim er verlor!" —

Sein Nachbar war Thorwaldsen, mit dem er täglich verkehrte. Ihm empfahl er den jungen Schwanthaler, der 1826 zu mehrjährigem Aufenthalt nach Rom ging und zwar mit Unterstützung des Königs. 1830 folgte Thorwaldsen selbst der dringenden Einladung des Königs, ihn in München zu besuchen, wo die Eugenstatue in der Michaeliskirche enthüllt werden sollte. Als der Künstler in das Schloß kam, um den hohen Gönner zu begrüßen, lag dieser krank zu Bette. Er ließ aber den Gast sofort in sein Schlafgemach rufen und umarmte ihn, sich aus dem Bett erhebend, auf das Herzlichste. Der Auftrag, den er für ihn bestimmt, eine Reiterstatue des Kurfürsten Max I.

für Erzguß zu formen, hielt den genialen Meister noch längere Zeit in München fest, wo sich ihm zu Ehren Fest an Fest reihte, darunter eins in den imposanten, beleuchteten Glyptothekſälen. Es war der Wunsch des Königs, ihn ganz an München zu fesseln, um so mehr, da Thorwaldsen gerade mit dem Gedanken umging, ein Museum für seine Werke zu errichten. „Sie wissen", schrieb er in diesem Sinn an den Künstler, „hochgeschätzter Thorwaldsen, daß hier die Kunst großartig getrieben wird, daß sie blüht, außer gerade ein Zweig, an dem mir sehr viel gelegen ist, in dem Thorwaldsen der ausgezeichnetste seit Jahrtausenden. Die Bildhauerkunst liegt leider gänzlich nieder; einen trefflichen Meister derselben für München zu erwerben thut Noth, aber ich zögerte noch; eben jetzt muß ich wissen, ob und wann Bayerns Hauptstadt das Glück zu Theil wird, Sie zu besitzen." Er bot ihm eine Professur, verbunden mit dem Rang eines Staatsraths, an und wollte ein großartiges Atelier und Museum für ihn erbauen. Leider ließ sich der Meister durch die Rücksicht auf seine Vaterstadt bewegen, den Antrag abzulehnen, sonst wäre das Thorwaldsenmuseum, das Kleinod Kopenhagens, heute die herrlichste Zierde Münchens.

Eine gedeihliche Reform konnte nur angestrebt werden, indem allen Künsten Aufmerksamkeit gewidmet wurde. Deshalb war es auch die vorzüglichste Sorge des Königs, jene Erfindungen zu begünstigen, die auf neue Gebiete der Kunst den Pfad bahnten.

Die Glasmalerei hatte schon im 10. Jahrhundert in Bayern geblüht, in jener Zeit erhielt das ehrwürdige Tegernseer Münster seine farbenprächtigen Fenster. In den letzten Jahrhunderten war aber allenthalben diese edle Kunst vernachlässigt worden. Dem Nürnberger Frank gebührt das Verdienst, die verschollene Technik förmlich neu entdeckt zu haben. In München gewann die Kunst zuerst wieder den alten Ruhm, namentlich seit Ainmüller die Anstalt leitete. Ein Auftrag des Königs gab Gelegenheit zur ersten bedeutenderen That des jungen Instituts. Die von ihm bestellten Glasgemälde für den Regensburger Dom nach den Cartons von H. Heß glückten überraschend, wenn es auch nicht gelang, die satte, üppige Farbe der erhaltenen alten Domfenster zu erreichen.

Auch für die Porzellanmalerei war ein Auftrag Ludwigs Epoche machend. In der Münchner Anstalt, wo bisher nur nach

Handwerksschablone gearbeitet worden, hatte Kronprinz Ludwig 1810 ein großes Service mit Kopien der vorzüglichsten Gemälde der Münchener Gallerie fertigen lassen, der erste Anstoß zu künstlerischer Entwickelung. Auch später förderte Ludwig diesen Kunstzweig fort und fort, so daß München die bedeutendsten Meister aufzuweisen hat und eine vorzügliche Sammlung von Porzellanmalereien besitzt. Welchen Fortschritt weist das letzte von Ludwig 1868 bestellte Gemälde Wustlich's, eine Kopie der Pieta van Dyk's, gegen das erste 1810 gefertigte Tellerbild auf!

Wie die Glasmalerei, so hatte auch die Gießkunst schon früher in Bayern eine Blüthezeit erlebt. Der Werth von Krumper's Meisterwerken an den Portalen der Residenz, an der Michaelskirche u. a. ist in der jüngsten Zeit erst nach Gebühr von der Kunstgeschichte gewürdigt worden. Auch diese Kunst war im vorigen Jahrhundert gleichsam verloren gegangen. Schon Max Joseph faßte den Plan, sie wieder ins Leben zu rufen und baute für diesen Zweck ein Gießhaus in München, doch geschah der entscheidende Schritt vom Handwerk zur Kunst erst unter Ludwig, dem das Institut für seine monumentalen Pläne von höchster Wichtigkeit war. 1826 wurde die große Erzgießerei gebaut. Das erste bedeutendere Gußwerk, die Bildsäule Max Joseph's, war noch ein gewagtes Experiment, gelang aber so glücklich, daß es keiner der übrigen Statuen Münchens, das in der Folge fast überreich an Erzbildern wurde, an feiner und geschmackvoller Ausführung nachsteht. Seitdem wetteifert das Institut, durch welches Ludwig allein eine lange Reihe prächtiger Werke ausführen ließ, mit den ersten Gießereien Europas.

Der Aufschwung des Kunstlebens, wie es sich in München entfaltete, erregte bald die Aufmerksamkeit des Auslandes. Im englischen Parlament wurde das Geständniß laut, das ganze reiche Großbrittanien leiste nicht für die Kunst, was in München dafür geschehe. Vor Allem interessant aber ist es zu beobachten, welch bedeutenden Eindruck diese Kunstbestrebungen auf Goethe und einen nicht minder feinfühlenden Kunstfreund, Sulpiz Boisserée, machten. Letzterer kam 1827 nach München, um den Verlauf seiner Gemäldesammlung ins Werk zu setzen, und hatte dabei die beste Gelegenheit, das wahre Wesen der artistisch-wissenschaftlichen Bewegung, die Ludwig hervorgerufen hatte, kennen zu lernen. „Es ist hier," schreibt er an Goethe, „ein überaus reicher Boden und eine sehr belebte Welt, ja es giebt wenig Städte, die so viel Hilfsmittel für die Kunst- und Alterthumsfreunde haben. Dazu kommt noch der Versuch, auch den Wissenschaften einen Heerd zu gründen, und was das Wichtigste ist, das äußerst thätige, auf alles Edle und Hohe gerichtete Streben des Fürsten. Wenn über diesen Elementen der Geist des Friedens und des Segens waltet, so könnten daraus für ganz Deutschland die schönsten und heilsamsten Früchte erwachsen." Goethe forderte den Freund auf, ihm die eingehendsten Nachrichten über München und den König von Bayern mitzutheilen und Boisserée entsprach diesem Wunsch durch eine ausführliche Schilderung aller Kunstunternehmungen und Nachrichten über die Reorganisation der Universität und der Akademie „Die Ideen des Königs sind durchaus edel und großartig und diesen Charakter trägt Alles, was er bis jetzt unternommen hat, so unbefriedigend auch in manchen Stücken die Ausführung seiner Anordnungen sein mag. Wer aber wollte es einem Fürsten zur Last legen, daß er nicht immer auf eine seinem hohen Geist ganz entsprechende Weise bedient wird! Man wird nicht mehr fordern, als daß er seine Leute unter den besten und ausgezeichnetsten wähle, das aber hat der König, besonders in Rücksicht auf die Kunst gethan, und somit fallen alle Klagen, welche zu erheben wären, auf das Zeitalter." Goethe, dem König Ludwig wiederholt durch seinen Besuch in Weimar, wie durch Briefe und Geschenke Beweise seiner Verehrung gezollt, — um ein gutes Porträt des Dichterfürsten zu erhalten, sandte er Stieler nach Weimar, das äußerst gelungene Bild bestimmte er später für die neue Pinakothek, — faßte den Plan, über die Kunstthätigkeit des Königs sich in einem Memoire zu äußern. „Der Gedanke," schreibt er am 2. März 1828 an Boisserée, „hat schon geblüht und Frucht angesetzt, die nächste Zeit, hoffe ich, soll ihn zur Reife bringen." Leider stand er von dem Vorhaben wieder ab. „Vom Gelingen und Mißlingen eines incalculablen Bestrebens", schreibt er am 7. April, „ist nicht wohl im Laufe des Tages zu sprechen, daher ich denn jenen Vorsatz aufgebe, jedoch mit wiederholter Bitte, mich von Zeit zu Zeit von den dortigen Zuständen und Vorfallenheiten zu unterrichten, zu dem einzigen Zwecke, mich über ein gleichzeitiges wichtiges Beginnen immerfort im Klaren zu erhalten." Es scheint sogar ein bestimmter Antrag von Seite des Königs, eine Berufung nach München, vorgelegen zu haben, denn in dem Briefe, womit Goethe die Widmung seines veröffentlichten Briefwechsels mit Schiller 1829 begleitete, bittet er, ihm ferner die bisher zugewandte Gnade zu bewahren, „damit, wenn es mir auch nicht verliehen war, in jene ausgebreitete königliche Thätigkeit eingeordnet mitzuwirken, mir doch das erhebende Gefühl fortdaure, mit dankbarem Herzen die großen Unternehmungen segnend, dem Geleisteten und dessen weitausgreifendem Einfluß nicht fremd geblieben zu sein." Bis zu Goethe's Tod dauerte der Briefwechsel fort, in welchem Goethe dem königlichen Freunde seine Ideen über Förderung der Kunst auseinandersetzte. Leider sind Goethe's Briefe unter dem versiegelten Nachlaß des Königs und vorderhand unserer Kenntniß entzogen, die Koncepte der kurzen Danksagungsschreiben des Königs gewähren keine näheren Aufschlüsse über jene wichtigen Beziehungen. —

Ein Weiser aus Abdera äußerte einmal, er begreife wohl den Nutzen des Mondes, der ja die Nächte erhelle, er könne aber nicht einsehen, warum am hellen Tag die Sonne am Himmel stehe. Mit diesem Tadler der Weltordnung lassen sich wohl Jene vergleichen, die nur für ökonomische Vortheile, für den Jahrmarkt des Lebens Sorge tragen und deshalb Nase rümpfend die Frage aufwerfen, was diese Glyptotheken und Pinakotheken und Bibliotheken und Walhallas nützen, warum man nicht statt solcher überflüssigen Luxusbauten lieber Markthallen und Wasserleitungen und Fabriken gebaut habe. Solche Stimmen, die gar nicht selten selbst im Landtage laut wurden, lassen sich jetzt schon seltener vernehmen. Auch diejenigen, die nicht fassen, daß das Kunstwerk an sich Anspruch auf Geltung habe und veredelnd auf Geist und Sitte des Beschauers einwirke, können sich der Thatsache nicht verschließen, daß die Förderung der Kunst durch den Mäcen auf dem bayerischen Thron eine Quelle des Wohlstands für die Bevölkerung nach der Hauptstadt leitete.

Wenn auch Ludwig keineswegs einseitig die Residenz begünstigte, sondern fast jede bedeutendere Stadt des Landes seiner Gunst ein oder mehrere Kunstdenkmale zu verdanken hat, so wurde doch München vorzugsweise königlich begabt. „Ich will", so lauteten seine eigenen

Worte, „aus München eine Stadt machen, die Teutschland so zur Ehre gereichen soll, daß Keiner Teutschland kennt, wenn er nicht auch München gesehen hat!" Um das alte München, auf das vor seiner Regierung im Ganzen noch Mephisto's Schilderung der mittelalterlichen Städteherrlichkeit paßte, schloß sich eine neue Stadt mit breiten Straßen, prächtigen öffentlichen und geschmackvollen Privatgebäuden. Als an der Ludwigs-, Briennerstraße u. s. w. zu bauen begonnen wurde, spottete man über solche weitreichende Plane. „Um in ihrer ganzen Ausdehnung ausgeführt zu werden", schrieb Lewald noch im Jahr 1835, „bedürfte es einer Bevölkerung, die für München niemals denkbar ist; in einem Winkel des Vaterlandes gelegen, am Fuße der Tyroler Berge, lediglich durch den Hof des Königs von Bayern blühend, wird es nie mit magnetischer Kraft fremde Ansiedler anziehen können." Die Pinakothek wurde Dachauer Gemäldegallerie, der Obelisk Nymphenburger Grenzpfahl betitelt; Saphir meinte, Neu-München sei nur ein Gesellschaftsspiel von einigen prächtigen Häusern, die zusammen kamen, um Stadt zu spielen. Heute haben lange Häuserreihen längst ihre Arme um all diese Bauten geschlossen und die Stadt weist die dreifache Zahl der Bevölkerung auf, wie zu Max Josephs Zeit, und kann sich messen mit Städten, die über die reichsten materiellen Mittel zu verfügen haben.

Ein anderer Tadel wird auch heute nicht selten erhoben. Neu-München habe keinen einheitlichen Baucharakter aufzuweisen. Riegel sagt in einem Aufsatz über das monumentale München: „Als König Ludwig Neu-München schuf, muß ihm der Gedanke vorgeschwebt haben, die Kunst aller gebildeten Völker vertreten zu sehen, er baute in allen Stylarten und damit verdarb er Alles." Es ist jedoch hervorzuheben, daß die gewählte Stylart in der Regel den verschiedenartigen Zwecken der Gebäude trefflich angepaßt ist, für die Antikensammlung der griechische Tempel, für die prächtige Bildergallerie der reiche Florentiner Styl, für die Bibliothek der Uebergang zu einfacheren romanischen Baumotiven, für die Kirchen Wiederaufnahme der Gothik oder der altchristlichen Basilikenform. Der strengen Verurtheilung der Bauschöpfungen Ludwigs, welche Riegel ausspricht, sind andere Urtheile von Kunsthistorikern, Raczinsky, Hagen u. A. gegenüber zu stellen, die ihre vollste Anerkennung aussprechen; der

Verfasser selbst fühlt sich als Laie zu technischer Kritik nicht berechtigt. Vom Anlehnen an vorhandene Muster mag ein zu ausgedehnter Gebrauch gemacht sein und ohne Zweifel ist aus diesem Grunde der Einfluß, den Ludwig auf die Entwicklung der Baukunst ausübte, nicht von so tiefgreifender Bedeutung, wie auf dem Gebiet der Malerei. Doch wurden andrerseits mit dem Aufsuchen eines neuen Baustyls so trübe Erfahrungen gemacht, daß der Werth der „todten Nachahmungen" noch unübertroffen scheint. Selbst Schinkel, der 1836 München besuchte, ließ, wie aus S. Boisserée's Briefen zu ersehen, der Münchner Kunstthätigkeit lebhafteste Anerkennung widerfahren.

Die Glyptothek war der erste Ring der glänzenden Kette öffentlicher Prachtbauten. 1826 wurde der Grundstein zum Königsbau, zur Allerheiligenkapelle, zum Odeon und zur Pinakothek gelegt. Der Königsbau, der sich an die unter Kurfürst Max I. erbaute Burg anschloß, wurde nach Klenze's Plan ausgeführt, der den Palazzo Pitti zum Muster nahm. Niemand wird der gediegenen Pracht, dem feinen, geläuterten Geschmack, der sich im Innern kund giebt, seine Bewunderung versagen können. Schildereien der ersten Meister aus dem Leben und Schaffen großer Kaiser und Fürsten wechseln mit Darstellungen aus den klassischen Dichtungen aller Völker. Ein Pariser Architekt, Lusson, urtheilte in seinen Münchner Skizzen über die Münchner Residenz: „Noch nie wurde dem Künstlergenius ein geräumigeres Feld der Thätigkeit eröffnet und noch nie sah man eine gleich große Zahl verschiedenartiger Talente zur Ausführung eines Werkes auf einem Punkte ihr Wissen und ihre Fertigkeit vereinigen."

Neben dieser eines Schirmherrn der Kunst und Literatur würdigen Wohnung sollte sich die neue Kapelle erheben, für welche ein in normännischem Styl ausgeführter Bau in Palermo als Vorbild diente. Für ihre Fenster wollte der König die Form der Domfenster zu Trient angewandt wissen, die er selbst auf seiner Reise nach Italien abzeichnete. Ueberhaupt pflegte er auch für jedes Detail besondere Aufträge zu ertheilen und wandelte unermüdlich während des Baues mit den Architekten umher, so daß er wohl scherzweise der Oberpalier genannt wurde.

Weniger glücklich war Klenze mit dem Bau des Odeons, bei dem allzusehr außer Acht gelassen wurde, daß es irdischen Zwecken dienen solle.

Der Bau eines würdigen Hauses für die Münchener Gemäldesammlung war ein längstgefühltes Bedürfniß. Unter den kunstsinnigen Vorfahren Ludwigs waren in Düsseldorf, Mannheim, Zweibrücken und München treffliche Sammlungen angelegt, die nach dem Erlöschen mehrerer Linien in München zusammenflossen. Erst Ludwig aber verfuhr nach einem bestimmten System, das eine allmälige Kompletirung aller Zweige und Schulen anstrebte. Für Erwerbung geeigneter Gemälde legte er als König eben so warmen Eifer an den Tag, wie als Kronprinz für die Antikensammlung, weit entfernt von der gewöhnlichen Schwärmerei eines Liebhabers. Aus seiner Ideenrichtung erklärt sich, daß er vor Allem strebte, die altdeutsche Schule zur Geltung zu bringen, namentlich durch Goethe's Erörterungen über diese Materie geleitet. Ein günstiges Geschick fügte, daß sich damals zum Gewinn einer herrlichen Sammlung kostbarer Perlen der deutschen Schule Gelegenheit bot. Die Gebrüder Boisserée, um die Kenntniß des deutschen Kunstalterthums hoch verdient, waren geneigt, ihre Sammlung, falls sie einer größeren angereiht würde, um niedrigen Preis zu veräußern. In aller Stille wurde 1826 Galleriedirektor Dillis nach Stuttgart gesandt, um die Gemälde zu besichtigen. Das Resultat der Prüfung war ein enthusiastisches Gutachten, es sei eine Auswahl von klassischen Meisterwerken geboten. Ebenso begeistert urtheilte Böhmer: „Die Boisserée'sche Sammlung ist in der Kunst für das religiös-nationale Leben fast von gleichem Werth, wie der Kölner Dom, und nur mit Enthusiasmus kann ich darüber sprechen." Auf Einladung des Königs begab sich Sulpiz Boisserée selbst nach München, wo Ludwig mit ihm einen Vertrag abschloß, der um den verhältnißmäßig sehr niedrigen Preis von 240,000 fl. die ganze Sammlung in Besitz des Königs Ludwig brachte. Neben den bekannteren Meistern Dürer, Holbein und Kranach waren hier auch der erfindungsreiche Hemling, der sinnige Schorcel und viele bisher noch kaum bekannte bedeutende Meister der altkölnischen und der oberdeutschen Schule mit trefflichen Werken vertreten. Ludwig äußerte sich über den Kauf in freudigster Erregtheit. „Nur wünsche ich", sagte er zu dem Verkäufer, „daß nichts davon in die Zeitungen komme und besonders, daß man den Preis nicht erfahre. Wenn man das Geld im Spiel verliert oder für Pferde ausgiebt, meinen die Leute, es wäre recht, es müsse so sein; wenn man es aber für die Kunst verwendet, sprechen sie von Verschwendung!“ Im nächsten Jahr gelang es ihm, für eine treffliche Ergänzung zu sorgen, indem er um 50,000 Gulden die Fürstlich Wallersteinische Gallerie erwarb. Nirgendwo kann jetzt der Stammbaum der deutschen Kunst gründlicher studirt werden, als in München.

Auch in Nürnberg ließ er die Moritzkapelle restauriren und räumte sie der werthvollen Sammlung altdeutscher Tafeln ein, welche die Reichsstadt behalten sollte.

Auch für die Kompletirung der in mancher Hinsicht am spärlichsten vertretenen italienischen Schulen trug er Sorge. Schon als Kronprinz hatte er durch Dillis drei prächtige Raphaels laufen lassen und nahm auch 1815 in Paris, als es zur Herausgabe der von den Franzosen geraubten Kunstwerke kam, auf die Erwerbung manches werthvollen Stückes Bedacht. So auch später. Die herrliche Madonna Raphaels, die im Besitze des Mr. Bonning, wurde um 5000 Pfund Sterling gekauft, zwei Correggio, Titians venetianischer Nobile und viele andere. Ein Paar charakteristische Beispiele mögen zeigen, mit welchem Eifer und Verständniß er solche Geschäfte betrieb. Raphaels Cäcilia in Bologna war, seitdem er das Meisterwerk gesehen, das Ziel seiner Wünsche. 1837 schien ihm die günstige Gelegenheit zur Erwerbung gekommen. Er schrieb deshalb an den bayerischen Gesandten in Rom, indem er ihm Kredit bis zu 50,000 Sludi eröffnete: „Ich habe Andeutung, daß der Preußische Gesandte von Bunsen in Unterhandlung darüber mit dem Tesorier stehen dürfte; sicher aber ist seine Bestellung einer Kopie, die im September fertig seyn sollte. An des Originals Stelle gethan, fiele dessen Entfernung weniger auf. Da hätten wir's mit einem schönen Gegner zu thun, aber ich vertraue, daß Sie ihn die Braut nicht werden heimführen laßen. Doch wenn auch Bunsen sich nicht um dieses Gemälde bewürbe, so trachten Sie dennoch, und das unverzüglich, daß dieser Kauf für mich zu stande lomme. Sollten dazu an den Tesoriere und an Andere Geschenke erforderlich seyn, so bin ich geneigt zu geben; an wen, als und wie viel für jeden, laßen Sie mich wissen. Was heute gethan werden kann, nicht auf morgen zu verschieben, finde auch bey diesem Geschäft seine Anwendung.

Geld möchte in diesem Augenblicke der Regierung willkommen seyn. Daß ich, als Bologna wider den Pabst sich empört, den Vorschlag verwarf, obgleich das Gemälde damals für Eigenthum der Stadt haltend, es zu erwerben, damit keine Geldmittel die Empörer wider den Pabst bekämen, können Sie anführen, wie sehr ich auch damals schon dessen Besitz gewünscht habe. Auch können Sie geltend machen, was ich Alles für's Beste unserer hl. Religion gethan, welche Verunglimpfungen es mir auch zugezogen hat." Der Kauf gelang damals nicht, aber der König ließ die Angelegenheit nicht mehr aus dem Auge und erwarb es endlich durch Riedels Vermittlung um 22,000 Gulden. Als die Barberigo'sche Sammlung 1847 veräußert wurde, hoffte er, gute Werke von Titian erhalten zu können. Er entsandte zu diesem Zweck Heinrich Heß und ertheilte ihm eingehende Verhaltungsmaßregeln: „Der Credit von 30,000 fl. darf ganz verwendet werden, wenn dafür und sollten es nur wenige seyn, solche Gemälde aus der Barberigo'schen Sammlung erworben werden, die zur Zierde der Pinakothek gereichen, andere will ich nicht. Nur für Zierde darf Geld ausgegeben werden, für solche alles, nichts für andere, und gar keines ist zu erwerben, wenn nicht Zierde der Pinakothek. Mit Passavant freundlich zu benehmen, damit nicht einer den anderen in die Höhe steigere, darum theilen, auf welche der eine, auf welche der andere biethe."

Während im alten Galleriegebäude die Bilder zwanglos neben einander gereiht waren, mehr zu sinnlicher Augenweide, als zu ernstem Studium für Künstler und Kunstfreunde, ging Dillis bei der Neuaufstellung von dem schon bei der Antikensammlung befolgten System aus, die Gemälde nach Nationen und Schulen zu ordnen. Auch die reichen Sammlungen an Handzeichnungen, Kupferstichen und Holzschnitten wurden fortwährend vermehrt, wobei man ebenfalls für systematische Ordnung Sorge trug.

Der Bau des neuen Galleriegebäudes wurde aus Staatsmitteln bestritten, wozu schon unter Max Joseph auf persönliches energisches Betreiben des Kronprinzen die Stände bedeutende Summen bewilligt. Ludwig, von der Ansicht ausgehend, daß solch herrliche Kunstschätze eigentlich Eigenthum der ganzen gebildeten Welt seien und daß somit der Staat, der sie zufällig besitze, die Verpflichtung habe, in würdigster

Weise für ihre Aufbewahrung zu sorgen, befahl, den Bau mit besonderer Pracht durchzuführen. Dies nöthigte zu mehrfachen Ueberschreitungen der bewilligten Mittel und verursachte viel Lärm und Verdruß. Der Bau, namentlich die Südseite mit den vielen Bildsäulen auf reichem Konsolengesims, gewährt einen imposanten Anblick. Die lange Gallerie auf dieser Seite wurde mit Freskobildern ausgeschmückt, die wichtigsten Momente aus der Geschichte der Malerei darstellend. Ihr Schöpfer Cornelius vereinte auch hier wieder tiefen Sinn mit heiterer Frische. Der Schmuck der inneren Räume ist reich und prächtig, ohne daß ein Zuviel in der äußeren Ausstattung die Wirkung der Gemälde störte.

Sollen jedoch solche Kunstsammlungen wirklich zur Förderung und Entwicklung der Nationalbildung beitragen, so ist für Besichtigung und Benützung größtmögliche Liberalität geboten. König Ludwig duldete durchaus nicht, daß von Fremden oder Einheimischen bei Besuch der Münchner Kunstinstitute irgend eine Steuer gezogen werde. Allerdings fand er dessenungeachtet Grund zur Klage, daß die Landeskinder weit weniger Geschmack an den hier gebotenen Genüssen fänden, als die Fremden. Daraus aber läßt sich noch kein begründeter Rückschluß auf den Unwerth von Kunstsammlungen überhaupt oder speziell für München ziehen. Dies hieße nach Einsenkung des Korns sofort das Aufschießen der Saat verlangen. Die Selbstanschauung der gediegensten Meisterwerke ist von entschiedenstem Einfluß auf die Münchner Kunst, die Wiedereinführung der Kunst in das Gewerbe, in das Privathaus bricht sich Bahn, es kann nicht ausbleiben, daß lebhafter und allseitiger das Gefühl für das, was in allen Künsten schön ist, geweckt wird. Und bei dem regen Verkehr unserer Tage kömmt Alles, was für Veredlung der Kultur und Sitte eines Volkes geschieht, auch dem Nachbar zu Gute, durch den Kunstsinn des bayerischen Königs wurde mithin ein segensreiches Element der deutschen Kulturentwicklung überhaupt befruchtet.

## Politische Bewegung nach der Julirevolution. Die Dezemberunruhen 1830 in München. Der Landtag 1831.

Dem Tuileriensturm in den Juliustagen 1830 antwortete ein Echo in Brüssel und Warschau, in kurzer Zeit war fast ganz Europa von der revolutionären Bewegung ergriffen. Bayern, das sich geordneter staatlicher Zustände und einer Repräsentativverfassung erfreute, blieb ruhig. Als König Ludwig bei dem Oktoberfest unter einer ungeheuren Volksmenge erschien, von keinem Zeichen der Gewalt umgeben, wurde er mit Jubel empfangen. Da der regnerische Tag sich plötzlich aufheiterte, sprach er zu seiner Umgebung: „Der Himmel ist mit uns, er ist rein, wie Bayerns Treue!" Auch an Wagner schrieb er bald darauf: „Es ist wohlthuend, es ist erhebend, daß, während in so vielen Ländern Empörung ausbrach, in Bayern, was doch an dreizehn teutsche gränzt, an keinem einzigen Orte Unordnung ausbrach, ja! daß Liebe und Anhänglichkeit für mich sich vermehren."

Doch auch der Süden Deutschlands trat bald in die Bewegung ein. Unverkennbar lag eine edle Idee zu Grunde, die Idee der deutschen Einigung, die schon nach den Befreiungskriegen in der öffentlichen Meinung erwacht war. Der großartige Aufschwung des Geisteslebens in Deutschland konnte nicht ohne mächtigen Einfluß auf das politische Leben der Nation bleiben. Man forschte nach den Ursachen, warum gerade hier die realen Verhältnisse auf so niedriger Stufe, und kam zur Forderung, dieser beschämende Zustand müsse einer würdigeren Form weichen. Dies mußte allerdings zur Opposition gegen die Mehrzahl der deutschen Regierungen führen, denen die Hauptschuld an der Zerfahrenheit der deutschen Zustände beizumessen war. Doch französische Zuthat wirkte auf die Bewegung verderblich ein. Nicht bloß verließen Viele den gesetzlichen Weg, auf dem Reformen anzustreben sind, und wollten den Baum fällen, um Früchte abzupflücken, sondern die kosmopolitischen Ideen von Völkerlenz und Völkerverbrüderung verdrängten auch den nationalen Gedanken. Nicht Wenige von den Stürmern und Drängern jener Tage waren mehr oder minder offene Bewunderer jener chimärischen Gleichheit der Neufranken vom Jahr 1793 und in den phantastischen Programmen der sogenannten Arbeitervereine in der Schweiz und in Paris tritt bereits unbemäntelt die anarchische Tendenz der Kommune vom Jahr 1871 auf. „Um die Summe zu ziehen", sagt Prutz, „die Bewegung, welche zu Anfang der dreißiger Jahre in Süddeutschland stattfand, ist das Seitenstück zu jenem Rheinbund von 1806, ein Rheinbund der Völker, wie jener der Fürsten, abstrakt terroristisch, wie jener der wahren Grundlage des Volkslebens entbehrend und darum ohne Frucht für dasselbe, wie er, vielmehr gleich ihm die Nation in eine schiefe, unwürdige Stellung bringend und dadurch die Zerrüttung der Geister, die Spaltung der Gemüther befördernd, wie er."

Aber auch die Mittel, wodurch die Regierungen die feindseligen Geister zu bannen suchten, arteten aus. Jeder rasche Schritt, den die Opposition vorwärts machte, wurde durch einen Schritt nach rückwärts gestraft und die gesetzliche Ordnung wurde durch Maßregeln zu behaupten gesucht, die nicht nur die Revolution, sondern auch die Reform ächteten. So bietet die Geschichte jener Jahre ein trübes Bild, die nationale Entwicklung blieb auf lange Jahre geschädigt.

Keine Regierung bewegte sich vor dem Jahre 1830 weniger auf Metternich'schen Bahnen als die bayerische. Hatte ja doch vor Kurzem jener Minister an den Fürsten Hatzfeld geschrieben, der König werde mit seinen liberalen Anwandlungen „nicht mehr weit kommen, ohne festzufahren". Die Julirevolution machte auf den Monarchen kaum Eindruck. Keine Verordnung läßt sich als Merkmal einer Gesinnungsänderung auffassen. Einige Redakteure, die sich unziemlich über die deutschen Großmächte geäußert, wurden aus München ausgewiesen, doch war solche Strafe nur durch Rücksicht auf jene

Bundesglieder geboten, die sich schon oft mißliebig über die Haltung der süddeutschen Staaten vernehmen ließen.

Unter dem Einflusse der wachsenden politischen Erregtheit und vermuthlich auch auf Anregung aus dem Ausland steigerte sich aber von Tag zu Tag die Feindseligkeit, womit ein Theil der Presse gegen die Regierung überhaupt und namentlich gegen die Grundsätze und das Privatleben des Fürsten auftrat. Eine an und für sich geringfügige Episode befestigte dauernder im Monarchen das allmälig erwachende Mißtrauen.

In der Christnacht kam es in München zu Unruhen. Eine Studentenschaar durchzog lärmend die Straßen, um einem kranken Kameraden, der unweit vom Karlsthor wohnte, eine Serenade nach ihrem Geschmack zu bringen. Da die Gensd'armerie den Skandal nicht zum Schweigen bringen konnte, wurde Militär aufgeboten und es kam zu ernsten Widersetzlichkeiten. Der König war eben in der Hofkirche bei dem mitternächtlichen Gottesdienst anwesend, als plötzlich das Gerücht von einem in der Stadt losgebrochenen Tumult in übertriebenster Form sich verbreitete und große Bestürzung hervorrief. Endlich gelang es, die Menge zu zerstreuen, viele Studenten und Bürger wurden verhaftet. Durch das strenge Einschreiten des Militärs war aber der Unmuth einmal rege gemacht und es wiederholten sich stürmische Scenen auch in den folgenden Nächten. Unter den verhafteten Studenten gehörten mehrere der Gesellschaft Germania an, die für einen Zweig der alten Burschenschaft galt. In ihrem Kneiplokale war die Marseillaise gesungen worden, ein gewisser Mayerhofer hinterbrachte sogar dem König, er habe gehört, daß diese Studenten die Stadt an allen Enden in Brand stecken wollten. Dadurch wurde Ludwig zu dem Glauben verleitet, nur durch das strengste Verfahren gegen die Beschuldigten könne größeren Gefahren vorgebeugt werden. Die Schließung der Universität und die Ausweisung aller in München nicht heimathberechtigten Germanen wurde befohlen. Als Minister Schenk über die Gesetzlichkeit dieser Maßregeln Bedenken äußerte, schrieb Ludwig zurück, die von ihm ergriffenen Mittel seien als Sicherheitsmaßregeln in gefährlicher Lage auch gesetzlich erlaubt. Der heftige Ton des königlichen Signats zeugt von Erbitterung und Aufregung. Tags darauf nahm er den Ausweisungsbefehl zurück, doch überwachte er das angeordnete Strafverfahren mit äußerster Strenge. Es stellte sich immer mehr heraus, daß man es mehr mit blindem Lärm, als mit einer Zusammenrottung aus hochverrätherischen Absichten zu thun hatte, und in diesem Sinn fiel auch das Erkenntniß aller Instanzen aus. Der König schrieb deshalb an den Justizminister Zentner: „Ich vernehme, daß über die Dezemberunruhen vom Appellgericht in Landshut auf eine Weise geurtheilt wurde, die mich staunen macht, und trage Ihnen daher auf, die Ergreifung jedes zuläßigen Mittels gegen dieses Erkenntniß alsbald zu veranlassen. Es ist keine Post zu versäumen.“ (13. August 1831.) Als Zentner erklärte, es sei ihm kein Mittel bekannt, das gegen das Erkenntniß noch ergriffen werden könne, beruhigte sich der König. Das Mißtrauen aber war einmal rege, er glaubte namentlich in der Universität eine Schule für gefährliche Umsturzpläne erblicken zu müssen und entzog ihr seit dieser Zeit die Gunst, die er bisher mit freudigem Stolz dieser Anstalt geschenkt.

Seine Besorgniß wurde zwar auch von Anderen getheilt. Sulpiz Boisserée schreibt darüber an Goethe: „Wir haben in den letzten Tagen hier an Ort und Stelle auch unser Theil von dieser Bewegung gehabt, wie die Schelmen in ihrer gleißenden Sprache es nennen. Es war höchst wahrscheinlich ein Versuch von Außen her, durch die Studenten den Pöbel und so die Bürger aufzuregen, aber er ist an dem gesunden Sinn der ehrlichen, derben Bayern vollkommen gescheitert, obwohl durch ungeschickte Behandlung das Unwesen so lange gedauert, daß, wenn irgend ein Stoff zur Entzündung vorhanden gewesen, großes Unheil hätte entstehen müssen.“ Dagegen rief der Befehl zur Schließung der Universität, der von keinem Minister kontrasignirt war, und die Umgehung der gewöhnlichen polizeilichen Vorschriften bei einem großen Theil der Landesbevölkerung Mißstimmung hervor, weil man in diesen Schritten Anzeichen eines Kabinetsregiments erblicken wollte. Unfrieden war gesäet und die Verwirrung wurde gesteigert durch die maßlose Opposition einiger Preßorgane. Keine Stimme wies ruhig und versöhnend darauf hin, daß von einer Spaltung der königlichen und volksthümlichen Interessen in einem konstitutionellen Staate keine Rede sein könne. Die radikalen Aeußerungen der Journale reizten hinwieder die Regierung zu erbitterter

Strenge; eine Verordnung vom 28. Jannar 1831 unterwarf die periodischen Schriften einer strengen Censur.

In diese aufgeregte Zeit fielen die Wahlen zum Landtag. Die Oppositionspartei gewann eine entschiedene Majorität. Die Regierung antwortete mit einer Urlaubsverweigerung für die liberalen Abgeordneten, die zugleich Staatsdiener waren. Sie stand damit auf dem Boden des Gesetzes, doch indem sie sich eines rein formellen Rechts als Waffe bediente, erinnerte sie die Kammer, daß auch ihr Waffen zu Gebote ständen, und schadete sich in der öffentlichen Meinung. „Ich weiß nicht", schreibt Montgelas darüber an Frau von Zerzog, „ob es klug genannt werden kaun, in einer Zeitlage, wie die gegenwärtige, an diesem sogar bestrittenen Vorrecht mit aller Hartnäckigkeit festzuhalten und sich gleich bei Beginn der Sitzung Debatten auszusetzen, die nur die Bitterkeit schüren und den Geschäftsgang hemmen werden."

Am 1. März wurde der Landtag eröffnet. Die Thronrede, die sich mit Freimuth und Offenheit über die Lage Bayerns ausspricht, hätte unter anderen Verhältnissen den günstigsten Eindruck hervorgerufen. Sie theilt die Nachricht mit, daß die Einschränkungen im Staatshaushalt gute Früchte getragen und die Finanzen bedeutend gehoben, daß der Abschluß des Zollvereins bevorstehe und zur engern Knüpfung des Bandes zwischen den Gliedern des deutschen Vaterlandes beitragen werde, sie rühmt den gesetzlichen Sinn, der sich in stürmischer Zeit fast in allen Theilen des Landes bewährte, warnt aber auch davor, der Volksgunst auf Kosten des Staatszweckes Rechnung zu tragen. „Das kann ich sagen", schließt die königliche Ansprache, — „gewissenhafter als ich hält Niemand die Verfassung, ich möchte nicht unumschränkter Herrscher seyn. Nicht nur selbst die Verfassung zu beobachten, auch sie beobachten zu machen, habe ich geschworen, werde unerschütterlich dariu seyn und unerschütterlich seyn wird Bayerns Treue."

Als Freund des konstitutionellen Princips bewährte sich auch der König gleichzeitig, indem er im Bundesrath gegen das Vorgehen Oesterreichs, das die Kassirung der kurhessischen Verfassung bezweckte, entschiedenen Protest einlegen ließ.

Im bayerischen Abgeordnetenhause kam es aber trotzdem schon

in den ersten Sitzungen zu stürmischen Scenen. Die Adresse enthielt nur kühle Dankesworte und erhöhte Anforderungen. Auch Baron Closen, einem der hervorragendsten Mitglieder der liberalen Fraktion, war der nöthige Urlaub verweigert worden. Er leistete deshalb Verzicht auf den Staatsdienst. Die Frage, ob ihm, der noch als Staatsdiener gewählt wurde, nunmehr der Eintritt in die Kammer zustehe, gab das Signal zu heftigen Angriffen gegen die Regierung. Zugleich wurde die Sprache der Oppositionsorgane trotz der strengen Verordnungen täglich drohender. Die „Tribüne", sowie das „Volksblatt", das früher so maßvolle Haltung beobachtete, überboten sich jetzt in Ausdrücken leidenschaftlicher Erregtheit, streiften allmälig auch allen nationalen Charakter und allen positiven Inhalt überhaupt ab und schweiften nur noch im Reich generell-kosmopolitischer Ideen. Die Einberufung Closen's wurde mit großer Stimmenmehrheit beschlossen. Nach seinem Eintritt übergab er sofort einen Antrag, der im Hinblick auf die Vorfälle nach den Dezemberunruhen gesetzliche Sicherung der persönlichen Freiheit des Staatsbürgers beabsichtigte. Auch Rudhart, dieser beredte Vorkämpfer für Wahrheit und Recht, der sich der höchsten Achtung des Königs erfreute, griff die Maßregeln der Regierung mit Schärfe an und wies betrübt auf die zwischen Regierung und Volk eingetretene Spaltung. Sein Ruf war: Reform! Neben ihm aber gaben andere Redner, die gänzlich unter dem Einfluß einer aufgeregten Presse standen, ihrer Unzufriedenheit in excentrischer Weise Ausdruck; das Vorgehen dieser „Sprecher des Volks" konnte nur zur Revolution führen.

Wiederholt wurde der Vorwurf laut, es sei eine geheime Polizei organisirt worden. Dagegen erklärte Minister Schenk, daß zu solcher Anstalt weder die Mittel, noch der Wille vorhanden. Auch der König selbst widersprach dem Gerücht. Closen, der die Dezemberunruhen in der Kammer zur Sprache brachte, berichtet in einer Rechtfertigungsschrift eine darauf bezügliche Aeußerung des Königs. Derselbe begegnete Closen am Abend vor der Sitzung im englischen Garten und forderte ihn auf, ihm die Gründe zu entwickeln, die zu seiner Interpellation veranlassen konnten. Da er dabei auf die bedenklichen Sturmzeichen in Kassel und Braunschweig hinwies, erwiderte Closen, die Bayern seien bereits im Besitz dessen, was dort gewünscht werde, auch sei der König von Bayern kein Herzog von Braunschweig und kein Kurfürst von Hessen. Im Laufe des Gesprächs fällt das Wort „geheime Polizei". „Da wollte ich lieber Geld dort ins Wasser werfen", entgegnete der König, „als einen Kreuzer für geheime Polizei ausgeben."

Die Regierung war in Beschränkung des freien Worts zu weit gegangen. Ihre Januarverordnung stand wenigstens mit dem Geist der Verfassung in Widerspruch. Der Pfälzer Abgeordnete Kulmann unterzog sie einer heftigen Kritik und aus seinem Angriff entspannen sich die leidenschaftlichsten Debatten. Minister Schenk, von einigen Rednern als Bayerns Polignac bezeichnet und förmlich in Anklagestand versetzt, vertheidigte sich in maßvoller Weise, ja die Regierung war sogar Willens, die mißliebige Verordnung wenigstens theilweise wieder aufzuheben, und legte der Kammer den Entwurf eines neuen Preßgesetzes vor, der mit Rücksicht auf die Zeitlage freisinnig genannt werden muß. Die Besprechung innerer Angelegenheiten sollte gänzlich freigegeben sein und nur für Artikel über auswärtige Staaten eine Censur fortbestehen. Doch die Volksvertreter wollten die Preßfreiheit voll und unverkümmert, die ministerielle Rücksichtnahme auf Preußen und Oesterreich deuteten sie als das Bekenntniß der Abhängigkeit von fremdem Einfluß. Es war auch die Befürchtung maßgebend, die im Entwurf projektirte Einführung von Geschwornengerichten für Bestrafung von Preßvergehen werde den liberalen Organen Gefahr bringen, da von einer Volksjury z. B. in Altbayern nur die strengsten Urtheile zu gewärtigen seien. Noch am Vorabend der Abstimmung unterhandelte Maurer, der kurz vorher vom König in den Reichsrath berufen war, mit dem einflußreichen Abgeordneten Seuffert. „Wir wollen Alles oder Nichts bekommen!" blieb dessen letztes Wort. „So werden Sie Nichts bekommen!" erwiderte Maurer. Wirklich wurde die Annahme des Gesetzes abgelehnt. Die Aufregung stieg auf beiden Seiten. „Die Presse aller Parteien", schreibt Montgelas an Frau von Zerzog, „ist jetzt aufgebracht bis zur Wuth; die Zurückweisung des Preßgesetzes durch die unbegreifliche Hartnäckigkeit der Kammer wird Maßregeln nöthig machen, die neuerdings gewaltigen Lärm machen werden." Das Verhalten der Kammer ist in der That überraschend. Bayern ist keine meerumflossene Insel und keine

Großmacht, Rücksichten auf die übrigen deutschen Regierungen, die nach dem Falle Warschau's in Unterdrückung aller Reformideen Schutz gegen die Revolution suchten, konnten gar nicht umgangen werden. Unzeitige Hartnäckigkeit der Volksvertretung mußte die Regierung eines Mittelstaates um so rascher der Reaktion in die Arme treiben.

Auch die kirchliche Frage kam vor den Landtag. Die Weigerung katholischer Seelsorger, gemischte Ehen einzusegnen, hatte Anlaß zu Beschwerden gegeben. Kulmann knüpfte daran heftige Polemik gegen das heimliche und offene Wirken der Kongregation in Bayern. Es wurde jedoch anerkannt, daß die Regierung den Schritten des Klerus, die eine Aufhebung der gemischten Ehen bezweckten, energisch entgegen getreten sei. Görres wendete sich eben deshalb entrüstet gegen die Regierung, die „ihres Katholizismus sich schäme".

Neue Kämpfe brachte die Budgetberathung. Denn obgleich der Finanzminister den Staud der bayerischen Finanzen ins günstigste Licht stellte, wurden doch bei den Nachweisen über die Verwendung der Staatsgelder viele Ausgaben beanstandet, namentlich die für den Freskenschmuck der Arkaden, den Bau der Pinakothek, des Kursaales von Brückenau und anderer öffentlicher Gebäude erwachsenden Kosten. Es ging sogar der Beschluß durch, der Bau der Pinakothek solle gänzlich eingestellt werden, da Nothwendigeres und Nützlicheres der Staatshilfe bedürfe. Bei Feststellung der Civilliste wurde von mehreren Rednern die Rücksicht auf die Würde der Kroue außer Acht gelassen und in kleinlicher Weise gemäkelt. Rudhart und Closen wiesen auf die wahrhaft königliche Verwendung der Civilliste hin, trotzdem beschloß die Majorität beträchtliche Abzüge. Auch der Kostenaufwand für das Militärwesen wurde wieder einer strengen Beurtheilung unterworfen, insbesondere die Ausgaben für die Festungsbauten und größere Uebungslager. Ebenso gab der Armeebefehl vom 15. Juni 1830 Anlaß zu gereizten Erörterungen, man warf dem Monarchen vor, er sehe das Beförderungsrecht nur als ein Vorrecht der Kroue an und erkläre sich nur deshalb gegen genaue Beachtung des Anciennetätsprincips. Das Wirken des Regenten solle überhaupt mehr ein Beobachten, als ein Selbsthandeln sein, der Steuermann brauche nicht wie der Matrose auf dem Verdeck und auf den Masten zu arbeiten u. s. f.

Solche Behauptungen und Rügen gingen namentlich von den liberalen Vertretern Frankens und der Pfalz aus und fanden Zustimmung in den zahlreichen Adressen, die aus diesen Provinzen an die Kammer einliefen. Dagegen wurden nun auch in Altbayern Adressen in Scene gesetzt, die zwar wohl gemeint sein mochten, doch die Spaltung nur vergrößerten. Eine vom sogenannten Eremiten in Gauting, Baron von Hallberg, verfaßte Ergebenheitsadresse aus jener Gegend bat den König, er möge den Bauern nur einen Wink geben und „in Einer Stunde haben Ew. Majestät keine lebenden Feinde mehr."

Sehr wenig regierungsfreundlich aber benahm sich die altbayerische konservative Fraktion in allen gewerblichen Fragen. Daß die Regierung der Gewerbefreiheit nicht ganz abhold war, wurde von ihr als eine Gefahr „für die physische Kraft und Männerstärke des bayerischen Volkes" angesehen. Durch Gewerbefreiheit würden die schlimmsten Uebel über den Staat heraufbeschworen, Bayern werde bald einem Kirchhof voll wandelnder Leichen ähnlich werden u. s. f.

Aber all dieser unseligen Zwistigkeiten schlimmste Frucht war die Entfremdung zwischen dem König und den Stäuden. Man fühlte sie heraus aus dem Ton des Landtagsabschieds. Wie anders war noch vor Kurzem die Sprache der Thronrede gewesen! „Die Sachen stehen schlimmer als je", klagt Thiersch in einem Briefe an Cetto, „der König spricht mit keinem Minister mehr, ist seit fast zwei Monaten nicht mehr im Staatsrath gewesen und scheint sehr gebeugt." Der König selbst klagt in dem Gedichte „Im Jahre 1831":

„Auf Weihrauchwolken früherhin erhoben
Bis zu dem endelosen Himmelsbogen,
In der Verleumdung Tiefe nun gezogen
Versank mein Namen durch des Sturmes Toben.
Veränderlich ist gleich den Meereswogen
Der Menschen Gunst; was selbe heute loben,
Ist morgen schon zerronnen und zerstoben,
Wer sich auf sie verläßt, der ist betrogen."

Goethe schrieb damals an S. Boisserée: „Unseren verehrten und geliebten König Ludwig kann ich in diesen Tagen mit meinen Gedanken nicht verlassen; wenn ich ihm nur im mindesten damit nutzen könnte! Es war seit längerer Zeit meine Furcht, es möchte, wie es jenen frommen Bauherren mit der Nachwelt ging, ihm schon so mit seinen Zeitgenossen ergehen!" Bekanntlich war es auch zwischen Goethe, der in der Kunst das höchste Mittel zur Volksbildung erblickte, und dem Weimarer Landtag einst zu einem ähnlichen Zerwürfniß gekommen, als über die Ausgaben für Kunst und Wissenschaft Rechnungsablage verlangt wurde.

Damit der Bau des Pinakothekgebäudes nicht ruhen müsse, schoß Ludwig sofort aus eigenen Mitteln ungefähr eine halbe Million Gulden vor. Auf die Schmälerung seiner Civilliste antwortete er durch eine großartige Schenkung an die Armen der Vorstadt Au.

Es lag zu Tage, daß die stürmische Zeit einen thatkräftigeren Minister verlange als Schenk. Ludwig Fürst zu Oettingen-Wallerstein, der im Laufe der Landtagsperiode als Reichsrath wiederholt in konservativ-liberalem Sinn zur Versöhnung gemahnt und durch sein scharfsinniges Budgetreferat Aufsehen erregt hatte, übernahm Schenk's Portefeuille. Auch die Minister und Ministerverweser Zentner, Stürmer und Armansperg traten gegen Schluß des Jahres 1831 zurück; Freiherr von Giese wurde Minister des Aeußeren, Zu Rhein der Justiz, Wirschinger der Finanzen, Weinrich des Krieges. Graf Karl Seinsheim, der Führer der konservativen Rechten, wurde zum Regierungspräsidenten des Isarkreises, Rudhart, der Führer des liberalen Centrums, zum Präsidenten des Unterdonaukreises befördert. Der Ministerwechsel dokumentirte Annäherung an Preußens und Oesterreichs innere Politik, denn namentlich Zentner und Stürmer waren bisher die wärmsten Vertreter eines zu Gunsten konstitutioneller Principien partikularistischen Programms gewesen.

## Das Ministerium Wallerstein. Unruhen in der Pfalz und in Franken. Politische Prozesse.

---

Ludwig Fürst zu Oettingen-Wallerstein war schon während eines Aufenthalts in Paris im Jahr 1806, sowie 1813, als er für die rasche Organisirung der Landwehr eifrig thätig war, zum Kronprinzen Ludwig in engere Beziehungen getreten. Dieser gab ihm auch, da dem Fürsten in Folge seiner Heirat mit einer Bürgerlichen das Kronobersthofmeisteramt entzogen worden war, sofort nach seiner Thronbesteigung das verlorene Thronlehen zurück und ernannte ihn bald darauf zum Präsidenten des Oberdonaukreises. Im stürmischen Landtag des Jahres 1831 wandte er sich als Reichsrath mit beredter Energie sowohl gegen die Opposition, die gegen das historische Recht überhaupt den Kampf eröffnete, als auch gegen jene Partei, die aus diesem Streit für die Reaktion Kapital schlagen wollte. In Folge seiner Haltung wurde ihm die Leitung des Ministeriums des Innern übertragen, das unter den gegebenen Verhältnissen von wichtigster Bedeutung war. Seine einnehmende Persönlichkeit, seine Heirat, seine Geschäftsgewandtheit hatten seinen Namen populär gemacht, es war eine seltene Erscheinung, daß sich ein Mitglied einer der ersten Familien des Landes offen für liberale Ideen erklärte.

Freilich standen mit den verheißungsvollen Worten die Handlungen nicht immer im Einklang. So schon im Anfang. Bald nachdem das auf Wallersteins Veranlassung gegründete Regierungsorgan, die Staatszeitung, in der ersten Nummer die Verfassungstreue und Unparteilichkeit der Regierung betonte, die Heilsamkeit einer konstitutionellen Opposition anerkannte und die Förderung des deutschen

Interesses durch das Ministerium versprach, erschien — am 1. März 1832 — ein Erlaß, der jede Association zu politischen Zwecken verbot. Die demokratischen Organe fuhren daher fort, in gehässigstem Ton gegen den Hof und die Minister zu schreiben. Aber auch die Klerikalen verhielten sich feindselig und der alte Görres sieht im neuen Regierungssystem „nichts als eine Nachäffung des juste milieu der Pariser".

In Folge der allseitigen Angriffe ließ die Regierung bald die letzten Bedenken schwinden, sich dem Vorgehen der übrigen Bundesglieder gegen die Presse anzuschließen. Die durch die Karlsbader Beschlüsse eingesetzte Bundeskommission zur Beaufsichtigung der literarischen Produktion begann wieder ihre Thätigkeit und durch den Beschluß vom 5. Juli 1832 wurde die Grenze freier Meinungsäußerung enger als je gezogen. Beleidigungen der Majestät wie der Staatsdiener wurden mit äußerster Strenge geahndet.

Nach Beendigung des letzten Landtages hatten sich in Bayern zwei Vereine gebildet, der eine bezweckte Unterstützung der freien Presse, der andere Entschädigung des aus dem Staatsdienst ausgeschiedenen Abgeordneten Closen. Beide bestanden trotz des polizeilichen Verbots im Geheimen fort. Ihre Organe waren die „Deutsche Tribüne", die von München später in die Pfalz übersiedelte, und das von Dr. Eisenmann redigirte „Volksblatt". Die Redakteure beider Blätter legten zwar große Unerschrockenheit gegen die gerichtlichen Maßregelungen, aber wenig Takt, viel Leidenschaftlichkeit, aber geringen Eifer für das wahre Nationalinteresse an den Tag. Unverhüllt wurde das Volk zum Aufstand, das Militär zur Desertion und Rebellion aufgereizt. Aehnliche Sprache wurde von kleineren Blättern nachgeplappert und der gehässigen Flugschriften war vollends kein Ende.

Durch diese Eiferer wurde namentlich im Rheinkreis der schon glimmende Funke zur Flamme angefacht. Die Einführung der Mauth 1829 hatte Unzufriedenheit geweckt und das Beispiel des unruhigen Nachbars im Westen wirkte ansteckend. Die Bewegung wurde aber erst revolutionär, als Wirth, der Redakteur der Tribüne, in die Pfalz zog und nun mit Siebenpfeiffer, Hochdörfer und anderen Führern der Opposition, wie mit den demokratischen Vereinen in ganz Deutschland in Verbindung trat. Schon bei den Festen zu Ehren der heimkehrenden Abgeordneten Schüler und Kulmann kam es zu Demonstrationen. Es wurden z. B. bei ihrer Ankunft 102 Schüsse abgefeuert, während man gekrönte Häupter nur mit 101 Salven zu begrüßen pflegt, Kulmann erhielt eine Bürgerkrone u. s. w. Der deutsch-nationale Gedanke, der die Seele der geheimen Gesellschaften der Restaurationsperiode gewesen war, verlor sich mehr und mehr. Es wurde jetzt hervorgehoben, jede Rücksicht auf buntbemalte Grenzpfähle sei ein Vorurtheil, selbst die Muttersprache sei nur eine Zufälligkeit, von der man sich nicht knechten lassen dürfe ꝛc. Die Monarchie galt Vielen als überwundener Standpunkt. Wirth beklagt sich in seinen Schriften wiederholt darüber, er werde nur mit Unrecht für einen Feind der Fürsten gehalten, er theile ihnen ja die großartigste, göttlichste Aufgabe zu, allen besitzenden Klassen ein hochherziges Beispiel zu geben und freiwillig auf äußere Macht zu verzichten, — allerdings erblicke er aber in der Hinwegräumung der Throne die unabweisliche Aufgabe des Jahrhunderts. In der Flugschrift: „Die politische Reform Deutschlands" stieg er noch mehr auf konkretes Gebiet herab und forderte „vorläufig" zur Steuerverweigerung auf. Sogar die Kanzel wurde, wie in Luthersbrunn, zu aufreizenden Vorträgen mißbraucht. In mehreren Ortschaften kam es bei dem Aufpflanzen sogenannter Freiheitsbäume zu Exzessen und Widersetzlichkeiten.

Die Regierung behandelte diese Ausschreitungen Anfangs mit großer Nachsicht, nach der Auffassung des Monarchen selbst mit zu großer. Er ergeht sich in den Signaten, die er den Prozeßakten aus jener Zeit einfügte, in bitteren Klagen über Verschleppungen und Versäumnisse und über die Unzuverlässigkeit der Beamten. So heißt es in einem Schreiben (27. September 1832) an Zu Rhein: „Die Rechtspflege im Rheinkreise vorzüglich bey dem Appellationsgericht in Zweibrücken scheint noch immer mehr zum Schutze der politischen Umtriebe als der Ordnung und Ruhe zu wirken... (Werden einzelne Fälle von auffallenden Freisprechungen aufgeführt.) Auf wessen Seite ist hier Recht und Gesetz? Mir scheint, auch hier wolle man nur der Gunst des, wie der Artikel sagt, gereizten und zusammengelaufenen Volkes dienen..." In einem anderen Signat (18. September 1832) heißt es: „Ich finde in dem Benehmen des Bezirksgerichtes zu F. nur einen neuen Beweis, daß es den Gerichten an allem politischen

Muthe gebricht, und daß es desto dringender nöthig ist, mit aller Kraft dieser Muthlosigkeit entgegen zu wirken." Appellgerichtspräsident Koch vertheidigte die Beamten, die das Gesetz so anwendeten, wie es vorlag, und fügte bei: „Wenn es gelänge, noch einen Gegenstand allgemeiner Unzufriedenheit zu beseitigen oder wenigstens zu erleichtern, so könnte man die Ruhe in Rheinbayern fast verbürgen. Die Mauth war ein schlimmes Geschenk für diesen Kreis: sie machte den Revolutionsmännern leichteres Spiel. Ist es denn nicht möglich, fragen sich die Vernünftigen jeden Tag, hierin dem Volkswillen, ja wenn man will, dem Volksvorurtheil etwas nachzugeben? Warum sucht man in fernliegenden Sachen, in Maßregeln, die vielleicht nur erbittern, Mittel, die man so nahe greifen könnte?".... Ludwig ließ das Memorandum Koch's sofort dem Ministerium des Aeußern, das die Zollvereinsunterhandlungen leitete, übermitteln, schrieb aber dem Appellgericht zurück: „Die in dem Urtheil entwickelte Ansicht des rückgehenden Aktes, daß es nach dem Geiste der bayerischen Verfassung erlaubt sey (denn auf solche wird diese Doktrin angewendet), selbst mit Leidenschaftlichkeit und in ungeeignetem Tone anzugreifen, würde zu einer ungemessenen Frechheit, wenn solche anerkannt würde, führen, und wie läßt sich diese Behauptung aus der bayerischen Verfassung, die bloß eine Beschwerde an die Stäude außer den gewöhnlichen Mitteln kennt, ableiten, wie mit dem Art. 222 des Cod. pen. vereinigen, der nicht bloß die Ehre der öffentlichen Beamten, sondern elbst ihr Zartgefühl (leur delicatesse) geschützt wissen will? Das Cassationsgesuch ist zu verfolgen und die Ansicht der Gerichtsmitglieder durch jedes gesetzliche Mittel zu berichtigen."

Da die getroffenen Prohibitivmaßregeln die Agitation durch die Presse hemmten, suchte man einen Ersatz in öffentlichen Volksversammlungen. Der Journalist Siebenpfeiffer lud im Mai 1832 alle „Freunde der Freiheit, die nicht den armseligen Flitterstaat einer Krone höher schätzen, als die Majestät einer großen Nation" zu einem Nationalfest auf der Schloßruine zu Hambach unweit Neustadt an der Haardt, bei diesem Völkermaifest solle der „Grundstein zur Wiedergeburt Deutschlands gelegt werden." Die Regierung verbot anfänglich das Fest, nahm aber, als dagegen Protest erhoben wurde, das Verbot zurück.

Am 27. Mai versammelte sich demzufolge eine große Volksmenge auf dem Festplatz und zog, die deutsche Tricolore voran, unter Absingung des Vaterlandsliedes nach der Ruine. „Da war kein Auge thränenleer", schreibt Wirth in einer Schilderung des Festes, „da hob sich der Busen, voll von seliger Wollust, und von Mund zu Mund tönte der Ausruf: Heil, Heil dem Tage, wo Deutschlands Fahne Männer aus allen Gauen des Landes zu brüderlicher Eintracht vereinigte!" — Wie sollte aber diese Wiedergeburt des gemeinsamen Vaterlands erreicht werden? Wirth, Siebenpfeiffer, Große und andere Redner des Tages sprachen sich unverblümt aus. Fast ausnahmslos forderten Alle zu gewaltsamem Umsturz der bestehenden Ordnung und zur Beseitigung der deutschen Dynastien auf. Namentlich Wirth suchte den König von Bayern als „Verräther am Menschengeschlecht" zu brandmarken. Seine Rede wurde durch den Ruf: Nieder mit den Fürsten! und ein Hoch auf die „vereinigten Freistaaten Deutschlands" erwidert. Eine Frankfurter Deputation überreichte Wirth ein „Schlachtschwert." Adressen vom polnischen Nationalcomité und von den amis du peuple in Paris liefen ein, da ja „der Cultus der Freiheit allen gebildeten Völkern gemeinsam." Wahrscheinlich hatten die Leiter der Bewegung im nemlichen Zeitpunkt auf eine neue Revolution in Paris gehofft, die das Signal für eine Erhebung Deutschlands geben sollte. Ein Vorspiel zu Mannheim mißlang. Der Bericht des Staatsprokurators R. über das Hambacher Fest, den Ludwig mit allerlei Interjektionszeichen versah, faßt die Angelegenheit wohl gar zu optimistisch auf: „Durch die verschiedenen Reden ist der bessere Theil der Bürger von der Tendenz der sogen. Volksfreunde aufgeklärt worden, und allmälig fangen sie an, in den Männern, welche sie kurz zuvor noch als die Vertheidiger ihrer Rechte betrachteten und ehrten, Volksaufwiegler zu sehen, deren Ziel ist, allgemeine Anarchie und alle Schrecken derselben herbeizuführen und dadurch ihre egoistischen Absichten zu befriedigen; betrachtet man das Fest aus diesem Gesichtspunkt, so kann man wohl behaupten, daß es der allgemeinen Stimmung des Volks für Gesetz und Ordnung sehr förderlich gewesen ist." Die öffentlichen Excesse mehrten sich aber von Tag zu Tag, die Soldaten wurden wiederholt mit Steinwürfen empfangen, bei Verhaftungen nahm das Publikum Partei gegen die

Behörden. Die gegen Wirth, Siebenpfeiffer und Andere eingeleiteten Prozesse endeten fast ohne Ausnahme durch Urtheil der Assisen mit Freisprechung. Als Wirth zur Erstehung einer kurzen Gefängnißstrafe abgeführt werden sollte, wurde von Parteigenossen ein gewaltsamer Befreiungsversuch gemacht, der jedoch mißlang.

Ludwig glaubte nun durch die äußerste Strenge die wachsende Bewegung ersticken zu müssen und Feldmarschall Wrede wurde mit einem Truppenkorps nach dem Rheinkreise abgeschickt, um die Ruhe herzustellen. Viele politisch Verdächtige wurden verhaftet, mehrere Beamte entlassen oder versetzt.

Auch im Untermainkreise gährte es, und hier, wo politische Vergehen nicht wie in der Pfalz vor das Forum von Assisen, sondern vor die Polizeigerichte kamen, hatten die Prozesse gegen die der Aufwiegelung Beschuldigten weit ernstere Folgen. Schon im Jahr 1831 wurde gegen die Burschenschaft Amicitia wegen revolutionärer Indicien Untersuchung eingeleitet, wurde aber wegen Mangels an genügenden Beweisen niedergeschlagen. Auch andere sogenannte gesellige Vereine, deren Benennungen maskirte politische Verbindungen errathen ließen, z. B. die Reichsstädter, die freie Schweiz u. a. erregten den Argwohn der Polizei. Den Charakter der Unordnung und der Ungesetzlichkeit nahmen jedoch die politischen Demonstrationen in diesem Landestheil erst an, als die Nachrichten vom Hambacher Fest die Gemüther erhitzten. Es wurden nun ähnliche Volksversammlungen an mehreren Orten veranstaltet. Am 17. Juli 1832 benachrichtigte König Ludwig, der sich damals in Brückenau aufhielt, den Justizminister Zu Rhein, daß ihm von einem Komplott gegen sein und seines Ministers Leben Anzeige gemacht worden sei. Strenge Untersuchung wurde angeordnet. Der Denunciant, der die Mitglieder des Komplottes in Würzburg namhaft machte, war schlecht beleumundet, dennoch gewann seine Angabe einen Anschein von Glaubwürdigkeit, indem der angeblich zum Königsmord gedungene Student sich wirklich in Brückenau einfand und daselbst verhaftet über den Zweck seiner Reise jede Auskunft verweigerte. Das Mißtrauen des Monarchen wurde durch Nachrichten über das Treiben und Plauen ähnlicher „Rächerbündnisse" in Paris gesteigert, trotzdem die unlauteren Absichten der Denuncianten wiederholt zu Tage traten. So wurde z. B.

ein relegirter Heidelberger Student, dessen man sich zur Beobachtung bediente, in München beim Ankleben verschiedener Pamphlete ertappt, nachdem er kurz vorher der Polizei über die Autorschaft ähnlicher Plakate die aufregendsten Mittheilungen gemacht hatte.

Darin stimmten die Nachrichten, mochten sie nun in ihren Details mehr oder minder übertrieben und gefärbt sein, alle überein, daß es auf eine gleichzeitige Erhebung in Deutschland, Frankreich und Polen abgesehen wäre. Angebliche oder wirkliche polnische Emissäre spielten eine bedeutende Rolle bei allen geheimen Verbindungen. In Würzburg war namentlich ein gewisser Kurowsky thätig, der sich aber im Laufe der gegen ihn eingeleiteten Untersuchung als ein deutscher vacirender Handwerksbursche entpuppte. In Mainbernheim, wo die Aufregung durch Predigten des Ortspfarrers gesteigert wurde, kam es zuerst zu ernsteren Unruhen. Eine ähnliche Bedeutung wie das Hambacher Fest für das Rheinland, gewann später ein Waldfest in Gaibach, wo Graf Schönborn zum Andenken an die Stiftung der bayerischen Verfassung eine Denksäule errichtet hatte. Behr und Eisenmann hielten Reden, die zwar so ziemlich in den Schranken eines freisinnigen Konstitutionalismus blieben, aber allzu eifrige Enthusiasten trugen Behr unter dem Rufe: Dieser sei unser Frankenkönig! im Triumph umher. Dergleichen Scenen veranlaßten dann neue Untersuchungen, in die eine große Zahl auch gemäßigter Liberaler verwickelt wurde.

Der Centralpunkt aller politischen Verbindungen in Deutschland war Frankfurt. Dort kam es auch am 3. April 1833 zur wirklichen Revolte. Der klägliche Verlauf und Ausgang ist bekannt. Positive Resultate für die Sache der Einheit und Freiheit wären von jenen Politikern, die einen solchen Putsch aushecken konnten, — mögen sie auch sonst grundehrlich gewesen sein — schwerlich je erzielt worden! Massenhafte Verhaftungen fanden statt. 1834 waren bei den bayerischen Gerichten allein 142 politische Prozesse, namentlich gegen Studenten anhängig. Vom Bundestage wurde eine Centralbehörde niedergesetzt, die sich über den Zusammenhang der einzelnen gegen die öffentliche Ordnung gerichteten Complotte vergewissern sollte. Harte Strafe, fast immer mehrjährige Zuchthausstrafe, traf alle Theilnehmer. Ludwig signirte auf das Begnadigungsgesuch eines Studenten

Stirner: „Mit Ernst den Verbrechen gleich Anfangs begegnen, verhindert Viele, sich in Verderben zu stürzen; wäre das heillose Urtheil im Jahr 1825 nicht erfolgt, so dürften nicht Wenige zurückgehalten worden sein, sich um ihr Lebensglück gebracht und den Ihrigen Gram bereitet zu haben!"

Leider richteten die Regierungen ihren Argwohn gegen das Universitätswesen überhaupt und jeden freisinnigen Lehrer. Oken sollte schon 1832 von München nach Erlangen versetzt werden, legte aber seine Professur nieder und ging nach Zürich. Seuffert in Würzburg wurde als Assessor an ein Appellgericht versetzt, Schönlein seiner Professur enthoben. In ähnlicher Weise wurde außerhalb Bayerns gegen die Professoren Rotteck, Uhland, Welcker, Salfeld und Andere eingeschritten.

Ein geheimes Postkabinet existirte in Bayern nicht. Gerade das Studium der einschlägigen Akten gewährt diese Ueberzeugung. Als es sich 1833 um Ermittlung handelte, welche Bayern in Korrespondenz mit einem Kapitän v. Bornstädt ständen, wurden die Postbehörden um Aufschluß angegangen. Sie wiesen das Ansinnen irgend welcher Mittheilung zurück. Auf Beschwerde des Ministeriums des Innern erließ der Minister des Aeußeren an die Postadministration den Befehl, „über das Aeußere, über die Adressen, Postzeichen &c. der zu bezeichnenden Korrespondenzen oder Sendstücke alle jene Aufschlüsse zu ertheilen, welche gefordert werden würden." Als aber die Zumuthung gemacht wurde, die Aufgeber verdächtiger Briefe sollten von den Postbeamten signalisirt, die Briefe selbst zurückgehalten werden, wies das Oberpostamt Augsburg (23. Mai 1833) diese Forderung zurück, weil „außer dem Umfange der Pflichten der königlichen Postbeamten", und dies Verhalten des Oberpostamts wurde vom Ministerium des Aeußern als richtig anerkannt.

Die Frankfurter Vorgänge und die Umtriebe der in die Schweiz geflüchteten Volksmänner trugen dazu bei, die Strenge des Strafverfahrens gegen Behr und Eisenmann zu verschärfen, die als die Haupturheber der revolutionären Bewegung in Unterfranken angesehen wurden. Nach mehrjähriger Untersuchungshaft wurden Beide zur Festungsstrafe auf unbestimmte Zeit und zur Abbitte vor dem Bildnisse des Königs verurtheilt. Wir konnten auch nach Einsicht der wichtigsten einschlägigen Akten nicht die Ueberzeugung gewinnen, daß Behr wirklich in hochverrätherische Umtriebe verwickelt war oder auf die Gunst einer revolutionären Volksmenge ehrgeizige Pläne gebaut habe. Eher möchte man in den zahlreichen Begnadigungsgesuchen selbst jenes berechtigte Selbstgefühl vermissen, das auch der Unglückliche nicht verlieren soll. Er selbst erklärt in seiner Vertheidigungsschrift: „Friedliche Reform des meiner Ueberzeugung nach Reform Bedürfenden im friedlichen Wege des gütlich und rechtlich sich Einigens zwischen dem Monarchen und dem Volk konnte einzig mein Princip sein und bleiben, konnte einzig von mir bei gegebenen Gelegenheiten ausgesprochen werden, wie es auch nur allein geschehen ist; die Hoffnung zu dem Gewährtwerden einer solchen Reform war nicht und nie abgeschnitten, und so lang diese Hoffnung blüht, hätte ich in der That ernst wahnsinnig sein müssen, um an ein revolutionäres Streben auch nur von der weitesten Ferne denken zu können und für solchen Wahnsinn hat der Himmel mich gnädig bewahrt!" Ludwig änderte das strenge Urtheil nicht ab, bestand auch auf der Abbitte vor seinem Bilde. „Morgen früh", fügte er bei (13. Juni 1836), „soll Behr nach gehöriger Vorbereitung meine Entschließung vorsichtig eröffnet werden, damit seine Gesundheit keinen Schaden leide, da er sich vielleicht noch auf Begnadigung hoffte." Die Abbitte fand im Saal des Stadtgerichts zu München statt. Behr drückte dabei aus eigenem Antrieb seinen Schmerz aus, seinen König beleidigt zu haben, und wurde sodann auf die Festung Oberhaus abgeführt.

Es ist beklagenswerth, daß Niemand in der Umgebung des Königs damals den Muth besaß, an Ludwigs edlere Gefühle zu appelliren und dem sonst so klaren großen Geiste darzuthun, daß jene unglücklichen deutschen Jünglinge und Männer, wenn auch auf Umwegen und Irrwegen, doch nur dem unwiderstehlichen Zug nach einer politischen Entwicklung folgten, wie unselig die Einschränkung des freien Worts, durch welche die Intelligenz zu ewigem Schmugglerkrieg mit jener Geistesmaut gezwungen wurde! —

Der Gattin Behr's wies Ludwig während der Haft ihres Mannes eine beträchtliche Jahrespension aus seiner Kabinetskasse an. Erst das Jahr 1847 brachte für Behr die Befreiung, doch war ihm schon seit 1838 freie Bewegung in der Stadt Passau erlaubt. Er wurde ohne Zweifel früher die Freiheit erlangt haben, wenn er nicht abwechselnd mit unterwürfigen Bittgesuchen Drohungen an den König gerichtet hätte, so daß Ludwig auf dem Aktenstück bemerkte: „Wenn man den Behr in einem Mörser zerstoßen und ihn dann durch ein Sieb säen würde, so käme wieder der Behr heraus!“

Beim Strafverfahren gegen Eisenmann war in die Waagschale gefallen, daß der Würzburger Stadtkommissär Wiesend in seinem Zimmer „eine Art deutschen Fürstenrocks“ gesehen haben wollte! Auch wiederholte Befreiungsversuche zogen ihm härtere Behandlung als Behr zu. Zwar wurde ihm 1847 die Festungsstrafe erlassen, doch blieb er seiner politischen Rechte verlustig. Am 7. März 1848 bat er deshalb um Revision seines Prozesses durch unbefangene Richter, da sich jetzt das erfüllt habe, was er vor Jahren im Volksblatt geäußert: „Der König von Bayern ist berufen, an der Spitze der freisinnigen Bewegung in Teutschland zu stehen, um ein einiges, starkes Teutschland gründen zu helfen.“ Er schließt seine Bitte: „Ich war und bleibe aus Gefühl und Ueberzeugung ein treuer Anhänger der konstitutionellen Monarchie mit allen ihren Consequenzen.“ In das deutsche Parlament gewählt, trat er, der eben aus 13jähriger Kerkerhaft entlassen war, für die Rechte des Königs von Bayern auf und rief den Führern der demokratischen Partei zu: „Einen guten Staat zu erhalten, wird nur durch das konstitutionelle Princip der Heiligkeit und Unverantwortlichkeit des Monarchen verwirklicht: hütet euch, dieses Princip anzutasten, nach seinem Sturz folgt die Sündfluth der Anarchie!“ —

## Die Erhebung des Prinzen Otto auf den griechischen Thron. Die Regentschaft. Reise Ludwigs nach Griechenland.

An die Hellenen, da ich König 1825.

„Nur Gebete hatte die Seele zum Himmel zu senden,
Tapfre Hellenen, für euch, für den befreyenden Kampf,
Thatlos verwehten mir in den Lüften die Töne der Lyra,
Blos in die Saiten allein durfte greifen die Hand;
Einsam erklangen dieselben, wie Seufzer verheimlichter Liebe.
Jetzt ist die Lyra verstummt, aber das kräftige Wort
Tönt von dem Könige aus der Fülle des glühenden Herzens,
Daß sich's gestalte zur That, Griechen, zu euerem Heil!"

Er hielt sein Versprechen. Unmittelbar nach seiner Thronbesteigung brachte er aus seiner Privatkasse bedeutende Opfer. Auf der Liste der Beiträge zur Unterstützung der Helden des griechischen Aufstandes standen obenan 20,000 Gulden „von einem alten Griechenfreunde". Die Sammlung im Laude ergab im Ganzen 75,000 Gulden, eine nicht gar beträchtliche Summe; sahen ja doch in München, wie Varnhagen erzählt, nur Wenige mit Gunst auf das ganze Unternehmen. Doch der König ließ nicht nach, die Sache der Hellenen zu unterstützen, trotz der versteckten und offenen Abmahnungen des österreichischen Kabinets. Er wiederholte seine erste Schenkung im folgenden Jahre und gab noch für Loskauf gefangener Griechen weitere 20,000 Franken; eine bedeutende Summe wurde auch von seiner Familie gespendet. Um sich über richtige Verwendung der Hilfsgelder zu vergewissern, trat er mit dem edlen Philhellenen Eynard in Korrespondenz, der sein halbes Vermögen für die Erhaltung des neu erstehenden Griechenstaates geopfert hatte. Als der Präsident Kapodistria eine Kreditanstalt für die durch den Krieg Verarmten errichtete, gab Ludwig wiederum 50,000 Gulden, wofür ihm der Nationaldank der Griechen ausgesprochen wurde. Mit seiner Erlaubniß begaben sich Oberst Heydeck, der sich im spanischen Krieg ausgezeichnet hatte, und mehrere Subalternoffiziere nach Griechenland, um an der Seite anderer Philhellenen am Kampfe Theil zu nehmen. Ludwig trug eifrig Sorge, daß nicht Abenteurer, sondern wirklich opfermuthige Kampfgenossen beiträten. Er schrieb deshalb an seinen Sekretär (31. Juli 1826): „Sie wiederholen es Heydecker gleich und daß ich es auf seine und seiner Gefährten Seele binde: den griechischen Freiwilligen soll reiner Wein eingeschenkt werden, denn es geht auf Tod und Leben." Im September 1826 bestieg Heydeck mit seinen Gefährten den „Pegasus" zur Fahrt nach Hellas. Sie fanden die Griechen, wie Heydeck in einem Briefe an Sekretär Kreuzer*) schreibt, „in mehr als Regenbogenfarben abgestuft." Ueber die griechischen Zustände äußert er sich in einem Briefe an Wrede (14. Okt. 1836): „Wer mit dem polizeilich europäischen Maßstab die Dinge in Griechenland messen wollte, würde sich und andere betrügen. Ein wirklich gutes, für die Freiheit vom türkischen Joch, für eine feste Regierung und für das Aufhören aller Parteiungen und Plackereien bis zum Enthusiasmus eingenommenes Volk, an dessen Spitze ein kleiner Haufe von Menschen, die Türkenknechte und Tyrannen ihrer Mitbürger waren, in allen Kniffen der abgefeimtesten Intrigue bewandert, ohne Treue und Glauben, oft feig bis zum Meuchelmord, von schmutzigem Eigennutz und erbärmlichem Ehrgeiz, die ihre eigenen Streitigkeiten zur Volkssache machen und um tausend Thaler Bürgerblut zu vergießen sich nicht schämen. Doch auch hier giebt es ehrenwerthe Männer, die für das Vaterland ihr Herzblut, ihrer Familien Glück und Alles hingeben, was sie haben. Vor den Türken fürchten sich die Griechen nicht, und ich glaube fest, daß jene nie mehr Herren in Griechenland werden." Einen Beweis der Unbändigkeit jener Häuptlinge mußten die Ankömmlinge sogleich am ersten Tage ihres Aufent-

*) Ich verdanke gütige Mittheilung der citirten Briefe von und an Heydeck Herrn Regimentsauditor Harlander.

halts in Nauplia erleben, da in Folge eines persönlichen Zwistes die Kommandanten von zwei Forts blutigen Kampf führten, bei welchem sogar die Kanonen der Festung mitwirkten. Heydeck, der sich namentlich militärische Einübung der poetischen Barbaren angelegen sein ließ, aber auch persönlich mit seinen Gefährten an dem Kampf gegen die Türken Theil nahm, hatte oft seine Noth mit den griechischen Kameraden, die Gehorsam und Sklaverei gleichachteten.

Mit welch eifriger Theilnahme Ludwig die Schicksale seiner Landsleute in Hellas verfolgte, erhellt aus den eigenhändigen Briefen, die er in rascher Reihenfolge an Heydeck richtete. „Gott sey mit Euch, meine braven Bayern!" schreibt er am 8. Jänner 1827, „Heydeckers, des mir so werthen, Briefe vom 26. September und 25. Oktober habe ich bekommen. Gerührt hat es mich, freudig erhoben, daß des herrlichen Bozzari's Wittwe ihren Sohn, den sie Rußlands Kaiser, den sie Allen abgeschlagen, ihren einzigen, mir anvertrauen will; mit offenen Armen soll des von mir bewunderten Helden Sohn empfangen werden. Der Mutter habe ich vor eine Pension zu geben. Wie treffend sagen Sie, daß es wünschenswerth, der Anführer Söhne möchten zusammen erzogen werden, in Teutschland, in München erzogen werden. Bewirken Sie, daß Colokotroni seinen Sohn aus dem theuren civilistischen Pensionat in Genf in das hiesige Kadettencorps thue. Ich habe bereits einen jungen Hellenen darin, ein anderer kommt, ein dritter auf Kosten des hiesigen Griechenvereines, an welchen ich gleichfalls bezahle, für beyde andere ganz; der Verein wird wohl noch sechs hier erziehen lassen. Ich gehe auch damit um, einen der geflüchteten griechischen Geistlichen hieher kommen zu lassen, damit sie im Glauben ihrer Väter unterrichtet werden: nicht als Entfremdete, hellenischer noch als sie kamen, hoffe ich, kehren sie einst in ihre freye Heimath zurück!.... Daß es Euch nur nicht wie Odysseus auf der Fahrt ergehen möge, der Anfang wenigstens war nicht gut. Hellenen, seyd einig, das thut am meisten Noth, seyd einig! Wackerer Heydecker und seine wackeren Gefährten, lebet wohl!" Am 24. April 1827 schreibt er: „Mit freudigem Gefühl habe ich die Heldenthaten meiner Bayern bey Athen vernommen, geistvoller, tapferer Heydecker! Drücken Sie meine warme Theilnahme denselben aus, Offizieren sowie Unteroffizieren. Von dem Tag an, wo der Urlaub zu Ende geht, verlängere ich denselben auf ein Jahr, aber dessen kann Jeder überzeugt seyn, daß wenn er, und wäre es auch gleich, zurückkehrte, er von mir ebenfalls sehr gut empfangen würde. Ich glaube, Hellas ist gerettet! Nach Teutschlands Befreyung, als es unter Napoleonischer Zwangsherrschaft gebeugt, glühte ich für nichts so, als daß Hellas siegen möchte. Thätig war ich, thätig bin ich, daß Unterstützung zufließe!" Am 14. Mai 1827: „Meine Augen wurden feucht, als ich, werther und mir noch werther gewordener Heydecker, Ihren an Kreuzern geschriebenen Brief las... Die Ehre, welche Ihr, wackere Krieger, Bayerns Namen in Hellas machet, erfreut mein Herz. Schnitzlein und dem Oberfeuerwerker soll ausgedrückt werden, wie ich hoffe, daß ihre Wunden keine üble Folgen haben möchten. Mit offenen Armen sollen die sechs jungen Hellenen von mir aufgenommen werden, zu welchen, obgleich die festgesetzte Zahl hiemit voll, auch Karaiski's Neffe, wenn es diesem Helden nämlich ein lebhafter Wunsch, gesellt werden darf, der darinnen eine Anerkennung seines Werthes von meiner Seite sehen soll. Die zwey jungen bereits im Cadettencorps zu München befindlichen Hellenen machen, wie ich hörte, bedeutende Fortschritte. Als ich vor einiger Zeit unvermuthet (dieses ist meine Art) in jene Anstalt kam und dem Unterricht beywohnte, wurden mir freudige, dankbare Blicke, hellenische, zu Theil. Auch in Wien darf jetzt für die hilfsbedürftigen Griechen gesammelt werden. Wie meine vorjährige Reise nach Brückenau Hellas Unterstützung brachte, erwarte ich ein gleiches von dieser, da ich durch die als König noch nicht betretenen Städte den Weg nehmen und ebenfalls die Beleuchtungen untersagen werde, statt deren den Wunsch aussprechend, für Hellas und die inwohnenden Bedürftigen das Geld zu geben. Daß auch Hellenen, vorzüglich einflußreiche, aus eigenen Mitteln ins Münchener Cadettencorps ihre Söhne schicken aus dem Vaterlande her, desgleichen aus anderen Anstalten, ist wichtig, das bemerkte der mit seltener Geistesfähigkeit begabte Heydecker, sie drang tief in mir, diese Bemerkung: Teutsche, gründliche, kriegerische Bildung, gehorchen lernen den Oberen, das thut den Hellenen Noth, Einigkeit; in fernem Lande zusammen erzogen werden, wird heilsam auf letztere wirken. Hellas, ich hoffe es, ist dem Türkischen Joch entzogen, wenn es sich eben nicht selbst verdirbt." Am 9. Mai 1828: „Heydecker und ihr Bayern alle, die Ihr in Hellas seyd, Ihr gereicht Bayern zur Ehre, und Ihr hauptsächlich rettet den Teutschen Namen in diesem Kampfe.... Daß ich Heydeckern aufgemuntert habe, der jedoch dessen nicht bedurfte, nach Hellas zu ziehen, sehe ich als einen der größten Dienste an, die ich Hellas erwiesen habe, doch werde ich's weder Ihnen, noch Keinem übel nehmen, kehrt er früher zurück, aber als Verdienst ansehen den von meinem ertheilten Urlaub gemachten Gebrauch. Bleibt Heydecker noch in Hellas, wird sich mancher bayerische Offizier finden, der hinziehen will. Wie viele Offiziere und Unteroffiziere, wie viel von Infanterie, Artillerie, Ingenieure, und von welchen Graden, wäre wünschenswerth, daß von Bayern sich hinbegäben und thäte dieses auch jetzo noch Noth? Da Rußland in diesem Augenblick wohl den Türkenkrieg wird beginnen und das mit einem Krieg, wie nie zuvor, wären nicht Aerzte, die zugleich Wundärzte sind, erforderlich, und wie viele?.... Daß ich der erste Fürst war, der sich für diese Sache ausgesprochen in Wort und That, ist mir ein wohlthuendes Gefühl. Hellas' Unabhängigkeit war mein Wunsch lange vor des Kampfes Beginn, sie ist mir eine Sache des Herzens, als Kronprinz, als König, wie ich denn überhaupt glaube, der nähmliche geblieben zu seyn.... Die jungen Griechen, namentlich Demetrios Bozzaris, schlagen sehr gut an, er und sein treuer Begleiter Christos tragen sich fortwährend wie in Suli......" Am 16. September 1828: „Heydeggers Namen lebt unsterblich nicht nur in den Büchern der Geschichte, sondern auch nicht minder in denen der Menschheit!.... Der Münchner griechische Verein hat jetzt so viel erübrigt, daß zwey Freyplätze im Cadettencorps für Hellenen auf immerwährende Zeit gestiftet werden können. Es wäre für dieses wieder auflebende, aufstrebende Volk gewiß sehr nützlich, wenn auch viele Wohlhabende auf eigene Rechnung nach München zur Erziehung, zur Ausbildung kämen, für Kriegswesen, für Kunst und Wissenschaft. Da bereits eine Anzahl daselbst sich befindet, hören sie nicht auf, Griechen zu bleiben, und da ein Griechisches Gotteshaus und Priester (den ich aus meiner Cabinetskasse bezahle) hier, so haben sie Unterricht in der Religion ihrer Väter und Ausübung ihres Gottesdienstes. Mannszucht, gründlichen Unterricht bedürfen die Hellenen, beydes können sie in München bekommen, welches dabey Mittel zu vielseitigem

Unterricht darbietet, wie wenige Städte, alles zugleich wird schwerlich in einer anderen so zu finden seyn. Graf Capodistrias (der zum Heil seines Vaterlandes geboren, bei dem Sie mich nicht vergessen sollen) kann viel beytragen, daß dieses von seinen Landsleuten benützt werde." Am 20. Februar 1829: „Ihren Wunsch, ins Vaterland im nächsten Frühling zurückkehren zu wollen, finde ich sehr natürlich, obgleich für Hellas ein tief empfindlicher Verlust, kann ich nicht entgegen seyn. Daß jedoch Graf Capodistria nicht wähne, daß sich meine Theilnahme an Hellas vermindert habe, feurig ist sie, dieses prägen Sie ihm ein, und wie eyfrig ich wünsche, daß wenigstens die Thermopylen dessen Gränze werden, und wie ich wünsche, daß Schweizer in griechischen Sold genommen werden, wozu die Heimschickung der in Niederländischen Diensten bisher befindlichen wie eine vom Himmel gegebene Gelegenheit erscheint, auch würden Schweizer bey den großen Mächten am wenigsten Mißtrauen erregen und könnten, wenn Hellas Regierung es will, zu Ansiedlungen dienen. Daß Teutsches Wesen vorzuziehen, das gediegene, gründliche, mehr als jedes andere, glaube ich, kann behauptet werden, ein neues Verdienst Heydeck's, bewirkt er es...."

Die jugendliche Begeisterung, mit welcher Ludwig für die hellenische Sache eintrat, ließ ihn leicht über die Mißgunst hinwegsehen, die von mancher Seite sein Bestreben verfolgte. „Es wird freilich", schreibt er an seinen Sekretär (22. Mai 1827) „bey uns Menschen geben, wohl nicht wenige, die, wenn ich das Jahr diese par tausend und einige hundert Gulden zur Anschaffung arabischer Pferde für meinen Marstall verwendete, es ganz in der Ordnung fänden, aber schreyen werden, daß ich dafür Griechen erziehen lasse; aber ich lasse die Hunde bellen und gehe meinen Weg fort."

Das Beispiel, das von einem Throne aus zu Gunsten des „aufständischen Volkes" gegeben wurde, war von größter Bedeutung. „König Ludwig's großes Beispiel", urtheilt Maurer in seinem Werke über das griechische Volk, „hat Epoche gemacht und die Sache der Griechen wenigstens ebenso sehr gefördert, wie die Schlacht von Navarin selbst."

Endlich wurde die Stimmung in den Kabineten der Großmächte, welche bisher dem todesmuthigen Volk feindselig gewesen, eine freundlichere. Im Juli 1827 kam der Londoner Traktat zu Staude, der aber noch die Unterordnung unter die Pforte aufs Bestimmteste betont. Nur die Hartnäckigkeit der Pforte, die jedes Zugeständniß verweigerte, führte zu jener Seeschlacht, die für die Freiheit der Hellenen entscheidend war. Im Jahr 1829 wäre fast in Erfüllung gegangen, was Ludwig vor acht Jahren herbeigesehnt: „Von Sophia's Spitze leucht' das Kreuz auf Völler, welche frey!" Auf den siegreichen Czaaren setzten jetzt die Griechenfreunde ihre Hoffnung. Auch Ludwig feierte sein siegreiches Banner in Gedichten. Der Czaar hinwiederum schickte prächtige Geschenke für die Salvatorkirche in München, welche Ludwig dem griechischen Kultus einräumte. Im Dezember 1829 wurde dort zum Erstenmal der Gottesdienst nach dem alten ehrwürdigen griechischen Kultus gefeiert. „Seltene Erscheinung der Zeit!" schreibt Kreuzer an Heydeck (18. Dez. 1829), „eine griechische Kirche in München, und die Kirche so passend zu den alterthümlichen Bildern und Ceremonien und dazu die Art des Gesanges, kurz, man sah sich wie ins sechste Jahrhundert versetzt!" —

Der 3. Februar 1830 brachte endlich einen Beschluß der Londoner Konferenz, der sich für die Unabhängigkeit Griechenlands unter einem eigenen Souverain aussprach. In erster Linie fand der Vorschlag, dem Prinzen Leopold von Koburg die Krone zu übertragen, die günstigste Aufnahme. Als aber dieser Kandidat ablehnte, mehrten sich die Stimmen, die den zweiten Sohn des königlichen Philhellenen als den Würdigsten bezeichneten. Seit 1829 wirkte schon Thiersch durch seine ausgebreitete Korrespondenz in diesem Sinne. Er wies darauf hin, gerade weil Otto noch jung, könne er für die Regierungsgeschäfte, die seiner harrten, zweckmäßig herangebildet werden, seine moralischen und intellektuellen Eigenschaften, die bekannte Begeisterung und die faktischen Verdienste des Vaters um Hellas seien das kräftigste Hilfsmittel zur Versöhnung der Parteien, die nach Niederwerfung des äußeren Feindes das Land zerfleischten. H. v. Gagern schrieb (1. Nov. 1829) an Ludwig: Ja wohl können Ew. Majestät mit dem edelsten Bewußtsein sagen und fühlen, was Sie für Griechenland gethan haben! Sie haben ganz Deutschland vertreten, gerechtfertigt und geehrt! Aber verfolgen Sie diese Bahn, setzen Sie diese menschenfreundliche Theilnahme fort! Die Griechen werden kommen, den schuldigen Dank für Ihren Thron zu bringen. Berathen Sie sie, sagen Sie ihnen Wahrheiten, die Europa, der Civilisation, dem Gedeihen der christlichen Duldung zusagen. Mein Bestreben in Absicht des künftigen Herrschers habe ich Ew. Majestät anvertraut, vielleicht in größerem Umfang, als ich hätte thun sollen. Wissen Sie etwas besseres, so bin ich ganz gelehrig und folgsam." Die Stelle wird erläutert durch eine andere aus einem Briefe vom 2. Februar 1830: „Der Prinz Friedrich der Niederlande scheint die griechische Krone, vermuthlich seiner Gesundheit wegen, abgelehnt zu haben. Es war allerdings aus guten Gründen mein vorherrschender Wunsch. Die Wahl Leopolds von Coburg erscheint mir sehr zweideutig. Auch ist er ohne Ehe und ohne Kinder. Wenn in irgend einem Fall diese Krone wieder zu vergeben stünde, so weiß ich in der That nichts natürlicheres, als die Bestimmung des zweiten Prinzen Ew. Majestät, den man gänzlich noch dazu heranbilden könnte, und dessen hoher Nahme dort im Dankgefühl für den königlichen Vater ungemeine Popularität genießen müßte."

Ludwig selbst erklärte in einem Briefe an Thiersch, er wolle sich in die Wahlangelegenheit nicht mischen; was er für die Griechen gethan, sei aus aufrichtiger und tief empfundener Sympathie für ihr Wohl geschehen, er könne nicht wünschen, daß die Reinheit seiner Absicht durch eine Belohnung in falsches Licht gebracht werde. Auch hatte Thiersch, als er sich 1831 nach Griechenland begab, keinerlei offizielle Aufträge von Seite des Königs, ja seine Berichte, die er von dort aus dem Könige sandte, wurden nicht einmal beantwortet. Dessenungeachtet ließ er sich die Betreibung der Wahl eifrig angelegen sein. Er glaubte anfänglich, sich an den Präsidenten Kapodistria halten zu müssen, erkannte aber bald, daß dieser ehrsüchtige Mann einen Regenten nur als sein Werkzeug und als Stütze gegen die hartnäckige Opposition der nationalen Partei gebrauchen wolle. Die plötzliche Ermordung eben dieses Präsidenten durch die Verwandten des eingekerkerten Mauromichalis warf ein grelles Licht auf die Verwilderung und sittliche Verkommenheit der „Freiheitssöhne". Aber noch wiegte man sich in dem Glauben, solche Barbarei sei nur Folge der langen Knechtschaft und die „Enkel Leonidas' und Aristides'" würden sich unter einer humanen Regierung bald als würdige Glieder des europäischen Stammes legitimiren, und als Fallmerayer auf Grund eigener Anschauung über den Volkscharakter jener Mischlingsstämme ein ungünstiges Urtheil zu fällen wagte, zog er sich den Unwillen nicht bloß des Königs, sondern überhaupt der ganzen gebildeten Welt zu. Thiersch konnte zwar vor der Zerrüttung des Landes die Augen nicht verschließen, setzte aber ebenfalls die kühnsten Hoffnungen auf die Wunderkraft eines verständigen Regiments. Von Nauplia aus schrieb er am 25. Januar 1832 an König Ludwig: „Sollte bei diesem äußersten Drange der Verhältnisse sich die Entscheidung der Mächte auf S. k. H. den Prinzen Otto vereinigen, so werden Ew. Majestät von Allem, was ein Herz für Griechenland hat, beschworen, mit der allerhöchsten Entscheidung keinen Augenblick zu säumen, und bei der tiefen Liebe und Theilnahme, welche Ew. Majestät diesem Lande bewährt, durch Annahme seiner Herrschaft für Allerhöchst dero zweiten Sohn diesem unglücklichen Volke die größte der Wohlthaten nicht vorzuenthalten: eine Verweigerung wäre seine Verzweiflung, vielleicht das Urtheil seines Todes; eine Verzögerung steigerte die Noth, welche schon jetzt fast unerträglich ist.“

Die endgiltige Entscheidung der Großmächte vom 7. Mai 1832 gab den Griechen in der Person des Prinzen Otto einen Basileus. Während seiner Minderjährigkeit sollte eine Regentschaft, aus drei Räthen der Krone bestehend, das Land verwalten. Die Großmächte garantirten dem Fürsten ihrer Wahl den Besitz voller Souveränität und zugleich eine Anleihe von 60 Millionen Franken; dagegen versprach die Krone Bayern vorläufige Unterstützung Griechenlands durch Geldvorschüsse und die Aufstellung eines Hilfscorps von 3500 Bayern.

Die Wahl Otto's wurde in Griechenland enthusiastisch begrüßt. Nauplia feierte sein Geburtsfest durch Beleuchtung und öffentliche Tänze, und selbst der tapfere Held Koletti nahm Theil an der Romaika, dem alten Reigentanze der Ariadne. Die griechische Nationalversammlung bestätigte einstimmig die Wahl des Oberhaupts, so daß über ihre staatsrechtliche Begründung in keiner Weise ein Bedenken übrig blieb. Abgesandte des griechischen Volks gingen nach München, wo sie eben zur Zeit des Oktoberfestes anlangten. So war der zahlreicher als je auf dem Festplatz versammelten Volksmenge das seltene Schauspiel geboten, im Gefolge ihres Königs die Helden zu sehen, deren Namen noch vor wenigen Jahren in Aller Munde waren, den verwegenen Seehelden Miaulis, den düster blickenden Botsaris, den männlich schönen Koliopulos. Als am nächsten Morgen vom Petersthurm die Nationalhymne feierlich herabtönte, begab sich die Gesandtschaft in festlicher Auffahrt in die Königsburg, um im Namen der Nation dem bayerischen Königssohn die Krone Griechenlands anzubieten. Am Hofe, in der Stadt, im ganzen Lande herrschte freudige Aufregung, die Tagesliteratur giebt davon Zeugniß. Man nährte die stolzesten Hoffnungen. Schon in dem Zufall, daß Griechenland und Bayern die gleichen Nationalfarben haben, erblickte man ein günstiges Vorzeichen. Man forschte nach gemeinsamen Zügen in der Geschichte der beiden Länder, die nun unauflöslich mit einander verbunden sein sollten. Man erwartete, daß den bayerischen Handelsstädten wieder wie im Mittelalter der levantinische Handel in die Hand gespielt, daß einem Theil der mittellosen Bevölkerung Bayerns ein weit günstigeres Asyl in den Fluren am Eurotas und Alpheus, als im fernen Amerika geboten, daß den Produkten bayerischer Gewerbthätigkeit eine reiche Absatzquelle eröffnet werde. Andrerseits wurden die herzlichen Worte, die der Prinz zu den Gesandten sprach, in Griechenland enthusiastisch begrüßt. Der Glückliche wurde von Allen beneidet, dem die edelste Aufgabe beschieden schien, aus den Enkeln erhabener Ahnen wieder ein Volk zu bilden, dieser Ahnen werth!

König Ludwig hatte versprochen, für die Regentschaft Männer von gemäßigten konstitutionellen Grundsätzen zu wählen. Graf Armansperg wurde von der Londoner Konferenz selbst vorgeschlagen, ebenso Staatsrath von Maurer, ein vorzüglicher Verwaltungsbeamter, neben ihnen wurde noch Heydeck, der durch seinen längeren Aufenthalt mit den griechischen Verhältnissen vertraut war, ausersehen. Thiersch dagegen wurde wider Erwarten nicht in die Regentschaft gewählt, was auf seine Darstellung der späteren Verhältnisse nicht ganz ohne Einfluß geblieben zu sein scheint. Es war aber wohlberechtigt, wenn er es für einen großen Fehler erklärte, daß das Versprechen des bayerischen Ministers v. Giese, es solle eine griechische Nationalversammlung berufen werden, nicht eingelöst wurde. Maurer giebt als Grund dafür die in ganz Griechenland herrschende Parteiverwirrung an. Nicht minder maßgebend mochte auch die Thatsache sein, daß die Vorgänge in Bayern den König gegen das konstitutionelle System überhaupt eingenommen hatten. Die Abreise der Regentschaft verzögerte sich, bis die Anleihe ins Reine gebracht war. Die Vorschüsse aus der bayerischen Staatskasse gaben bekanntlich noch nach der Thronentsagung König Ludwigs zu schweren Anklagen Anlaß. Wahr ist, daß ungefähr 1,800,000 Gulden in den Jahren 1832 und 1837 aus der Defensionskasse genommen wurden und daß 1840, als diese Kasse außer Stand war, den an sie gemachten Anforderungen zu genügen, aus der Staatskasse an sie Vorschüsse geleistet wurden. Da den Kammern nicht sofort hievon Kenntniß gegeben wurde, läßt sich der Modus dieser Verausgabung selbstverständlich nicht vertheidigen. Als aber 1849 der Abgeordnete Kolb bei der Budgetfrage zur Sprache brachte, daß diese große Schuld noch immer von Griechenland nicht bereinigt sei, leistete König Ludwig sofort aus seinem Privatvermögen vollen Ersatz. Eine Zurückzahlung erlebte er nicht, wohl aber eine andere traurige Bethätigung des griechischen „Nationaldankes".

Der Abschied des jungen Königs von München war ein ungemein herzlicher. Ermattet von der Fahrt und den vielen überwältigenden Eindrücken kam er schlafend nach Kufstein. Als er dort erwachte, konnte er sich nicht trösten, so aus einem Vaterlande geschieden zu sein, er kehrte nochmals zur Grenze zurück und bestieg einen Hügel, der eine Fernsicht über das Grenzgebiet gewährte. —

Es wurde häufig die Ansicht geäußert, die Begleitung eines bayerischen Korps habe mehr geschadet als genützt. Maurer betont jedoch, daß es nur mit solcher Unterstützung der Regierung ermöglicht war, in dem zerrütteten Lande sich zu behaupten, ohne selbst eine Parteiregierung zu werden. Die Vorgänge unmittelbar vor der Ankunft des Königs ließen nur zu deutlich erkennen, welch schwierige Stellung in diesem Lande jedes neue Regiment erwarte.

Am 30. Januar 1833 ertönte bei Tagesanbruch von den Masten der frohe Ruf, daß Nauplia in Sicht. Die vor Anker liegenden Schiffe begrüßten den König mit Geschützdonner und als sich der Pulverrauch zerstreute, lag das lachende Gefilde des klassischen Eilands vor seinen Blicken. Doch noch der nemliche Tag brachte die Nachricht von dem Blutbad in Argos. Die Begnadigung des Urhebers

Kolokotronis war der erste Regierungsakt des Königs. Am 6. Februar stieg er an's Land und hielt in Nauplia festlichen Einzug, der durch die Meisterhand des Malers Heß verewigt wurde.

Die Lage des Landes war geradezu eine verzweifelte. Raub und Zerstörung waren an der Tagesordnung. Der Befreiungskampf hatte Unbändigkeit und trotzigen Widerstand gegen staatliche Ordnung und Unterordnung überhaupt großgezogen. In Athen waren keine 300 Häuser der Zerstörung entgangen, auch in Nauplia rauchten noch Ruinen, die Wasserleitungen waren fast überall vernichtet, große Strecken Landes lagen brach. Ueber die Zustände in der neuen Residenz schrieb der Kabinetssekretär des Königs Otto, Lehmaier, 1833 an Kreuzer: „Im Vergleich mit allen anderen sogenannten Städten ist Nauplia ein Klein-Paris. Hier findet man doch wenigstens, wenn auch schlechte, Häuser und ein paar Straßen. Unser Geld hat auch bereits Gott Merkur's spekulative Söhne herbeigezogen und so kann man für Geld, wenn auch theuer, doch das Nöthigste sich verschaffen. Leider geht dadurch alles Geld wieder aus dem Lande, denn Alles bis zu jedem Stückchen Brot herab muß im Ausland gekauft werden." Die Führer des Volks hatten nur die Außenseite europäischer Bildung erfaßt, desto lebendiger war aber in ihnen der Geist der Intrigue und der Eifersucht gegen alles Fremde.

So war die Lage des Landes, dessen natürliche Bestimmung es wäre, der Träger europäischer Bildung nach dem Osten zu sein, als die Regentschaft an das Staatsruder trat. Ein Mitglied derselben, Staatsrath v. Maurer, hat später ihre Handlungen und Bestrebungen in klarer, ungeschminkter Weise dem Publikum dargelegt. Niemand wird ihnen das Zeugniß versagen können, daß sie mit Umsicht und redlichem Eifer auf Veredlung der Bevölkerung und Beruhigung der Parteien bedacht waren. Die Gesetzbücher, die Maurer für die Griechen schrieb, dürfen ein Musterwerk genannt werden. Was damals für Hebung des Ackerbaues, des Handels und der Industrie, für öffentliche Sicherheit, für das Schulwesen geschah, trug manche gute Frucht noch in einer Zeit, da man einiger Mißgriffe halber das Regiment der „querköpfigen Bayern" verspottete und ihre Verjagung betrieb. Es fehlte auch nicht an Anzeichen dafür, als ob das Ansehen der bayerischen Verwaltung feste Wurzel fasse. Kabinetssekretär Stengel schreibt 1834 an Kreuzer: „Jeder Frieden, Recht und Ordnung liebende Maun feiert ein Fest, so oft ein Regierungsblatt dahier erscheint, denn die Wohlthaten dieser Verordnungen werden in Kurzem reifen.“ Ein anderer Bayer jedoch, v. G., meint, die Situation der Bayern werde nur immer schwieriger werden, „wenn nicht 10 Griechen mehr gehangen werden, als auf der Welt sind.“ Montgelas beurtheilte 1833 die Lage: „Man versichert, daß Alles in Griechenland jetzt ruhig ist, daß Alles gehorcht: ich glaube es, so lange man Geld und Bajonette haben wird.“

Leider fehlte es an Eintracht da, wo sie am nöthigsten gewesen wäre. Unter den Mitgliedern der Regentschaft selbst kam es bald zu Differenzen. Armansperg hatte, wie es scheint, seine persönlichen Interessen übermäßig im Auge und warf sich, um sich gegen seine Kollegen, die auf die Bildung einer starken Nationalpartei Bedacht nahmen, behaupten zu können, der russischen Partei in die Arme. Ueberdieß erregten manche Anordnungen, die im Grunde nicht viel zu bedeuten hatten, bei den Griechen großen Anstoß, weil sie mit Nationalsitten und Gewohnheiten in Widerspruch standen. Die Diplomatie der Großmächte, der an der wahren Freiheit des jungen Staates wenig gelegen war, überspann das ohnehin verwirrte Staatswesen mit einem Netz von Intriguen.

Es gelang dem englischen Gesandten Dawkins, auch das Vertrauen König Ludwigs auf Maurer und den Regentschaftsrath Abel zu untergraben, nachdem kurz vorher eine Verschwörung im eigenen Lande zu ihrem Sturze entdeckt und unterdrückt war. Namentlich Maurer wurde beschuldigt, durch Einführung seiner Institutionen einen schädlichen Liberalismus zu fördern. Im Juni 1834 erfolgte auf das ungestüme Andringen des russischen und des englischen Kabinets die Abberufung Maurers und Abels; an ihre Stelle kamen v. Kobell und Greiner.

Dieser Schritt des Königs hatte jedoch keineswegs die gehofften glücklichen Folgen. Der König selbst bereute ihn später, als er persönlich in die Lage Griechenlands klareren Einblick gewann. Eynard beklagte sich darüber mit Freimuth und in Folge dessen blieb das Verhältniß der beiden verdienstvollsten Philhellenen längere Zeit getrübt. „Ich habe beklagt und beklage noch“, schrieb Eynard 1836 an Ludwig,

„daß die Forderung Englands Ew. Majestät zur Abberufung Abels und Maurer's drängte. Ich hoffte dann eine Zeit lang, Graf Armansperg werde, da ihm allein die Leitung der Geschäfte oblag, mit mehr Geschick als vorher sich dieser Aufgabe entledigen, doch die Mißgriffe wurden fortgesetzt; er hat einen ebenso redlichen als in Finanzgeschäften erfahrenen Mann verdrängt und ich mußte es sagen: er hat nun das Vertrauen beider Großmächte verloren. Der Schutz Englands war nur vorübergehend, man darf sich darauf nicht stützen. Die englische Regierung kennt keine wahre Großmuth gegen andere Regierungen, das liebe Ich, der Egoismus beherrscht Alles!"

Da Nauplia zur Residenz in mehr als einer Hinsicht sich unpassend erwies, verlegte der junge König seinen Hof nach Athen, das durch seine Geschichte zur Hauptstadt des Landes berufen ist. Die nothwendige Umwandlung der herabgekommenen Stadt kostete jedoch ungeheure Summen, um so mehr, da man sich in großartige Bauprojekte einließ. Zur Leitung der Restaurationsarbeiten wurde Klenze berufen. Vor Allem sollte das Parthenon wieder aus den Trümmern erstehen. Bei Beginn des Baues hielt Klenze selbst eine feierliche Anrede, worauf das erste durch türkisches Pulver einst herabgestürzte Säulenstück wieder auf seine Basis erhoben wurde.

Am 1. Juni 1835 übernahm König Otto selbst die Regierung. Die Lage des Reiches war noch immer kritisch. „Sie schreiben mir nichts über den Staud der Sachen in Griechenland", schrieb Kreuzer an Heydeck (13. März 1835), „nach allem, was ich erfahre, ist er nicht glänzend und wird dem jungen Könige allein überlassen bleiben, seinen Thron zu fundiren, zu construiren und zu conserviren. Eine Aufgabe, welche nur drei Arbeiten in sich befaßt, die aber schwerer sein werden, als die zwölf des Herakles." Otto beschwor den Vater, er möge nach Griechenland kommen, um sich durch eigene Anschauung zu überzeugen, durch welche Mittel die Ruhe befestigt, das Vertrauen der Nation dauernd gewonnen werden könne. Ludwig beschloß, dem Wunsche Folge zu leisten. Gagern schrieb am 15. November 1835 an den König: „Ew. Majestät sind im Begriff, nach Griechenland zu gehen und mein Wunsch und Segen begleiten Sie. Man zerbricht sich die Köpfe über den Zweck dieser Reise. Ganz einfach vermuthe ich, daß nicht ein Grund, sondern viele Gründe, besonders aber Beharrlichkeit Sie führen und bestimmen. Sie werden auf große Schwierigkeiten stoßen. Wer sah sie nicht vor? Ob die baierische Nation unter den Deutschen die am meisten geeignete war? Neben dem schwierigen Charakter der Griechen mag die Eifersucht der Mächte die Hauptschwierigkeit in so vielen Beziehungen darbieten. Vor allem dünkt es mich daher erster Gesichtspunkt, Beruf und Kunst Ew. Majestät, diese zu beschwichtigen, und vermöge ihres hohen, direkten, unverkennbaren Interesses als Vermittler in der ganzen Orientalischen Frage aufzutreten. Ja, ich meine, diese Idee sollte im Vordergrunde Ihrer Reiseplane stehen. Es wird Ihr frommes Gemüth erheben, und selbst im Fall des Mißlingens werden Sie den Beifall und Dank zweier Welttheile nicht vermissen."

Nach glücklicher Fahrt lief die englische Fregatte Medea, die den König trug, im Piräus ein.

„Blässer wird der Mond, aus den Fluthen des Meeres erhebet
 Eos sich, ziehet hinan gegen des Himmels Gewölb,
Helios folgt, es erhellet sich immerfort weiter die Gegend,
 Deutlicher tritt hervor, was nur die Seele geschaut,
Aufgethan ist die Welt, in die schon das Kind sich versetzte ..."

Ein König, der einst „unter Pästums Tempel" gedichtet: Lieber denn Erbe des Throns wär' ich Hellenischer Bürger! konnte auf den freudigsten Empfang der Griechen rechnen und in der That glich seine Einfahrt in Athen einem Triumphzug. Welche Erinnerungen wurden bei jedem Schritt in der heiligen Hügelstadt wach! Hier stand Demosthenes' Rednerbühne, dort erhob sich der Areopag, auf dieser Straße wallte der heilige Zug nach Eleusis, jener Platz trug die herrlichen Kunstwerke eines Lysipp und Praxiteles, und über all den Zeugen alter Herrlichkeit wölbt sich der klare, tiefblaue Himmel Homer's!

Der Vorwurf, den Gervinus erhebt, der König habe den Mangel an eigentlichem Kunstsinn dadurch dargethan, daß er sich um die Alterthümer Griechenlands nicht gekümmert, ist rein aus der Luft gegriffen. Schon unter der Regentschaft hatte man, und zwar nicht ohne besondere Rücksicht auf Ludwigs Wünsche, den Werth jener Monumente vollauf gewürdigt, die zur Tradition der großen Vorzeit in engster Beziehung standen und deßhalb mittelbar auch von bedeutungsvollem Einfluß auf die moralische Wiedergeburt und Erziehung des Volkes waren. Durch den Konservator Roß wurden alle Vorkehrungen für Erhaltung und Wiederauffindung der ehrwürdigen Ueberreste getroffen. Roß war auch der Führer König Ludwigs bei den häufigen Wanderungen durch die Ruinen und die zahlreichen Sammlungen. Wäre ein Beweis dafür noch nöthig, so erhellte aus Roß' Beschreibung dieser Königsreisen, welch tiefe Verehrung Ludwig den Reliquien der unübertroffenen Kunst des alten Hellas widmete.

Im Jänner 1836 trat er eine Rundreise durch den Archipelagus an und berührte auch die Küste Kleinasiens, um das Grab des Achilles zu besuchen. Ueberall wurde ihm begeisterter Empfang zu Theil. Die Griechen wollten kaum glauben, daß der schlichte Mann im grauen Rock ein König. Die Ehrenbezeugungen waren freilich oft seltsamer Art. Da als solche im Orient das Besprengen mit Rosenwasser gilt, so mußte der König, wenn er durch die Straßen einer Stadt fuhr, ein förmliches Bad über sich ergehen lassen. Als er in Paros ans Land stieg, wurde er sogleich von zwei angesehenen Bürgern in die Höhe gehoben und es machte Mühe, ihnen begreiflich zu machen, daß ein abendländischer König es nicht unter seiner Würde achte, sich auf eigenen Füßen zu bewegen. In Delos wurde der Apollotempel besucht. In Anaphe ließ der König vergeblich in den Ruinen der Agora nach antiken Ueberresten graben. Leider war auch der Erfolg in Melos nicht glücklicher. Schon im Jahre 1817 hatte der damalige Kronprinz auf dieser Insel den Platz, wo das Theater stand, zu Ausgrabungszwecken durch Haller ankaufen lassen. Er war daher zehn Jahre später unangenehm überrascht, als er erfuhr, durch Franzosen sei auf der nemlichen Insel eine herrliche Statue ausgegraben und nach Paris geschafft worden. Es war die Milonische Venus, die edelste Perle der Louvresammlungen. Heydeck erbot sich, durch Zeugen nachzuweisen, daß die Nachgrabungen unter den Ruinen des alten Theaters, also auf Grund und Boden des Königs von Bayern, stattfanden und Ludwig ließ durch den Gesandten Graf Bray in Paris den kostbaren Schatz als sein Eigenthum reklamiren, konnte jedoch nicht einmal das erreichen, daß ihm durch einige Büsten aus der Albanischen Sammlung ein kleiner Ersatz geboten werde. Nun während der Anwesenheit des Königs wurde eifrige Nachgrabung erneut, man hoffte Seitenstücke zur Venus zu finden, erlangte aber nur ein Paar werthlose Fragmente.

Aber auch den Orten, die durch die Ereignisse der neuesten Zeit Bedeutung gewonnen, widmete Ludwig seine Aufmerksamkeit. Er fuhr nach Hydra, um das tapfere Seevolk dieses Inselchens kennen zu lernen und besuchte die Brüder Conturiotis in ihrer schlichten Behausung. Eine Anekdote aus der Zeit seines Aufenthalts in Griechenland ist charakteristisch dafür, wie richtig er selbst den an und für sich kleinlichen Umständen Beachtung schenkte. Sein Sohn Otto war ihm bei der Zusammenkunft im Piräus im abendländischen Kostüm entgegengetreten. Die erste väterliche Bitte war, er solle sich ihm einmal in der hellenischen Fustanella zeigen und Ludwig ließ nicht nach, bis ihm der Sohn willfahrte. Die Hellenen aber waren freudig überrascht, als bald darauf der Basileus in griechischer Landestracht in ihre Mitte trat.

Am 24. März verließ Ludwig Athen, von einer großen Zahl berittener Palikaren geleitet, die dem Vater ihres Königs unzählige Zito's nachriefen. Zum Andenken an seinen Besuch schenkte er der Stadt 50,000 Franken zur Gründung eines Krankenhauses.

Im nächsten Jahre erhielt Ludwig vom Demarchen im Namen der Stadt Athen einen goldenen Ehrenbecher. Auch sonst ließen es die Griechen an Auszeichnungen für ihn nicht fehlen. Perraibos, der Geschichtschreiber der Sulioten, den Niebuhr eines Vergleiches mit Thukydides für würdig hielt, widmete „dem größten Wohlthäter der Hellenen" seine Geschichte des griechischen Befreiungskampfes. Ludwig hinwieder ließ die glänzendsten Episoden dieser Erhebung durch H. Heß in einer Reihe von Fresken in den Arkaden Münchens verherrlichen. Als Fallmerayer die slavischen Zweige am Stammbaum der heutigen Griechen nachwies, forderte der König den Hofrath Thiersch zur Bekämpfung dieser Theorie auf und Thiersch entsprach dem Wunsche in einer Reihe von Artikeln in der Allgemeinen Zeitung, welche die Nationaltugenden der Griechen in hellstem Lichte erscheinen ließen.

Solche Zeichen geistigen Zusammenhanges waren jedoch nicht kräftig genug, das Verhältniß zwischen einer wankelmüthigen Bevölkerung und einem ihr zum Herrscher gegebenen Fremden dauernd zu befestigen. Dazu wäre nöthig gewesen, daß Bayern seinen Prinzen entweder mit einer weit bedeutenderen Militärmacht oder mit reicheren Geldmitteln fort und fort hätte unterstützen können. Montgelas hatte ganz richtig geurtheilt. Und nicht allein an Macht gebrach es der Regierung König Otto's, sondern auch an Kraft und Energie, in einem Lande doppelt nöthig, das auf einer Mittelstufe zwischen Kultur und Barbarei stand. Mußte ja doch der König noch 1840 bei einer Rundreise umkehren, um einer großen Räuberbande aus dem Wege zu gehen. Die Finanzen blieben ungeregelt, mehr als einmal konnte der Staat nur durch das Mitleid oder die Eifersucht der abendländischen Mächte vom Bankerott gerettet werden. Ludwig mußte sich bald von der Richtigkeit der Worte Eynards überzeugen. Nach der Abberufung Armanspergs, die wohl auf Grund der in Griechenland gewonnenen Erfahrungen erfolgte, setzte das englische Kabinet seine Intriguen gegen den neu berufenen Rudhart fort.

Es war seltsame Fügung, daß Ludwig später gerade von dem Manne, der anfänglich der heftigste Gegner des jungen Griechenstaates war, von Metternich, Freundschaft und Schutz für ihn beanspruchte. Als es im Jahre 1841 den Anschein gewann, als wolle sich Otto mit Frankreich in ein engeres Bündniß einlassen, um Kandia der Pforte zu entreißen, bat Metternich den königlichen Vater, seinen Sohn vor diesem Schritte zu warnen. Ludwig schrieb deßhalb an den bayerischen Gesandten in Wien, Baron Lerchenfeld, (1. Febr.) er werde ganz im Sinne Metternichs handeln: „Seine freundliche Gesinnung für Griechenland freut mich ebenso sehr, als überhaupt Oesterreich unter den Großmächten diejenige ist, welche es mit Griechenland am Besten meynt.“

Auch die Kinderlosigkeit Otto's verhinderte die Festigung der Zustände. Die Wirren dauerten fort, eine Partei nach der anderen kam an das Ruder, die Finanznoth verschlimmerte sich trotz der bedeutenden Vorschüsse, die aus Bayern flossen. Schon lange vor der Katastrophe, die dem klassischen Traum des königlichen Philhellenen ein trübes Ende setzte, gab sich der König düsteren Ahnungen hin. So schrieb er 1843 an Eynard: „Ich bin, wie Sie, tiefbetrübt über den Undank, dem die Bayern in Griechenland begegnen, die ihre ganze Kraft der hellenischen Sache geweiht haben. Sie können aber

igkeit Griechenlands brachte, Gerechtigkeit widerfahren lassen
er Irrthum des Augenblicks verschwindet mit den Menschen
die Wahrheit bleibt schließlich siegreich."

## Der Landtag 1834. Sociale Unternehmungen und Reformen. Anfänge der kirchlichen Bewegung. Der Landtag 1837.

Die im Juli 1830 heraufbeschworenen politischen Stürme waren vorübergezogen und es trat naturgemäß eine Periode der Abspannung und Erschlaffung auf politischem Gebiete ein. Wie in allen konstitutionellen Staaten, hatte auch in Bayern der Liberalismus durch das kampfbereite Auftreten einer radikalen Fraktion gegen das historische Recht das frühere Uebergewicht verloren. So erklärt es sich, daß der Landtag von 1834 ein völlig verändertes Bild gegenüber dem jüngst verflossenen bot, obwohl fast die nämlichen Persönlichkeiten wieder gewählt waren. Die Thronrede gab namentlich der Freude des Königs über das Gelingen des Zollvereins Ausdruck, es lasse sich hoffen, daß dadurch überhaupt das Band zwischen den einzelnen deutschen Staaten fester geknüpft werde. „Unruhen haben an einigen wenigen Orten stattgefunden, aber gerade, daß sie sich auf sehr wenige beschränkt, bezeugt des Landes gute Gesinnung."

In allen bedeutenderen Fragen ging eine große Majorität der Zweiten Kammer, sowie die Reichsrathskammer fast einstimmig mit der Regierung und Fürst Wallerstein wußte durch behutsames Auftreten jedem Zwiespalt vorzubeugen. „Zum Erstenmal", schreibt Montgelas an v. Zerzog, „ist der Hof vollkommen zufrieden mit der Kammer und hofft, daß ihre Haltung auch als Muster und Beispiel allen Ständeversammlungen Deutschlands diene." Die Verhandlungen über die Civilliste liefen rasch und glatt ab. Die Permanenz der königlichen Einnahmen wurde fast einstimmig angenommen. Sie hebt einerseits die unwürdige Controle über das Privatleben des Fürsten auf, begründet aber auch, indem sie dem Oberhaupt erst völlig unparteiliche Ueberwachung aller Staatsorgane ermöglicht, die Freiheit des Staates selbst. Durch einen Antrag auf Aufhebung der quarta pauperum und durch Beschwerden über ungeeignetes Verhalten des katholischen Klerus bei Abschluß gemischter Ehen wurde auch die kirchliche Frage wieder hereingezogen. Warum sollte in Bayern akatholisch sein, was für Oesterreich der päpstliche Stuhl freiwillig zugestanden hatte! Wallerstein gelang noch einmal eine Vermittlung. Er erklärte, die Regierung werde zwar die mißliche Lage des untergeordneten Klerus berücksichtigen, aber auch Sorge tragen, daß den Bestimmungen der Verfassung volle Kraft gegeben werde.

Von größerer Wichtigkeit waren die Verhandlungen über die neuen Gewerbs- und Ansässigmachungsgesetze. Die Regierung glaubte sich genöthigt, die liberalen Bestimmungen des Gesetzes von 1825 wieder eindämmen und eine Erhöhung des Bürger-Census verlangen zu müssen, um nicht „eine auf Nichts angewiesene Bevölkerung ohne Besitz und Eigenthum künstlich hervorzubringen". Wallerstein pries dabei die Wichtigkeit des socialen Fortschritts. „Bayern kann ein zweites Bayern in sich selbst gewinnen durch Kultur seiner öden Gründe, durch erhöhte Ertragsfähigkeit seines Bodens, durch gute Arrondirungen, durch reelle Erweiterung seiner Industrie." Die Worte standen aber geradezu in Widerspruch mit den beantragten gesetzlichen Bestimmungen, die einen entschiedenen Rückschritt, einen Rückfall in eine unsichere Mitte zwischen den Grundsätzen des Zwangs und der Freiheit in sich begriffen. Vergebens machte Rudhart darauf aufmerksam, wie durch solche Beschränkung der Arbeitsfreiheit eine Entwicklung aller Kräfte des Landes verhindert und der Auswanderung Thür und Thor geöffnet werde. Der glänzenden Beredtsamkeit Wallersteins gelang es, alle Bedenken zu heben, und das Gesetz wurde mit großer Stimmenmehrheit angenommen.

Doch muß anerkannt werden, daß nach anderen Richtungen für Hebung des Gewerbfleißes und des Handels gerade in dieser Periode große Anstrengungen gemacht wurden. Als Mittel zur Anspornung eines rühmlichen Wetteifers wurde 1834 die erste Industrieausstellung in München ins Leben gerufen. Der Nutzen bewährte sich so deutlich, daß von nun an ähnliche Unternehmungen periodisch wiederholt wurden.

Der König selbst gab bei vielen Gelegenheiten zu erkennen, wie hoch er Erfindungsgeist und der Hände Fleiß ehre. Bald nach seiner Thronbesteigung erhob er den genialen Mechaniker Reichenbach in den Adelstand, zum Gedächtniß Fraunhofers ließ er eine Münze schlagen. Für die Erfindung des Steindrucks hatte er schon als Kronprinz Interesse gezeigt und die Unternehmer durch Uebertragung geeigneter Arbeiten unterstützt. Er erkannte auch die Bedeutung einer geschulten Thätigkeit für höhere Ausbildung der Industrie, mehrere technische Schulen mit guter Instruktion wurden im Lande errichtet, 1827 die erste polytechnische Centralschule eröffnet. Dagegen wurde das Fabrikwesen mit Ausnahme weniger Zweige spärlicher gefördert. Ludwig sprach wiederholt die Ansicht aus, daß er in einer Vermehrung der Bevölkerung durch Zuzug fremder Arbeiter mehr Gefahren als Vortheile erblicke. Folge war, daß die Fabrikationsthätigkeit in Bayern bei dem kolossalen Aufschwung des Verkehrs im Allgemeinen hinter dem lebhafteren Streben der Nachbarstaaten zurückblieb.

Fortschreitende Vervollkommnung des Feldbau's ist für einen Agrikulturstaat, wie es Bayern vorzugsweise ist, die wichtigste Bedingung des ferneren Wohlstandes. Zwar wurde Bayern auf diesem Gebiete durch das benachbarte Würtemberg weit überflügelt, namentlich weil man dort die Bedeutung landwirthschaftlicher Schulen noch nicht ganz erkannte. Doch fehlte es an achtbarem Streben und guten Erfolgen nicht. Besonders wurde für Bewirthschaftung der Staatswaldungen in vorzüglicher Weise gesorgt. Auch das humane Gesetz über Steuernachlässe, das im Landtagsabschied von 1834 proklamirt wurde, hatte wohlthätige Folgen für den Aufschwung des Landbaues.

Der Handelsverkehr Bayerns trat durch den Abschluß der Zolleinigung der deutschen Staaten vom 22. März 1833, um die sich der König persönlich die wichtigsten Verdienste erworben, in eine neue Periode, deren segensreiche Fortschritte die Gegenwart bereits dankbar würdigen kann.

Reiche Früchte erwartete man auch von einem anderen Unternehmen, das durch unmittelbare Initiative des Königs ins Leben gerufen wurde, von der Anlegung eines schiffbaren Kanals zwischen Regnitz und Altmühl, der also die Verbindung zwischen der Nordsee und dem Mittelländischen Meere herstellt. Schon als Jüngling soll Ludwig den Plan gefaßt haben, diesen Gedanken Karls des Großen zu verwirklichen. Bald nach seiner Thronbesteigung ließ er durch den Oberbaurath Pechmann einen Entwurf ausarbeiten. 1829 (19. Juni) schrieb er an Schenk: „Höre nichts mehr weder von dem einen noch dem andern (?) Kanal. Der zwischen Mayn und Donau der erste. Jedes Jahr Verzug bringt großen Verlust.“ Im nächsten Jahr war der Plan vollendet. Am 16. August 1833 schrieb Ludwig an Kreuzer: „Es soll mir recht erfreulich sein, wenn ein Entwurf zur Aktiengesellschaft für den Kanalbau, Donau mit Mayn vereinigend, möglichst bald aufgesetzt werde, damit ich der nächsten Ständeversammlung ihn vorlegen laßen kann; ob ich es thue, hängt jedoch noch von den Umständen ab, gerade weil ich guten Erfolg glühend wünsche.“ Da die Regierungspartei die Majorität bildete, wurde der Gesetzentwurf vorgelegt und einstimmig angenommen. Gerade die aufgeklärte Handelswelt überließ sich den stolzesten Erwartungen über die Rentabilität der Wasserstraße, die dem levantinischen Handel eine neue Richtung zu geben bestimmt schien. Auch Ludwig sprach, als ihm im November 1836 die erste Kanalaktie eingesandt wurde, seinen wärmsten Dank aus, da nach seiner Ueberzeugung „Teutschlands Handel durch dieses Unternehmen einen großen und bleibenden Nutzen gewinnen wird.“ Leider blieb der Erfolg hinter den Erwartungen zurück und entsprach nicht den ungeheuren Kosten, welche die Herstellung des Kanals erforderte. Stephenson's Erfindung, welche ein Netz von Eisenfäden um die Erde zog, ließ das ganze Unternehmen nach wenigen Jahren veraltet erscheinen.

Es ist wenig bekannt, daß, lange bevor Stephenson's Lokomotive ihren Eroberungszug durch die Welt antrat, in Bayern auf Anregung des Königs an die Verwirklichung einer ähnlichen Idee gedacht wurde. Schon 1819 machte der Abgeordnete Heydenkampf auf die neu konstruirten Eisenbahnen nach Erfindung des Oberbergraths v. Baader aufmerksam. Man dürfe sich davon große kommerzielle Vortheile versprechen, um so mehr, da der Erfinder sich anheischig mache, die Bahn nicht bloß auf der Ebene, wie es bei den englischen der Fall, sondern über Berg und Thal fortzuführen. Der Antrag zur Unterstützung Baader's wurde jedoch von der Kammer abgelehnt, zu kostspieligen Versuchen fehle es an Zeit und Geld. Sofort nahm sich Ludwig, damals Kronprinz, der Sache an. Von Brückenau aus schrieb er an Kreuzer (15. Juli 1819): „Als Auftrag von mir an Jos. v. Baader, daß ich es sehr wünschte, seine interessante Erfindung eiserner Straßen partheylos von Sachverständigen geprüft, wenn sie vortheilhaft befunden würde, selbe ausgeführt zu sehen." Baader führte für ihn ein kleines Modell aus. Nach seiner Thronbesteigung überwies er dem Erfinder eine bedeutende Summe, um den Versuch im Großen auszuführen, wozu ihm der Nymphenburger Hofgarten eingeräumt wurde. Das Resultat war ein verhältnißmäßig überraschend lohnendes. Von einem einzigen Pferde konnten auf den Schienen mittels der von Baader erfundenen Bergwinde und Kompensationsmaschine ungeheure Lasten rasch über jedes Terrain fortbewegt werden.

Aber universelle Bedeutung konnte die Eisenbahnidee erst durch die Beiziehung der Dampfkraft gewinnen. Auch diese Erfindung wurde in Bayern rasch praktisch benutzt. Zu einer Zeit, da selbst von Seite der praktischen Engländer noch die heftigste Opposition gegen das neue Verkehrsmittel erhoben wurde, da Paris noch keinen Bahnhof hatte, da man in Deutschland die neue Erscheinung nur als Spielerei betrachtete, wurden zwischen Fürth und Nürnberg Eisenschienen gelegt, die ersten in Deutschland. Am 7. Dezember 1835 brauste zum Erstenmal die Dampfmaschine über diese Strecke. Montgelas beklagte sich im Jänner 1836 in einem Briefe an Frau v. Zerzog bitter über die Verschwendung des großen Kapitals von 180,000 Gulden, die für dieses Unternehmen, das sich nie rentiren könne, zu Verlust gegangen seien. Für die Entwicklung des Eisenbahnwesens in Bayern war der Einfluß Klenze's, der Vorstand der obersten Baubehörde war, unvortheilhaft. Wäre ein praktischer Ingenieur an der Spitze gestanden, so wäre ohne Zweifel für diese neuen Unternehmungen, sowie für Verbesserung der öffentlichen Straßen thatkräftiger gewirkt worden. Doch wurde die Anlegung neuer Bahnstrecken auf Staatskosten in verhältnißmäßig rascher Zeit in Angriff genommen, verhältnißmäßig, indem man auch den vielseitigen Widerstand im eigenen Lande zu berücksichtigen hat. Wie Wallerstein 1837 in der

Kammer erklärte, war es von vornherein des Königs eigener Plan, daß eine große Eisenbahnlinie von der nördlichen bis zur südlichen Landesgrenze durchgeführt werde. Als aber zu Gunsten des Unternehmens 1837 dem Landtag ein Gesetzentwurf über Zwangsabtretung zu öffentlichen Zwecken vorgelegt wurde, wollten noch Viele dem Kinde der Zeit Anerkennung und Pflege verweigern. Ein Redner sah in der Unterstützung des Eisenbahnbaues „die Saat von Drachenzähnen, die eine Revolution erzeugen müsse, da jetzt von der Regierung selbst am geheiligten Rechte des Besitzes gerüttelt werde", ein anderer bibelfester Redner erinnerte dringlich an das neunte Gebot, ein Dritter erblickte darin eine einseitige Begünstigung der Geldaristokratie u. s. w. Mit knapper Majorität ging das Gesetz durch, von dem in Wahrheit abhing, ob der ganze Handelsverkehr Bayern zu umgehen gezwungen werde oder nicht. In der Presse dann wurde noch lange der Streit über Nutzen oder Schaden der Eisenbahnen fortgesetzt. Auch König Ludwig wollte ihre weitere Ausdehnung nur als „nothwendiges Uebel" gelten lassen. Wer hätte auch damals geahnt, daß binnen wenigen Jahren die Eisenbahnen nicht bloß die industriellen Zwecke mächtig fördern, sondern auch für die intellektuellen Interessen nicht geringere Bedeutung gewinnen würden, als die Erfindung Gutenberg's.

Unbestreitbares Verdienst erwarb sich das Ministerium Wallerstein durch rege Thätigkeit für Hebung des Unterrichtswesens. „Giebt es noch", sprach er in einer Sitzung des Landtags 1834, „ein Heilmittel gegen die revolutionäre Stimmung in unseren Tagen, so kann es wohl nur darin bestehen, daß man einem Volke mit der That zeigt, was eine Regierung sein soll, nämlich eine Pflegerin des öffentlichen Wohles und Vermittlerin von mannigfachen göttlichen Wohlthaten." Als die erste Wohlthat galt ihm Bildung der geistigen Kräfte der Landesjugend, die Wohl und Wehe der Zukunft bedinge. Um förderliche Reformen der höheren Unterrichtsanstalten ins Leben zu rufen, suchte er die Unterstützung des geistvollsten Schulmannes, den Bayern besaß, Thiersch. Er entsandte ihn als Unterrichtskommissär nach der Pfalz und den Nachbarstaaten, um durch den Vergleich mit ihren Einrichtungen Einsicht zu gewinnen, wie und wo das öffentliche Lehrwesen Bayerns der Abhilfe bedürfe. Thiersch legte das Resultat seiner Untersuchungen in einem ausführlichen Werke dar, das bei den nächsten Schulplänen vielseitige Berücksichtigung fand. Er gesteht zwar zu, daß die vorhandenen bayerischen Anstalten noch zu einseitig als Beamtenschulen organisirt seien, rechtfertigt sie aber gegen den Vorwurf Girardins, der in einer Abhandlung über den Unterricht in Deutschland behauptete, in Bayern werde diese Angelegenheit allzusehr durch die Pflege der Kunst beeinträchtigt. Manches geschah auch für Hebung der niederen Volksschulen, aber freilich nicht in genügendem Maße. Gab es ja doch noch 1837 Schullehrer in Bayern, die nur eine Besoldung von zweihundert Gulden hatten, mithin gezwungen waren, zu unwürdigen Nebenverdiensten ihre Zuflucht zu nehmen.

Schon in dieser Periode wurden manche Stimmen laut, die eine Umwandlung des Unterrichtswesens durch die Begründung von Jesuitenschulen forderten. Die Stadtgemeinde Landsberg wandte sich deßhalb sogar 1835 mit einer direkten Eingabe an die Regierung. Das Gesuch wurde vom Könige abschlägig beschieden. Das Motiv dieser Weigerung erhellt aus den Worten, die dem Reskript für Errichtung des Benediktinerseminars St. Stephan in Augsburg eingefügt sind. Das bezügliche 1835 erlassene Reskript fordert eine zeitgemäße Revision der Statuten des Ordens, der „eine solche Verfaßung erhalte, welche der Bildung der Ordenskandidaten für die Wissenschaft und das Lehrfach, sowie der pädagogischen Wirksamkeit der Conventualen die nöthige Entwicklung sichere und gegen jede Abweichung des Ordens von den gesetz- und verfaßungsmäßigen Rechten volle Bürgschaft leiste." Nur so werde der königlichen Absicht entsprochen werden, „da Wir nicht einem von politischer Tendenz mehr oder minder berührten, sondern einem ursprünglich teutschen, mit der Geschichte des germanischen Vaterlandes innig verwebten, um dessen Civilisation hochverdienten und wegen seiner würdigen Haltung von allen Meinungen gleich geachteten Orden die Lösung der Aufgabe anvertrauen."

Die Adoptirung klerikaler Lehrkräfte errang aber nicht so allgemeine Billigung, wie in diesem Reskript angenommen wurde. Zwar fand sie sogar Lobredner unter den Protestanten. Der Präsident des Oberkonsistoriums, Roth, pries in einer akademischen Rede über Merovingische Zustände den nützlichen Einfluß der Mönchsinstitute auf die staatliche und geistige Entwicklung. Dagegen verwahrten sich im Landtag 1837 Katholiken und Protestanten energisch gegen die eingeführte Neuerung. Die Debatte wurde mit leidenschaftlicher Heftigkeit geführt. Die Vertheidiger des Klosterwesens behaupteten, daß nur durch Klostererziehung Religiosität und Gehorsam gegen die Obrigkeit eingeflößt werden könne; solche gewagte Panegyriken riefen natürlich erbitterte Invektiven der Gegenpartei hervor. Fürst Wallerstein gab eine schwankende Erklärung. Er gestand zwar zu, es sei zweifelhaft, ob Institutionen, die aus den socialen Verhältnissen des Mittelalters hervorgegangen und für diese Verhältnisse unentbehrlich waren, auch in unsrer Zeit noch nothwendig oder nützlich seien, aber er hob hervor, daß einer Untersuchung dieser Frage der Buchstabe des Konkordats enthebe, das die Errichtung von einigen Klöstern bedinge. Er wollte und mußte Rücksicht nehmen auf den positiven Willen des Monarchen, der sich von der Wirksamkeit der Klöster für religiöse, wissenschaftliche und wohlthätige Zwecke ungemein Viel versprach. „Was sind selbst die heroischen Thaten der Mönche in Manzoni's Verlobten gegen die Aufopferung der Münchner Barmherzigen Schwestern während der Choleraepidemie!“ äußerte er in der kritischen Zeit zu einem Münchener Arzt, — „und welchen Dank haben sie jetzt dafür!“ Die zweideutige Erklärung Wallersteins, die zu einem Kammerbeschluß führte, es solle mit Errichtung neuer Klöster Einhalt gethan werden, erschütterte daher die Stellung des Ministers, an dessen Beseitigung die Vorkämpfer einer streng katholischen Richtung in Bayern längst arbeiteten. Dazu kam noch, daß Wallerstein über Verwendung der Erübrigungen aus den Staatseinnahmen mit dem Finanzministerium in Konflikt gerieth und im Staatsrath für das Selbstbewilligungsrecht der Stände bei Festsetzung des Budgets eintrat. Dies drängte zur Krisis. Wallerstein suchte um Enthebung von seinem Posten nach. Sie wurde ihm am 25. Oktober 1837 unter sehr gnädigem Ausdrucke des Dankes für seine Dienste „vor dem Landtag 1837“ bewilligt. An seine Stelle wurde der ehemalige Rath der griechischen Regentschaft, Abel, berufen, der seither wieder als bayerischer Ministerialrath verwendet war. Seine Ernennung bedeutete den Sieg der Partei, die in Bayerns Monarchen den Schirmvogt des katholischen Princips in Deutschland erblickte.

# Eigene Regierungsthätigkeit des Königs.

Wir sind bei einer Regierungsperiode angelangt, die schon von den Zeitgenossen nur in Superlativen beurtheilt, von den Kampfgenossen der „Erhebung des Katholizismus" hoch gepriesen, von den Gegnern verwünscht wurde, während sofort nach dem Sturze dieses „Systems" die Meinungen aller Parteien fast ausnahmslos in unbedingter Verurtheilung übereinstimmten. Ein endgiltiges Urtheil wird erst dann gefällt werden können, wenn dem Forscher Einsicht in sämmtliche offizielle Schriftstücke ohne Rückhalt gewährt werden wird.

Ehe wir die Ereignisse dieser Periode auf Grund des uns zu Gebote stehenden Materials schildern, wollen wir die Wendung, welche die eigene Regierungsthätigkeit Ludwigs genommen, im Allgemeinen charakterisiren.

Es wurde schon betont, daß bei König Ludwig I. im Gegensatz zur Regierung seines Vaters das idiokratische Element bestimmend hervortrat. Es fand seine Beschränkung durch die Verfassung und ein Königswort ließ uns erkennen, daß Ludwig das Heilsame und Segensreiche dieser Machtbegrenzung wohl erfaßte und anerkannte. Namentlich vom Jahr 1831 an aber läßt sich verfolgen, wie der Monarch mit wachsender Eifersucht die Selbstständigkeit und Ungetheiltheit der Kronrechte zu wahren sucht, wie er mehr und mehr den volksthümlichen Wunsch nach Ausbildung der Verfassung auf persönliche Eitelkeit und egoistische Nebenabsichten zurückzuführen geneigt ist und die Interessen der Freiheit mit der Gewalt des Herrschers, ja mit der gesellschaftlichen Ordnung für unvereinbar hält. Diese

Sorge für Wahrung des monarchischen Prinzips, welches ihm durch Ausdehnung der ständischen Kompetenz gefährdet schien, veranlaßte den Sturz Wallerstein's, eben sie führte auch den Sturz des Ministeriums Abel herbei, als dieses sich immer deutlicher mit einer Partei identifizirte, die als gefährliche Macht neben dem Throne sich erhob.

Ludwig faßte das Königthum als göttliches Recht, als höchste irdische Würde auf. Charakteristisch für seine Anschauung ist das Verbot, daß in amtlichen Erlassen König und Staatsregierung neben einander gesetzt würden. „Jedes kann einzeln genannt werden", schrieb er (13. Febr. 1836) an Fürst Wallerstein, „nicht aber König und Regierung, welches so herauskommt, als wenn le roi règne et ne gouverne pas, was in Bayern der Fall nicht ist." „Das darf nie angehen", heißt es in einem anderen Signate (22. Jänner 1844), das durch die Uebertretung einer Bauverordnung veranlaßt war, „daß der König verfügt und Andere thun, was sie wollen".

Ludwig ließ aber nicht den Unterschied zwischen Gewalt und Willkür aus dem Auge und vergaß nicht über den Rechten die Pflichten des Königs. Die Geschichte wird wenige Regenten aufweisen können, deren Thätigkeit mit der rastlosen Ludwigs in Vergleich zu ziehen wäre. Seine Arbeitskraft war erstaunlich. Schon vor Tagesanbruch begann er mit Erledigung der Staatsgeschäfte. „Mein Licht ist immer das erste", bemerkte er zu dem Grafen P., „wenn ich morgens auf den Max-Joseph-Platz hinaussehe, dann kommen erst nach und nach die Lichter in den Bürgerhäusern zum Vorschein und wenn andere auf ihre Bureau's gingen, hatte ich schon alle Mappen durchgearbeitet." Auch auf Reisen erlitt diese Arbeit keine Unterbrechung. Von Neapel aus schreibt er (10. April 1839) an seinen Kabinetsekretär: „Daß ich meinen heiteren Sinn behalte und meine innere Jugend und die Kräfte, dieses wünsche ich mir, gehört zu meinen hauptsächlichsten Wünschen. Nachdem ich zwey Tage, den ersten nur sehr kurz, den anderen mit längerer Unterbrechung von 1/4 nach 5 Uhr in der Frühe bis Abends gearbeitet, arbeitete ich gestern eilf Stunden nur unterbrochen vom Frühstück und war recht wohl und heiter, kann weit mehr arbeiten, wie früher, das wird Sie freuen, aber ich wiederhohle, der Süden, namentlich Sicilien, ist Lebensbalsam dem Ihnen recht wohl gewogenen Ludwig."

In den Ministerialakten finden sich viele Tausende von eigenhändigen Signaten, eine reiche Fundgrube für den Biographen. Ludwig pflegte nicht mit den Ministern persönlich zu verkehren, außer in den Staatsrathsitzungen, welche unter seiner Regierung von großer politischer Bedeutsamkeit waren. Von sämmtlichen Ministerien wurde aber täglich über alle bedeutenderen Angelegenheiten Bericht erstattet, und der König gab sodann am Rande des Schreibens oder durch ein besonderes Billet meist eigenhändig entweder seine Bedenken zu erkennen oder ertheilte zu den Vorschlägen seine Einwilligung. Oft sind diese Signate in Frageform gekleidet, in manchen Fällen folgen an einem Tage mehrere Fragen hinter einander. Häufig wünscht er: „Möchte erst ein auf Rechtsgründe gestütztes Urtheil, ob ich befugt bin und nicht ein Gesetz oder anerkennenswerthes Herkommen verletze." In seinen Bemerkungen tritt ein scharfes Beobachtungstalent zu Tage und ebenso die Gabe der Präcision; allerdings führt das Streben nach Bündigkeit zu seltsamen Sprachwendungen. Ein gewisser Skepticismus bei der Beurtheilung fremder Vorschläge beeinträchtigte nicht nur nicht die Freiheit der Meinungsäußerung, sondern machte dem Könige auch Einwendungen und Repliken erwünscht. „Schätze Sie um so mehr, da Sie mich darauf aufmerksam machen!" erwiderte er in solchen Fällen. Wenn er auch Manches oktroyirte, was nicht von gutem Erfolge begleitet war, so läßt sich doch niemals verkennen, daß seine Entscheidung aus redlichster Absicht und Prüfung hervorging.

Seine Regierurgsperiode war nur vorübergehend von politischen Stürmen heimgesucht, dies ließ ihm Muße, sich fast gleichmäßig alle Verwaltungszweige angelegen sein zu lassen. Er hatte auf der Hochschule festen Grund gelegt und fuhr auch später mit redlichem Bemühen fort, sich ausreichende Kenntnisse in den Zweigen zu erwerben, die für die Erledigung seiner Geschäfte von Belang waren. Seine Signate zeugen von gründlicher Kenntniß der Landesgesetze. Baron Lupin sagt nicht mit Unrecht in seiner Autobiographie, König Ludwig habe sich so in den Mechanismus seiner Regierung hineingearbeitet, daß er ohne Verlegenheit Minister, Präsident oder Landrichter sein könne. Er war wohl einer der eifrigsten Benützer der Hof- und staatsbibliothek*). Wir stoßen unter den von ihm benützten Büchern ißer geschichtlichen und belletristischen Werken auf viele juristische, öschen's Civilrecht, Mühlenbruch's, Glück's und Arndts' Pandekten, lärtin's gemeinen Prozeß, Pözl's Verfassungsrecht, Walter's Rechts-schichte u. A. Wie überall seine Sparsamkeit hervortritt, so auch er. Er ließ solche Werke für seine Privatbibliothek erst anschaffen, enn er sie vorher selbst geprüft. Dafür durften aber auch nach inem Tode alle diejenigen Werle der königlichen Hausbibliothek, die cht auf der Staatsbibliothek vorhanden, für diese ausgesucht werden, icht weniger als 1500 Werke.

Ludwig hatte für Alles Interesse — seine Signate geben davon eugniß — auch für kleinliches Detail. So verordnet er während iner Reise nach Griechenland z. B., „von Bord der Medea, gegen e Insel Hydra fahrend" (18. Febr. 1836), daß die Schränke der lünchener Bibliothek von Eichenholz, nicht von Fichtenholz herzustel-n seien, weil ersteres dauerhafter sei und dadurch 15,000 fl. Kosten 's Anstrichs erspart blieben. Sein lebhafter Geist springt rasch von nem Gedanken zum andern. Wenn er z. B. den Nürnbergern seine ufriedenheit mit der Bürgermeisterwahl ausdrückt, folgt darauf un-rmittelt der Wunsch, es möge ja bei Neubauten innerhalb der stadt der alterthümliche Styl beibehalten werden. Er liebt überhaupt astische Wendungen. In einem Billet, das die Verzögerung der röffnung der Hypothek- und Wechselbank tadelt, heißt es am Schlusse: In Bayern bleibt die Sache gern auf dem Papier, Treiben und reiben thut noth!" Da ein Archivbeamter, der wiederholt wegen eruntreuung &c. bestraft werden mußte, um Erlaubniß zur Auswan-rung nachsuchte, bemerkt Ludwig an dem Rand (9. Sept. 1847): Bon voyage! Es ist dieses das erste Erfreuliche, was L. mir thut, ß er seine Entlaßung begehrt, die ich ihm hiemit bewillige. Wäre

*) Charakteristisch ist der Auftrag, den er Kreuzer ertheilte (3. Juli 1849): Schloßer 18 Jahrhundert, 6. Band, habe ich richtig bekommen. Der Zeit-um von 1789 bis 1796 geht mir noch ab, wohl im 5. Band behandelt, und n wünsche ich zu bekommen aus der Hof- und Staatsbibliothek. Da ich ch nur in einem lesen kann, so erkundigen Sie sich bey deren Vorstand, ob ihm angenehm wäre, damit währenddem die anderen Bände nicht der Be-tzung entzogen würden, wenn ich sie zurücksende und nur jedesmal einen mir den ließe."

er nur nie in Dienst getreten, das kostbare Mainzer Archiv bestände noch, dessen Zernichtung fast alles Geschichtlichen, dieser unersetzliche, nie zu verschmerzende Verlust hätte nicht stattgefunden." 1831 befragte er den Generalkommissär v. R. „auf sein Gewissen", ob die Noth im Spessart wirklich so groß sei, wie sie der „Volksfreund" schildere. Der Landrichter von Rothenbuch beeilte sich zu berichten, daß „nur 21 Einwohner von Heigenbrücken und 18 von Wisthal einige Tage sich ohne Brod befunden hätten". Ludwig schickte an ihn ein Billet des folgenden lakonischen Inhalts: „Nur?"

Empfehlungen war er im Allgemeinen unzugänglich, dagegen wurde namentlich in der Periode Abel's der politische und religiöse Leumund aller Beamten streng überwacht und censirt, was freilich nur die Zahl der Scheinpatrioten und Scheinheiligen vermehrte.

Zwar verleitete Sparsamkeit zu mancher Härte, doch weitaus häufiger sind die Züge von Wohlwollen und Humanität. Als ihm z. B. ein sehr schlecht geschriebener Bericht einer Kreisregierung unterbreitet wurde, notirte er am Rande: „Der dies geschrieben, scheint auch zu Allem eher zu passen als zum Schreiber. Will diese Schrift nicht mehr sehen." Nach zwei Tagen aber fügte er bei: „Damit soll aber nicht gesagt sein, daß er des Dienstes entlaßen wird, zumal nicht, wenn er Familienvater." 1829 (4. Aug.) schrieb er an Staatsrath Grandaur: „Der Landrichter, überhaupt der unteren Beamtens-Classe Wittwen und Kinder, müssen eine bessere Stellung erhalten, damit doch die Lebsucht erreicht werde, aus dem Wittwen- und Waisen-Pensionsfond geschöpft, ohne Beytrag des Staatsärars, denn, wie ich hörte, reicht hiefür der dermalige Staud." Wenn Ludwig einen entschiedenen Widerwillen dagegen hegte, daß nicht die geistige Kraft, sondern die Zahl der Jahre über Wirksamkeit und Wirkensfähigkeit entscheiden solle, und überhaupt in seinen Anforderungen*) an Beamte große Strenge zeigte, so war er auch gegen sich selbst nicht nachsichtiger. Als die asiatische Cholera zum Erstenmal München heimsuchte, blieb er, so lange Krankheitsfälle vorkamen, in München,

*) Schon als Kronprinz beschäftigte sich Ludwig mit einer Reform der Staatsdienerpragmatik. Es liegen uns mehrere eigenhändige Koncepte mit dahin bezüglichen Notizen vor:

um mit seinem Volke die Gefahr zu theilen und selbst dafür Sorge tragen zu können, daß alle Sanitätsmaßregeln getroffen würden. Er schrieb an Wallerstein, der sich ebenfalls damals große Verdienste erwarb: „Ich will nicht, daß da gespart werde, wo es das Leben auch nur eines Einzigen meiner Unterthanen gilt." Auch ließ er sorgfältig überwachen, daß sich Aerzte und Geistliche nicht ihrer Pflicht entzögen: „Von ihnen gilt dasselbe, was von dem Offizier, der bei Beginn der Schlacht seinen Degen abgeben und quittiren wollte."

Um die Thätigkeit des Monarchen bei Gesetzreformen zu beleuchten, sei ein Beispiel aufgeführt. Der Code Napoleon, der für die

---

„Aschaffenburg 27. August 1818.

1. Wenn eines noch Lebenden Stelle Jemand erhält, hat derselbe nur nebst seinem schon empfangenden Besoldungsbetrag darauf als Mehrbezug ein Recht, um was jener weniger bezieht, als wie er die Stelle bekleidete. Denn sonst kann der Fall eintreten, daß entweder zum Nachtheil des Dienstes (Staates) das Amt von einem dazu Ungeeigneten ferner versehen wird, oder daß die Staatsausgaben zu sehr vermehrt werden. Wer eine höhere Stelle erhält, ist ohnedies erfreut.

2. Die eines Anderen Stelle versehen, haben auf keinen größeren Gehalt Anspruch als auf ihren bisherigen. Sonst könnte z. B. wenn ein Direktor abwesend oder gestorben, der seinen Dienst versehende seinen Gehalt ansprechen, und es wird nicht eingesehen, warum die ohnehin vor dem Kriegerstand so große Vortheile genießenden Beamten auch diesen haben sollen. Wenn für Kriegsdauer sich ein Beamter mit dem Schwerdte dem Vaterlande weyhet (und sehr zu wünschen ist, daß sich Viele zu Offizieren auf Kriegsdauer anbiethen), könnten sonsten die in sicherer Gemüthlichkeit Heimgebliebenen wegen der ihnen hiedurch etwas vermehrt gewordenen Arbeit, was dessen Besoldungsbetrag ausmacht, in Anspruch nehmen.

3. Statt schon nach zurückgelegten 40 Dienstjahren habe nur der 50 Jahre Staatsdiener war, das Recht, mit ganzem Gehalt in die Ruhe zu gehen. Wie viele 60jährige mag es nicht geben und wenn diese mit 20 oder etlichen und 20 Jahren Staatsdiener geworden seyend den Ruhestand mit ganzem Gehalt zu verlangen die Befugniß haben, welche Summen machet dieses nicht aus, besonders da in der Regel jene, welche die einträglichsten Stellen haben, zu den ältesten gehören."

„Bad Brückenau 20. August 1824.

Die 3 provisorischen Jahre bey der ersten Anstellung haben von nun an gleichfalls für jede Beförderung zu gelten, so daß bey Quieszirung und Pensionirung vor Ablauf der 3 Jahre nur nach der für die vorhin bekleidete Stelle bestehenden Bestimmung Anspruch zu machen ist. Kein Minister hat mehr als ein Staatsrath anzusprechen. Für die gegenwärtigen Staatsdiener gilt die seitherige Pragmatik für ihre dermaligen Stellen, Beförderte und Neuangestellte

Rheinpfalz Geltung behielt, enthält die Verfügung, daß jeder Familienvater von 7 lebenden Kindern Staatsunterstützung für einen Knaben beanspruchen könne (Gesetz vom 29. Nivose Jahr XIII.). Am 6. Juni 1836 schreibt Ludwig gelegentlich der Genehmigung eines derartigen Gesuchs: „Die Anweisung solcher Unterstützungen soll nicht von der Kreisregierung, sondern von mir ausgehen. Es befestiget das Band zwischen Monarchen und Unterthan, wenn dieser in jenem die Quelle der ihm zufließenden Wohlthaten erblickt, hienach ist die Instruktion der Kreisregierung abzuändern." Einem Gesuch vom 11. Mai 1837 fügt er bei: „Die Bitten der Gesuchsteller bewilligt. Da aber diese Unterstützungen blos Familien des Rheinkreises zu Gute kommen, dürfte es noch sehr in Erwägung zu ziehen seyn, ob die Mittel dazu nicht aus diesem Kreise allein zu schöpfen wären, worüber mir Gutachten abzugeben." Die nächstfolgende Vorstellung des Ministeriums beantwortet er (9. Dez. 1837): „Eine Unzureichenheit der Fonds kann kein Grund seyn, das Gesetz unerfüllt zu laßen. Dieses soll streng vollzogen werden. Daß aber jedesmal meine Bewilligung diesem Gesuche unterlegt werde, fände ich sehr gut." Abel beantragte nun Aufhebung des Gesetzes. Ludwig signirt darauf (8. Jänner 1838):

---

haben nur auf die von der neuen Pragmatik ihnen gegebenen Rechte Ansprüche, aber dem König stehts frey, sie auch nach jener zu behandeln, nicht aber mehr noch zu bewilligen."

„Würzburg 11. Oktober 1824.

Wenn ein Justizbeamter um seine Quiescenz einkömmt, soll er nur die für die anderen Staatsdiener geltenden Bestimmungen das Recht haben in Anspruch zu nehmen.

Auf jede Beförderung sind die 3 Jahre provisorisch auszudehnen in aller und jeder Beziehung, sodaß Jeder während derselben nur nach der unmittelbar vorher definitiv bekleideten Stelle zu behandeln ist. Auch wenn er stirbt, die Wittwen und Waisen, wenn's nicht ungerecht, Gerechtigkeit vor Allem."

„München 21. April 1825.

Eine erledigte Staatsdienerstelle, die fortzubestehen hat, soll länger nicht als 1 Jahr unbesetzt bleiben, für welche Zeit der oder die sie versehenden keinen höheren Bezug als ihren bisher genossenen ansprechen dürfen, dann 3 Jahre provisorisch, nach welchen, jedoch mit Beybehaltung ihres Ranges (aber nicht Gehaltes, sondern nur den vorher bekleideter Stelle anklebenden anzusprechen habend) sie auf die vorherstehende Stufe zurückversetzt werden können. (Daß dieses nach der dermaligen Pragmatik nicht stattfinden darf, trägt viel zu dem Uebermaß der Quieszenz- und Pensionslast bey, wie Mancher wäre eine Stufe unten noch zu verwenden!)"

„Ob es nicht besser wäre, das Gesetz aufzuheben, ist eine andere Frage. Wenn es aber auch in Frankreich und anderen Ländern nicht gehalten wird, so würde es nicht rechtfertigen, wenn dieses in Bayern geschehe, und würde nicht minder eidbrüchig seyn, da Haltung der Gesetze beschworen wurde; also in einer solchen im Gesetz genannten Anstalt muß die Erziehung geschehen, es zöge denn der Vater, wenn er's rechtmäßig darf, bestimmte Geldunterstützung vor. Demnach sind mir Anträge zu machen. Uebrigens giebt es im Pfälzischen Kreis der darauf Anspruch habenden nicht viele, wenigstens was mir bekannt ist.“ Weiter am 15. Jänner 1838: „Daß der Vollzug des Gesetzes sich blos auf die der Pfalz angehörigen Unterrichtsanstalten zu erstrecken habe, scheint mir ebenso wenig gegründet, als daß nur Unbemittelte an der Wohlthat desselben Theil haben können, da das Gesetz diese Beschränkung nicht enthält. Der Landrath der Pfalz soll, da die Kosten jetzt dem Kreise zur Last fallen, darüber vernommen werden, aber am Gesetze kann auch dieser nicht ändern, dies muß vielmehr dem nächsten Landtage vorbehalten werden.“ Am 7. August 1838 analysirt er, Paragraph für Paragraph, in ähnlicher Weise die Entscheidung des Landraths und befiehlt die Vorlage eines Entwurfs an die Kammern, dem zu Folge das Gesetz, dessen Entstehung nur aus der Lage Frankreichs nach der Revolution erklärt werden könne, aufzuheben sei. Beide Kammern gaben ihre Zustimmung. Als Abel für die inzwischen eingelaufenen Gesuche eine Abfindungssumme von 40 Gulden vorschlug, erwiderte der König (1. Dezember 1839): „Mit 40 fl., auch mit 50 fl. kann doch wohl nicht ein Knabe oder Mädchen des Jahres erzogen werden, demnach bliebe das Gesetz unvollzogen, das vorschreibt: „sera élevé aux frais de l'état.“ Sehe ein, daß die Mittel, die gegebenen, nicht hinreichen, aber mir scheint, daß hinlängliche hätten angewiesen werden sollen, daß es vor Allem Pflicht, das Gesetz zu erfüllen. Was wäre zu thun, damit dieses geschehen könne? Mir scheint die Ansicht des Ministeriums den Vorzug vor jener der Kreisregierung zu verdienen. Auch scheint mir, daß, wenn auch dieses Gesetz aufgehoben würde, es nicht rückzuwirken, nicht die Ertheilungen zu entziehen hätte.“ —

Besondere Aufmerksamkeit widmete der König den Begnadigungsfragen. Er sah in der königlichen Genehmigung richterlicher Erkenntnisse nicht eine Förmlichkeit, sondern traf seine Entscheidung erst nach eingehender Prüfung des Sachverhalts und der gesetzlichen Bestimmungen. Einige Fälle werden genügen, seine Thätigkeit in dieser Richtung zu charakterisiren. Am 29. Okt. 1827 signirt er auf ein Begnadigungsgesuch eines jugendlichen Verbrechers: „Bevor ich eine Entschliessung erlaße, möchte ich die Ansicht des Ministeriums erfahren, ob es nicht für wahrscheinlich erachtet, daß F. sich wieder auf Raub verlegen werde; wollte er in jungen Jahren nicht arbeiten, ist es nicht sehr die Frage, ob in älteren er's will? unwahrscheinlich ist's, daß Einen so lange im Zuchthaus gewesenen Jemand in Dienst nimmt. Mir scheint überhaupt erforderlich, daß Maßregeln ergriffen werden, damit Jene, die aus dem Strafarbeitshause, aus dem Zuchthause kommen, Arbeit finden und nicht gewissermassen zu neuen Verbrechen gedrungen werden aus Noth." Am 22. Dezember 1838 signirte er auf ein Gesuch eines wegen Majestätsbeleidigung Verurtheilten: „Obgleich man sagt, der Wein erfindet nicht, er spricht nur aus, so will ich doch Gnade ergehen laßen und diese gesammte Strafe nachlaßen. Zur Ermunterung von Vergehen soll's aber nicht dienen und Gleiches ist, wenn wieder eins begangen wird, nicht zu gewärtigen. Ich schlafe nicht ein, und besser, milder ist's, anfangs strafend, um weitere Strafe zu vermeiden." Am 6. November 1846: „Ich bin gewiß nicht lax, aber sind wir menschlich! Wer keine Arbeit bekommt, kein Geld besitzt, dem beides abgeschlagen wurde, und den ganzen Tag gehungert, der nimmt Brod, und dieses zu bestrafen, wäre — wenigstens — sehr hart. Die ganze Strafe laße ich dem P. St. nach, der jedoch ernst zu warnen ist vor Wiederhohlung."

# Bayern's Bundestags- und äußere Politik. Errichtung deutscher Nationaldenkmale.

Unter der dreiundzwanzigjährigen Regierung Ludwig's I. erfreute sich Bayern eines ungestörten Friedens. Nicht geringer Antheil an der Sicherung dieses seltenen Glücks gebührt dem Fürsten, über dessen entschieden deutsche Gesinnung gar kein Zweifel aufkommen konnte. Nicht als ob der politische Horizont ganz rein und ungetrübt geblieben wäre. Der westliche Nachbar Deutschlands hatte ja keineswegs die Hoffnung aufgegeben, die als Demüthigung aufgefaßte Grenzregulirung durch den Wiener Kongreß wieder umzustoßen. Schon im Jahr 1831 begann die Kriegspartei am Hofe des neugewählten Bürgerkönigs zu drängen und zu wühlen. Das alte Schlagwort „Befreiung des katholischen Südens von der Uebermacht des protestantischen Nordens", sagten sie, werde auch diesmal seine Wirkung nicht verfehlen und die altherkömmliche Freundschaft zwischen Frankreich und Bayern werde sich leicht wieder auffrischen lassen. Der Augenblick war bedeutungsvoll. Friedrich von Raumer, dessen Vorlesungen an der Berliner Universität damals auf Ludwig's Rath der Kronprinz besuchte, schrieb an den König (27. Jänner 1831): „Die Augen aller Gutgesinnten in Norddeutschland sind jetzt auf Ew. Majestät gerichtet. Sie leben Alle der festen, tröstlichen Ueberzeugung: die edle Begeisterung, welche Kopf und Herz des Jünglings füllte, werde, mit königlicher Manneskraft gestärkt, Deutschland aus den Gefahren erretten, die es von Neuem zu bedrohen scheinen. Verführende Schmeichelreden zweizüngiger Diplomaten, so wie Geschenke bringende Danaer können auf den König keinen Eindruck machen, der einen deutschen Ehrentempel gründete und in der deutschen Geschichte Ehrenstellen und Lorbeerkränze mehrfacher Art erworben hat und erwerben will. Welch Verderben, welche Schmach käme über Deutschland, wenn Baiern und Preußen, die nur in unzertrennlicher Einheit Deutschland auf ihren Flügelschwingen emporhalten können, sich in Zeiten der Noth aus mannigfaltigen, verdammlichen Rücksichten jemals verlassen könnten! Gottlob! das ist unmöglich!" — H. v. Gagern schrieb an Ludwig (24. März 1831): „Vielleicht haben sich Ew. Majestät jeweilig meiner Aeußerungen bei meiner ersten Aufwartung in ihrem innersten Cabinet gnädig erinnert. Es ist leider so zugetroffen. Frankreich ist sehr weit von ruhigem Zustande und zieht uns mit sich. Sollten sich die Dinge auf diese oder jene Weise verschlimmern, so möchte ich wohl wieder wie damals so in jenem Cabinet stehen und mein videtur ohne Rückhalt sagen. Ja, ich halte die Lage des Bairischen Königs, des mächtigsten deutschen Bundesfürsten, noch immer für sehr einfach: Nicht trachten, daß man über diese Rolle komme, nicht leiden, daß man unter diese Rolle falle."

Die Befürchtungen wegen Ludwigs Haltung konnten keinen Augenblick überdauern. Allerdings vollzog sich im bayerischen Monarchen damals eine Wandlung, er wurde mißtrauisch gegen den deutschen Liberalismus, welcher, anfänglich die Einigung Deutschlands als ersten Volkswunsch proklamirend, mehr und mehr weltbürgerliche Träume nährte. Doch die deutsche Gesinnung des Königs änderte sich nicht, und niemals konnte Frankreich unter seiner Regierung den früheren Einfluß auf Bayern gewinnen. Und wenn zwar in den nächsten Jahren die Burschenschaftstrikolore in Bayern verboten und die Theilnahme an geheimen Verbindungen streng geahndet blieb, so galt diese Abwehr den revolutionären Elementen, nicht dem nationalen Prinzip und auch in den dreißiger Jahren galt vaterländischer Gemeinsinn in Bayern auf dem Throne, wie im Bürgerhause als die erste Bürgertugend. So kounte sich denn die französische Regierung nicht verhehlen, daß auch der ehemals verwälschte Bundesgenosse im Falle eines Angriffs auf deutschen Boden entschlossen seine Pflicht erfüllen werde. Manches, was Ludwig für Bayern gethan, mag eine verschiedenartige

Beurtheilung zulassen, sein Einfluß auf Deutschlands Machtentwicklung aber verdient einstimmige Anerkennung.

1834 geschah von Seite des Bundestags, der im Uebrigen die internationale Stellung Deutschlands zu geringen Ehren brachte, wenigstens ein entschiedener Schritt. Als die Gesandten Frankreichs und Englands Vorstellungen gegen die Bundesbeschlüsse von 1832 machten, weil diese die Souveränität der einzelnen deutschen Staaten einschränkten, wurde zum Beschluß erhoben, den fremden Mächten stehe weder eine Verpflichtung noch ein Recht zu, für die Unabhängigkeit einzelner Bundesglieder Sorge zu tragen, oder sich um Abmachungen innerhalb des Bundes zu kümmern.

Dies blieb aber auf lange Zeit das einzige Einheitszeichen, nur bezüglich des Polizeiregiments war man in Frankfurt Ein Herz und Eine Seele. In eben demselben Maße, wie die radikalen Politiker, jede historische Entwickelung geringschätzend, naturrechtlichen Staatsidealen nachjagten, verknöcherte bei den Regierungen die Idee einer deutschen Centralgewalt. Der Bundestag verwandelte sich in eine große Polizeimaschine und bewachte ängstlich jede Veränderung der Staatsinstitutionen, die für die Stabilität hätte gefährlich werden können.

Von Seite der Großmächte namentlich wurde immer wieder die Klage wiederholt, die Existenz des Deutschen Bundes selbst sei ernstlich gefährdet durch das konstitutionelle Prinzip, das in den süddeutschen Staaten zum Siege gelangte. Der badische Bundestagsgesandte v. Blittersdorf bezeichnete ja sogar diese Gefahr für drohender als die weitverzweigten politischen Verschwörungen. Es wurde hervorgehoben, daß solche Verbindungen vorzugsweise in den konstitutionellen Bundesstaaten um sich gegriffen, weil dort „die demokratische Tendenz schon vorherrschend".

Bayerns König hielt allen diesen Forderungen nach Wiederherstellung des absoluten monarchischen Prinzips gegenüber treu an der beschworenen Verfassung fest. Selbst als er gegen die vermeintlichen Uebergriffe repräsentativer Tendenzen sich eine Stütze an den stabilen Elementen suchte, und das konstitutionelle Leben in Bayern mehr und mehr herabsank, blieb sich die Haltung des bayerischen Gesandten am Bundestag gleich, wenigstens das Prinzip wurde treu vertheidigt. Als Ernst August von Hannover die Aufhebung des Hannoverschen

Staatsgrundgesetzes beschloß, stimmte Bayern in der Bundesversammlung für Aufrechthaltung der Rechte der Hannoverschen Stände und stellte sogar einen Antrag auf Einschreiten des Bundes gegen das absolutistische Vorgehen Ernst Augusts. Freilich entschied sich die Stimmenmehrheit dafür, daß die Bundesversammlung nicht einmal das Recht zur Beschwerde habe.

Ludwig war kein Freund der Triasidee, die den realen Machtverhältnissen nicht entsprach. Allerdings veranlaßte der Gegensatz zu dem absolutistischen System der Großmächte von selbst mancherlei Bestrebungen, um eine innigere Vereinigung der Mittel- und Kleinstaaten zu begründen. Auch deuten manche Zeichen darauf hin, daß Ludwig bereitwilliger dem österreichischen Kaiserstaate als Preußen den Beruf der Repräsentation der deutschen Nation anzuerkennen geneigt gewesen wäre, falls es zur Begründung einer festeren Centralgewalt gekommen wäre, doch lassen sich thatsächliche Beweise einer Preußen feindlichen Gesinnung nirgend auffinden.

Im Jahr 1837 gewann es zwar den Anschein, als würden konfessionelle Differenzen zu einem ernsteren Konflikt drängen. Als der Erzbischof von Köln wegen seiner hartnäckigen Opposition gegen die Regierung gefänglich eingezogen wurde, rief diese „Gewaltthat des für sich absolut sein wollenden Königthums" namentlich in München große Aufregung hervor. Görres und seine zahlreichen Gesinnungsgenossen, die nur der römischen Kurie absolute Machtvollkommenheit in geistlichen, wie in weltlichen Angelegenheiten zugestehen wollten, waren längst gewohnt, Preußen und den Protestantismus feindselig zu betrachten und falsch zu beurtheilen. Nun begann ein förmliches Sturmlaufen gegen die preußische Regierung. Im „Athanasius" wird der Kirche eine Gewalt eingeräumt, die sich kein Staat gefallen lassen kann. Dem Könige von Bayern wird zwar in diesen Streitschriften Lob gespendet, da er der „allerwärts gebundenen katholischen Wahrheit" in seinem Lande eine Freistätte geöffnet, wie mußte aber der Monarch, der selbst in gemischter Ehe lebte, von dem Lobe solcher Fanatiker angemuthet werden, die in ihrem Ingrimm gegen die gemischten Ehen so weit gingen, von „zweischlächtigen Bastarden" zu sprechen!

Der bekannte Skandaljäger Sugenheim „enthüllte", es habe eine geheime Verbindung zwischen den Rheinischen, Münchener und Römischen Ultramontanen existirt, die auch den König von Bayern durch den Gedanken einer katholischen Liga gegängelt und ihren Plänen günstig gestimmt habe. Sugenheim behauptete, er sei im Besitz dieser wichtigen Korrespondenz gekommen, könne sie aber erst nach einer Reihe von Jahren veröffentlichen. Es ist eine erkleckliche Reihe von Jahren seitdem vergangen, und von den geheimnißvollen Papieren auch nicht ein Blatt ans Tageslicht gekommen. Auch K. F. Neumann erzählt, die ultramontane Partei sei entschlossen gewesen, es nicht beim Wortgezänk bewenden zu lassen, und habe einen Plan ausgeheckt, ein selbständiges Königreich Rheinfranken mit einem bayerischen Prinzen an der Spitze zu gründen. Behauptung, aber kein Beweis. In den katholischen Rheinlanden waren allerdings die Sympathien für das Haus Wittelsbach noch nicht erloschen, aus welchem so viele rheinische Kirchenfürsten hervorgingen; die Verschmelzung mit dem großen östlichen Staatskörper war eben noch nicht völlig gelungen. Auch darf man annehmen, daß Ludwig wirklich in dem Vorgehen der preußischen Regierung eine Beeinträchtigung der Rechte der Katholiken erblickte und sich vielleicht in diesem Sinne sogar äußerte. Thatsache ist auch, daß nach der Ernennung Abels die Censur sich gegen die katholische Polemik großer Nachsicht befliß. Daraus allein sind aber noch nicht so weit reichende Folgerungen zu ziehen und Neumanns mysteriöse Mittheilungen sind ohne Zweifel ebenso eine Ente, wie der Feldzugsplan, den General Raglovich 1830 entworfen haben soll, um Deutschland mit Hilfe der Liberalen für Ludwig zu erobern.

Wohl aber war Ludwig für friedliche Beilegung des Streites thätig, der den konfessionellen Fanatismus zu entfachen begann.

In das Jahr 1840 fiel der Tod Friedrich Wilhelms III. und die Thronbesteigung Friedrich Wilhelms IV. Zwischen letzterem und Ludwig bestand unbestreitbar eine gewisse Aehnlichkeit sowohl bezüglich des Charakters, wie der Regierungsgrundsätze. Beide Fürsten, hochbegabt und kenntnißreich, theilten die Vorliebe für das Romantische in Kunst und Leben und waren deshalb kirchlichen Einflüssen zugänglich, ohne Finsterlinge zu sein. Beide erfaßten ihr Königsamt mit strengstem Ernst und entwickelten in seinem Dienst staunenswerthe Selbstthätigkeit, während beiden auch die Neigung gemeinsam war, zu Zeiten die Standesrücksichten sorglos bei Seite zu schieben und die ungebundene Freiheit des Privatmannes aufzusuchen. Lebhaftigkeit des Geistes und der Empfindung trat bei beiden Königen in Worten und Handlungen zu Tage, ebenso stand beiden ein schlagfertiger Witz zu Gebot. In Folge eben dieser Charaktereigenthümlichkeiten waren über Beide die widersprechendsten Urtheile schon unter den Zeitgenossen im Umlauf, fiel ja doch ihre Regierung in die stürmische Jugendzeit des modernen Staats, dessen Ideen naturgemäß mit den Anschauungen energischer Selbstherrscher im Streit liegen mußten.

Friedrich Wilhelm IV. hatte schon als Kronprinz das Auftreten der Regierung in der Kölner Angelegenheit mißbilligt. Nach seiner Thronbesteigung geschahen sofort Schritte, um eine Versöhnung mit der katholischen Partei anzubahnen. Der König hatte nicht nur als protestantischer Fürst den höchsten Begriff von dem ihm anvertrauten Priesteramt, sondern wollte auch das katholische Element nicht als Bundesgenossen zur Neustärkung des Christenthums missen. Er trat deshalb in Verbindung mit seinem Schwager, dem König von Bayern, der gern bereit war, die Hand zum Versöhnungswerk zu bieten, und reiste 1841 selbst nach München. Auf Anregung der beiden Könige knüpfte nun Bischof Raisach von Eichstädt mit Droste-Vischering Unterhandlungen an und bewog ihn zu freiwilligem Rücktritt von seinem Amte. Ein bayerischer Bischof, Geißel von Speyer, wurde sein Nachfolger und so wurde friedlich ein Streit beigelegt, aus welchem sich ein neuer Religionskrieg zu entspinnen gedroht hatte. Der Kölner Klerus sprach Ludwig den Dank der Rheinlande aus. „Es hat mich mit wahrer Herzensfreude erfüllt", erwiderte Ludwig (18. Febr. 1842), „daß Geißel, dieser würdige Mann, meinem vielgeliebten Schwager Vertrauen eingeflößt hat und ich zur Ausgleichung dieser schwierigen Angelegenheit habe mitwirken können."

Der Kölner Handel hätte nicht eine so tief gehende Bewegung hervorrufen können, hätte nicht damals das religiöse Leben überhaupt neuen Aufschwung genommen. Der Philhellene Eynard glaubte sogar, es sei die Zeit gekommen, sich zu neuem Kreuzzug zu rüsten, und forderte den Bayernkönig auf, sich wie bei der griechischen Erhebung an die Spitze der Potentaten zu stellen. „Die letzten Vorgänge in Syrien", schrieb er an Ludwig (31. Dezember 1840), „scheinen sie nicht Zeugniß zu geben, daß der Moment gekommen ist, wo die christlichen Monarchen das Recht haben, von der Pforte zu fordern: das Grab Christi darf nicht länger in den Händen der Ungläubigen bleiben! Ich fühle mich innerlich genöthigt, Sire, mich diesem großen Werk mit gleichem Eifer und gleicher Beharrlichkeit zu weihen, wie einst für Griechenlands Rettung, und ich flehe zu Ew. Majestät, auch dieses mein Werk zu schützen und zu fördern. Ich bin bereit, meine Zeit und einen Theil meines Vermögens dafür zu opfern. Aber wenn Europa erst sähe, daß jener großmüthige Monarch, der als der Erste den Griechen seinen Schutz gewährte, sich an die Spitze der religiösen Bewegung stellte, wer würde sich dann diesem christlichen Unternehmen nicht anschließen, wer könnte zweifeln, daß es glücklich durchgeführt werden wird? Wenn alle Souveräne sich dann mit Ew. Majestät vereinigen, dies wird erst in Wahrheit eine „heilige Allianz" sein!" — Ludwig antwortete (14. Jänner 1841): „Ich bin vollkommen damit einverstanden, daß der Plan in Bezug auf die heilige Stadt, den Sie mir vorführten, eine wahrhaft christliche Idee ist und wer würde Ihnen nicht den Dank der ganzen Christenheit zuerkennen wollen, wenn Sie durch eigene Kräfte etwas zu ihrem Gelingen beitragen könnten. Ich für meine Person kann aber unmittelbar dafür nichts thun, doch ich habe im Sinn, Ihre Idee meinem vielgeliebten Schwager, dem König von Preußen, mitzutheilen, dessen Geist für Alles empfänglich ist, was edel und groß ist."

Religiöser und vaterländischer Enthusiasmus begeisterte auch die beiden Könige für den Gedanken der Vollendung des großen Münstertorso am Rhein. Schon Petrarka schrieb, da er Köln besuchte, an Colonna: „Ich habe einen sehr schönen Tempel hier gesehen, der, obwohl noch unvollendet, nicht mit Unrecht der großartigste genannt wird." Ein halbes Jahrtausend später harrte der geniale Künstlerplan noch immer seiner völligen Verwirklichung. Im Volke hatte sich die Sage gebildet, Deutschland selbst werde so lange innerem Hader und fremdem Uebermuth preisgegeben sein, bis endlich die Begeisterung wieder so allgemein in den Deutschen wach würde, den Bau als Nationalwerk zu vollenden. Nach dem glorreichen Befreiungskampf war der Vorschlag aufgetaucht, den Kölner Dom als ein Siegesmal mit gemeinsamen Kräften aufzubauen, doch schreckten die ungeheuren Schwierigkeiten zurück. Seitdem aber war nun auch die deutsche Kunst wieder emporgewachsen, aus der kleinen Künstlergemeinde zu Rom war selbst eine mächtige Kirche geworden. Jetzt wurde auch der Muth wach, die Arbeit so vieler Menschenalter zu würdigem Abschluß zu bringen, und die patriotische Begeisterung, die das Unternehmen als eine Ehrensache aller Deutschen betrachtete. Deshalb war das Kölner Dombaufest, bei welchem sich Friedrich Wilhelm persönlich betheiligte, zugleich ein deutsches Nationalfest. Sulpiz Boisserée schrieb damals während einer Rheinreise an Schelling: „Im Ganzen hat mir diesmal das Leben am Rhein den Eindruck eines Traumes gemacht; nachdem ich seit acht Jahren nicht mehr dort gewesen, fand ich in dem überall verbreiteten Wohlstand, in einem wahren Weltverkehr und in der vollkommen durchgedrungenen Gesinnung für die Eintracht Deutschlands die kühnsten und wärmsten Wünsche meiner Jugend verwirklicht: kam mir ja selbst der Widerhall meiner Begeisterung für den Dom von Köln entgegen, die früher in meiner Heimath wenig Anklang gefunden und ursprünglich dort für eine Thorheit war geachtet worden.“

Ludwig brachte der Idee die wärmste Theilnahme entgegen. Er hielt es zunächst für Ehrensache der deutschen Fürsten, das Werk durchzuführen. Er erließ einen Aufruf, der jedoch nicht den gewünschten Erfolg hatte, denn außer dem König von Preußen war nur der Fürst des kleinsten deutschen Ländchens, Liechtenstein, zu beträchtlicheren Opfern bereit. Ludwig ließ jedoch nicht ab, das Unternehmen zu begünstigen. Unter seinem Protektorat bildeten sich zahlreiche Vereine, um die Theilnahme des Bürgerstands für das Werk zu gewinnen. Er selbst gab die köstlichste Spende, die herrlichen Glasgemälde, nach Fischer's Cartons in der Münchener Glasmalerei ausgeführt, sind sein Geschenk. —

Aus seinem warmen Gefühl für das Deutschthum entsprang auch eine Anordnung, die als gefährlich für die Konsolidirung des bayerischen Staates in staatsmännischen Kreisen viele Gegner fand. Die Territorialeintheilung Montgelas' wurde nämlich aufgehoben und die Provinzen erhielten die alten Namen zurück, die sie als Stämme des deutschen Reiches geführt.

Die neue Eintheilung des Königreiches durch Verordnung vom 29. November 1837 hatte zur Folge, daß die Vertheilung der Mitglieder der zweiten Kammer unter die einzelnen Regierungsbezirke nicht mehr der verfassungsmäßig vorgeschriebenen Form genügte. Es entstand die Frage, ob die Auflösung des dermaligen Landtages durch ein königliches Patent allein erfolgen könne. Ludwig schrieb darüber (23. Juli 1839) an Abel: „Auflösung scheint erforderlich, jedoch wird sie nach der Verfaßung nur bei eröffnetem Landtag geschehen können. Die Verfaßung darf nie verletzt werden; an ihren Wortlaut hat sich der jüngste Landtagsabschied streng gehalten und schon deshalb ist von derselben, um folgerecht zu bleiben, dann im Hinblick auf die in der Hannover'schen Verfaßungsangelegenheit am Bundestag abgegebene Stimme auch in der gegenwärtigen Sache nicht abzuweichen, sondern sich genau danach zu richten." Erst nachdem der Staatsrath einstimmig sein Gutachten dahin abgegeben hatte, daß die Einberufung der Stände zum Behuf der Auflösung nicht räthlich, sondern eine Neuwahl durch königliche Erklärung anzuordnen sei, gab Ludwig dazu seine Einwilligung.*) In der Thronrede, mit welcher der König 1840 die neugewählten Stände begrüßte, sagt er: „Bayern, Pfälzer, Schwaben und Franken, ruhmvoll nennt sie die Geschichte; zu schön glänzen diese Namen durch eine Reihe von Jahrhunderten, als daß sie erlöschen sollten, und freudig ertheilte ich den Ländern wieder ihre angestammten Benennungen." —

Friedrich Förster gab 1838 zur Feier des fünfundzwanzigjährigen Erinnerungsfestes an den deutschen Befreiungskrieg eine Sammlung Kriegslieder heraus. König Ludwig, dem sie gewidmet waren, schrieb an den Dichter (23. Febr. 1838): „Mich freut es aufrichtig, wenn ich sehe, daß man in der gegenwärtigen Zeit jener Tage gedenkt, wo solche Begeisterung und Einigkeit der teutschen Stämme das gemeinsame teutsche Vaterland befreyt hat. Bewahren wir diese Zeit, (mir ist

*) „Diesen Entwurf genehmigt", signirte er (20. August 1839), „jedoch mit dem Zusatz, resp. Aenderung, daß bis den 20. Dezember die Wahlen der Abgeordneten beendigt seyn müssen. Und das können sie werden, welche Beschleunigung dann zeigen wird, daß keineswegs ein Hinausschieben des Landtags in der Absicht liegt. In die schöne Jahreszeit will ich den Landtag sich nicht erstrecken laßen. Damit dieses vermieden werde, muß er zeitig beginnen."

sie keine Vergangenheit) wie ich Ihnen einst mündlich äußerte, treu im Herzen, und droht wieder ein Feind Teutschlands Gränze, dann finde er in derselben Eintracht, mit dem nämlichen glühenden Gefühl alle Teutsche wieder, dieses ist meiner Seele glühender Wunsch!"

Die Gelegenheit blieb nicht lange aus, von der Wahrheit solcher Empfindung Zeugniß zu geben. Die orientalische Frage wurde 1840 auch für Deutschland zu einer drohenden, da mit der Verwirrung der europäischen Zustände das alte Gelüste Frankreichs gewachsen war. Die gesammte französische Presse führte eine Sprache, die dem Deutschen die Schamröthe in die Wangen jagen mußte. Die Rüstungen wurden offen betrieben. Aber der Triumph der Chauvinisten war verfrüht. Der deutsche Gemeinsinn war stärker als das Bewußtsein der politischen Ohnmacht, stärker als die Erinnerung an kaum noch beendigte konfessionelle Fehden, er verband die Zerklüfteten wieder wie vor dreißig Jahren, und unzufrieden war das Volk nur, weil die Regierungen mit der Losung zum Kriege zögerten. Wenn eine plötzliche und tiefgreifende Bewegung sich des Volksgeistes bemächtigt, dann findet sich immer auch ein Schlagwort oder ein Lied, das so zu sagen über Nacht in Aller Munde ist, den Gemüthern Feuer, Zuversicht, Schwingen giebt. Damals gewann das Rheinlied Becker's binnen wenigen Wochen weltgeschichtliche Bedeutung. Nicht minder bedeutungsvoll war aber auch der Lohn, den Bayerns König dem Dichter zollte. Er sandte ihm einen prächtigen Rheinweinbecher, aber noch werthvoller waren die Worte des eigenhändigen Schreibens, das er an Becker richtete (11. März 1841): „Es sind Worte, zu seiner Zeit gesprochen, die in jeder zu wiederhohlen, die Ihr Lied: Der teutsche Rhein, enthält, die Anklang finden in allen teutschen Herzen. Sie sind hinlänglich, damit ihres Verfaßers Name unsterblich werde. Aus diesem vergoldeten silbernen, von mir angegeben wordenen Pocale, den ich Ihnen hiemit schicke, trinken Sie oft, das singend: Sie sollen ihn nicht haben, den freien, teutschen Rhein!" —

In Ludwig war noch die Erinnerung wach an die Leidensjahre des deutschen Volkes unter Napoleons „Protektorat". Als ihm ein Priester Smets 1841 ein Bändchen Gedichte widmete, schrieb er an ihn: „Mit Vergnügen habe ich in diesem Buche gelesen und nicht nur ein Dichtertalent, sondern auch Ihren jetzigen teutschen Sinn erkannt.

Jedoch kann ich den Wunsch nicht unterdrücken, eine Lobpreisung Napoleons von einem Teutschen in dieser Sammlung lieber nicht bemerkt zu haben." So oft er Pathenstelle annahm, machte er zur Bedingung: „Ludwig, und nicht Louis werde der Knabe genannt, das ist conditio, sine qua non." Am 19. Juli 1840 schrieb er an Kreuzer: „Für das aus des Großherzogs von Frankfurt (Dalberg) Verlassenschaft kommende, als Kopf der Sonne, von Strahlen rings umgebene Bildniß Napoleons in Oelfarben geben Sie 100 Gulden, unter Kunstanschaffung es verrechnend. Kunstwerk ist's zwar nicht, aber geschichtlich, wie weit die Schmeicheley ging, recht merkwürdig. Und ein solches Bild hatte ein teutscher Herrscher in seinem Gemache!" Freudig begrüßt die Thronrede im Jahre 1842 das neu erwachte deutsche Gefühl: „Herrlich war der Geist, der sich im Königreiche offenbarte, auf der rechten Seite des Rheines, wie auf der linken, so in ganz Teutschland, als die Gränze bedroht schien, jeden Teutschen durchdrang es, daß er einem gemeinsamen Vaterlande angehöre!"

Der Kriegslärm hatte auch eine engere Annäherung der deutschen Staaten zur Folge, die wenigstens auf militärischem Gebiet von Dauer blieb. Preußen erkannte jetzt, daß es seine Aufgabe nicht in einer Großmachtstellung außerhalb Deutschlands, sondern in der engsten Verbindung mit den übrigen deutschen Ländern und in der Kräftigung des deutschen Nationalgeistes zu suchen habe.

Es ist jedoch wohl eine glückliche Fügung für Deutschland zu nennen, daß Louis Philipp nicht die Kriegslust seines Hofes theilte, wußte er ja doch, daß eine Niederlage für ihn den Verlust der Krone bedeute. Das Bundesheer wäre in seiner durch den langen Frieden gelockerten Verfassung kaum im Stande gewesen, den einheitlich organisirten Streitkräften Frankreichs die Spitze zu bieten. Die Truppen der Kleinstaaten konnten nur als Miliz gelten und auch in größeren, wie z. B. in Bayern, war das Kriegsmaterial in mangelhaftestem Zustande. Die kriegerischen Drohungen des Ministeriums Thiers bewirkten endlich, daß auf Verbesserung der Bundeskriegsverfassung und auf Sicherung der zunächst gefährdeten süddeutschen Staaten Bedacht genommen wurde. Auch Bayern kam seit dieser Zeit eifriger seiner Verpflichtung nach und erwarb sich durch die Anlage der Festung Germersheim ein schätzbares patriotisches Verdienst.

Ludwig weigerte sich wiederholt, zu einer Verbindung seines Erstgeborenen mit einer Prinzessin des französischen Hofes seine Zustimmung zu geben, auch das Projekt einer Vermählung Maximilian's mit einer savoyischen Prinzessin wurde abgelehnt. Im Dezember 1841 verbreitete sich die erfreuliche Kunde, daß eine deutsche Prinzessin, Marie, die Tochter des Prinzen Wilhelm von Preußen, mit dem bayerischen Thronfolger verlobt sei. Im Oktober des nächsten Jahres fand die Vermählung statt, die sich, wie einst vor 32 Jahren, zu einem schönen Landesfeste gestaltete. Der Bund der Kronen festigte aufs Neue die freundschaftlichen Beziehungen zwischen den beiden Staaten. Friedrich Wilhelm IV. besuchte wiederholt seine königlichen Verwandten in München, auch zu dem Familienfeste eilte er, das durch die Geburt des Erstgeborenen des Kronprinzen veranlaßt war, und vertrat Pathenstelle. Die Freude des Tages war erhöht durch die glückliche Fügung, daß der Prinz an demselben Tage (25. August 1845), ja in der nemlichen Stunde das Licht der Welt erblickte, wie der glückliche Großvater vor nahezu 60 Jahren. —

Wann immer es galt, dem Gefühl der Zusammengehörigkeit aller Deutschen öffentlichen Ausdruck zu geben, trat Ludwig an die Spitze.

Als Bildhauer Bandel aus Ansbach den Plan faßte, im Teutoburger Walde ein Denkmal zu errichten, das den ersten deutschen Helden Hermann verherrlichen sollte, nahm Ludwig lebhaften Antheil daran. Sein Beitrag war die erste Fürstengabe, auch schlug er einige glückliche Aenderungen des Monuments vor.

Ein Siegesmal für die Befreiung Deutschlands durch die Waffenthaten des Jahres 1813 wollte der König selbst errichten. Gärtner entwarf dafür den Plau einer ernsten Tempelhalle, wie er dem idealen Sinn des Königs entsprach. Auch für diesen deutschen Ehrentempel wurde ein glücklicher Punkt gewählt, ein Hügel, der sich bei Kelheim am prächtigen Donaustrom erhebt inmitten einer lieblichen Landschaft. Am Tage nach der Eröffnung der Walhalla, am Jahrestag des siegreichen Einzuges der Deutschen in Leipzig (19. Oktober 1842), legte Ludwig selbst den Grundstein. Er war dabei umgeben von den tapfersten Veteranen der Befreiungskriege, die er durch eigenhändige Briefe zu ihrem Ehrenfeste eingeladen hatte. Nach einer Ansprache des Regierungspräsidenten Beisler ergriff der König selbst das Wort: „Vergessen wir nie, was dem Befreiungskampfe vorhergegangen, was in die Lage uns gebracht, daß er nothwendig geworden, und was den Sieg uns verschafft. Vergessen wir nie, ehren wir immer seine Helden. Sinken wir nie zurück in der Zerrissenheit Verderben. Das vereinigte Deutschland, es wird nie überwunden!" Bei dem Bankett brachte er den ersten Toast auf Deutschland: „Unserem gemeinsamen deutschen Vaterland, das keinem anderen Land nachsteht, das sich zu fühlen anfängt, das sich von keinem Fremden mehr wird unterdrücken lassen!" Den zweiten Trinkspruch brachte er aus auf die Prinzen Karl von Bayern und Wilhelm von Preußen und die übrigen anwesenden Kampfgenossen der Befreiungskriege.

Zwanzig Jahre währte der Bau. Nach Gärtner's Plan sollte die in byzantinischem Styl in kolossalen Dimensionen ausgeführte Rotunde mit einer Säulenhalle umgeben werden. Klenze, der nach dem Ableben Gärtner's den Bau vollendete, ließ die Kolumnen weg und wählte an ihrer Stelle Bildsäulen von Viktorien, abwechselnd mit antiken Kandelabern. Der innere Raum enthält nur ernstblickende Walküren aus blendendem Marmor, die ehernen Schilde tragend, auf welchen die Namen der im heiligen Krieg gekämpften Schlachten verzeichnet sind. In Mitte des Marmorfußbodens ist die Inschrift eingelegt: „Möchten die Teutschen nie vergessen, was den Befreiungskampf nothwendig machte und wodurch sie gesiegt." 1863 wurden die ehernen Thore zum Erstenmal geöffnet. Ludwig wohnte selbst der Einweihungsfeier bei. Nach seiner Rückkehr nach München schrieb er begeistert an Klenze, mit dem er kurz vorher einer pekuniären Frage wegen in heftigen Zwist gerathen war: „Das Herrlichste von den herrlichen Gebäuden, die Sie ausgeführt, ist die Befreyungshalle — die Krone!" —

Wie sich trotz der schwachen Einigungsbande der deutschen Stämme und des kläglichen Auftretens ihres Centralorgans die Einheitsidee wach erhalten hatte, trat deutlich hervor, als die freie Reichsstadt Hamburg 1842 durch eine furchtbare Feuersbrunst heimgesucht wurde. Die Opferwilligkeit der Deutschen aus allen Gauen schaffte für die armen Obdachlosen in kürzerer Frist Millionen, als zu Zeiten des heiligen römischen Reiches ein paar Tausend Gulden als Türkensteuer erpreßt werden konnten. Ludwig schrieb von Rom aus an seinen

Sekretär Kreuzer (27. Mai 1842): „Fern bin ich von unsrer teutschen Heimath, mein Herz aber ist in ihr geblieben, der ich, tief ergriffen von Hamburgs gräßlichem Unglück, Ihnen hiemit die Weisung ertheile, fünfzehn Tausend Gulden aus meiner Cabinetskasse für diejenige Kategorie ihrer Einwohner zu schicken, welchen das Erträgniß der in meinem Königreiche stattfindenden Sammlung bestimmt ist. Eingedenk bin ich dabei der freundlichen Gastfreiheit, die mir als Göttinger Studirenden im Jahre 1804 in Hamburg wurde, die ich nie vergesse." —

Eine ernste Verwicklung trat 1846 an den deutschen Bundestag heran, da die Holstein'sche Verfassungsfrage vor sein Forum kam. Der Vertreter der bayerischen Regierung erhielt als der Erste gemessensten Auftrag, auf energischen Protest gegen das Vorgehen der dänischen Regierung zu dringen, und seinem Bemühen gelang es auch, eine rückhaltlose Erklärung des Bundes zu erwirken. Als im September 1846 die Germanistenversammlung zu Frankfurt tagte, wurde deshalb auf Antrag eines Schleswig-Holsteiners dem Könige, der „zuerst gezeigt, daß nichts ihm fremd sei, was Deutschlands Interesse und Ehre berühre", der Dank der versammelten Vertreter deutscher Wissenschaft ausgesprochen.

Die Eifersucht der Großmächte, sowie die Unzulänglichkeit der Bundesverfassung hinderten auch diesmal eine ersprießliche Entwicklung der Angelegenheit. Radowitz entwirft ein grelles Bild von dem Zustande des Bundestags, aber es ist nicht übertrieben. „Diese Verhandlungen des letzten Organs des gemeinsamen Vaterlandes bieten fast nur das klägliche Bild nichtiger Rangstreitigkeiten, unerheblicher Cabinetszwiste und geringfügiger Privatreklamationen dar. Daß hier das Interesse und die Sehnsucht der größten Europäischen Nation vertreten werden sollte, davon ist selbst die Spur verwischt worden."

Immer lebendiger aber wurde in allen Deutschen die Sehnsucht nach einer festeren Form der Einigung. Namentlich das Versammlungs- und Vereinswesen lieh ihr Kraft. Es erhielt sich trotz aller Störungen und bildete sich in Deutschland so kräftig aus, wie bei keinem anderen Volke, weil es in einem nationalen Grundzug des deutschen Charakters wurzelte. Während es noch immer nicht an Umsturzfreunden fehlte, die in der Intervention der Pariser Boulevards und der Unterstützung polnischer Sensenmänner Deutschlands Heil erblickten, mehrten sich auch die Politiker, die mit Berücksichtigung der thatsächlichen Verhältnisse nicht das scheinbar Wünschenswertheste, sondern das Erreichbare anstrebten. Auf das mächtige Aufflackern des Einheitsgedankens im Jahre 1848 und auf die Ereignisse, die in rasch wechselndem Wellenschlag in den ersten Monaten dieses merkwürdigen Jahres auftauchten, müssen wir später zurückkommen.

# Kirchen- und Schulwesen unter Abel.

Es war Görres, der dem Könige bei seiner Thronbesteigung zurief: „Keinem Bekenntniß stehe einiges Zwangsrecht über das andere zu, und gerade jenes, das durch die Mehrzahl vorherrschend ist, soll am sorglichsten sich vor möglichem Anstoß bewahren".

Ludwig erklärte wiederholt, das Prinzip der Parität der christlichen Konfessionen sei ihm Richtschnur der Regierungsthätigkeit. Die Situation Bayerns hatte sich durch den Länderzuwachs unter Max Joseph so verändert, daß ein Anknüpfen an die Tradition Maximilian's I., abgesehen von den ethischen Gegengründen, auch als politischer Fehler betrachtet werden müßte. Wenn unter Ludwigs Regierung auch schon vor 1837 dem kirchlichen Leben innigere Theilnahme gewidmet wurde, so war dies die naturgemäße Reaktion auf das übertreibende Sadducäerthum der Verwaltung Montgelas'. Es war aber nicht eine finstere, unduldsame Richtung, welche von den Ministerien Schenk und Wallerstein begünstigt wurde. Noch im Jahr 1838 schrieb ein hoher, geistlicher Würdenträger, Bischof Schwäbl von Regensburg, an König Ludwig: „Wenn die erschütternden Vorgänge in Köln zu den ernstesten Betrachtungen führen, so fühlt jeder unbefangene Bayer sich hoch erfreut, wenn er den auffallenden Gegensatz der dortigen Verhältnisse mit den vaterländischen in Vergleichung bringt, wo unter dem Schutze eines weisen und gerechten Königs die verschiedenen Konfessionen neben einander friedlich und unbefehdet ihres Glaubens leben und daher alle Ursache haben, unter so väterlichem Schutze sich glücklich zu schätzen."

Doch dieser Friede blieb nicht ungestört: Auf die Unterdrückung
adikaler Uebergriffe folgte Abspannung und Stille auf politischem
ebiet, dagegen bemächtigte sich mehr und mehr eine religiöse Be-
egung aller Gemüther, die schließlich nicht auf der Linie des Kirch-
chen stehen blieb.

Einerseits war es ein Streit des Bestehenden, des Positiven
berhaupt gegen die eingedrungenen rationalistischen Theorien. Die
erufung David Strauß' auf einen Züricher Lehrstuhl war im Staude,
ie literarischen Kräfte ganz Deutschlands und der Schweiz in Auf-
egung zu bringen. Gegen die Lehren der Jung-Hegelianer, die „ar-
ten Opfer des Philosophismus" wurde ein Kampf eröffnet, um „der
efährdeten Religion ihre alte Kraft und Sicherheit zu befestigen".
ndrerseits aber regte der neuerwachte kirchliche Sinn den alten
ader der Konfessionen auf, der sich mit bitterster Leidenschaft kund
ab. Unduldsamkeit, das häßliche Kind einer falschen Auffassung von
Rechtgläubigkeit, ließ allenthalben den Blick auf Aeußerlichkeiten rich-
en, das wahrhaft Christliche vernachlässigen. In Berlin wurde Ra-
ine's Athalia in demonstrativer Weise verhöhnt, weil das Stück
rsprünglich für katholische Seminaristen geschrieben war, und weil
nan in dem Katholikenfreunde Eichendorff den Urheber der Aufführung
nuthmaßte. Der Mißbrauch dagegen, der katholischerseits mit dem
eiligen Rock zu Trier getrieben wurde, ist bekannt. Und katholische wie
rotestantische Kaufleute in Breslau weigerten sich, die jüdischen
Mitglieder der Kaufmannschaft bei dem Besuche Friedrich Wilhelms IV.
n ihrer Stadt an den Festlichkeiten Theil nehmen zu lassen. Wahr-
aft christliches Gefühl hat mit solchen Auswüchsen, wie überhaupt
nit der Vermischung des Kirchlichen und Weltlichen nichts gemein;
a das innere geistige Leben kann dadurch nur gefährdet, die Ehr-
urcht vor der Kirche nur untergraben werden. Niemand kennzeichnete
iese Gefahren aufrichtiger, als der katholische Theologe Möhler, der
on Ludwig 1835 an die Universität München berufen wurde. Die
irchliche Bewegung, die Bayern in jener Zeit ergriff, veranlaßt ihn
u der Klage: „Man leistet unserer Kirche einen schlimmen Dienst,
venn man sie in diese Bahn des Kampfes leitet, wo leider, wie wir
lle Tage sehen, alles Ungeschick der Politik, alle nöthige oder über-
lüssige Reaktion, alle Sünden des Unverstandes im Regimente auf

dieselbe als vermeintliche Staatslehrerin zurückfallen und die heiligsten Interessen des Menschen gefährden ... Und bliebe es dabei stehen, daß blos ausgezeichnete Geister ohne herzliche Anhänglichkeit an die Kirche ihr Talent einsetzen, um durch die Kirche ihre staatlichen Theorien ins Leben einzuführen, so wäre es noch zu verschmerzen. Wir hätten wenigstens Gelegenheit, den Geist und den Muth literarischer Vormänner zu bewundern. Aber es hängt sich an dies Beispiel ein Schweif literarischer Niederträchtigkeit, die uns mit tiefem Ekel erfüllt, wo Leute ohne Sitte, ohne Geist, ohne Beruf diesen Weg betreten und alle Schuld ihres Ungeschicks auf die Kirche wälzen, Männer, die unsere Kirche verfechten um Geld und Gunst, und dieselbe als Mittel brauchen, ihre unsauberen Zwecke zu erreichen. Mir graut vor der Bitterkeit, die aus solchen Federn fließt, vor dem Abscheu, den sie in unverdorbenen Gemüthern gegen uns Katholiken aufregen, vor der Mißhandlung unsres Glaubens selbst, der sich oft peinlich recken und strecken muß, um ein tauglicher Knecht dieser Politiker zu werden!" Ein Katholik, über dessen kirchliche Treue gar kein Zweifel aufkommen kann, Fürstbischof Diepenbrock, schrieb 1842 an Passavant: „Die Hitze der Parteikämpfe hat Alles in die Extreme getrieben, man will keine Vermittlung und Verständigung, man will Krieg und Sieg, und wer sich diesen schroffen Richtungen nicht anschließt, wird verdächtigt und dadurch um die Möglichkeit eines reinen Wirkens gebracht. Dies gilt von unserer Seite ebenso sehr und vielleicht noch mehr, als von der gegenüberstehenden." Unmittelbar auf die bayerischen Zustände bezieht sich ein Brief Passavants an Diepenbrock vom Jahr 1845: „Hätten Bestrebungen und Ansichten, wie sie in Sailer und seinen Freunden Vertreter fanden, einen dauernden Einfluß in der katholischen Kirche ausgeübt, hätten namentlich diese Bestrebungen, die aber allerdings zum Theil zu vag waren und mehr eine Annäherung der Gemüther auf beiden Seiten zur Folge hatten, bestimmtere Form und Fassung erhalten, so wäre eine solche Annäherung (von Katholiken und Protestanten), wie ich glaube, zum Vortheil der ganzen Christenheit möglich, ja wahrscheinlich gewesen. Allein eine andere Richtung ist seitdem unter den Katholiken, wenn nicht herrschend, doch mächtig geworden oder hat wenigstens die lautesten und einflußreichsten Organe gefunden. Die Münchener Schule mit ihren historisch-politischen Blättern, die große Macht der Jesuiten, die Begebenheiten in der Schweiz, die Zerwürfnisse und Gehässigkeiten, die bei gemischten Ehen entstanden, die Art, wie der Trierer Zug behandelt wurde und Aehnliches haben viele Protestanten abgeschreckt und eine größere Abneigung, nicht gegen die unterscheidenden Lehren der katholischen Kirche, sondern gegen die Hierarchie und ihre unbedingten Anhänger erzeugt und dadurch jene heilsame Annäherung wenigstens verschoben."

In Bayern knüpft sich die Geschichte der kirchlich-politischen Reaktion jener Jahre vorzugsweise an den Namen des Ministers des Innern.

Carl Abel, Sohn eines Prokurators bei dem Reichskammergericht zu Wetzlar, begann seine politische Laufbahn erst im Jahr 1831, da er als Regierungskommissär den Entwurf des Preßgesetzes vor der Kammer zu vertreten übernahm. Er hob den freisinnigen Charakter des Gesetzes hervor und hielt dabei eine emphatische Lobrede auf die Preßfreiheit: „Sie ist von nun an ein Dogma in unsrer politischen Glaubenslehre geworden und wer, meine Herren, könnte und möchte wohl jetzt noch der Censur das Wort reden, der Censur, dieser morschen Krücke einer schwachen, dieser lähmenden Fessel einer starken, in sich einigen Regierung?" Auch in Griechenland zeigte er sich nicht als Gegner liberaler Institutionen und wurde deshalb zugleich mit Maurer abberufen. 1836 vermählte er sich zum zweiten Mal mit einem Fräulein von Rinecker und dieses Ehebündniß soll großen Einfluß auf seine Charakterentwicklung ausgeübt haben. Wenigstens tritt erst von dieser Zeit an eine kirchliche Richtung entschiedener bei ihm hervor. Doch trat er noch 1837 bei der Klosterdebatte im Landtag keineswegs besonders energisch für den angegriffenen Klerus auf, er blieb, wie es immer seine Art war, so lange es ihm möglich schien, bei der praktischen Seite, ohne sich auf Prinzipienfragen weiter einzulassen. Klugheit, Geschäftsgewandtheit, rastlosen Eifer kann ihm selbst der Gegner nicht absprechen. In ihm erblickte der Monarch den geeigneten Sachwalter seiner Rechte. Am 4. November 1837 ernannte er ihn zum Verweser des Ministeriums des Innern, im nächsten Jahre wurde ihm das Portefeuille definitiv übertragen, wozu auch das Unterrichts- und Kultuswesen gehörte.

Es dauerte nicht lange, so wurden Klagen über Beeinträchtigung der Rechte der protestantischen Kirche laut, die um so mehr Unmuth und Besorgniß erregten, als der konfessionelle Zwist so zu sagen bereits in der Luft lag. Ein Erlaß des Kriegsministeriums gab zuerst Anlaß zu offenem Ausbruch der Feindseligkeiten. Der König hatte von dem feierlichen Eindruck gelesen, den es gemacht haben soll, als die französischen Truppen bei der Einweihung der Kirche in Bona, der Heimat des heil. Augustin, im Augenblick der Konsekration auf die Knie sanken. Es wurde nun bei der bayerischen Armee die gleiche Ehrenbezeugung vorgeschrieben. „Diese Maßregel“, sagt Thiersch, „welche unter anderen Verhältnissen vielleicht wenig Aufsehen gemacht hätte, wurde in Zusammenhang mit den gleichzeitigen Beeinträchtigungen des Protestantismus und mit dem ganzen System der Regierung bald als der Hauptgegenstand für die Klagen der Protestanten hervorgehoben.“ Der Wortlaut der Verfassung besagt ausdrücklich, es könne keine Kirchengesellschaft verbindlich gemacht werden, an dem äußeren Gottesdienste der anderen Theil zu nehmen. Dagegen wurde eingewendet, es berühre ja der Akt der Kniebeugung der protestantischen Soldaten nicht einen Glaubensgrund, sondern sei nur eine durch die Disciplinärverhältnisse herbeigeführte Aeußerlichkeit. Es entspann sich daraus eine literarische Fehde, welche von beiden Seiten mit größter Erbitterung geführt wurde. Nur wenige Stimmen mahnten zur Versöhnung, wie Thiersch, der zwar auch für die Rechte seiner Glaubensgenossen eintrat, aber maßvoll und würdig. Friedrich Wilhelm IV. dankte ihm dafür mit warmen Worten: „In Ihrem Büchlein einet sich die schöne Form der schönen Seele, das ist's, was mir so unsäglich wohlgethan, als ich es gelesen, was mich zum Danke zwingt, und vor Allem die Stelle gegen den Schluß, wo Sie Döllinger gegen Döllinger in Schutz nehmen.“ Der Streit zog auch ernstere Folgen nach sich. Als Dekan Redtenbacher von Pyrbaum es den Pfarrern zur Pflicht machte, die protestantischen Soldaten über das Unzulässige der Kniebeugung zu belehren, wurde er vom Stadtgericht Nürnberg zu einjähriger Festungsstrafe verurtheilt, vom Könige jedoch begnadigt. Wiederholt wurde offiziell erklärt, die Ehrenbezeugung sei nur als rein militärische Salutation aufzufassen, doch der Streit war einmal aufgeregt und nun wurden auch die kaum beigelegten Zwistigkeiten ı der gemischten Ehen wieder hereingezogen. Leider beharrte Regierung auf ihrer Bestimmung *), obwohl sie sah, daß das re- e Gefühl der protestantischen Gläubigen sich dagegen sträubte, ıß deren Widerwillen und Abneigung sich gegen die Regierung wenden mußte.

Bald kamen Klagen wegen Beeinträchtigung der Generalsynoden , indem Berathungen über einige Materien verboten wur- die rein innere Kirchenangelegenheiten betrafen. Weiteren ß zur Beschwerde gaben die Hindernisse, die man der Ent- ıng der protestantischen Gemeinden und der Ausübung ihres esdienstes entgegenstellte. Den Protestanten in Neuburg z. B. e verboten, öfter als zweimal im Jahre einen Geistlichen in Stadt zu berufen, die kleine Gemeinde in Landshut durfte dies einmal thun. Um den protestantischen Gemeinden in Deutsch- die innerhalb katholischen Gebiets zerstreut waren, wenigstens äußerliche Fortbestehen zu sichern, bildete sich der sogenannte av-Adolph-Verein, über welchen der König von Preußen 1844 Protektorat übernahm. Alsbald wurde den bayerischen Prote- en der Beitritt verboten, weil der Verein propagandistische Zwecke lge, ein Verbot, das um so mehr verletzen mußte, da der ka- sche Ludwigs-Missionsverein staatlicher Begünstigung sich erfreute. „kirchliche Haltung" war bei allen Anstellungen ein Faktor von Be- ıng, der Konvertirungseifer regte sich deshalb namentlich unter den nten. Dazu kam, daß im Protestantismus selbst eine dogmati- de Richtung auftrat, deren Anhänger zur Bekämpfung der ratio- tischen Hauptströmung die Bundesgenossenschaft andersgläubiger ı's nicht durchweg ablehnten.

Die wichtigste Beschwerde betraf die Abänderung der verfassungs- gen Bestimmung, welche den Konfessionswechsel von Minderjäh- untersagte. Dadurch wurde der Proselytenmacherei Thür und geöffnet.**)

---

*) Nur für die Landwehr wurde die betreffende Ordre schon 1840 außer amkeit gesetzt.

**) In einer Vertheidigungsrede, welche Abel in der Staatsrathssitzung am ebruar 1845 gelegentlich der Berathung über die Beschwerden der prote-

Auch die Censur, strenger als je geübt, ließ sich Einseitigkeit zu Schulden kommen. Das Schweigen der gesammten bayerischen Tagespresse über Bayerns politische Verhältnisse ist das beredteste Zeugniß wider den Minister, der selbst vordem die Censur eine morsche Krücke genannt hatte. Wurde ja doch, wie Wirth erzählt, ein Gedicht von der Censur gestrichen, weil es zu freisinnige Ideen enthalte, obwohl der Herausgeber nachwies, daß es der allbekannten gedruckten Sammlung der Gedichte des Königs entnommen war. Wie anders als vor

---

stantischen Synoden zu Bayreuth und Ansbach hielt, sind die angeblichen Motive jener Bestimmungen dargelegt, die Anlaß zur Klage gaben. (Das Koncept der Rede kam nach Abels Entlassung nebst anderen Papieren aus seinem Arbeitszimmer in das Archivkonservatorium München.)

Ueber die Beschränkung der Kompetenz der Synoden äußert er sich: „Die Generalsynoden wollen sich selbst zu Organen für die Handhabung der Kirchenverfassung stempeln und das Recht erlangen, unter diesem Deckmantel und mittelst eines daraus abzuleitenden unbeschränkten Petitions- und Beschwerderechts den Kreis ihrer Berathungen und die Gegenstände derselben sich selbstständig und unabhängig zu bestimmen." So würde dann das in den Verfassungsgesetzen sanktionirte Episkopalsystem dem Kollegialsystem den Platz räumen und in die Hände der Kirchengemeinde das ganze Kirchenregiment kommen. Er, der Minister, wolle aber die verfassungsmäßige Organisation des protestantischen Kirchenregiments aufrecht erhalten. „Wollte behauptet werden, daß eine Beschränkung des Abendmahlempfangs an irgend einem Ort gegen die Protestanten stattgefunden habe, so muß ich dieses geradezu als unwahr erklären; alle Beschränkungen haben sich nur auf die Haltung öffentlichen Gottesdienstes bezogen und es ist dabei gegen Katholiken und Protestanten stets nach gleichen Grundsätzen unter gewissenhafter Festhaltung an den Bestimmungen der §§ 84—88 des Edikts II. verfahren worden." Ueber den Gustav-Adolph-Verein bemerkt er: „Welche Gefahr besonders in der jetzigen Zeit mit der Zulässung von Verbindungen Hand in Hand gehe, die über alle Volksklassen sich verbreitend und diese in einem besonderen selbstständigen Organismus für öffentliche, dem Gebiete der Regierungsgewalt und ihrer Obsorge angehörige Zwecke gliedernd, der Regierung gegenübertrete; wie unvermeidlich dabei die Conflikte seien und wie sehr die Gefahr sich steigere, wenn solche Verbindungen an ausländische sich anschlössen, die — der Aufsicht und der Einwirkung der Regierung des Inlandes entrückt — in jedem Augenblick ihr feindlich gegenübertreten könnten: darüber bedarf es wohl keiner besonderen Ausführung. Wirft man einen unbefangenen Blick auf das Wesen und die Zwecke des Gustav-Adolph-Vereins, um den es sich hier allein handelt, betrachtet man dabei, wie gerade jetzt die politischen und religiösen Ideen, Bestrebungen und Aufregungen aufs Innigste verwebt und verkettet sind, und erinnert man sich, daß noch vor kurzer Zeit selbst in der Preußischen Allgemeinen Zeitung in einem die vormalige Collektenkasse betreffenden Aufsatze der besagte Verein als das Corpus evangelicorum der Jetztzeit (das alte corpus

neun Jahren lautete die Erklärung Abels im Landtag 1840: Eine Begünstigung der „Buhldirne" Journalistik könne vom Staat nicht gefordert werden, da ja die Preßfreiheit in Frankreich und England zum Königsmord geführt habe, und selbst davon abgesehen, müsse das Ueberhandnehmen der Beschäftigung mit politischen Fragen der „wahren Wissenschaftlichkeit" nur schädlich werden. Nichtbayerischen Blättern, die sich mit bayerischer Politik beschäftigten, wurde der Postdebit entzogen, das bayerische Publikum sollte überhaupt möglichst vom gemeinsamen deutschen Leben abgeschlossen bleiben.

Dabei dauerte auch das Polizeiverfahren noch fort, das durch ängstliche Ueberwachung des Vereinslebens die Entwicklung politischer Bildung hemmte. Das Gutenbergjubiläum durfte nur als Handwerksfest ohne öffentliche Feierlichkeiten abgehalten werden, um nicht die nationalen und politischen Bedürfnisse Deutschlands zur Sprache kommen zu lassen. Den bayerischen Anwälten wurde 1844 der Besuch des Anwalttages zu Mainz untersagt unter Berufung auf die Konstitution, da „die Theilnahme an neuen, den Verfassungsgesetzen unbekannten Organen für politische Zwecke nicht stattfinden könne und der Verein als eine verfassungswidrige Einmischung in die Ausübung

---

war ein Verein der Fürsten, das neue ist ein demokratischer Verein) bezeichnet wird, so kann das Urtheil nicht schwanken." Für die Missionen bestehe in Bayern neben dem katholischen ein ganz gleich berechtigter protestantischer Verein. Der Missionsvereine für das Inland aber bedürfe es nicht und ihre Gründung würde mit der Organisirung von Propaganden gleichbedeutend sein. Auf die Klage bezüglich des Konfessionswechsels Minderjähriger erwidert er: „Nicht nur das die Doppeleigenschaft eines Staatsgrundgesetzes und eines Staatsvertrages in sich schließende Konkordat, sondern auch die von dem Geber der Verfassungsurkunde erlassene, gleichfalls vertragsmäßig zu Stande gekommene Deklaration vom 15. September 1821 haben verboten, mit Zwangsmaßregeln in das rein katholische Gebiet und in die Freiheit der Gewissen einzugreifen." Das II. Verfassungsedikt beziehe sich nur auf bürgerliche Verhältnisse. Zu der von protestantischer Seite geforderten Einschreitung wegen Proselytenmacherei „ist in dem II. Verfassungsedikt eine Ermächtigung nicht gegeben und es würde das Eingehen hierauf nicht nur einen beispiellosen Eingriff in die Freiheit der Gewissen enthalten, sondern auch die Regierung voraussichtlich in eine Bahn hineingeführt haben, auf der nur Kompromittirung ihres Ansehens und die Nothwendigkeit des Zurückschreitens in Aussicht gestellt ist." „Das Ministerium des Innern hat daher auf dem dreifachen Standpunkt des Gesetzes, der Gewissensfreiheit und der politischen Klugheit den reklamirten Gebrauch der vorhin bezeichneten Zwangsmaßregeln verweigert."

von nur dem Könige und den Ständen vorbehaltenen Rechten erscheine." Die Untersuchungen wegen Theilnahme an verbotenen Verbindungen, namentlich am Bunde der „Geächteten", einer Abzweigung des „Volksvereins", wurden fortgeführt. Die Untersuchungshaft der Angeschuldigten aber dauerte in den meisten Fällen über zwei Jahre; erst 1843 wurde Erlaß der Strafe beantragt, da nicht „die rechtliche Gewißheit, sondern nur die Wahrscheinlichkeit aus den Akten sich entnehmen ließ, daß die Republikanisirung Deutschlands der Zweck des Bundes der Geächteten und der Gerechten war."

In ungünstigem Lichte zeigen sich insbesondere Abels Maßnahmen für Unterricht und Wissenschaft. Die Universitäten, die Herdstätten germanischer Bildung, waren in Folge der politischen Unruhen in ganz Deutschland mißliebig geworden, ihre freien Institutionen wurden für die Verirrungen der akademischen Jugend verantwortlich gemacht. Diesterweg verlangte geradezu die Umwandlung der Hochschulen in eine Art von Schullehrerseminarien mit strenger Ueberwachung, Jarke, der mit Abel in Korrespondenz stand, hoffte eine Neubelebung des Universitätswesens durch religiöse Mittel zu erreichen. Gegen sie trat Thiersch auf als Vertheidiger der akademischen Freiheit und legte dar, wie jeder Zwang nur Mechanismus und Formalismus fördere und das Selbstdenken schädige. Er konnte aber nicht verhindern, daß Abel sofort nach seiner Berufung eine neue Studienordnung für die bayerischen Universitäten erließ, welche für freie Entwicklung wissenschaftlichen Strebens nur ungünstige Folgen haben konnte. Sie führte strengen Studienzwang ein und die Auswahl der Zwangskollegien war so einseitig und ließ der individuellen Neigung so wenig Spielraum, daß trotz der Einführung eines philosophischen Bienniums nur der Mechanismus des Brotstudiums dadurch gefördert wurde. Folge war ein Sinken des bayerischen Universitätswesens, dieses untrüglichen Gradmessers der Volksintelligenz. Während fast in allen deutschen Staaten die Dotationen der Hochschulen um das Doppelte erhöht wurden, geschah in Bayern gar wenig. Der Gehalt eines außerordentlichen Professors war niedriger als der gewöhnliche Sold eines Kammerdieners. Die von Stahl 1837 in der Kammer ausgesprochene Bitte war nicht unbescheiden, daß von dem großen Aufwande für die Kunst und ihre prächtige Begleitung auch ein geringer Theil der Wissenschaft und ihren Anstalten zugewendet werden möchte. „Honor alit artes", klagt Böhmer 1839, „aber zu diesen artes rechnet man in Bayern nicht die vaterländische Wissenschaft, Alles wird der Kunstwuth geopfert und einheimische Wissenschaft kann dort nicht gedeihen, so lange man, was verdiente Männer, z. B. Huschberg, leisten, so völlig ignorirt." Für die Beiziehung hervorragender Lehrkräfte geschah wenig. Zwar besaß die theologische Fakultät zu München Autoritäten ersten Ranges an Möhler, einem Katholiken im Sinne Sailers, an dem phantasievollen Deutinger und an Döllinger, der sich rasch europäischen Ruf eroberte. Auch die Philologie war in Bayern glänzend vertreten durch Thiersch, Döderlein, Lasaulx, Nägelsbach, Prantl u. A., und die Linguistik durch Schmeller, Müller, Richter, Haneberg u. A. Ebenso traten auf naturwissenschaftlichem und medizinischem Gebiet einzelne Celebritäten auf, Walther, Martius, Rothmund, in der Juristenfakultät Arndts, Bayer, Dollmann u. A. Im Allgemeinen aber war nicht mehr das frische wissenschaftliche und literarische Leben rege wie vor einem Dezennium. Wissenschaftliche Kräfte Bayerns von hervorragender Bedeutung wurden im Vaterland nicht berücksichtigt, es sei nur an Mittermaier und Fallmerayer erinnert, andere, wie Schönlein, Harleß, Stahl, wurden ihrer politischen Grundsätze wegen vom Lehrstuhl entfernt. Privatdozenten ließ Abel nur ungern zu, da ihnen eine freiere Stellung nicht zu verkürzen war; Pettenkofer z. B. wurde mit seinem Gesuche abgewiesen. Eine Reihe bedeutender Männer ließ man aus Bayern scheiden. König Ludwig hatte einst einer glücklichen Eroberung gleichgestellt, daß es ihm gelungen war, Schelling für die Münchener Universität zu gewinnen. Aber auch Friedrich Wilhelm IV. glaubte in dem idealistischen Philosophen den besten Pionier gegen den zersetzenden, rationalistischen Zeitgeist zu finden und berief ihn nach Berlin, wo ihm ein noch weit bedeutenderer Wirkungskreis als in München geboten schien. Schelling überließ dem Könige von Bayern die Entscheidung mit dem Beifügen, er sei entschlossen zu bleiben, „wenn er nicht sein Weggehen als eine vom König erhaltene Mission betrachten dürfe". Ludwig zögerte lange, seine Einwilligung zu geben, doch Abel wußte es endlich durchzusetzen*). Auch Rückert,

*) Ludwig erbat sich 1848 (15. Nov.) von Schelling ein in dessen Besitz

der ebenfalls nach Berlin berufen wurde, schrieb, bevor er dem Antrag Folge leistete, an den König (24. Juni 1841): „Ich danke Ew. Majestät aus gerührtestem Herzen für all die Huld und Gnade, die Sie seit Jahren auf mich gehäuft und mit deren wiederholten Zeichen und Beweisen mich bis zuletzt geehrt und beglückt haben; daß diese Huld und Gnade mir auch ferner und in der Ferne unentzogen bleiben werde, haben Ew. Majestät durch Mittheilung des zu früh Geschiedenen (Staatsrath v. Schenk) mich versichern lassen, aber ich bitte nun Ew. Majestät noch um ein eigenes gnädiges Wort der Entlassung, das als ein freundlicher Stern des Trostes und der Beruhigung mich auf dem Wege zu meinem neuen Berufe begleiten möge, indem ich mit meinen letzten Wünschen auch allen Segen des Himmels und alles Glück der Erde herabflehe, sich um Ew. Majestät königliches Leben und Walten schützend und verherrlichend auszubreiten." Ludwig antwortete ihm: „Recht gern bestätige ich Ihnen selbst, was ich Ihnen durch den leider zu früh verstorbenen Staatsrath v. Schenk habe eröffnen laßen, daß ich Ihnen, dem viele Kinder habenden Familienvater, den Schritt nicht übel nehme, in den Dienst des Königs von Preußen, meines lieben Schwagers, getreten zu seyn, der Ihnen solch beträchtliche Vortheile zusagt, welche die Verhältniße der Universität Erlangen zu biethen nicht zuließen. So wie ich, was Ihnen bekannt, Ihr Talent schätzte, kann ich Sie natürlich nicht anders als ungern vermißen, dieß hindert aber nicht, Ihnen mein königliches Wohlwollen von neuem auszudrücken". Auch die Brüder Boisserée siedelten nach Preußen über. Bei der Abschiedsaudienz beklagte sich der König über seinen Schwager, daß er ihm alle ausgezeichneten Leute wegnehme, „aber wenn Sie durch Ihren Aufenthalt unten Gutes für das große Werk stiften können" — er meinte den Kölner Dom — „so ist es schon recht, obschon mir Ihr Abgang sehr leid thut."

Mit Recht begründet Weber in seiner Geschichte der neuesten Literatur auf diese Zustände unter Abel den Vorwurf, daß das Streben

---

befindliches Bildniß Platens, nach welchem er eine Büste fertigen lassen wollte. Dem Briefe ist eigenhändig beigefügt: „Kann mir's nicht versagen, zu wiederhohlen, wie sehr ich den größten der jetzo lebenden Weltweisen schätze!" Nach Schellings Tode kam auch dessen Brustbild in die Walhalla.

die Volksintelligenz zu fördern, nicht bedeutend genug hervortrat gegenüber der Begünstigung der Künste. Unberechtigt dagegen ist seine weitere Folgerung, das geistige und sociale Leben in München sei überhaupt nicht im Staude gewesen, bedeutendere Männer auf die Länge zu fesseln, das Treibhausartige der Schöpfungen Ludwigs habe abstoßend gewirkt. Schelling spricht in seinen späteren Briefen wiederholt rühmend von der frischen Empfänglichkeit, die ihm in München entgegengetreten. Cornelius schrieb an den Münchner Künstlerverein: „So oft ich an München denke, ist's mir, als ob Sonntag wäre und das schönste Wetter." Sulpiz Boisserée schrieb 1845 von Bonn aus an seinen Bruder: „Du kannst Dir deulen, welch große Freude wir über die Geburt eines jungen Kronprinzen gehabt haben. Ich schrieb auch gestern gleich an den Kronprinzen. Es muß an dem Ludwigstag ein großer Jubel in München gewesen sein. Der Himmel gebe sein Gedeihen zu dem Kiude. Man fühlt bei solchen Gelegenheiten erst recht, wie anhänglich man Bayern geworden ist."

Wie an den Hochschulen, treten auch an den unteren Lehranstalten in dieser Periode duulle Schatten hervor. Selbst Strodl, der Verfasser von „Kirche und Staat unter Abel", gesteht zu, daß die Einrichtung der Lyceen und Seminarien, die nur einseitige Isolirung der Zöglinge von der Welt bezweckte, für die Erziehung zum künftigen Beruf wenig geeignet war. Gleicher Tadel trifft auch die Klosterschulen. Strodl klagt, durch die Errichtung der Klöster sollte nicht die Kirche bereichert, sondern für den Staat gespart werden. Die Benediktiner selbst beschwerten sich, daß man ihnen zu früh Studienanstalten übergebe, mußte ja doch z. B. mancher Ordensgeistliche erst Griechisch lernen, als er es lehren sollte. Man wolle „keine eigentlichen Klöster, sondern k. bayerische Staatsklöster" u. s. f.

Falsch wäre überhaupt die Annahme, Abel habe durchaus im Einverständniß und nach dem Sinn der Klerikalen gehandelt. Die Ansprüche und Forderungen dieser Partei stiegen im Verhältniß mit den ihnen gemachten Zugeständnissen. Als ein „Uebergriff der absoluten Souveränetät" z. B. wurde beklagt das wiederholte „Eingreifen der weltlichen Behörde in das innerste Heiligthum der weiblichen Klöster", weil die Regierung auf durchaus freiwilliger Ablegung der Nonnengelübde bestand. Ein Ministerialreskript vom 23. Juli 1842 erklärte, es werde zwar von Staatswegen den Bemühungen des Klerus zur Wiederbelebung der positiven Glaubenslehre der kräftigste Vorschub geleistet, es werde aber nicht geduldet werden, daß auf den Kanzeln durch böswillige Angriffe der Religionsfriede gestört und der Streit über abweichende Glaubenslehren in das Gebiet der Parteiwuth und Leidenschaft herabgezogen werde. Dagegen remonstrirte das Ordinariat München-Freising, ein Verbot der Polemik in Glaubenssachen sei eine Beschränkung der freien Verkündigung des göttlichen Wortes und fördere nur jenen Indifferentismus, der Gleichstellung der christlichen Bekenntnisse verlange.

Wie in jenem Heerlager, das mit schroffster Exclusivität das Monopol der Wahrheit beansprucht, die politische Aufgabe der Kirche aufgefaßt wurde, ist am aufrichtigsten dargelegt in jener anonym erschienenen Geschichte des Ministeriums Abel, dereu Verfasser Strodl, ein Schüler Görres', war. Er leitet den Staat selbst nur aus der religiösen Gemeinschaft ab. „Erst als das Individuum sich allmälig losrang von einer es ergreifenden höheren Gewalt und das religiöse, geistige Bewußtsein und mit ihm Pietät und Religiosität verschwand, bildete sich allmälig die bürgerliche Ordnung als das, was man Staat nennt, aus den ursprünglich religiösen Gemeinden heraus." Mit solcher Auffassung verträgt sich nicht die Ansicht, das Reich Christi sei etwas rein Innerliches, sondern es wird das positive Verlangen gestellt, dem Vertreter dieses Reiches gebühre der maßgebendste Einfluß auf die politische und sociale Gestaltung der Menschheit. Folgerichtig wendet sich der Verfasser mit fanatischem Hasse gegen den modernen Staat überhaupt und namentlich gegen Alles, was er unter der Bezeichnung „Pseudoliberalismus" zusammenträgt, diesem „feilen, niederträchtigen Geschlecht, das nur an der Erde klebt und mit Allem buhlt, um es mit keinem zu verderben", das „flach und seicht ist, wie eine Lake Regenwasser, das da faule, erstickende und verpestende Dünste ausstinkt." Von solchen Begriffen ausgehend, kann der Verfasser auch das Ministerium Abel von dem Tadel nicht freisprechen, daß es die Rechte und Freiheiten der Kirche verkümmern ließ. Die darauf folgende Periode des Ministeriums Zu Rhein-Maurer gilt dem ultramontanen Geschichtschreiber vollends als die „Schandzeit der bayerischen Geschichte". —

Welche Stellung nahm gegenüber den Ausschreitungen des Ministeriums Abel und den Wünschen und Klagen der Parteien der Monarch selbst ein?

Wie die ultramontane Partei darüber dachte, enthüllt Strodl aufrichtig: „Zur Genesis dieser Prädikate trug König Ludwig durch seine fixe Idee Sailer'schen Christenthums, die überhaupt seinen Standpunkt, d. h. den Mangel an Grundsätzen und einer klaren Ueberzeugung beurkundet, selbst vielfach bei."

Ludwig war nicht nur religiös, sondern auch ein gehorsamer Sohn der katholischen Kirche, dereu Vorschriften er auf das Pünktlichste nachkam. Wenn unter seiner Regierung der katholischen Kirche eine freiere Stellung eingeräumt wurde, Missionen erlaubt, Klöster errichtet wurden, so findet dies seine Erklärung in eben dem frommen Sinn des Königs. Besonders die Begünstigung der Klöster erschien ihm segensreich. Von dem Wunsche beseelt, „was Gutes und Bewährtes im Strom der Zeit untergegangen, wo es thunlich, wieder zurück zu rufen", stellte er 1838 das Kloster Scheyern aus eigenen Mitteln wieder her, wo er nach damaliger Bestimmung auch seine Grabstätte finden wollte. Zur feierlichen Einweihung wurde Cabinetssekretär Krenzer abgeordnet. An ihn schrieb Ludwig (7. Okt. 1838) von Berchtesgaden aus: „Mit Rührung las ich in der Münchner Politischen Zeitung die Einsegnung Scheyerns. Eine Thräne fiel auf das Blatt." Auch sonst bekundete er für Klostergründungen und andere fromme Zwecke so große Freigebigkeit, wie unter den bayerischen Fürsten nur Thassilo die todte Hand in ähnlicher Weise bedachte.

Ludwig wußte aber auch, daß sein Namenspatron, der fromme König Frankreichs, selbst das erste Beispiel gegeben, durch eine pragmatische Sanktion kirchliche Einflüsse abzuhalten, die der staatlichen Gesellschaft schädlich werden müßten. Nichts ist aber dieser Ordnung gefährlicher als Fanatismus und starrer Orthodoxismus, die despotisch die Herzen der eigenen Glaubensgenossen überwachen und sich in die Glaubens- und Gewissensfreiheit der Andersgläubigen unter keinen Umständen finden können. Diese Ueberzeugung bewog den König so oft auf „Sailerisches Christenthum ohne Uebertreibung" zu drängen und zum Schutz gegen diesen Feind war er auch bereit, die

Rechte des Staats gegen die geistliche Gewalt zu vertheidigen. Beweis sein Verhalten gegenüber der jesuitischen Propaganda.

Unter dem Ministerium Abel mehrten sich die Bestrebungen, „zur Weckung des religiösen Bewußtseins im Volke" den Jesuitenorden nach Bayern wieder zurückzuführen. Im Jahr 1840 baten Professor v. Moy, Graf Arko-Valley, Staatsrath v. Freyberg und Stadtpfarrer Schuster um die Erlaubniß, zur Leitung eines neu zu gründenden Erziehungsinstituts einige Jesuiten berufen zu dürfen; gleichen Zweck hatte im nächsten Jahre die Bitte des Bischofs von Passan, welcher Jesuiten als Wallfahrtspriester nach Altötting versetzen wollte. Abel befürwortete die Bitten auf das Wärmste, Ludwig schlug jedoch die Gesuche kurzweg ab und gestattete nur Berufung von Redemptoristen nach Altötting. Abel, durch Jarke aufgemuntert, ließ es an erneuten Vorstellungen nicht fehlen, wenigstens zu vorübergehender Leitung priesterlicher Exercitien, sowie zur Abhaltung von Missionen sei die Berufung von Jesuiten empfehlenswerth. Darauf signirte Ludwig: „Ich liebe nicht, daß, was ich nicht gewährt, auf Umwegen dennoch zu erwirken versucht werde. Gewiß verkenne ich nicht der Jesuiten Verdienste. So lange ich aber die Erlaubniß zu ihrer Wiedereinführung in meinem Königreiche nicht ausgesprochen, so lange dürfen sie auch keine Anstalt haben. Diese Exercitien unter ihrer Leitung wären aber der Anfang. Der Exercitien Heilsamkeit sehe ich recht gut ein, gleichfalls aber auch, daß Jesuiten nicht dazu nothwendig sind, und genehmige diesen Antrag nicht." So lange Ludwig regierte, wurde an diesem Verbot streng festgehalten. Abel stellte wiederholt 1843 dem Könige vor, das bayerische Volk sei in Irreligiosität und Sittenverfall gerathen und bedürfe außergewöhnlicher Einwirkungen, die gegen die Jesuiten vorgelegenen Bedenken beständen nicht gegen die inzwischen in Altötting aufgenommenen Redemptoristen, die mithin zu Missionen aufzufordern seien. Darauf hin wurde die Abhaltung von Missionspredigten durch Redemptoristen erlaubt, doch zugleich zur Berichterstattung über den Erfolg aufgefordert. Aber alsbald wurden die Bedenken des Königs wachgerufen. Er beklagte sich gegen Abel, er habe aus zuverlässigster Quelle erfahren, die Redemptoristen seien von einer zurückschreckenden Strenge im Beichtstuhl. Ein andermal schreibt er an ihn: „Sie, die Missionäre, wollen aus meinen Bayern

Puritaner, nämlich Kopfhänger machen, — was der katholischen Richtung, der meiner Bayern und meiner eigenen, entgegen. Predigten sie doch am letzten Faschingssamstage gegen das Tanzen. Wissen denn die Herren Patres nicht, wie es in Rom im Carneval hergeht? Sie treiben's arg!" — Es mehrten sich die Wahrnehmungen, daß durch das Missionswesen mehr Fanatismus und Formalismus genährt, als die wahrhaft christliche Gesinnung gefördert werden, und nach Abels Entlassung wurde die allgemein ertheilte Bewilligung von Missionen zurückgezogen (2. Juni 1847).

Der König selbst mußte die Erfahrung machen, zu welch stolzer Selbstüberhebung jene Richtung führe. Am 13. November 1841 starb seine Stiefmutter, Königin Karoline. Weil sie der Kirche Luthers zugethan, wurden in einigen katholischen Kirchen die Trauerfeierlichkeiten auf eine unwürdige Weise abgehalten und ein Prediger in der Hofkirche St. Cajetan prophezeite sogar in wenig verblümten Worten der dahingeschiedenen edlen Landesmutter das Strafurtheil Gottes. Der König, der persönlich dabei anwesend, war auf das empfindlichste verletzt. Wie Freiherr von Andlaw in seinen Memoiren erzählt, ließ er die Gesandten Preußens, Sachsens und Badens zu sich laden und erklärte ihnen in den entschiedensten Ausdrücken, alle jene Vorgänge seien gegen sein Wissen und Wollen geschehen und es werde, so lange er regiere, zu ähnlichen ärgerlichen Auftritten nicht mehr kommen; die Königin Karoline sei ihm stets eine theure Mutter gewesen und habe auch als Landesmutter stets alle Unterthanen in gleicher Weise geachtet und bei ihren Wohlthaten nie zwischen Katholiken und Protestanten unterschieden, dies sei aber in nicht geringerem Maße auch sein Willen und er wünsche, daß man darüber nirgendwo Zweifel hege. Dem Bischof von Augsburg, welcher ein feierliches Traueramt abhielt, dankte er in einem Briefe, den er zugleich veröffentlichen ließ. Darauf sandte jedoch Papst Gregor XVI. an den Bischof ein Breve (13. Febr. 1842), welches aufs strengste rügt, daß öffentliche Gebete gesprochen wurden „für eine Fürstin, die in der Ketzerei wie aufs Offenbarste gelebt und so ihr Leben beschlossen hatte." „Ja, Du hast Dich nicht gescheut, von ihrem Tod also zu sprechen, als wenn sie von Gott aus dieser Zeit zum ewigen Leben berufen worden sei .... Du wirst das Aergerniß wieder gut machen und

Deine treuen Schafe je nach Ort und Zeit auf geeignete Weise zu schützen nicht unterlassen gegen den eitlen Trug jener Ohrenschmeichler, welche lügnerisch ausbreiten, ein dem katholischen Glauben und der katholischen Gemeinschaft fremder Mensch könne, wenn auch so gestorben, zum ewigen Leben gelangen." Dem Probst zu Scheyern, der durch die Stiftungsurkunde zu Seelengottesdiensten für die Familie des Stifters verpflichtet war, ging durch ein eigenes Breve (9. Juli 1842) die Weisung zu, „das göttliche Opfer oder andere Bitten darzubringen, müsse auf die Leichenfeier bloß katholischer Fürsten beschränkt werden".

Gegenüber solchen Aeußerungen erfolgte ein Erlaß Abels, dem aber offenbar die eigenen Worte des Königs zu Grunde liegen (2. Dezember 1841): „Es ist Befehl Sr. Majestät des Königs, die sämmtlichen Erzbischöfe und Bischöfe darauf aufmerksam zu machen, wie auch in kirchlichen Sachen jedes Uebertreiben den Keim des Todes in sich trage, und daß im Geiste Sailers, dem ächt apostolischen, die jungen Geistlichen gelehrt und erzogen werden sollen." Einige Wochen später erklärte der König selbst dem Bischof Riedl in Regensburg: „Sie haben drei würdige Vorgänger, daß Sie vorzüglich Sailer nachahmen, wünsche ich. Er war wahrhaft apostolischen Geistes. Was ich für's Beste unserer heiligen Kirche gethan, meine ins siebzehnte Jahr gehende Regierung zeigt es. Gegen Fanatismus bin ich, er bewirkt das Gegentheil dessen, was er bezielt. Fromm sollen meine Bayern sein, aber keine Kopfhänger. Ich wiederhole es, Sailer sei Ihnen Vorbild. Obgleich er jetzt in den Staub gezogen wird, war dennoch der wahre christliche Sinn in ihm und wirkte das Gute."

Dieses ärgerliche Hervortreten „des Gelüstes der sogenannten Souveränitätsrechte" veranlaßt bittere Klagen Strodl's. „Kunstbegeistert, wie König Ludwig ist, war es auch wohl mehr die ästhetische Seite, die ihn zum Christenthum und zur Kirche hinzog, als eine feste, klare, ihrer selbst bewußte, lebendige Ueberzeugung, wie denn auch überhaupt sein Sinn für die Wahrheit und das Recht mehr von der Phantasie als von einem klaren, selbstständigen Bewußtsein getragen wird. Bei dieser Anlage und Anschauung noch gehetzt von jenen, welchen die ganze Richtung zuwider war, mußte der König, ohnehin eifersüchtig auf seinen Ruhm, an der Aufgabe irre werden, die ihm geworden, und ihn in Zwiespalt mit sich selbst versetzen, der ihn in Allem, was seinen subjektiven Ansichten widersprach, sei es mit Recht oder Unrecht, eine Uebertreibung erblicken ließ; andrerseits aber wollte er ebenso wenig der entgegengesetzten Richtung des modernen Liberalismus und dem christianismus vagus huldigen und so stellte er sich in eine ganz unnatürliche, schwankende Mitte, mit welcher Herr von Abel von da an (1841) wohl vielfach zu kämpfen hatte."

In Wahrheit waren es ganz andere Erfahrungen, die den Monarchen „irre machten" und nach einer selbstständigen Mitte trachten ließen. In jener Zeit trat es deutlicher hervor, daß die klerikale Partei, um sich ein politisches Uebergewicht zu sichern, auch eine Vermischung mit extrem demokratischen Elementen nicht scheue. In Nordamerika begünstigten die Jesuiten diese Politik, auch in Frankreich fand sie in klerikalen Kreisen ihre Vertheidiger, und durch Cazalé's Schrift: „Ueber Preußen", welche 1842 erschien, wurden auch über die deutschen Verhältnisse bemerkenswerthe Aufklärungen gegeben. „Der Katholizismus", so heißt es darin, „und die Demokratie sind schon durch die Natur der Dinge, wie durch gegenseitige Vortheile eng mit einander verbunden." Görres gab sich Mühe, die Betheiligung der bayerischen Kirchenfreunde an diesem Programm abzuwälzen. Nach wenig Jahren zeigte sich aber, wie richtig Rohmer ihre Tendenz beurtheilte: „In Bayern verfolgten sie einfach das ultramontane Ziel und der Görres'sche Haß gegen die Bureaukratie in Preußen verhinderte sie ebenso wenig, bureaukratische Gehässigkeiten gegen die protestantische Konfession zu fördern, als die Haller'sche Tradition sie abhielt, sich nach Umständen radikaler Agitationsmittel zu bedienen".

Mit Bestimmtheit kann behauptet werden, daß ernstliche Verletzungen der Parität und Konvertirungsgeschäfte nicht mit Wissen des Königs geschahen, geschweige seiner Initiative zugeschrieben werden dürfen. Es läßt sich verfolgen, daß gewöhnlich nur während der Abwesenheit des Königs von München zelotische Kundgebungen erfolgten und auch das Ministerium bedenklichere Schritte unternahm, die mit dem Bestreben des Königs, den Kirchenfrieden zu wahren, in Widerspruch traten. Während z. B. 1844 der König (von Berchtesgaden aus) eine im Namen der Kissinger Kurgäste an ihn gerichtete Immediateingabe um Erlaubniß zur Kollekte für Herstellung eines protestantischen Betsaals dahin beantwortete, daß er „ein paßliches Gebäude auf Staatskosten (und nicht durch Beiträge der Kurgäste selbst, wie Sie in Ihrem Schreiben andeuten) ohne Zeitverlust herstellen laßen" werde, erging gleichzeitig ein Ministerialerlaß an die Generalsynoden zu Ansbach und Bayreuth, der strengstens befahl, alles auf die Ehescheidungsfrage Bezügliche von vornherein von den Verhandlungen auszuschließen. Wie wenig er selbst den Vorwurf der Unduldsamkeit zu verdienen glaubte, erhellt aus einem Briefe, welchen er gelegentlich eines Zeitungsartikels, der ihm Protestantenbedrückung zur Last legte, an seinen Cabinetssekretär v. Hüther richtete (Rom, 11. Februar 1867): „Belege zu der mir vorgeworfenen Protestanten-Verfolgung sind wohl, daß ich die erste protestantische Kirche in München auf Staatskosten bauen ließ, wie auch in Kissingen, daß der erste protestantische Minister in Bayern von mir angestellt wurde, daß ich protestantische Präsidenten ernannte und an den Orten, wo nur protestantischer Gottesdienst war, auch nur Protestanten ernannte. Gerade zu jener Zeit waren meine beyden Kammerlakayen Protestanten, Protestant mein Freund Heinrich Freiherr v. d. Tann. Als ich Abels Uebertreibungen inne geworden, sagte ich ihm offen, was Cultus beträfe, kein Vertrauen mehr in ihn zu haben, und übergab auch sein Ministerium dem Freiherrn von Schrenk". Die Kniebeugungsangelegenheit betrachtete er nicht als eine protestantische Dogmen-, sondern als „eine protestirende Oppositionsfrage". Trennung des Unterrichts nach Konfessionen hielt er der Erhaltung des positiven Kirchenglaubens überhaupt wegen für geboten und hielt sich dabei von Einseitigkeit fern. Als z. B. 1835 ein protestantischer Bauer Lenz aus Hohenöllen in der Pfalz um einen Staatsfreiplatz nachsuchte, weil er Vater von sieben lebenden Kindern, schlug Wallerstein vor, den Knaben in das Neuburger Seminar zu schicken. Ludwig erwiderte (29. März 1835): „Bevor ich Entschließung ertheile, muß ich wissen, ob in Neuburg auch protestantischer Religionsunterricht ertheilt wird. Wenn dieses der Fall nicht, scheint mir geeignet, nicht nur Lenz nicht hinzuthun, sondern auch die dort befindlichen Protestanten in eine andere Erziehungsanstalt zu versetzen, die Augsburger dürfte die beste seyn. Da aber keine erledigte Freystellen dermalen dortselbst, sind die Kosten, bis welche offen werden, von dem Neuburger tragen zu laßen".

Allerdings verweigerte er die Zulassung des Gustav-Adolph-Vereines in Bayern und erwiderte der Deputation: „Wollen Sie auch einen Tillyverein?" Es bewog ihn aber dazu weniger die Abneigung gegen den protestantischen Helden, als gegen den Fremden, der die Zerstückelung Deutschlands besiegelte und in Bayern gerade keine angenehmen Erinnerungen zurückgelassen hatte. Bezüglich des Namens „Evangelisch" äußerte er: „Evangelisch sind wir ja Alle!" Sonst war er jedoch bei jeder Gelegenheit bestrebt, Alles zu vermeiden, was den Anschein der Unduldsamkeit rechtfertigen könnte. Als Thorwaldsen an dem Piedestal des Reitermonuments des Kurfürsten Max I. allegorische Figuren anbringen wollte, bat Ludwig den Meister, davon Umgang zu nehmen. „Politische Gründe veranlaßen mich, keine einzelnen Beziehungen durch Andeutungen hervorzuheben, sondern Maximilian I., groß durch sich selbst, wie es dem Kenner genügt, allein darzustellen" (1. Juli 1837). Für das Walhallalied, das Ernst Förster dichtete, setzte er als Bedingung, daß es nur Strophen bringe, „kein Lob auf mich enthaltend, noch was Anhänger der katholischen oder protestantischen Religion auf sich beziehen könnten". (Schreiben an Krenzer vom 18. Sept. 1842.) Als die Errichtung einer Tillystatue von protestantischer Seite ungünstig beurtheilt wurde, gab er Hormayr den Auftrag, den geschichtlichen Tilly zu vertheidigen. „Doch nur, was, ohne Polemik, geschichtlich belegt, aus Ihrer ausgezeichneten Feder kommt, wird seine Wirkung nicht verfehlen" (8. Dezember 1844).

Solche Vorsicht konnte aber nicht verhindern, daß auch das Urtheil über seine Intentionen getrübt wurde, da wirkliche Bedrückungen des protestantischen Theiles der Bevölkerung durch Abel vorlagen. Nur dadurch ist es erklärbar, daß manche seiner Kunstunternehmungen so feindselig gedeutet wurden. Oder sollte nicht selbst der gläubige Protestant sich befriedigt und gehoben fühlen können beim Anblick der damals in seltener Herrlichkeit erstehenden Auerkirche, deren Formen und Schmuck sich stolz mit der Pracht mittelalterlicher Werke messen können! Aber der religiöse Hader war einmal erregt. Es kam zwar nicht, wie in der benachbarten Schweiz, zu ernsteren Reibungen, aber die Gegensätze zwischen der altbayerisch-katholischen Richtung, welche das Ministerium Abel vertrat, und dem verletzten Volksgefühl in den protestantischen Provinzen blieben in aller Schroffheit bestehen.

## Die Landtage 1840—1846. Streifblicke auf das Gebiet der Staatsverwaltung.

„Vertrauen fördert das Gute, Mißtrauen hindert es, möge dies nie verkannt werden!“ Mit diesen Worten schloß die Thronrede, womit Ludwig 1840 die Stände begrüßte. Diese schlichte Mahnung eines Monarchen, der durch sein königliches Wort die Bande zwischen Krone und Volk fester zu knüpfen suchte, würde ungetrübteren Eindruck hervorgerufen haben, wenn nicht schon bei Zusammensetzung der Kammer ein gewisses Mißtrauen sich geoffenbart hätte. Von den gewählten Abgeordneten der Pfalz wurde vielen der Urlaub verweigert und überhaupt von dem üblichen Ausmerzungssystem umfassender Gebrauch gemacht. So kam es, daß allerdings die Verhandlungen fast ausnahmslos glatt und ohne eigentliche Opposition abliefen, daß aber allmälig das Volk das Vertrauen in seine Vertretung verlor. 1839 wurde durch eine ministerielle Verordnung ausgesprochen, jeder Advokat sei zum Eintritt in die Kammer der Erlaubniß der Regierung benöthigt. Ein Protest gegen diese Maßregelung verhalf nur dem gewandten Abel zu einem parlamentarischen Siege, indem sich die Majorität der Abgeordneten zu Gunsten seiner Ausführungen entschied. Ein wohlthätiges Gesetz zum Schutz gegen Nachbildung von Werken der Kunst und Literatur fand bereitwillige Annahme. Bei Vorlage eines strengen Preßgesetzes forderte die liberale Fraktion Beseitigung oder Beschränkung der unwürdigen Censur, und ein darauf bezüglicher Antrag Thon-Dittmer's erhielt Stimmenmehrheit, obwohl Abel heftig gegen die Annahme protestirte. Als jedoch die Reichsrathkammer eine solche Aenderung für nicht zeitgemäß erachtete, glaubte auch die zweite Kammer, nicht darauf bestehen zu sollen; es wurde überhaupt kein Versuch gemacht, die Verfassungsgesetzgebung nach irgend einer Richtung fortzubilden.

Schon in dieser Landtagsperiode traten konfessionelle Zwistigkeiten hervor. Die heftigen Auslassungen Abel's gegen die Neuburger Protestanten, die ohne Regierungsbewilligung eine Kollekte zur Miethung eines Betsaales veranstaltet, veranlaßten heftige Erwiderungen. Auf das religiöse Gebiet wurde auch die sociale Frage der steigenden Zunahme der unehelichen Geburten in Bayern gezogen. Die statistischen Nachweise ergaben, daß Bayern in Bezug auf sittliche Vergehen einen betrübenden Vorrang unter den deutschen Staaten behaupte. Mit der religiösen Erregtheit der Zeit stand in Zusammenhang, daß man Abhilfe lediglich durch geistliches Wirken versuchte, während doch entschiedene Besserung nur durch Reform der Gesetzgebung, welche Verehelichung und Ansässigmachung ungemein erschwerte, und durch thatkräftigere Förderung der intellektuellen Erziehung, welche neben der religiösen die Unterlage fortschreitender Entwicklung des socialen Lebens bilden muß, zu erreichen gewesen wäre. Es blieb der späteren Regierung des damaligen Kronprinzen vorbehalten, auf diesem Gebiet sich den schönsten Friedenslorbeer zu erringen. Schon in jener Zeit wurden Aeußerungen des Prinzen bekannt, die zu den frohesten Erwartungen berechtigten. Namentlich die Kunde von einer Unterredung Maximilian's mit dem Geschichtschreiber Schlosser gewann ihm die Herzen aller Gegner des Abel'schen Systems. Bei den Reichsrathsverhandlungen stimmte der Kronprinz mit der liberalen Opposition.

Auch in der Debatte über einen Antrag auf Aufhebung der Quarta pauperum trat jene religiöse Erregtheit zu Tage. Nur wenige Redner wollten aus praktischen Gründen einer übergroßen Anhäufung von Besitzthum der todten Hand vorgebeugt wissen. Dagegen wurde der Vorwurf erhoben, es heiße dies einen Feldzug gegen die katholische Kirche eröffnen. Die Abstimmung ergab ein sehr abweichendes Resultat von dem Beschlusse des konservativen Landtags vom Jahr 1834, der Antrag wurde nämlich mit großer Stimmenmehrheit angenommen.

Wiederholt nahm Abel Veranlassung, gegen das „Hereinziehen moderner Begriffe“ zu protestiren, die statt des ständischen Prinzips das repräsentative unterschieben wollten. Diese Erörterungen des Ministers über die Grenze der fürstlichen und ständischen Rechte stießen aber wider Erwarten auf energischen Widerspruch in der ersten Kammer. Abel, immer in demonstrativer Weise bemüht, die Rechte der Krone zu vertreten, vergaß sich so weit, diejenigen, welche an der Bezeichnung „Staatsministerium“ festgehalten wissen wollten, förmlich als Verräther und Feinde des Königs zu brandmarken. Dieses Verfahren veranlaßte die Bildung einer Oppositionspartei unter den Reichsräthen, die in der Folge namentlich in kirchlichen Fragen weit entschiedener auftrat, als die zweite Kammer.*) Ebenso bewog 1840/41 der Geldpunkt die Abgeordnetenkammer, dereu Majorität in prinzipiellen Fragen mit dem Ministerium ging, zu lebhafter Opposition. Wie Abel in der Kammer erklärte, war es die Ueberzeugung des Monarchen, daß die von der Krone verliehene Verfassung alle Befugnisse der Staatsgewalt durchaus unbeschränkt der Krone vorbehalten habe, soweit sie dereu Ausübung nicht ausdrücklich selbst an die Zustimmung der Stände gebunden habe. Nun ergab der Rechenschaftsbericht über die Führung des Staatshaushalts von 1835 bis 1838 eine Ansammlung von 23 Millienen „Erübrigungen“. Die Frage über Verwendung solcher Ueberschüsse war schon 1837 zum Zankapfel geworden. Die persönliche Ansicht des Monarchen erhellt aus einem Signat (8. Mai 1843) in Betreff der Feier des hundertjährigen Bestehens der Universität Erlangen: „Würde sehr gerne“, schreibt Ludwig an Abel, „aus den Erübrigungen gegenwärtiger V. Finanzperiode die 4000 fl. schöpfen, wenn es keine Verfaßungsüberschreitung wäre; Ausgabe für Festlichkeiten gehört aber meines Erachtens nicht unter jene, die aus den Erübrigungen zu machen ich

*) Wenn unsere Darstellung bisher auf die Verhandlungen der ersten Kammer geringe Rücksicht nahm, so wird dies Jeder begreiflich finden, der mit dem Modus der Veröffentlichung ihrer Protokolle bis zum Jahr 1847 vertraut ist. Es sind nämlich nur Excerpte der Reden ohne Nennung der Namen der Redner vorhanden, so daß die Verhandlungen, wie schon Lerchenfeld in seiner Geschichte Max Joseph's klagt, mit den stets wiederkehrenden Bezeichnungen „ein Herr Reichsrath“, „ein zweiter Herr Reichsrath“ 2c. für den nicht Eingeweihten unentwirrbares Räthsel sind.

befugt bin. Mein Gewissen ist dem entgegen. Beanständigung von Seite der Stände möchte jedoch keine zu besorgen seyn, weil diese Ausgabe für eine protestantische Universität stattfände. Ist mein Minister des Innern aber der Ansicht, daß befragliche Verwendung unter jene gehört, die verfaßungsmäßig aus Erübrigungen zu machen ich das Recht habe, so sind mir Gründe darzulegen und im Fall sie mich überzeugen, will ich diese 4000 fl. aus ihnen anweisen, außerdem hingegen aus dem Ertrag der Verordnungensammlung, und das Uebrige hat die Universität zu leisten." In die Verfassung sind, bezeichnend für die damalige Finanzzustände in Bezug auf Verwendung von Aktiv-Ueberschüssen bestimmte Anordnungen nicht aufgenommen. Die Regierung verließ also mit der Erklärung, den Ständen stehe darüber keine Kompetenz zu, den Rechtsboden keineswegs, aber natürliche Folge der Behauptung dieses Rechts war, daß das Vertrauen in die Richtigkeit des Budgets überhaupt wankend wurde, daß man überall künstliche Sparsamkeitsmaßregeln erblicken wollte, daß man bei scheinbar so glänzender Finanzlage die bestehenden Mißstände und Mängel um so schärfer hervorhob.

Dank dem Frieden und der seit Ludwigs Thronbesteigung streng überwachten Ordnung war die Finanzlage des Staates wirklich eine sehr günstige zu nennen, der Staatskredit hatte sich so gehoben, daß Bayern von keinem anderen deutschen Staate übertroffen wurde.

Das herrschende Sparsystem hatte aber auch seine Schattenseiten.

Namentlich am Militäretat wurde übermäßig gespart und dadurch die Vertheidigungskraft des Landes geschwächt. Besonders seit Marschall Wrede's Tod, den König Ludwig als seinen alten Waffengefährten ungemein hoch schätzte*), war eine Vernachlässigung der Armee bemerkbar, so daß sich ältere Offiziere ungünstig über die materiellen und intellektuellen Zustände des Heeres in jener Zeit auszulassen pflegen. Weder die persönlichen Neigungen des Monarchen, noch die Regierungsprinzipien seiner Minister waren geeignet, den militärischen Geist auf gleiche Weise zu heben und zu fördern,

*) Bei der Enthüllung des Obelisk, der zum Gedächtniß der in Rußland gefallenen Krieger 1833 errichtet wurde, sprach der König: „Das Beste, was ich meinem Heere wünschen kann, ist, daß es immer von einem Feldherrn, wie Fürst Wrede, möge geführt werden."

wie im nordischen Königreiche.*) Doch trifft der Vorwurf ebenso berechtigt auch die Landesvertretung, welche das beschränkte Militärbudget noch immer im Mißverhältniß zu den Kräften des Landes fand. Die langen Friedensjahre machten sorglos. Der liberale Abgeordnete Hornthal äußerte sich (in der Broschüre „Des bayerischen Volkes Erwartungen von dem Landtage im Jahr 1831): „Wenn Bayern während des Friedens seine Kräfte und das Geld spart, so wird es zur Zeit des Krieges mehr und besseres für den Bund leisten können." Closen schrieb 1855 (3. Dez.) bei Uebersendung einer Schrift über Bildung einer bayerischen Armeereserve an Ludwig: „In dem

---

*) Dem Beförderungssystem in der Armee widmete der König eingehende Aufmerksamkeit. Dies bezeugt u. A. ein Brief, den er 1837 (11. August) an Marschall Wrede richtete. (Ich verdanke die Mittheilung dem Herrn Oberstlieutenant v. Heilmann, der im Ellinger Archive davon Abschrift nahm.) „Lieber Fürst! Sie haben mehr denn einmal geäußert, ich hätte recht besorgt zu seyn, gute Generale künftig zu bekommen. Zwey Dinge sind nothwendig, damit dieses möglich werde, daß diejenigen, aus welchen die Ernennung geschieht, gehörige Kenntniße besitzen und noch die körperliche Kraft. Die Reservebataillons bei Ausbruch eines Krieges gewähren zwar Unterkunft eines Stabsoffiziers per Regiment, der nicht mehr felddiensttauglich ist, denn die ausrücken, müßen es seyn. Wenn auch ein Theil derselben im Heere alsdann pensionirt werden sollte, die Mehrheit darf es doch nicht werden, und was nützt's, wenn z. B. auch die meisten Oberste es werden, und die Oberstlieutenants in dem nämlichen Zustande sich befänden u. s. w. Darum ist es nothwendig, daß platterdings nicht nach der Anciennetät, sondern nach der Befähigung die Beförderung zum Major vorgenommen werde....

Das ist die Aufgabe, wie zu vereinen, daß der Geist des Heeres nicht verdorben wird, und dieses so nothwendige erreicht werde, so nothwendige; Zeit ist keine zu verlieren, stehen wir schon jetzt zum Theil auf(?), was soll, wenn Frieden noch 10 Jahre währt, daraus werden? Schlimmer — und damals stand's schlimm genug — (unter der Menge Generale waren nur zwei tüchtig) als mein Vater beim Antritt seiner Regierung es fand! (Noch die meisten Generalsernennungen Anfangs zeugen davon, exempla sunt odiosa, sonst könnte eine Reihe hergenannt werden, die im Jahr 1805 sich eben keine Lorbeeren erwarben, — er hatte aber dann die großen Vortheile, daß durch die Kaufung der untern Stellen doch ein zum Theil rüstiger Nachwuchs sich vorfand.) Einverstanden bin ich mit Ihnen, daß es nicht taugt, wenn die Masse der Offiziere gelehrt ist, aber die mehr als Hauptmann werden sollen, haben sich dazu zu befähigen. Wenn noch körperliche Kraft vorhanden, muß man in die Höhe kommen, — wenn nicht für Bayern, für Teutschland, für Europa glücklicher Weise Sie, hochverdienter Feldmarschall, in jüngern Jahren den Charakter eines Obersten bekommen hätten, statt diesem Hauptmann geworden

geschichtlichen Theil werden Ew. Majestät einigemal Ihren Namen, wie ich glaube, mit **gerechter** Anerkennung finden. Würden während der 23 Jahre Ihrer glorreichen Regierung jährlich 2 bis 3 Millionen mehr, also 46 bis 69 Millionen für die Armee verwendet worden seyn, für größeren und längeren Präsenzstand der Mannschaft, mehr Pferde, mehr aktive Offiziere, mehr Pensionisten, Bayern

wären, hätte das große Ereigniß nicht stattgefunden. [Ludwig spielt an auf den Rath, direkt mit allen Armeen auf Paris loszugehen, der zuerst von Wrede ertheilt worden sein soll. A. d. V.] Für einen Hauptmann I. Klasse, der die Aussicht hat, zu veraltern als Major, ist es nicht einmal Glück, es zu werden, steht sich ja besser als Hauptmann; darum dürfte doch nicht gar so schwer seyn, eine die Stimmung des Heeres nicht verderbende und dessen Zweck erreichende Anordnung zu treffen, so daß ich Ihre Ansicht, worin sie zu bestehen hätte, zu wissen verlange. Richtig äußerten Sie, daß die G.-Offiziere dermalen nur Zeichner wären, so aber darf's nicht bleiben, sie sollen auch praktisch gebildet und **nicht entfrembet** werden dem Dienst und **veraltern** in diesem Corps. Daß einer der beiden Divisionsadjutanten G. G. Stabsoffizier sey, finde ich sehr zweckmäßig.

Wieder auf die Ancienmität zu kommen, weder zu Präsidenten noch zu Direktoren geht die Ernennung nach ihr, es ginge übel, wenn ich nach ihr sie vornehmen würde, und Generale und Stabsoffiziere sollten in der Regel gemäß derselben ernannt werden? Also im Civil, nicht auch im Militär, wo es auf körperliche Tüchtigkeit so viel ankommt, wo von der geistigen und körperlichen Fähigkeit der Befehlenden, auch der Stabsoffiziere, nicht nur das Leben so vieler abhängt, sondern auch der Schlachten Ausgang, sowie das Schicksal der Reiche!

Vergessen wir nicht den Zustand des preußischen Heeres, als der Krieg im Jahre 1806 ausbrach, und doch hatten alle Generale und Stabsoffiziere Feldzüge mitgemacht, zum Theil rühmlichst ausgezeichnet, aber größtentheils zu alt geworden. Ich will keineswegs behaupten, daß alle Vorschläge des Generals v. Baur die besten sind, aber **viel Gutes, Beherzigenswerthes** enthalten sie, mit allem bin ich nicht einverstanden. Eines weis ich, **so wie es dermalen ist, darf es nicht bleiben** und die Vorschläge des Kriegsministers entfernen das Uebel nicht. Was ich hinsichtlich der Ernennnng vom Hauptmann zum Major gesagt, scheint mir von großer Wichtigkeit. **Geholfen muß werden**, wer den Zweck will, muß die Mittel anwenden. Mit Beifügung aller dieser Schriften, auch dieses Blattes, erwarte ich von meinem Feldmarschall unter dem Bayerns Heer seinen Ruhm erwarb, sein Gutachten."

Auf die Supplik eines Generals erwiderte er (1838): „Ich kann mir einen Grund nicht denken, warum Sie von dem Gipfel des Glückes sich herabgefallen glauben. Dieß wenigstens kann ich nicht unbemerkt laßen, daß es nicht wenige Generallieutenants giebt, die keine Divisionäre sind. Es ist mir leid, wenn Sie sich grämen, das sollen Sie nicht, der alten Zeiten denke ich mit Freude!"

würde deshalb 1855 nicht um eine Linie höher stehen, aber mehr Hände würden der Landwirthschaft und den Gewerben entzogen, keine Capitalien für Eisenbahnen erübrigt, die Festungen Germersheim (in der die Zuschüsse des Bundes übersteigenden Ausdehnung) und Ingolstadt kaum erbaut worden seyn."

Auch der Beamtenstand hatte unter dem Drucke des Sparsystems zu leiden. Unwürdig waren die Unterscheidung zwischen Dienstes- und Standesgehalt, die häufigen Quieszirungen kurz vor Eintritt in das siebenzigste Lebensjahr, das den Fortbezug des Gehaltes sicherte, schädlich die Besetzung vieler Aemter durch Verweser und Funktionäre. Auch der Zustand der Land- und Straßenbauten, des Armen- und Schulwesens entsprach nicht völlig dem glänzenden Resultat des Finanzsystems. Doch wird sich auch die Verwendung der erübrigten Summen, wie sie nach Ludwigs Wünschen stattfand, noch nach Jahrhunderten dem Lande wohlthätig erweisen, denn die herrlichen Gebäude für die Bibliothek, die alte Pinakothek, der Brückenauer Kursaal u. A. dürfen doch wohl kaum, wie Strodl meint, als Luxusbauten betrachtet werden, „welche ohne irgend einen Zweck unternommen wurden".

Am vorletzten Sitzungstage legte Abel wiederholt dagegen Verwahrung ein, daß der Kammer irgend ein Kontrol- oder Bewilligungsrecht über die ersparten Summen zustehe, und erging sich dabei in heftigen Ausfällen gegen jene „Korporation", die den Usus solcher Rechnungsablegung zur Staatstheorie erheben wolle. Wenn den Ständen sein Auftreten nicht gefalle, so werde man andrerseits nicht den Vorwurf gegen ihn erheben können, daß er aus solchen Fonds eine geheime Polizei unterhalten habe. Unter dem Ausdruck Korporation konnte nur die Reichsrathkammer verstanden, die Schlußbemerkung nur auf Fürst Wallerstein gemünzt sein. Auf eine energische Interpellation der Reichsräthe bezeichnete Abel den abgetretenen Minister nur noch deutlicher. Wallerstein gab zu, daß beträchtliche Summen für Polizeizwecke verwendet wurden, aber „Eindringen in die Familiengeheimnisse, Oeffnen der Briefe und ähnliche Dinge mehr seien von ihm jedenfalls bezüglich des Binnenstaats unnöthig befunden und beharrlich verschmäht worden". Nächste Folge der parlamentarischen Angriffe war ein Zweikampf Abels mit dem Fürsten, der nach erfolglosem Kugelwechsel mit einer Versöhnung endigte. Es war jedoch nur eine äußerliche Scene, bald erhob sich neuer Zwist über die abgegebenen Erklärungen. Abel forderte seine Entlassung, der König versagte dazu seine Einwilligung, gestand aber auch dem Fürsten eine besondere Ehrenerklärung zu. Die Spaltung erhielt sich und blieb nicht blos auf die beiden Männer, dereu jeder ein Verwaltungssystem repräsentirte, beschränkt, es sammelten sich um diese Häupter politische Parteien, welche nach wenigen Jahren den Streit von Neuem zu offenem Ausbruch drängten.

In der besprochenen Landtagsperiode waren die Beschwerden der Protestanten noch nicht eigentlicher Gegenstand der Berathung gewesen, nur eine Bitte um entsprechende Abhilfe war dem Könige übergeben worden, welcher sie gnädig entgegennahm, ohne daß jedoch direkte Maßnahmen daraufhin ergriffen wurden.

Lauter erhoben sich die Klagen im folgenden Landtag, der im November 1842 eröffnet wurde. Die Eröffnung faud zum ersten Mal im Thronsaal des neuen Königsbaues statt. „Die Stände des Reichs", sprach der Monarch, „heiße ich willkommen bei mir, umgeben von den Standbildern ruhmvoller Fürsten, die mir Vorfahren waren und Muster seyn sollen in allem Guten, was sie gethan." Auch in dieser Periode machte das Ministerium von seinem Verweigerungsrecht bezüglich der Wahlen so umfassenden Gebrauch, daß z. B. die Pfalz fast ausnahmslos nur Ersatzmänner als Vertreter in der Kammer hatte. Diesmal veranlaßte die Kniebeugungsordre heftige parlamentarische Kämpfe. Kriegsminister von Gumppenberg erklärte, die militärisch-reglementarische Bestimmung habe mit dem Gottesdienst nichts zu thuu, Abel wies darauf hin, daß „jede körperliche Bewegung erst durch den geistigen Akt, der sie begleite, Sinn und Bedeutung gewinne". Damit konnten sich die Angehörigen der protestantischen Confession nicht zufrieden stellen, der Streit dauerte fort, bis Ludwig ihm durch Zurücknahme des unseligen Erlasses ein Ende setzte. Die liberale Fraktion, die nur über eine geringe Stimmenzahl verfügte, sprach den Wunsch aus, eine allgemeine Amnestie solle wenigstens für jene aus politischen Gründen Verhafteten erlassen werden, dereu Schuld noch nicht erwiesen sei. Thon-Dittmer wies in begeisterter Rede auf das Erwachen Deutschlands hin, als bei dem Herannahen der Kriegsgefahr das Dröhnen des Heerschildes überall Kampflust und

Eintrachtsgefühl weckte, und mahnte, es möge jetzt das schönste Recht der Krone auch an den Armen geübt werden, die in aufgeregter Zeit das Ideal der deutschen Einheit auf falschem Wege erstrebten. Der Antrag fand jedoch in der Kammer nur geringe Unterstützung, von der Regierung keine Berücksichtigung.

Ueberhaupt hatte das Ministerium, obwohl die ersten Sitzungen sehr stürmisch waren, keinen Grund zur Klage über den weiteren Verlauf der Verhandlungen. Ein Antrag auf Erleichterung der Preßbestimmungen konnte nicht zum Beschluß erhoben werden. Schon die Thronrede im Jahr 1840 hatte Reform der Rechtspflege verheißen, und die Adresse beider Kammern hatte daran anknüpfend Trennung der Justiz von der Verwaltung gefordert. Der gleiche Wunsch wurde diesmal wiederholt. Es galt noch immer in den diesrheinischen Provinzen das Strafgesetzbuch von 1813, in der Pfalz der Code pénal. Machte sich auch der Mangel einer einheitlichen Strafgesetzgebung immer fühlbarer, so erwies sich doch zeitgemäße Umgestaltung der bürgerlichen Gesetzgebung, welche theils veraltet war, theils in den einzelnen Landestheilen eine bunte Musterkarte der verschiedenartigsten Bestimmungen bot, noch dringlicher als Bedürfniß. Es mehrten sich daher die Stimmen im Lande, welche Abfassung eines neuen Civilgesetzbuches, sowie einer neuen Prozeßordnung verlangten und die Nothwendigkeit der Oeffentlichkeit und Mündlichkeit des gerichtlichen Verfahrens betonten.

Der König war keineswegs ein Gegner von Justizreformen. In einem Brief an Minister v. Schenk (3. Juli 1831), worin dieser zu Vorschlägen in Bezug auf Ernennung von Justizministerialräthen aufgefordert wird, setzt Ludwig als Bedingung fest: „Keine Neuerungssüchtige, aber auch keine blinde Anhänger am Bestehenden, sondern mit Umsicht im Beßern Fortschreitende, Freunde des öffentlichen und mündlichen Verfahrens! Daß sie Anhänglichkeit an den König haben müßen, daß dieser Eigenschaft Besitz Bedingung ist, daß sie nicht die Justizkönige machen wollen, wäre dem seine Anhänglichkeit an mich so edel bethätigt bewiesenen Schenk zu sagen überflüßig“. Er befürchtete aber die Unmöglichkeit einer gründlichen Reform. Als im Staatsrath beantragt wurde, der Landtagsabschied möge auf Ausarbeitung eines für das ganze Königreich geltenden

Gesetzbuches Hoffnung gewähren, signirte Ludwig (8. Aug. 1843): „Kann nicht von dem abgehen, was ich in meiner Thronrede über diesen Gegenstand gesagt, daß ich, wie in der Ständeversammlung behandelt wird, ein allgemeines Gesetzbuch fast für unmöglich ansehe. Dazu kommen noch andere sehr gewichtige Gründe. Die Verfaßung will ein Gesetzbuch fürs Königreich, aber wie kann es füglich eines geben, die rechte und linke Seite des Rheins umfassend? Hoffnung erwecken, wo keine ist, wäre wenigstens ungeeignet. Vielleicht in der Art zu sagen: „„Es ist auch unser lebhafter Wunsch, daß es ein allgemeines Gesetzbuch für das ganze Königreich geben möchte, zweifle aber sehr, daß bey den vorhandenen Umständen derselbe in Erfüllung gehen werde."" Die Pfalz ist die Klippe, woran, wenn auch die übrigen glücklich vorbeygeschifft würden, dieses Unternehmen scheitert. Sogar für das Land rechts des Rheins scheint's unmöglich. Wenn sogar die Krone Rechte aufgegeben hätte (was nicht geschehen soll), und hinsichtlich der kirchlichen Rechte Uebereinstimmung erzielt seyn würde, so wird vom Adel auch verlangt werden, von seinen Rechten zu opfern, und wie sehr er gerne zustimmen würde, daß Kronrechte beschränkt werden, so wird er dieses nicht und die Kammer der Reichsräthe wird ihre Zustimmung verweigern, Aufregung und Mißvergnügen wird die Folge des Unternehmens seyn."*)

Ein Dekret vom 10. März 1844 verfügte den Zusammentritt einer Kommission, die ein allgemeines Civil- und Strafgesetzbuch für das ganze Königreich, jedoch unbeschadet der rheinpfälzischen Institutionen, entwerfen sollte. Ihre Verhandlungen führten jedoch zu keinem Resultat. Auch der Wunsch nach einem allgemeinen Handels- und Wechselrecht für die Zollvereinsstaaten, das im Interesse des Verkehrs und des öffentlichen Vertrauens geboten erschien, blieb vor-

*) Schon früher äußerte Ludwig ähnliche Klage in einem Briefe an Schenk (4. April 1829): „Ein namhafter Theil des Brandenburgischen Adels, welchem doch gewiß nicht Aristokratischer Geist abzusprechen, bietet sich an, auf die Patrimonialgerichtsbarkeit zu verzichten, in dem bey dem Alten so ortodoxen Baden besteht keine, — aber in Bayern, da wird Mord und Zeter gleich geschrien, da soll nichts Neues, keine Verbesserung eingeführt werden, sogar der Gedanke wird als verbrecherisch betrachtet, Bayern soll ein Rumpelkasten aller Antiquitäten seyn und bleiben! Man hat Mühe, nicht bitter zu werden."

läufig unerfüllt. Es mußte erst der Geisteshauch einer gewaltigen politischen Bewegung durch die deutschen Laude gehen, ehe man begriff, daß ein frischer Gesetzesorganismus der Gesammtheit die Lebensnerven der einzelnen Territorien nicht ertödte, sondern kräftige. Dann erst war auch die Vertauschung der mittelalterlichen Behausung des Rechts mit ihren kleinen, finsteren Gelassen mit einem den jetzigen Kulturbedürfnissen entsprechenden Justizpalast ermöglicht, in dessen freien, offenen Hallen Jeder ohne Unterschied und ohne Scheu Schutz suchen kann.

Auch diesmal wurde die Erübrigungsfrage Gegenstand der Berathung und des Streites. Es wurde die Klage laut, daß in den Budgets die materiellen Landesinteressen nur mangelhaft vorgesehen seien. Als jedoch Abel die Person des Monarchen in die Debatte zog, dem es zu verdanken sei, daß nur Ueberschüsse Verlegenheit bereiteten, genehmigte die Kammer, um „dem verehrten Monarchen den Dank des Vaterlandes zu bezeugen", alle Regierungsvorlagen. Zur Vollendung des Donau-Main-Kanals wurden bedeutende Mittel bewilligt. So schien die Versöhnung zwischen Regierung und Volksvertretung besiegelt, nachdem auch mit dem Reichsrath ein sogenanntes Verfassungsverständniß als Markung der Rechte der Krone und der Kammern vereinbart worden, dem zu Liebe das Ministerium seine Theorie in der Finanzfrage nicht unerheblich umgestaltete.

Die Stimmung der Kammer entsprach jedoch nicht mehr der Stimmung des Volkes. Es ist mit wärmstem Dank anzuerkennen, daß Bayerns Monarchen, seit es eine Verfassung gab, sich von Oktroyirungen jeder Art fern hielten, so nahe nicht selten die Versuchung lag. Auch direkte Einwirkung auf die Wahlen faud in Bayern nie statt. Doch die Auffassung und Anwendung der Verfassung namentlich in der Periode Abels war eine derartige, daß eher die Bezeichnung Patrimonialstaat als konstitutioneller Staat auf Bayern paßt. Welche Folgen dieses Darniederliegen des Konstitutionalismus nach sich zog, zeigen schon die Ereignisse der nächsten Jahre. 1843 schieden Regierung und Stände in herzlichster Eintracht, doch schon 1845, ohne daß neue wichtige Thatsachen dazwischen lagen, eröffnete die eine mächtige Partei den heftigsten Kampf gegen das herrschende Regierungssystem, wieder zwei Jahre später preisen der Monarch wie das Volk fast ausnahmslos den Sturz des Systems als „glückliches Ereigniß" — und im nächsten Jahre bemächtigen sich Zerfahrenheit und Haltlosigkeit ebenso der Regierung wie des Parteiwesens im Lande.

Die Wahlen zum zehnten Landtag fielen nicht mehr wie die früheren nach dem Wunsche der Regierung aus. Nicht blos die Mißstimmung über Beschränkungen, die wenigstens dem Geist der Verfassung widersprachen, war allgemeiner geworden, sondern der Liberalismus war überhaupt in ganz Deutschland wieder neu erstarkt. Er hatte sich von seiner weltbürgerlichen Träumerei belehrt und war auf den festen Boden des wirklichen Lebens und der Nationalinteressen zurückgekehrt. Die offiziösen Organe machten zwar den Versuch, die Bierkrawalle in München in den Jahren 1844 und 1845 liberaler Agitation in die Schuhe zu schieben, doch war es zu deutlich, daß hier überhaupt keine Idee, sondern geradezu der Mangel an Ideen die Gewaltakte veranlaßte. Die materielle Lage der Bevölkerung war im Allgemeinen eine überaus günstige zu nennen, sie blieb es sogar verhältnißmäßig in den nächsten Jahren, da in Folge von Mißernten die Hungerseuche fast ganz Deutschland durchzog. Die Regierung traf zur rechten Zeit Vorkehrungsmaßregeln und brachte große Opfer, während in anderen Staaten erst dann zu solchen Mitteln gegriffen wurde, als es zu spät war. Der König selbst gab ausdrücklichsten Befehl, daß die reichen ärarialischen Speicher durchaus der Spekulation unzugänglich bleiben sollten, auch das Getreideausfuhrverbot erfolgte sehr früh, so daß in Bayern nicht die entsetzlichen Erscheinungen der Noth und des Elends zu Tag traten, wie in anderen Ländern.

Dagegen nahte für das Staatsleben eine bedenkliche Krisis und zwar erwuchs der Kampf aus der hochgehenden konfessionellen Bewegung. Görres klagte, daß sich die Kammer in eine katholische und eine protestantische Sektion getheilt habe. Die zahlreichen „Namenskatholiken, Vertreter des Indifferentismus und des Rationalismus" zählt er ebenfalls der protestantischen Fraktion bei. Man wird sich dies gefallen lassen können, es waren eben diejenigen Katholiken, die gegen die Auffassung des Katholizismus von Seite der römischen Kurialisten Protest erhoben. Daß auf beiden Seiten die Leidenschaft bestimmenderen Einfluß übte als politische Einsicht, ist nicht in Abrede zu stellen; es war die Folge der Aufregung, die zu Extremen führt und zur Einseitigkeit verleitet. Am allerwenigsten gewann durch diese Kämpfe die Religiosität. Diepenbrock klagt 1846 in einem Briefe an Passavant: „Das religiöse Leben geht leider in Zeiten des Kampfes nur zu leicht in eine äußere Geschäftigkeit, in die Rührigkeit eines Kriegslagers auf, man ficht für den heiligen Opferheerd, aber das Feuer auf ihm brennt düster und qualmig . . .“

Schon bei der Adreßdebatte in der zweiten Kammer wurde durch die Opposition, dereu Haupt der treffliche Lerchenfeld, ein Zusatz durchgesetzt, der auf „Beseitigung der Ursachen“ drang, welche Mißstimmung erzeugten und die Gemüther beunruhigten. Ein heftigerer Kampf entspann sich aber im Reichsrath, in offenster Weise gegen Abels System gerichtet. Fürst Carl Wrede brachte einen Antrag ein, der ein zeitgemäßes Gesetz über Ministerverantwortlichkeit beanspruchte, mit der ausdrücklichen Bemerkung, daß „die schlimme Lage, in welche die Verwaltung des Ministers von Abel das Laud gebracht habe, und die Besorgniß, diese noch verschlimmert zu sehen, ihn zu diesem Antrag bewege“. Es folgte sodann eine Reihe von Anträgen desselben Reichsraths, die der weiteren Vermehrung der geistlichen Genossenschaften vorzubeugen, Uebergriffe des Klerus zu beseitigen und ihren Einfluß auf den Staatsorganismus zu schwächen bezweckten. Am nämlichen Tage, an dem er mit diesen Anträgen vor die Kammer trat, legte er sie auch dem Könige vor, mit einem Begleitschreiben, das folgende Erklärung enthielt: „Ich erkläre vor Gott, meinem Könige und dem Lande, daß all mein Streben, der Krone, dem Lande und der Wahrheit zu Ehren, lediglich gegen das amtliche und außeramtliche Verfahren des Ministers von Abel gerichtet ist, der nahe daran ist, Ew. Majestät um die Liebe eines großen Theils Ihres Volkes zu bringen, und durch in seinem eigenen Interesse wohlberechnete Förderung der hierarchischen Prinzipien selbst die Hoheitsrechte der Krone Bayerns gegenüber den ersteren in Frage stellen läßt. Als ein treuer Unterthan Ew. Majestät beginne ich demnach einen offenen, erklärten, gegen den Minister von Abel allein gerichteten Kampf.“ Es war in der That eine seltsame Erscheinung, daß nicht etwa von Advokaten und Journalisten, gegen welche man den üblichen Vorwurf hätte erheben können, sie wollten aus der Opposition ein Geschäft machen, sondern aus der konservativen Gruppe der Standesherren und Großgrundbesitzer im Namen des gefährdeten konfessionellen Friedens Opposition ergriffen wurde. „Im Jahr 1831", ruft Höfler erbittert in einer polemischen Flugschrift aus jenen Tagen, „verwarf die Reichsrathkammer die Anträge, welche unter den Auspizien Schülers und Siebenpfeiffers und anderer Heroen des Radikalismus an sie gelangt waren, im Jahr 1846 wetteifern zwei Fürsten, die von dem Ministerium des Jahres 1832 bekämpften Tendenzen des Jahres 1831 unter das Volk zu bringen! Wie soll man diesen Tausch der Rollen, diese Verkehrung des Standpunktes sich erklären?" Die richtige Erklärung läßt sich wohl aus dem ebenfalls durchaus veränderten Verhältniß zwischen Staat und Kirche überhaupt ableiten. Es liegt zwischen den beiden Zeitpunkten jene „Erhebung des Katholizismus", die ausgesprochenermaßen den Jesuiten und dem Jesuitismus eine auf alle Fälle beunruhigende neue Mission bestimmte. Dagegen mußte sich der moderne Staat zur Abwehr bereiten und die Geschichte giebt zu viele Beispiele an die Hand, die zur Genüge beweisen, daß nicht blos „leichtgläubige Furcht und gedankenlose Nachsprecherei" in der Förderung hierarchischer Prinzipien ernste Gefahr erblicken läßt.

Die Anträge Wrede's wären in der Reichsrathkammer namentlich ihrer rauhen Form wegen kaum zum Beschluß erhoben worden, doch Fürst Wallerstein brachte so klug ausgearbeitete Gegenanträge, daß diese scheinbare Vertheidigung des Ministeriums als ein ebenso empfindlicher Angriff gegen das herrschende System sich bewies. Wallerstein führte aus, auch seine ministerielle Thätigkeit habe Religiosität fördern wollen, aber wahre und deutsche Religiösität im Geist der Liebe, die neue Verwaltung aber wolle den Ultramontanismus als förmlichen Regierungsbehelf ausbeuten und durch die Jesuiten das alte Element der Zwietracht nach Bayern zurückführen. Sein Hauptantrag lautete daher, es solle keine geistliche Genossenschaft anerkannt oder stillschweigend geduldet werden, dereu religiöser Zweck oder Richtung geeignet erscheine, den religiösen Frieden irgend wie zu gefährden. Er wurde mit zwei Drittheilen der Stimmen angenommen. Als die sämmtlichen Anträge vor die zweite Kammer gebracht wurden, legte Abel in heftiger Weise Protest ein. Er verglich sie mit dem Trauk der Circe, den sie den Gefährten des Ulysses mischte, und behauptete, sie verstießen nicht nur gegen die verfassungsmäßigen Rechte und Freiheiten der Kirche, sondern lägen auch außerhalb des verfassungsmäßigen Wirkungskreises der Stände. Es sei ihm ein wahres Bedürfniß, der Kongregation der Redemptoristen seine Anerkennung auszusprechen und zu konstatiren, welch großen Erfolg bereits die Missionen für Wiederherstellung von Religiosität und Sittlichkeit erzielt hätten. Die Anträge seien mit religiöser Gesinnung eines Katholiken unvereinbar, es liege ihnen, trotz aller feierlichen Gegenversicherungen, ein heimlicher Plan der Protestanten zu Grunde, um die katholische Kirche in ihren Grundvesten zu erschüttern. Unter den übrigen Rednern gegen die Anträge war Döllinger der bedeutendste, doch gab er selbst zu, er halte es weder für möglich noch für wünschenswerth, daß der Jesuitenorden sich wieder in Bayern einbürgere.

Nun erhob sich ein Adressensturm für und wider die Klöster im ganzen Lande. Streitschriften meist zelotischen Charakters folgten in langer Reihe, sie konnten schon ihres Tones wegen nichts Anderes bezwecken, als die Gemüther gegenseitig zu erbittern. Auch Rohmer giebt in seiner Denkschrift über die politische Agitation der ultramontanen Partei in Bayern zu, daß von protestantischer Seite eine Reihe unhaltbarer Behauptungen über Verhalten und Pflichten des katholischen Klerus erhoben wurden. Dagegen ließen auch die Stimmen der katholisch-klerikalen Partei nicht zu billigende und betrübende Erscheinungen erkennen. Eine solche Flugschrift („Was wollen die neuen Kirchenfeinde und Klosterstürmer in Bayern?") berechnete schon, daß die katholische Kirche, falls der Streit zum Austrag käme, über zahlreichere und körperlich rüstigere Kampfgenossen zu verfügen habe. Auch Höfler deutet auf einen ähnlichen „Austrag" hin: „Es ist eine alte Erfahrung, daß in Teutschland jeder Sturm auf dem kirchlichen Boden entsteht und dann erst in der Anwendung seiner Grundsätze politisch werde." Den Reichsrath bittet er zu bedenken: „Giebt es unter dem Adel Personen, welche meinen, die Mönche seien nicht im Geiste der Zeit, so giebt es noch viel mehr Personen im Volke, die dasselbe von dem Adel meinen." Der alte Görres erhob ebenfalls wieder seine Stimme gegen den „leeren Spuk" des Klagelibells Wallersteins, das nur die alte ungerechte Forderung ausspreche, daß „das Erstgeburtrecht der bayerischen Kirche freiwillig aufgegeben und dem nachgekommenen Protestantismus der Primat zuertheilt werden müsse". Dagegen sprach die Adresse der Pfälzer ihre volle Zustimmung mit der Wirksamkeit der oppositionellen Abgeordneten aus und konstatirt als Thatsache, daß der Geist des Rückschritts, wie er sich in zahlreichen Maßnahmen der Regierung kundgebe, Mißtrauen und Unzufriedenheit hervorgerufen habe. Daß man sich auch auf protestantischer Seite vielfach nicht von konfessioneller Beschränktheit frei hielt, beweist die Darstellung des bayerischen Kirchenstreits in norddeutschen Organen, die nicht selten an diese Darstellung Ausfälle gegen den böotischen Süden überhaupt knüpften.

Ohne Zweifel hätte der Zwist noch unerfreulichere Dimensionen angenommen, wenn nicht des Königs sicheres Taktgefühl vorgebeugt hätte, indem er sich weitere Bezeugungen des Vertrauens und Mißtrauens verbat, mit der bestimmten Erklärung, er „werde sich stets die gleiche Fürsorge für protestantische und katholische Unterthanen" angelegen sein lassen.

Auch als durch Dekan Bauer die Beschwerde wegen Bedrückung der Protestanten vor die Kammer gebracht wurde, gab sich die allgemeine Aufregung in heftigen Streitreden kund und es wurde ganz übersehen, daß man sich nicht in einer Synode, sondern in einer Ständeversammlung befinde, die nur zu prüfen habe, ob die Regierungsmaßregeln mit der Verfassung im Widerspruch stehen oder nicht. Die wichtigsten Beschwerden wurden als begründet anerkannt, aber der Reichsrath kam nicht mehr dazu, die Anträge zu prüfen. Der Landtag wurde im Mai 1846 plötzlich geschlossen, so daß sich der Abschied nicht mehr über die anstößigste Frage zu äußern hatte.

Abgesehen von den Debatten über die kirchlichen Angelegenheiten war der Landtag ziemlich bedeutungslos verlaufen. Ein Antrag auf Abschaffung des Lotto's wurde von der Regierung abermals abgewiesen. Eine heftige Wortfehde entspann sich bei der Berathung über die Frage, ob Advokaten zum Eintritt in die Kammer der Regierungserlaubniß bedürfen. Dem Anwalt Willich war nämlich der Eintritt verweigert und erst nachträglich vom König selbst bewilligt worden. Diese Begünstigung sollte jedoch kein Präjudiz begründen. Abel erklärte, es sei der ausgesprochene Entschluß des Monarchen, sich zwar jeder Einwirkung auf die Wahlen zu begeben, ebenso aber auch an seinem Recht in Bezug auf die Eintrittsbewilligung für königliche Beamte festzuhalten. Als der Einwand erhoben wurde, der Wille des Königs dürfe verfassungsgemäß nie als Motiv einer Abstimmung benützt werden, erklärte er, er werde nie auf das Recht verzichten, denjenigen auch zu nennen, in dessen Namen er spreche, und eine Disciplinargewalt des Präsidiums nicht anerkennen.

Wenn der Minister in dieser Auffassung des Kronrechts gegenüber den ständischen Kompetenzen nur den Willen des Monarchen kundgab und seiner Zustimmung sicher sein konnte, so war dies nicht mehr der Fall in der kirchlichen Frage und den damit zusammenhängenden Maßregeln. Schon im Februar 1845 wurde in einer Staatsrathssitzung über die Beschwerden der protestantischen Kirche berathen und namentlich Maurer sprach sich offen gegen manche ministerielle Uebergriffe aus. Da er mit seinen Vorstellungen nicht vereinzelt blieb, machten sie auf den König ersichtlich großen Eindruck. Maurer äußerte später in der Kammer, diese Staatsrathsitzung habe den Grund zur Aenderung des herrschenden Systems gelegt.

Als Ludwig 1827 zum Erstenmal vor die Stände seines Landes trat, gab er die Erklärung: „Wie ich gesinnt bin, wie ich für gesetzliche Freiheit, für des Thrones Rechte und die einen Jeden schützende Verfassung bin, dieses jetzt noch zu versichern, wäre überflüssig; deßgleichen, daß ich Religion als das Wesentlichste ansehe und jeden Theil bei dem ihm Zuständigen zu behaupten wisse." Es war aber nicht mehr zu verkennen, daß Abels Prinzipien auf Einseitigkeit hinausliefen, welche eine unheilvolle Spaltung im Lande hervorrufen und die Achtung des Auslandes mindern mußte.

Dies war wider den Willen des Königs. Auch am 3. Jänner 1845 bezeichnete er wiederholt in einem Brief an den Bischof von Würzburg als seinen Wunsch, „daß entschieden alle Uebertreibungen in kirchlichen Dingen unterlassen werden". „Ich hoffe", fährt er fort, „daß Sie diese Worte Ihres Königs, welcher der katholischen Kirche so innig ergeben und sich stets als eine feste Stütze derselben bewährt hat, von einer denselben entsprechenden Handlungsweise gefolgt sehn laßen und nicht bewirken werden, daß zum Danke für Alles, was er für die Kirche gethan, durch entgegengesetzte Handlungsweise die Liebe eines großen Theiles seines Volkes ihm verloren gehe!"

Ludwig beschäftigte sich selbst mit dem Studium der Literatur, welche durch die kirchlichen Wirren hervorgerufen wurde. Als ihm Fürst Carl von Oettingen-Wallerstein 1846 seine „Beiträge zu dem bayerischen Kirchenstaatsrecht" übersandte, dankte ihm der König für die Uebernahme dieser Arbeit, „denn dieser Theil unseres Staatsrechts, die Grundlage des konfessionellen Friedens, schließt in sich oft die delikatesten Fragen, dereu gründliche Erörterung verdienstlich. Eigenhändig wiederhole ich aus der Seele meine Anerkennung Ihrer Schrift." Auch Hans von Gagern veröffentlichte damals seine „Ansprachen an das deutsche Volk". Er wies dariu nach, wie im Sinn der römisch Katholischen selbst Ferdinand III. als ein Feind der Kirche gelten müsse, da er mit den Protestanten den westphälischen Frieden abschloß, dessen Zusicherungen die Kurie nie anerkannte, und unterzog in seiner bekannten etwas turbulenten Art die Machinationen der Kurialisten', seit jenem Friedensschluß die Ruhe stets aufs Neue zu stören und die friedliche Annäherung der Konfessionen zu verhindern, einer scharfen Kritik. Anch er überschickte dem Könige von Bayeru seine Abhandlung. „Der Gegenstand und Inhalt der Anlage", schrieb er an ihn (14. Febr. 1846), „die dariu enthaltene Beziehung auf Ew. Majestät hohe Person, Ihr Gewicht in dieser Sache bewegen und berechtigen mich, sie Ew. Majestät unmittelbar vorzulegen. Die Uebel und Gefahren, die auf Deutschland lasten, sind groß und mannigfaltig. Die Mittel, die ich dagegen andeute, sind sonderbar und complicirt. Aber andere giebt es nicht." Der König erwiderte (20. Febr. 1846): „Die Wichtigkeit des Gegenstandes und von einem Manne, wie Sie, bearbeitet, wird meiner Aufmerksamkeit nicht entgehen und ich werde die Schrift leseu bey der ersten mir dazu gegebenen Muße. Mit Vergnügen denke ich Ihrer Worte in Aschaffenburg."

Maurer berichtete in einer Kammersitzung im Jahr 1849 bei Gelegenheit seiner Vertheidigung gegen Abel über eine interessante Sitzung der Reichsrathkammer im Jahr 1846, über welche die Protokollexcerpte nur unverständliche Andeutungen enthalten. Bei der Berathung über die Klosterfrage wurde nämlich vom Bischof von Augsburg beantragt, darüber abstimmen zu lassen, ob das Konkordat oder die Verfassung in streitigen Fragen den Vorzug verdiene. Reichs-

Maurer erklärte, er werde, im Falle diese Frage ernstlich auf-
fen werde, den Saal verlassen. Dieser Erklärung schlossen sich
tliche Standesherren, sowie fast alle weltlichen Reichsräthe an,
ıß der Plan der geistlichen Würdenträger aufgegeben werden
:. Diese Demonstration bestärkte das wachsende Mißtrauen des
ırchen gegen seinen Kronrath. „Mit Abel geht's nicht mehr!"
te er bald darauf. „Jene Sitzung des Reichsrathes", sagt Mau-
giebt den Schlüssel zu den Begebenheiten des Jahres 1847."
Die Umgestaltung des Ministeriums, der Wechsel des Systems
ıur noch eine Frage der Zeit.

## Aus dem Privatleben.

Von Ludwigs origineller Persönlichkeit gilt dasselbe, was Julian Schmidt von Stein sagt: „Es ist nichts leichter, als aus seinem Leben ein Zerrbild zu machen, wenn man die einzelnen Züge mosaikartig zusammenstellt und den großen Grundgedanken, durch welchen alles seine Bedeutung erhält, wegläßt".

Wir wollen versuchen, diejenigen Züge aus dem Privatleben zur Anschauung zu bringen, die zur Vervollständigung des Charakterbildes gehören.

Ludwig war von hohem Wuchs, doch seine zur Gewohnheit gewordene vorgebeugte Haltung ließ ihn kleiner erscheinen. Er hatte keine regelmäßigen Gesichtszüge, doch fesselten sie auf den ersten Blick und erschienen bedeutend. Die blitzenden Augen offenbarten den lebhaften Geist, das feurige Temperament, wie denn auch sein Mienen- und Geberdenspiel, selbst sein Gang die innere Regsamkeit zum Ausdruck brachten. Den Künstlern ward es schwer, diese immer beweglichen Züge festzuhalten; wohl das gelungenste Porträt ist dasjenige von Kaulbach im Vorsaal der neuen Pinakothek.

Ludwig verwendete auf seine äußere Erscheinung wenig Sorgfalt und beschränkte seine Ausgaben für Toilette auf das erdenklich geringste Maß. Es war wenigstens theilweise Folge seiner strengen Erziehung. „Als Knabe", erzählte er einem vertrauten Hofbeamten, „wurde ich streng gehalten. Ich weiß noch, daß ich ohne Oberrock von Schwetzingen des Abends auf dem Bock der Kutsche sitzend mit den Eltern nach Mannheim fuhr. Ueberhaupt, es war kein Spaß und ich ward wirklich hart gehalten. Aber darum hatte ich auch nie besondere Bedürfnisse und habe sie auch jetzt noch nicht. Ich habe nie einen Schlafrock gehabt und nie einen Lehnstuhl, und wenn ich des Morgens aufstehe, bin ich gleich ganz angekleidet." Das Nationalmuseum verwahrt den Hausrock, den er fast 50 Jahre lang trug. Wurde der Fürst bei der Promenade von einem heftigen Regen überrascht, so ließ er sich statt des mitgenommenen Regenschirmes einen alten holen. „'S ist schade um den neuen, er hat 7 Gulden gekostet!" Einst in einer Gesellschaft, als man ihm den Hut holen wollte, sagte er: „Sie haben nicht lang zu suchen, nehmen Sie nur den schlechtesten, das ist gewiß der meinige!" Als bald nach seinem Regierungsantritt eine Deputation von Schneidermeistern zu ihm kam, um über die Vermehrung der Zunftgenossen Beschwerde zu führen, faßte er das goldene Uhrgehänge des Sprechers und wog es in der Hand. „Schwer, sehr schwer!" Dann fragte er plötzlich: „Was kostet das Tuch von Ihrem Rocke?" „„Sieben Gulden!"" „Ei, das meinige kostet nur fünf! Wissen Sie was, wenn die Herren Meister sparsamer lebten und weniger spazieren fahren wollten, könnten sie auch Anderen Nahrung gönnen. Adieu!"

Scheinbar äußert sich ein Zwiespalt in seiner Natur. Während er den höchsten Begriff von der Würde des Königthums hatte, so daß er sogar die Abbitte vor dem Königsbild zulassen konnte, legte er doch eine tiefe Abneigung gegen Pomp und Etiquette des Hoflebens zu Tage. Das Gedicht „Der Könige Loos" spricht die bittere Klage aus:

„Abgewogen, abgemessen
Sey ihm alles, soll vergessen,
Daß er Mensch ist, immer kühl,
Soll sein Herz nie höher schlagen,
Einsam, freudlos soll er ragen,
Abgestorben dem Gefühl."

So läßt ihn Chamisso in dem bekannten Gedicht klagen:

„Du wirst auf jenem Pfade niedersteigen
Und Mensch dort unter Menschen sein....
Wer fragt nach mir, der einsam ich verbannt
Aus menschlicher Genossenschaft Bereich?..."

Er fühlte von Zeit zu Zeit den Drang, so zu sagen, außerdienstlich zu verkehren, dies äußerte sich in mancherlei Zügen von

Nonchalance. Bei seinen Promenaden, die er gewöhnlich wie ein Privatmann allein unternahm, hing er sich nicht selten an den Arm eines Bekannten und plauderte mit ihm in vertraulichster Weise. Bei schlechtem Wetter litt er nicht, daß die Vorübergehenden den Hut zogen: „Zu schlecht Wetter zu Höflichkeiten!" Ernst Förster erzählt artige Episoden von den Künstlerfesten, welche Ludwig stets besuchte. Er erschien dabei wie Jedermann mit der Narrenkappe. Da ihn bei einem solchem Feste auf der Menterschwaige die fröhlichen Künstler nicht fortgehen lassen wollten, suchte er mit dem Rufe: Freiheit! den Rückzug durch das offene Fenster. Als einer alten Frau im englischen Garten das aufgelesene Reisig von den Schultern herabfiel, trat ein Spaziergänger rasch zu ihr und legte ihr Stück für Stück wieder auf den Rücken — es war der König. Ein ähnlicher Liebesdienst verwickelte ihn einmal in ein unangenehmes Rencontre. In der Vorstadt Giesing bemühte sich eine Kinderschaar vergeblich, von einem Baume, der in einem Garten an der Straße stand, Aepfel zu erhaschen. Zufällig kam der König dazu, stieg einige Sprossen am Gartenzaun empor und zog mit seinem Stöckchen die Zweige herunter. Da erschien plötzlich in der Gartenthür eine alte Frau und belehrte ihn in wenig schmeichelhaften Worten, er solle sich als alter Mann schämen, den Kindern beim „Schnipfen" behilflich zu sein. Er machte sich eiligst aus dem Staube, schickte aber später der Frau eine kleine Summe mit dem Bedeuten, der „alte Schnipfer" bitte um Verzeihung.

Der Volksmund erzählt hundert solcher Ludwigiana und wenn heutzutage ältere Münchener von der Vergangenheit sich unterhalten, kommt gewißlich die eine oder andere launige Geschichte vom „alten König Ludwig" zur Sprache.

Er lebte so einfach, wie ein mäßig begüterter Privatmann. Als er zur Regierung kam, gab er sofort den vielen Kammerdienern seines Vaters den Abschied, indem er sagte: „Anziehen kann ich mich selbst und ausziehen will ich mich nicht lassen!" Er hielt überaus einfache Tafel und litt — ein Freund der spezifisch bayerischen Küche — kein französisches Menu. Auf Reisen bestellte er zwar immer seine Mahlzeiten voraus, doch selten mehr, als zum Gabelfrühstück eine Schwarzbrotsuppe und eine Cotelette und zur Hauptmahlzeit vier bis sechs Schüsseln; dabei fehlte nie die Bemerkung: „Alles ohne Zwiebel!“

Er war kein Freund weder vom Reiten noch vom Fahren, sondern ging am liebsten zu Fuß; mit dem Spaziergang vor Tisch pflegte er gewöhnlich die Besichtigung von Neubauten oder den Besuch eines Ateliers zu verbinden. War er in München anwesend, so besuchte er mit der Königin fast täglich das Theater und war einer der eifrigsten Beifallsspender, so oft Gutes geboten wurde.

Das Münchener Theater wies unter Ludwigs Regierung eine Reihe von bedeutenden Kräften auf. Waren in der Oper eine Schechner, Metzger-Vespermann, Sigl-Vespermann, ein Löhle, Bayer, Härtinger, Diez, Staudacher, Pellegrini u. A. thätig, so besaß das Schauspiel die glänzendste Vertreterin klassischer Deklamation, Sophie Schröder, und den ersten Heldendarsteller Eßlair, später die Künstlerinnen und Künstler Hagn, Dahn, Urban, Jost, Forst u. A. Die musikalische Akademie mit Franz Lachner und Stunz als Dirigenten erreichte einen glänzenden Höhepunkt. Allerdings wurde auch damals die Klage laut, daß z. B. im Drama, wie Fernan im Münchener Hundertundeins sagt, „zwar häufig die Einzelnen siegen, die Schlacht aber im Ganzen verloren geht“. Um wirklich das bedeutendste Vehikel der Volksbildung zu sein, fehlte der Bühne kunstverständige, geniale Leitung, die allein aus den vorhandenen künstlerischen Kräften ein harmonisches Ensemble zu schaffen vermag. „Wie wünschte ich“, schreibt Ludwig (7. Nov. 1832) an Schenk, „daß Küstner die Hoftheater-Intendanz annehme. In finanzieller, in artistischer und in das Publikum befriedigender Hinsicht geht es schlecht, schlecht und schlecht!“ Der König legte persönlich großes Interesse für das Institut an den Tag. Die Theaterakten enthalten viele zum Theil höchst interessante Handschreiben des Königs, die seine eigenen Wünsche und Anschauungen kundgeben. Er nimmt im Allgemeinen auf die Finanzen der Theaterkasse vorsichtigste Rücksicht, doch ist diese Sparsamkeit weise abgegrenzt. Als der Intendant durch das für damalige Verhältnisse kostspielige Engagement der Sophie Schröder in finanzielle Schwierigkeiten zu gerathen fürchtete, schrieb der König (2. November 1830): „Die Theatereinnahme seit Jänner beweißt, daß nicht nur Sophie Schröders Besoldung bestritten werden kann, sondern daß es gleichfalls die eines ausgezeichneten Buffosängers werden kann. Ausgezeichneter Talente Erwerb für die Bühne befördert die Kunst und vermehrt die Einnahmen. In Allem zu sparen, wo es sich füglich thun läßt, und im Großen, wo es erforderlich ist, auszugeben, (was aber ohne jenes nicht möglich) ist zweckmäßig. Eine Kunst-, keine Versorgungsanstalt soll die Bühne seyn." Als Saphir sich im „Bazar" gegen Eßlair's Leistungen satirische Ausfälle erlaubte und der gekränkte Künstler deshalb um seine Entlassung nachsuchte, erwiderte der König (15. Februar 1830): „Eßlair's, des braven Künstlers, Quieszirung darf auf keine Weise statthaben, das hieße die Kunst der Kritik aufopfern. Derselbe ist mit der Versicherung zu beruhigen, daß er meinen Beifall und meine volle Zufriedenheit hat und gewiß auch den Beifall jedes die Kunst ehrenden und liebenden Verständigen. Ueberhaupt ist das Kunstpersonal meiner Bühne aufmerksam zu machen, daß es nach meinem und des gebildeten Publikums Beifall zu streben habe, nicht nach dem der Tagblättlschreiber und gewonnenen Partheigänger. Es steht nichts im Wege, daß diese meine Entschließung auch öffentlich bekannt werde." Er war ein Freund Mozarts und der älteren komischen Oper. „Idomeneo soll in Scene gesetzt werden", schreibt er (21. November 1843), „es ist mir anzugeben, bis wann mit Vortheil der Cassa es geschehen könnte. Da diese Oper nicht nur von dem (zur Ehre des Geschmacks der Münchner sey es gesagt) ihnen so beliebten Mozart ist, sondern überdieß er sie eigens für München schrieb, so darf günstiger Erfolg erwartet werden, und da an griechischen Kleidern Vorrath bereits vorhanden und auch solche Dekorationen, werden die Kosten nicht beträchtlich seyn. Wiederhohle bey dieser Gelegenheit, daß doch auch mitunter ansprechende ältere Singspiele z. B. von Paisiello wieder gegeben werden." „Das rothe Käppchen und die schöne Müllerin sind meinem bereits ausgesprochenen Willen gemäß bis Hälfte Mai zu geben. Hat ja doch auch die gleichfalls Dittersdorfische Musik Doktor und Apotheker bey jeder Vorstellung volles Haus gemacht und was die Müllerin anbelangt, habe ich nie das Gegentheil bemerkt. Anders ist's mit Axur. Die opera seria ist langweilig, lustige Singspiele aber, und das sind die beyden ersten, lieben die Münchner und ihr König." (29. Dezember 1842.) „Hauptsächlich als taffage von Opern will ich den Tanz, nicht Ballete wie die Porräts o. a." (13. Dezember 1837.) Noch manche andere Signate thalten charakteristische Aeußerungen, z. B. „In der Hofloge sollen cht überflüssig Lichter angezündet werden." (20. März 1845.) „Mit ßlair's Arzt ist sich zu benehmen, ob jetzt oder wann und auf welche rt es am Schonendsten für sein Befinden ihm beyzubringen wäre, ß er mit Schluß dieses Verwaltungsjahres pensionirt würde." Mai 1837.) Auch erscheint nicht selten ein zorniges: „Den N. N. will ich nie mehr in dieser Rolle sehen." Besonderer Werthätzung genoß die Schröder, er nannte sie nie anders als „Teutschnds größte Tragödin" und unterhielt bis an sein Lebensende mit r freundschaftlichsten Verkehr. Während der Fahrt nach Griechennd 1836 schrieb er an einen Vertrauten: „Sagen Sie der Schröer: Ich hätte auf der Seereise hieher am steilen Felsen der Insel ukothea im Mondschein vorüberfahrend, von dem Sappho sich ins leer gestürzt, recht an sie, Teutschlands größte Tragödin, gedacht." )ie Zeit des Glanzes unsrer Bühne ist erloschen", klagt er (4. Jänr 1859), „keine Sophie Schröder betritt sie mehr." —

War kein Theater, so brachte der König den Abend entweder im reise der eigenen Familie oder in derjenigen eines besonders geätzten Künstlers oder Beamten oder bei schönen und geistreichen Frauen Diese Gewohnheit wurde ihm vielfach verargt. Er beklagt sich deshalb:

„Mißgönnt mir nicht die kurze, freye Stunde,
Wenn ich ein Sklave bin am ganzen Tage,
Daß meine Seele wiederum gesunde!
Gestattet, daß ich von dem Lebensbaume
Zuweilen doch ein einz'ges Blättchen pflücke,
Mich wieder wende zu dem frühern Glücke
O wecket mich nicht aus dem flücht'gen Traume!"

Bei der Erhebung des auch als Dichter ehrenvoll bekannten hhenk zum Minister schrieb Ludwig an diesen (14. Sept. 1828): usgezeichnete Künstler und Gelehrte sind bey uns zu nieder gehalten, ausgeschloßen von den Adlichen Gesellschaften (wie anders in Anung der ersteren in Rom, in Berlin beyder!). Schenks Erhebung n Minister, hoffe ich, wird auch die gute Folge haben, daß sie in : Gesellschaft erhoben werden. Wenn aber der Minister weniger ngang mit dem durch Talent und Benehmen ausgezeichneten Israeliten Michel Beer haben sollte, als der Ministerialrath gehabt, würde auf mich unangenehmen Eindruck hervorbringen." Als die Presse daran Anstoß nahm, daß Schenk eine Cantate auf eine Sängerin dichtete, schrieb Ludwig an ihn (30. Oktober 1827): „Ich finde gar nichts Uebles daran, daß Sie eine Cantate auf Clara Vespermann gedichtet: Der große Dichter feyert die große Sängerin. Seinen geraden Weg gehen, das ist meine Weise, und bey uns zum Glück besteht ja das Vorurtheil nicht gegen die Schauspieler wie in Frankreich. Daß es am Vorabend von Aller Seelen so ein großes Aergerniß seyn soll, die Cantate für eine Verstorbene zu halten, finde ich nicht, dennoch wird sie vielleicht einen Tag später stattfinden. Was ist mir nicht schon alles übel genommen worden, in ein Kloster müßte man sich einsperren und auch dann würde man's nicht recht machen. Ist Ihnen doch auch im letzten Fasching übel genommen worden, Theil an der Maskerade genommen zu haben. Trösten Sie sich mit mir!" —

Das Familienleben in der Königsburg zeichnete sich ebenso durch Innigkeit wie durch Einfachheit aus. Die Kinder erbten den Sinn für Ordnung und Pünktlichkeit, ihr Haushalt war, wie der des Vaters, so geregelt, daß er bürgerlichen Hauswirthen zum Muster dienen konnte. Ludwig war ein Kinderfreund. Seine Kinder, später seine Enkel, hingen aber auch an ihm mit herzlichster Liebe. Galt es das Geburts- oder Namensfest eines Kleinen zu feiern, so stellte sich der Großvater pünktlich ein und brachte selbst sein Geschenk mit. Dann setzte er sich zu den jubelnden Kindern auf die Diele und konnte sich Stundenlang an ihrem harmlosen Geplauder ergötzen. Seine Gattin schätzte und ehrte er überaus hoch. In seinem Testament, das er schon im Jahr 1841 aufsetzte, sagt er: „Keine bessere Mutter giebt es, wie auch keine bessere Frau; unübertroffen ist ihre Liebe, ihre Gewissenhaftigkeit. Hätte ich noch zu wählen, ich wüßte, in welchem Stande es immer wäre, keine andere, die ich wählen würde, als sie."

Es mag hier des Tadels Erwähnung geschehen, der gegen den König bezüglich seines Verhältnisses zu den Frauen laut geworden ist. Man wirft ihm mit Recht zu große Empfänglichkeit für weibliche Schönheit vor, vergißt aber dabei, auch seine gewissenhafte Pflichttreue gegen die Familie und gegen den Staat zu betonen. Ludwig konnte wie nrich IV. nach der Erzählung Pierre Matthieu's, als er wegen es Verhältnisses zu Gabriele d'Estrées getadelt wurde, von sich en: „Nie hat das Vergnügen eine solche Gewalt über mich ausbt, daß ich die rechte Zeit zu nöthigen Dingen darüber versäumt te. Heute im Kriege, morgen auf der Jagd — und habe ich die cht in den Armen der Liebe verloren, so findet mich der Morgen ) an der Spitze meines Heeres, bei den Geschäften, oft in der fahr. Wenn der Bogen auch in Ruhe ist, verliert er doch darum e Stärke nicht."

Auch die Gerüchte von seiner Kargheit waren nicht frei von bertreibung. So erhielt sich bis zu seinem Tode die Ansicht, der : König habe große Schätze gesammelt und auf fremden Banken jelegt, dagegen bestand der ganze Nachlaß nur in einem mäßigen rmögen. Allerdings war Sparsamkeit ein hervortretender Charakzug. Ludwig pflegte nicht nur die Erwerbung von Grundstücken, er für seine Bauten nöthig hatte, unter der Hand durch Mittelsonen zu bewerkstelligen, sondern ließ sich auch wohl vom Farbenber eines Malers, bei dem er eben auf Besuch war, ein Bouquet r ähnliche Kleinigkeiten holen mit der Erklärung: „Mir verlangt n zu viel ab." Sogar als es sich um seinen Sarg handelte, blieb seiner Oekonomie getreu. An seinen Sekretär Riedl schreibt er . Juli 1855): „Ziebland ist sein Entwurf zu meinem Sarkophage ückzustellen, da ich ihn nicht will ausführen laßen, ihn schön finde, r für mich viel zu viel Geldaufwand erfordern würde." Von einem atzregen überrascht, suchte er einmal Zuflucht in einem Häuschen Vorstadt Au. Da er sah, daß Hunger und Elend sich daselbst ändig zu Gast gebeten, fragte er die alte Hausmutter, ob sie sich n nie an den König um Hilfe gewandt habe. „Was, von dem icker wäre auch was zu holen!" rief zornig die Frau. Der König hte und schickte ihr noch am nämlichen Tag eine Hundertguldenlle mit der Ueberschrift: „Von Ludwig dem Knicker."

Niemals kargte er, wenn es sich um wahrhaft barmherzige Werke ndelte, und eben der Umstand, daß er eine sorgfältige Wahl der rsonen traf, die seine Gaben genießen sollten, macht seine Wohltigkeit zur Tugend. Wie viel er für milde Zwecke spendete*), er-

*) Näheres siehe bei Sepp, Ludwig Augustus, S. 435—458.

weist sich aus den Rechnungsbüchern seiner Privatkasse. Großartig und ohne jegliche engherzige Rücksicht waren seine Schenkungen für Armen- und Krankenstiftungen, so daß in den Rechnungsbüchern dafür eine Eintheilung nach Welttheilen nothwendig wurde. Er bedachte die Christen in Syrien so reichlich, wie die Klöster in Kairo und Algier, gab Tausende für Erziehung indischer Kinder, wie zur Errichtung von Findelhäusern und Armenspitälern in den abgelegensten Theilen Nordamerika's. Namentlich die amerikanischen Anstalten für milde und fromme Zwecke erfreuten sich seiner Theilnahme. Dabei lag auch ein nationales Motiv zu Grunde. Die Deutschen im Auslande sollten durch solche Wohlthaten an die Heimat erinnert und zur Anhänglichkeit an ihre Nationalität aufgemuntert werden. Es war dies sogar Gegenstand seiner Regierungssorge. Im Jahr 1847 wies er den Minister Zenetti an, es solle von den Konsulaten mit besonderer Aufmerksamkeit dahin gearbeitet werden, daß deutsches Wesen und deutsche Sitte auch jenseits des Meeres erhalten bleibe. Deshalb gab er auch bedeutende Summen zur Errichtung von deutschen Studienanstalten und Schullehrerseminarien in nordamerikanischen Städten. Eine große Zahl von Kirchen im fernen Westen erhielt durch seine Munifizenz gute Altarbilder. Aber auch die wohlthätigen Stiftungen und Vereine in Bayern wie im übrigen Deutschland hatten sich fast ausnahmslos seiner thatkräftigen Unterstützung zu erfreuen. Der als geizig verrufene König wurde jährlich im Durchschnitt von 10,000 Supplikanten namentlich aus München bestürmt. Er beklagt sich deshalb einmal in einem Brief an Kreuzer (17. September 1839): „Es ist zu arg, welche Menge Unterstützungsgesuche jeden Augenblick aus München zu mir nach Berchtesgaden kommen, gerade so als wenn ich König von München und nicht von Bayern wäre."

Seine Gewissenhaftigkeit in der Wahl der Bedürftigen haben wir schon erwähnt. Er hatte nicht für Alle offene Hand. Als ein Graf ihn fortwährend mit Bittgesuchen um bedeutende Vorschüsse bestürmte, schrieb er an Kreuzer (7. November 1846): „Ich gehe in Nichts ein; reitet denn der Satan den Grafen N., immer Spekulation auf Spekulation, und der König, wenn er sie für sich unternommen, soll dann behilflich seyn, aus der Patsche zu ziehen." Als ein notorischer Verschwender ihm seinen herrlichen, mit einer tropischen Vegetation ausgestatteten Wintergarten zeigte, dabei jedoch von einer Anleihe sprach, rief der König: „Schön, sehr schön! Aber zu theures Entree!" Als dagegen einer seiner Kassirer Gelder aus der Kabinetskasse durch Privatspekulationen verloren hatte und zur Festungshaft verurtheilt wurde, sagte der König: „Ich muß eben annehmen, daß er todt ist, und seiner Frau die Pension zahlen, als sei sie Wittwe!"

Wie sich haushälterischer Sinn mit dem Zug für das Ideale in Ludwig paarte, so finden sich auch andere scheinbare oder wirkliche Contraste in seinem Charakter. Er suchte überall das Schöne, das Großartige, und strebte durch Förderung der idealen Richtung in der Kunst die Herrschaft über die Geister zu gewinnen. Daneben war er aber ebenso aufrichtig ein Freund alles Volksthümlichen, selbst wo es in burlesker und unschöner Form auftritt. Er fehlte selten bei Festlichkeiten, die eine größere Volksmenge zu lustigem Treiben versammelten. Bis in seine letzten Lebensjahre war er ein Kirchweihgast am Pfingsttage in Großhesselohe und ein fröhlicher Zuschauer am Tanzplatze. Auch in den Konzerten der Münchener musikalischen Akademie benützte er stets die Pausen zu einem Rundgang durch den Saal und knüpfte mit Leuten aus den verschiedensten Ständen Unterhaltung an.

Dabei war er weit entfernt, nach Popularität zu haschen, denn die Bemerkungen, die er da und dort fallen ließ, waren oft durchaus nicht dazu angethan, dem Stolz des Angesprochenen zu schmeicheln. Als er einen vornehmen Herrn erblickte, dessen Brust mit Orden bedeckt war, ohne daß gerade große Verdienste der Welt bekannt geworden wären, redete er ihn an: „Ihr Herr Vater war ein sehr braver und gescheidter Mann!" und fügte, indem er auf die Orden deutete, hinzu: „Die haben Sie wohl geerbt?" Er gebot über ein außerordentlich treues Gedächtniß und konnte häufig den Angeredeten durch genaueste Kenntniß seiner Familiengeschichte überraschen. Aber ebenso hartnäckig hielt er an Irrthümern fest, auch wenn sie, was bei seiner zunehmenden Schwerhörigkeit nicht Jedem gelang, berichtigt waren. Obwohl Ernst Förster, der bekannte Kunsthistoriker, ihm oft bedeutete, daß das Spottgedicht auf die langwierigen Verhandlungen nach dem Befreiungskrieg nicht von seinem Bruder Friedrich verfaßt sei, begrüßte ihn der König doch, so oft er ihn traf, mit dem Anfangsverse: „Wie lange wollt ihr noch abern und odern!"

Er liebte die Freuden und Freiheiten des Karneval auch noch im späten Alter. Die Münchener Maskenfeste hatten schon aus alter Zeit guten Klang, seitdem die geistreiche und feurige Savoyerin Adelheid den bayerischen Fürstenthron bestiegen und ein zahlreiches Gefolge von Italienern nach München geführt hatte. Wenn das Hüonshorn der Maskenfreiheit das Signal gab, pflegte der König vermummt in verschiedenartige Kreise zu dringen und ließ seinem Witz und Sarkasmus frei die Zügel schießen.

Bei Unglücksfällen, selbst bei Todesfällen in der eigenen Familie, pflegte Ludwig eine seltne Ruhe und Festigkeit zu bewahren. Das ward denn von nicht Wenigen auf Härte des Gemüths zurückgeführt, namentlich von Solchen, die nicht unterscheiden, was für Könige sich ziemt. Eine wohl verbürgte Episode mag die angebliche Härte oder — wie Gervinus sich ausdrückt — Stumpfheit beleuchten. Die Nachricht von dem Ableben der Großherzogin von Hessen rief bei der Umgebung König Ludwig's große Bestürzung hervor. Man wußte, daß sie sein Lieblingskind war, und befürchtete deshalb von der Aufregung schädlichen Einfluß auf seine Gesundheit. Er empfing dagegen die Trauerkunde scheinbar ganz gefaßt. „Nun, jeder Mensch muß einmal sterben!" sprach er nach längerem Schweigen. Man fragte, ob die Tafel abbestellt werden solle. „Nein, meine Herren bekommen sonst zu Hause Nichts zu essen!" Bei Tisch erwähnte er des traurigen Falles mit keinem Worte. Nach der Tafel fuhr er nach Bogenhausen und trat in den Garten, dessen Eigenthümer Herzog Maximilian ist. Er befahl seinem Begleiter, ihn allein zu lassen und das Thor von Außen abzusperren. Dieser versuchte es, — vergeblich! Das Schloß versagte, er trat deshalb wieder in den Garten, um es dem König zu melden. Da lag der greise König auf der Erde und klagte und weinte bitterlich. Sowie er bemerkte, daß er nicht mehr allein sei, suchte er wieder Ruhe und Gleichgültigkeit zu zeigen.

Männer, die ihm im Leben nahe gestanden sind, wissen die mannigfaltigsten Züge von Güte und Wohlwollen zu berichten, die im persönlichen Verkehr hervortraten. „Als ich im Jahr 1829", erzählt der Philhellene Heydeck in einem Memoirenfragment, „erschöpft durch Anstrengungen und Krankheit, aus Hellas zurückkam, wohin ich die Philhellenenfahrt auf den Wunsch des Königs unternommen hatte, begegnete ich Sr. Majestät in Rom und wurde von ihm mit ausgezeichneter Huld aufgenommen. Der König kam aus den Bädern von Ischia und war selbst noch angegriffen. Eines Tages machte Se. Majestät nebst seinen Adjutanten Graf Pappenheim, Baron Gumppenberg und mir eine Fahrt nach einer benachbarten Villa. Um die Aussicht zu genießen und den Untergang der Sonne über der ewigen Roma zu sehen, hatten wir das Belvedere bestiegen. Die Abendluft war auf dieser Höhe sehr kühl. Ich hatte weder Ueberrock noch Mantel mitgenommen, da wir sogleich nach dem Diner bei Sr. Majestät abgefahren waren. Der König bemerkte dies und befahl dem Kammerdiener, seinen Ueberrock heraufzubringen, und drang in mich, ihn anzuziehen, damit ich mich nicht erkälte. Dieser Beweis von Herzensgüte hatte mich schon tief ergriffen; als nun aber bei der Rückkehr an den Wagen der gutmüthige Herr sagte: „„Ja, was thun wir jetzt, Heydegger, Sie brauchen einen Ueberrock und ich auch und wir haben nur Einen!““ und als ich wie natürlich den Ueberrock auszog, um ihn dankbarst zurückzustellen, der König aber fortfuhr: „„Nein, Heydegger, das wollen wir besser machen! Der Ueberrock und meine beiden Herren fahren in die Stadt zurück und wir beide machen den Heimweg zu Fuß, so erkälten wir uns nicht und kommen gesund nach Hause!““ — da schwur ich in meinem Innern, solchem Herrn mit allen meinen Kräften zu dienen und ihm unter allen Verhältnissen treu und gewärtig zu bleiben und diesen Schwur hab' ich gehalten.“

Menschlich und wohlwollend zeigt er sich auch in den Briefen an seine Beamte. Als sein Sekretär Kreuzer sich verehelichte, schrieb er: „Sie hätten nicht nöthig gehabt, mir anzuzeigen, daß morgen Ihre Hochzeit stattfinde, ich hätte es erkannt an der zitternden Handschrift Ihres Briefes. Seyen Sie mir, lieber Kreutzer, der mir lieber als viele Goldgulden, als Ehemann so treuer Diener, wie als Junggeselle, wie dies auch keinen Unterschied ausmacht für Ihren wohlgewogenen Ludwig.“ In dem letzten Briefe an Kreuzer (31. Juli 1848) vor dessen Tod heißt es: „Vor allem mit größter Bereitwilligkeit die Erlaubniß des gewünschten Urlaubs. Möge er den besten Erfolg haben, wobey ich wiederhohle, daß noch viele Gulden besitzend, ich nur einen Kreutzer habe". In einem Brief an Wagner (22. Juni 1828) schreibt er, wie gern er gedenke „des großen Künstlers, des redlichen Mannes, gerad heraus, so rede derselbe immer zu mir eine Sprache, die Könige selten hören, und doch ist's so heilsam". Auch seinen Lehrern bewahrte er inniges Wohlwollen. Nach dem Tode seines Klavierlehrers Bopp schreibt er an Kreuzer (Palermo 23. März 1839): „Kammermusikus Bopp's Tochter zu sagen, daß mein Auge feucht ist, indem ich dies schreibe, seinen Tod erfahrend. So bleibt mir denn bald kein Bekannter aus meiner Jugend mehr! Werde, wenn ich zurück sehn werde, sogleich sehen, was wegen ihres Sohnes Ludwig geschehen kann. Heiße Thränen fielen mir aus den Augen!"

Ludwig stand selbst mit vielen bedeutenden Zeitgenossen in regem schriftlichen Verkehr und überdies hatten seine Sekretäre eine ungemein ausgebreitete Korrespondenz zu führen. Der Ruhm des kunstsinnigen Königs bewog viele Ausländer, namentlich viele Engländer, ihm Zeichen ihrer Huldigung darzubieten. Antwortete der König nicht eigenhändig, so schrieb er an den Rand des Briefes eine kurze Bemerkung für den Sekretär, auf welche Weise er die Antwort abgefaßt wissen wollte. So notirt er, als ein böhmischer Gelehrter ihm sein Werk widmete, an den Rand des Begleitschreibens: „Höflichen Dank, Inhalt 0!" Als ein preußischer Gesandter an ihn ein Glückwunschschreiben in französischer Sprache richtete, bemerkt er an den Rand: „Könnte das nicht teutsch gesagt werden? Teutsch zu antworten!" Da eine Bittschrift sich zu der Ueberschwänglichkeit erhebt: „Gütiger und gnädiger als Ew. Majestät ist es unmöglich zu sein!" unterstreicht er die Stelle und fügt einige Ausrufszeichen hinzu. Die Koncepte des Sekretärs korrigirte er selbst. Ueberflüssige Fremdwörter werden beharrlich getilgt. Wenn es im Entwurf heißt: Ich habe das Werk mit größtem Wohlgefallen gelesen, wird korrigirt: „Was ich bisher davon gelesen, hat mir wohlgefallen". Als ein Gelehrter eine Schrift von zweifelhaftem Werth übersandte und der Kabinetssekretär im Koncept die aufmunternde Phrase brauchte: der Uebersender möge in seinem Eifer nicht nachlassen, der König werde auch seinen ferneren Arbeiten mit Wohlwollen folgen, durchstreicht der König die Stelle und schreibt an den Rand: „Was, noch eins, ich mag das erste nicht lesen!" —

Ludwig las täglich die Augsburger Allgemeine Zeitung, an deren Redaktion er 1844 ein eigenhändiges Dankschreiben richtete. Aus den übrigen inländischen und einigen nichtbayerischen Blättern ließ er sich ein Referat zusammenstellen. Unmittelbar nach dem Aufstehen pflegte er, bevor er an die Erledigung der Regierungsgeschäfte ging, ein Kapitel in irgend einem Lieblingsautor zu lesen. So schreibt er z. B. an Kreuzer (6. August 1846): „Gelegentlich Hofrath Schubert zu sagen, das erste, was nach dem Morgengebeth ich thäte, wäre, in seiner Geschichte der Natur seit geraumer Zeit hier zu lesen, und das mit großer Aufmerksamkeit, wie alles von ihm mich sehr anspräche". Begab er sich auf Reisen, so legte er schon einige Monate vorher ein Verzeichniß der Bücher an, die er mitzunehmen wünschte. Darunter fehlten niemals die Bibel, Homer und irgend ein Drama Schillers. Wenn er bei der Lectüre der Bibel auf Zweifel stieß, notirte er sie und fragte um Rath bei einem berühmten Münchener Theologen. In den Morgenstunden schrieb er auch täglich die Ereignisse des verflossenen Tages auf. Die Zahl seiner eigenhändig geschriebenen Tagebücher belief sich im Todesjahr auf 264.

Obwohl ohne bedeutendere musikalische Begabung war er doch ein warmer Freund der Musik, namentlich, wie wir schon erwähnten, älterer leichter Opernmusik. Er wurde nicht müde, sich die Melodien aus dem Donauweibchen auf einem alten Klavier vorzuspielen, das er aus dem Nachlaß der letzten Herzogin von Zweibrücken erworben hatte.

Er besaß natürliche Anlagen zum Zeichnen und erhielt schon als Knabe durch Dillis Unterricht. In seiner hinterlassenen Privatbibliothek findet sich noch etwa ein halbes Hundert Bleistift- und Kreidestudien von seiner Hand, darunter eine vom 16. März 1795. Er setzte die Uebungen bis in sein reiferes Mannesalter fort. Namentlich die Zeichnungen nach Gypsabgüssen von berühmten Antiken sind mit Eifer durchgeführt, weniger gelungen erscheinen die Landschaftsskizzen nach der Natur aus der Umgebung von München und Landshut.

Den größten Theil seiner Muße widmete er schriftstellerischen

Arbeiten. Außer einer großen Zahl Gedichte und den „Walhallagenossen" bearbeitete er ein Drama Konradin, das sich in seinem Nachlasse finden wird. Auch beschäftigte er sich mit Uebersetzungen, namentlich aus dem Spanischen in das Deutsche und umgekehrt. So übertrug er sein Lieblingsdrama Don Carlos ins Spanische und mehrere Lustspiele des Don Manuel Juan Diana ins Deutsche, von denen „Recept gegen Schwiegermütter" auf mehreren Bühnen mit Beifall über die Scene ging.

Bezüglich seiner Gedichte äußerte er zwar bescheiden:

„Daß Dich nicht täusche das reichliche Lob, denn was Du gedichtet,
Ungepriesen blieb's, säßest Du nicht auf dem Thron."

Doch war er gegen Lob und Tadel seiner poetischen Produktion nicht unempfindlich.

Das Erscheinen der ersten Bände im Jahr 1829 erregte großes Aufsehen; ein Dichter auf der Höhe, welcher seinen Gedanken über Königsberuf und Königspflichten begeisterte Worte leiht, war eine neue Erscheinung. Drei Elemente treten besonders charakteristisch in der Sammlung hervor: Gottesfurcht, Kultus des Schönen in Natur und Kunst und glühender Patriotismus. Italiens Zauber bot reichen Stoff; die Ruinen des Vestatempels, die Grazien Thorwaldsen's, der prächtige Kultus in Rom, die blitzenden Augen der Sicilianerinnen gaben poetische Anregung. Daran fügen sich Gesänge aus der Zeit der Befreiungskriege der Deutschen und der Hellenen. Den wichtigsten Theil der Sammlung bilden natürlich die Stimmungsgedichte über die erhebenden Aufgaben wie über die Schattenseiten seines Königsamtes. Er ruft sich selbst bei seiner Thronbesteigung zu:

„Bist Dir selbsten nun gestorben,
Lebst in Allen wieder auf,
Hast Erinnrung nur erworben
Dir in Deines Lebens Lauf.
Selige Erinnrung einer
Herrlichen, versunk'nen Welt!
Alles war dort lichter, reiner,
Näher an das Herz gestellt.
Aber nicht zurücke sehen
Darfst Du, — vorwärts geh' Dein Blick,
Vorwärts, vorwärts mußt Du gehen,
Treue folgen dem Geschick!"

; sind, so auch nicht über das Schreiben ihres Namens, ich, nicht Schiller, sondern mit Johannes Müller schreibe ihn mit T. Die-wie überhaupt meine Rechtschreibung soll beybehalten werden; e ich von derselben hie und da abgewichen seyn, fänden sich Böcke, müßen diese freilich ausgemerzt werden. Nicht an die neuere, son-: an die ältere Rechtschreibung halte ich mich."

Seinen Gedichten wurde überschwengliches Lob und maßloser el, selten eine objektive Kritik zu Theil. Die Lobredner hatten r für die entschieden häßlichen sprachlichen Eigenthümlichkeiten wunderung. „Selbst in der Poesie", sagt Dirschedl in einem riftchen über Ludwigs Gedichte, „hat der König-Dichter sich als n selbstschaffenden Geist durch seinen eigenthümlichen Bau der rache erwiesen." Der dänische Dichter Oehlenschläger begrüßte eistert das Erscheinen der Sammlung. „Das Glück", schrieb er Ludwig (1829, 12. Dezember), „in der Zeit eines Fürsten zu leben, selbst ein ausgezeichneter Dichter, der in die tiefsten Geheimnisse Kunst eingedrungen ist, diese seltene Freude, nach der man ver-lich Jahrhunderte hindurch suchen würde, genoß ich, als ich die dichte Ew. Majestät kennen lernte. Von Gesinnungen einer edlen ele, eines großen Geistes, eines feinen Geschmackes, eines kräftigen llens (Gottlob! mit Macht verbunden) sind die beiden Bände voll ) es spricht sich das tiefe Gemüth, das Menschen, Natur und Kunst ende Herz des königlichen Dichters auf jedem Blatte aus!" Goethe es, daß dieser Fürst sich seine schöne Menschlichkeit gerettet habe. ckert richtete an ihn 1840 die Strophen:*)

„Die Poesie ist aller Künste Mund,
Ihr ist des Menschen Sprache vorbehalten,
Und sie allein thut dem Bewußtsein kund,
Was unbewußt die andern schön gestalten.
Drum ist es recht, daß, wo im thätgen Bund
Die Schwestern all' um ihren Schutzherrn walten,
Er selber, dessen Großmuth alle pfleget,
Die Poesie im eignen Herzen heget.

---

*) Unseres Wissens bisher nicht veröffentlicht.

Herr, da Du ein gekrönter Dichter bist,
Bedarfst Du nicht, daß Dich ein Dichter kröne,
Ein Sprichwort sagt: Ein Wort des Königs ist
Der Worte König, dem jed' andres fröhne.
Von Deiner Gnade Thau seit langer Frist
Getränkt, wetteifert Dank zu blüh'n das Schöne;
Und ohne Dank trink' auch vom Thau der Gnade
Ihr Tröpflein nicht die heisere Cikade."

Münch-Bellinghausen schrieb bei Widmung seines Gedichtes Camoens an den König (1838, 8. April): „Ew. Majestät verbinden mit der Weihe zur Herrschaft jene zum Dichter, Sie haben selbst Leid und Lust des Dichterlebens empfunden, Ihr Blick hat die Tiefen des Abgrundes ermessen, die Ideal und Wirklichkeit trennen, Sie wissen, welche Wege den Dichter vom finsteren Zweifel zu bänglichem Kleinmuth führen, und mein Werk, welches sich bemüht, Wohl und Weh des Dichterlebens abzuwägen und es für die Entbehrungen der Gegenwart an das erhebende Gefühl des eigenen Werthes und die dankbare Anerkennung der Nachwelt zu weisen, darf nicht hoffen, seine Mängel und Gebrechen vor dem Auge des königlichen Dichters verbergen zu können, dessen Name nicht blos den Marmorgiebeln seiner unsterblichen Bauten, sondern in den Herzen aller Deutschen mit denen ihrer großen Ottone, ihrer Friedriche, ihrer Maximiliane fortleben wird."

Leider ließ sich der König bestimmen, einzelne Distichen aus seinen Elegien als Ueberschriften über Rottmann's Fresken in den Arkaden des Münchner Hofgartens zu setzen; in dieser Form, aus dem Zusammenhang herausgerissen, verdienen sie von den Gaben seiner Muse am wenigsten der Nachwelt überliefert zu werden.

Nicht blos als dilettantischen Zeitvertreib, sondern als eine Hauptaufgabe seines Lebens betrachtete Ludwig die Förderung der Kunst der Gegenwart und deshalb ist es geboten, diese Seite seiner Thätigkeit eingehender zu beobachten.

## Die Vorgänge in München vom Oktober 1846 bis zum Februar 1847. Das Memorandum. Sturz des Ministeriums Abel. Das Ministerium Zu Rhein-Maurer. Der Landtag 1847.

Die Vorgänge in München, welche den Sturz des Ministeriums Abel zur Folge hatten, und die daraus resultirende Bewegung fanden von jeher die verschiedenartigste Beurtheilung; während die Einen den „unblutigen Sieg des gesinnungstüchtigen Bürgerthums" rühmten, spotteten die Anderen über das „Satyrspiel der Revolutionsepoche". Die Tagespresse jagt nur dem Skandal nach und dazu gesellt sich eine Bagatellliteratur, dereu Erbärmlichkeit hoffentlich nie wieder erreicht werden wird.*) Wir möchten am liebsten von jener Zeit schweigen, da alles Hohe und Edle darniederlag, und gehorchen nur widerwillig der Pflicht, auch dieses unerquickliche Bild aufzurollen. Obskurantismus im Kampf mit einer verworrenen Aufklärungssucht, politische Unmündigkeit auf der einen Seite, Feilheit und Egoismus auf der anderen, der bisher vergötterte Fürst von einem unseligen Bann festgehalten und deshalb plötzlich auf das Maßloseste gelästert.

In den ersten Oktobertagen 1846 kam die Tänzerin Lola Montez nach München, nachdem sie unstät die halbe Welt durchwandert

*) Am 19. Juli 1849 schreibt Ludwig an seinen Sekretär: „Dem Oberbibliothekar Lichtenthaler ist nebst Freundlichem zu sagen, wünschenswerth finde ich, wenn die seit März 1848 herausgekommenen Blätter, wenigstens die in München erschienenen, in der Hof- und Staatsbibliothek gesammelt würden, behufs der Geschichte unserer Zeit; wie schlecht auch die meisten sind, sie drücken darum gerade diese schlechte aus".

und allerlei ihren Ruf befleckende Abenteuer hinter sich hatte. Man hat sich die Mühe genommen, nachweisen zu wollen, daß sie von den Freimaurern Londons mit einer Mission betraut gewesen sei, das fromme Regiment des Königs von Bayern zu erschüttern, doch ist wohl kaum die Versicherung nöthig, daß diese Conjektur sich durch nichts Reales begründen läßt.

Nur mit Mühe setzte sie durch, am Hoftheater in Zwischenakten spanische Tänze aufführen zu dürfen. Der König war gewohnt, fremde Künstler, die zu Gastspielen nach München kamen, sich vorstellen zu lassen. Auch der Tänzerin wurde diese Ehre zu Theil und der Fürst, durch Frauenreiz leicht erregt, faßte eine ungewöhnliche Zuneigung zu dem schönen Mädchen.

Bald waren die schnödesten Gerüchte in Umlauf. Ludwig selbst verwahrte sich dem Erzbischof Diepenbrock gegenüber wider eine solche Auffassung seines Verhältnisses zu der Fremden, und auch diese, als sie später auf ihren aberteuerlichen Zügen förmliche Vorträge über ihre Erlebnisse in München hielt und ihren zweideutigen Ruf als Reklame benützte, hob die Neigung des Königs stets in eine edlere Sphäre.

Die Theilnahme des Königs für sie ist erklärlich. Ihre originelle Schönheit lebt noch in der Erinnerung Aller, die sie sahen, und ist auch im Bilde durch das von Stieler für die sogenannte Schönheitsgallerie gemalte Porträt überliefert. Mit den körperlichen Vorzügen verband sie eine nicht gewöhnliche geistige Begabung, bizarre Phantasie und feuriges Temperament. Gewandt in allen weiblichen Künsten besaß sie in größtem Maße die, zu gefallen, und mehr glänzend als tief, achtete sie dieselbe höher als Ehre und Weiblichkeit. Es erinnert ihre Erscheinung an die Schilderung, die Sallust von der Sempronia entwirft.

Da der König kurz vor der Ankunft der Tänzerin mit dem Studium der spanischen Sprache begonnen hatte, — er beabsichtigte schon seit langer Zeit eine Reise nach Spanien — so gewann die Unterhaltung mit ihr doppelten Reiz, denn sie wußte über Calderon und Cervantes, aus deren Dramen sie zuweilen vorlas, so geläufig und pikant zu sprechen, wie über Reiseerlebnisse und Coulissengeschichten.

Der König lebte in dieser Neigung neu auf.

„In dem Süden ist die Liebe,
Da ist Licht und da ist Gluth ....“

Er selbst beachtete nicht mehr, was er einst in einem Gedicht „Agnes Bernauerin“ ausgesprochen:

„Was vom Geschick bestimmt, getrennt zu bleiben,
Beglückend wird's hienieden nie vereint ....“

Die Annäherung des Königs an die Fremde soll anfänglich von den Trägern des herrschenden Regierungssystems gar nicht ungern gesehen worden sein. Thatsache ist, daß frühere Herzensgeschichten von dieser Seite gar milde Beurtheilung fanden. Die Dame selbst — wir führen es mit allem Vorbehalt an — erzählte, die Jesuiten hätten bereits während ihres Aufenthalts in Paris den Versuch gemacht, sie für Bekehrungszwecke (es handelte sich um einen russischen Grafen Medem) zu gewinnen. Lola will die Zumuthung nicht nur zurückgewiesen, sondern auch Guizot, dem die häufigen Bekehrungen russischer Edelleute in Paris bereits auffällig waren, verrathen und dadurch den ersten Anstoß zur Aufhebung des Jesuitenordens in Frankreich gegeben haben. Jedenfalls ward erst dann, als ihre sehr weltliche Richtung in München klarer hervortrat, der Sturm gegen das Verhältniß entfacht. „Seit diesem Augenblick erst“, sagt ein wohlunterrichteter Kenner der Münchner Verhältnisse, der Verfasser des Artikels „Bayern unter dem Ministerium Abel“ in der „Gegenwart“, „geschah es, daß die Person des Königs vor aller Welt in die Debatte gezogen, daß seine Privatverhältnisse dem Publicum auf das ungeziemendste preisgegeben wurden; man erinnere sich wohl: nicht die radikalen, sondern die glaubenseifrigen Tagesblätter, die eigentlich reaktionären Stimmen der Politik waren es, welche damals zuerst die Neigung des Königs höhnisch berührten und von allgemeiner Aufregung, von erschreckenden Zuständen desselben Landes sprachen, welches sie bis dahin als Eldorado des Glücks und der Zufriedenheit gepriesen hatten.“ Die Tänzerin wurde von dieser Presse mit der Pompadour verglichen, welche ihren königlichen Freund am Gängelband führe, wurde als Herostrat bezeichnet, der die Brandfackel in das Staatsgebäude schleudere u. s. f.

Das Gehässige und Persönliche dieser Angriffe, ihre allen gebührenden Rücksichten Hohn sprechende Form bewirkten beim erbitterten Könige nur, daß er die Partei der Geschmähten, welche ihre excentrischen Launen keineswegs zügelte, auch in solchen Fällen ergriff, wo Nachsicht für sie Unrecht gegen Andere war. Er forderte das Recht, das jedem Privatmann zustehe, auch für sich, Unterhaltung zu suchen, wo er sie finde. Jeden Widersacher seines Lieblings als persönlichen Feind betrachtend, wurde er mehr und mehr den Männern fremd und abgeneigt, die bisher sein Vertrauen genossen hatten.

Es ist oben dargelegt worden, wie der König namentlich durch die Erfahrungen des letzten Landtags gegen Abel und sein System mißtrauisch geworden war. Am 15. Dezember 1846 verfügte er die Trennung eines Ministeriums für Cultus und Unterricht vom Ressort des Ministers Abel. Cultusminister wurde Freiherr von Schrenk. Es war ein offener Beweis, daß die Stellung Abel's schon erschüttert sei. Die ultramontane Partei wurde jedoch dadurch keineswegs eingeschüchtert, sondern vergaß in ihrem weiteren Gebahren ganz und gar der gewohnten Klugheit.

München war das Asyl für alle hierarchischen Planmacher geworden, hier war eine Kongregation versammelt, die sich aus allen Ländern und allen politischen Parteien rekrutirte. Das Häuschen des „deutschen O'Connell", Joseph Görres, in der Schönfeldstraße sah in seinen Räumen französische Legitimisten, radikale polnische Emigranten und Schweizer Jesuiten. Ihre Organe führten den heftigsten Kampf gegen den Liberalismus, gegen „die Götzendiener der gottleugnenden Vernunft und Sendboten der Fleischbefreiung und ihres orgiastischen Cultus", und verfolgten mit Strenge jeden Schritt der Regierung, der für die Alleinherrschaft des streng katholischen Prinzips gefährlich zu werden schien. Während diese Ultra's nur eine Richtung in der katholischen Welt darstellten, führten sie dreist alle ihre politischen Schachzüge im Namen der ganzen Kirche aus und erinnerten dabei mit Vorliebe daran, daß die Kirche ihr Recht um ein halbes Jahrtausend weiter zurück datire als die älteste Dynastie. Gerade weil bei Gelegenheit des galizischen Aufstandes im ultramontanen Lager selbst Zwiespalt ausgebrochen, die Schweizer Sonderbundsbewegung unterdrückt war und zugleich Lamennais seine gewichtigen Schläge gegen die Kirche der Vergangenheit führte, galt es jetzt, den Posten in rn um jeden Preis zu behaupten. Wie seltsam sticht von des els Wort über die Bürgerpflichten die Erklärung Görres' ab: n der Geruch der Verwesung durch die Gesellschaft hindurch und der Uebermuth keine Grenzen mehr kennt, so thun die nen des Abgrunds sich auf, und die Fluthen brechen über sie t; in der Sprache der Menschenkinder wird es eine Revolution nt, in der Sprache der Ueberirdischen ist es ein Umschwung dem Richtmaß ewiger Ordnung von der Vorsehung zugelassen". irchliche Partei hatte den Widerstand der Regierungen gegen eutschkatholische Bewegung geschürt, die man als Geburt des alismus verdächtigte. Im Jahr 1846 dagegen, als die hierarchische igauda sich für schwere Verluste zu entschädigen suchte, konnte er in seiner „Meinungsäußerung eines Conservativen gegen den montanismus in Bayern" die Anllage gegen die Klerikalen, daß die Religion nur als Deckmantel für destruktive politische Ten- t diene, mit thatsächlichen Beweisen aufrecht erhalten.

Nur das Bewußtsein des unausbleiblichen Sturzes kann die e Art erklären, mit welcher die kirchliche Partei und an ihrer der geschmeidige Staatsmann Abel dem Monarchen fortan ibertrat.

Der Bruch, der also schon vor der Ankunft von Lola Montez in uft lag und durch diese nur beschleunigt wurde, trat denn in.

In demselben Maße wie die Neigung des Königs, den offenen ffen wie der feiner gesponnenen Intrigue trotzend, wuchs und em Widerstande neue Nahrung sog, nahm auch der freche Ueber- der Begünstigten zu. Bekanntlich kam es einst zu heftigen n, als Friedrich der Große seine Generale zwang, die Tänzerin anini, seinen Liebling, zu ihren Gesellschaften beizuziehen. Als ähnlichen Vorfällen am Münchner Hofe kam, weil Ludwig sei- reundin die höheren Kreise zu öffnen wünschte, verlangte Lola z Genugthuung, eine Genugthuung, die zugleich als thatsächlicher s der königlichen Freundschaft dem ganzen Lande gelten könne: Erhebung in den Adelsstand. Die kühne Bitte unterstützte sie r Versicherung, daß sie aus altadeligem Geschlechte stamme und icht sowohl aus Ehrgeiz neuen Glanz, als vielmehr aus Pietät den verblichenen Glanz ihrer Familie erneuert wünsche. Sie fand geneigtes Ohr. Da zur Nobilitirung die Erlangung des bayerischen Indigenats nothwendig war, kam die Sache vor den Staatsrath, dessen Gutachten verneinend ausfiel. Trotzdem beharrte der Monarch auf Vollstreckung seines Willens und weil er als konstitutioneller Monarch die Gegenzeichnung eines Ministers bedurfte, machte er Abel energische Vorstellungen, daß seine Verfügung weder gegen die Verfassung noch gegen irgend ein Landesgesetz verstoße, und er deshalb eine Verweigerung als persönliche Beleidigung auffassen müsse. Dessenungeachtet entschlossen sich die Minister, die verlangte Dienstleistung abzulehnen, und übergaben dem Könige am 11. Februar ein Schriftstück, das ihre Gründe und Ansichten entwickelte, das vielbesprochene „Memorandum".

„Es giebt Augenblicke im öffentlichen Leben", beginnt dasselbe, „wo Männern, die das unschätzbare Vertrauen ihres Monarchen zur obersten Leitung in ihren verschiedensten Zweigen berufen hat, nur noch die betrübende Wahl offen steht, entweder der Erfüllung der heiligsten, durch den Eid, durch Trene, Anhänglichkeit und Dankbarkeit besiegelten Pflichten zu entsagen, oder in gewissenhafter Erfüllung dieser Pflichten die schmerzliche Gefahr des Mißfallens ihres Monarchen nicht zu beachten. In solcher Lage sehen die treugehorsamst Unterzeichneten durch den allerhöchsten Beschluß, der Señora Lola Montez das bayerische Indigenat durch königliches Dekret zu verleihen, sich versetzt, und sie sind Alle eines Verraths an den Eurer Majestät gelobten höchsten Pflichten unfähig." Es wird sodann die bedenkliche Stimmung des Landes über das bekannte Verhältniß geschildert. Das Nationalgefühl sei verletzt, „weil Bayern sich von einer Fremden regiert glaubt und so mancher Thatsache gegenüber Nichts diesen Glauben zu entwurzeln vermag." Der Unwille der Bischöfe wird mit Nachdruck hervorgehoben, die Angriffe gegen den König in der ausländischen Presse werden erwähnt. „Die Sache des Königthums steht auf dem Spiel." Auch die loyalsten Diener des Monarchen könnten nicht mehr verhüten, daß der Mißmuth im Lande auf die Armee rückwirke. Beharre der König auf seinem Entschluß, die Fremde zur Gräfin zu erheben, so wären sie, die Warnenden, gezwungen, von ihren Ministerposten zurückzutreten.

Unterzeichnet waren sämmtliche Minister. Verfasser des Schrift-
war Abel.

„Ist dies das einzige Exemplar?“ fragte der König die Ueber-
,er des Tadelvotums. Es wurde bejaht. Doch es dauerte nicht
, so faud das Aktenstück den Weg in die Presse und zwar zuerst
e ausländische. Der Weserzeitung wurde, wie Hormayr enthüllte,
München aus eine Abschrift zugeschickt, die offenbar von einer
ibten Knabenhand geschrieben war; sogar lithographirte Exem-
kamen an norddeutsche Blätter. Der König betraute eine eigene
mission mit der Untersuchung, aus welcher Quelle diese Veröf-
chungen geflossen seien, doch wurde kein bestimmtes Resultat zu
gefördert.*) Die gewöhnliche Annahme lautet dahin, die Schwe-
eines Ministers habe sich heimlich eine Kopie des Schriftstücks
)afft und dieselbe zunächst ihren Freundinnen mitgetheilt, die sie
r verbreiteten. Doch die planmäßige Verbreitung durch die
je läßt die Annahme nicht unbegründet erscheinen, daß die Ver-
tlichung von irgend einer betheiligten Seite mit bestimmten Absichten
'ben wurde. Strodl in seiner Geschichte des Ministeriums Abel
sich auch gar nicht die Mühe, diese Verletzung des Amtsgeheim-
s zu beschönigen oder zu entschuldigen. „Die Veröffentlichung des
iorandum“, sagt er, „können wir nur als ein Glück ansehen,
'em daß man diesen Akt fortwährend als einen inkonstitutionellen
immt hat, denn es vertrat Sittlichkeit und Recht, die Wurzel
socialen Lebens der Völker, und es wollte dieselben nicht der
kür eines sittenlosen Weibes opfern, das die Krone wie das Land
kte.“

„Sire“, schrieb einst Fenelon an Ludwig XIV., „dem Könige
Wahrheit nicht in ihrem ganzen Umfange zu enthüllen, dies
an ihm einen Hochverrath begehen.“ In diesem Sinn faßte
rsch, der Sohn und Biograph des berühmten Philologen, den
itt der Minister auf. „Ihre Ausdrücke“, urtheilt er, „waren
zu stark und sie haben, indem sie diesen Schritt thaten, als
nmänner gehandelt.“

---

) In dem bezüglichen Akt des Justizministeriums finden sich nur die An-
igen zur Nachforschung, die Antwortschreiben der unteren Behörden fehlen.

Wenn man aber selbst über die Ausdrucksweise des Memorandums hinwegsieht, die seltsam von der Sprache absticht, welche gerade Abel sonst zu seinem Könige redete, so bleibt doch nicht zu rechtfertigen, daß sich das Dokument nicht streng innerhalb der Grenzen der Thatsachen und der Wahrheit hielt. Von Anzeichen, die einen Zweifel in die Treue des Heeres begründet hätten, war, wie uns übereinstimmend von kompetenter Seite versichert wurde, keine Spur vorhanden und ebenso beschränkte sich die angebliche beunruhigende Unzufriedenheit des bayerischen Volkes, abgesehen von einzelnen Münchener Kreisen, damals noch auf gewöhnlichen Klatsch, der das Privatleben der Fürsten als allgemeine Almende betrachtet. So dachten auch damals schon Männer, die keineswegs erklärte Gegner des Abelschen Systems waren. „Jedenfalls", schrieb Böhmer an Maurer de Constant (6. März 1847): „haben über die Lola mehrere den Kopf verloren als nur Einer. Das Memorandum der Minister scheint mir, wenn ich es als eine treu gemeinte Warnung betrachte, unschicklich, unzweckmäßig und roh."

Abel erhielt nach Ueberreichung des Memorandums auf Rath des Staatsraths Maurer, den der König in seiner Bestürzung zu sich berief, einen Tag Bedenkzeit. Der Minister blieb bei seiner Erklärung, Ludwig verfügte seine Entlassung. Die Moralpredigt des bisherigen Vertrauten, der plötzlich den heiligen Remigius spielen wollte und seinem Könige zurief, den Nacken zu neigen, schüchterte Ludwig nicht ein, sondern empörte ihn im Innersten und in dieser Stunde des Zorns fühlte der König die Wahrheit der Anklagen, die ihm wider das unduldsame Regiment seines Ministers so oft zu Ohren kamen. In die Abendgesellschaft bei seiner Freundin kam er in aufgeregtester Stimmung. „Alle meine Minister habe ich entlassen!" rief er, „das Jesuitenregiment hat aufgehört in Bayern!" Wirklich erhielt am 16. Februar Abel „die von ihm nachgesuchte Enthebung von der Leitung des Ministeriums", einige Tage später erhielten auch die übrigen Minister sowie Hörmann, Regierungspräsident von Oberbayern, ihre Entlassung.

Die drastische Aeußerung des Königs über das abgetretene Ministerium wurde rasch bekannt. Ein Sonett des Königs fand den Weg in die Tagesblätter.

„Ihr habt mich aus dem Paradies getrieben,
Für immer habet ihr es mir umgittert,
Die ihr des Lebens Tage mir verbittert,
Doch macht ihr mich nicht hassen, statt zu lieben.

Die Festigkeit, sie ist noch nicht zersplittert,
Ob mir der Jugend Jahre gleich zerstieben,
Ist ungeschwächt der Jugend Kraft geblieben,
Ihr, die ihr knechten mich gewollt, erzittert!

Mit dem, wie ihr gen mich seyd, giebt's kein Gleichniß,
Die eignen Thaten haben euch gerichtet
Des Undanks, der Verleumdungen Verzeichniß.

Die Wolken flieh'n, der Himmel ist gelichtet,
Ich preis' es, das entscheidende Ereigniß,
Das eure Macht auf ewig hat zernichtet!"

Man sah darin eine neue Bürgschaft für die Sinnesänderung Königs und seinen Entschluß, mit den bisher herrschenden Prin- zu brechen, und diese Erwartungen bestätigten sich durch die fung Solcher in den neuen Kronrath, die bisher in den Reihen der sition sich befunden hatten. Ministerialrath Hermann trug im :n des Königs dem Freiherrn von Zu Rhein das Ministerporte- : des Innern an, „weil der König einen Mann wünsche, der ntlich in religiöser Hinsicht ernst seiner Kirche zugethan ist, ohne ebergriffe in die Sphäre des Staates gut zu finden, zu denen Festhaltung der staatsrechtlichen Grenzen jede Kirche geneigt ist." thein nahm den Posten an. Mit besonderer Befriedigung wurde rnennung Maurer's zum Justizminister aufgenommen; er war :ste protestantische Minister Bayerns. Generalmajor von Ho- usen wurde das Kriegsministerium, Staatsrath Zenetti das zministerium anvertraut, doch erhielt das gesammte Ministerium t nur provisorischen Charakter.

Naurer unterzeichnete das Indigenatspatent, beschwor aber den , der unausbleiblichen Folgen halber keinen Gebrauch davon zu ı. Leider geschah dies dennoch. Die Standeserhöhung der ı Tänzerin diente ihren Feinden nur als neues Agitationsmittel sie. Wallerstein schrieb damals an Maurer: „Die deutschen r einer gewissen Farbe geben den Ton in einer Weise an, jedes Gefühl verletzt, und deutsche Privatkorrespondenzen gleicher Richtung regen die zartesten Seiten der Sache mit wahrhaft cynischer Wuth an, mit einem Wort — diese Partei zeigt sich einmal wieder, wie sie stets war!" Die Bemühungen dieser Koterie fanden überdies geneigte Unterstützung von Seite der radikal-demokratischen Partei, welcher ja jede Schwächung des monarchischen Ansehens erwünscht kam.

Lasaulx, über dessen reine Absichten übrigens kein Zweifel erlaubt ist, fühlte sich berufen, die Angelegenheit vor das Forum der Universität zu ziehen. Er stellte im Senat den Antrag, „die Hochschule möchte als erste sittliche Korporation im Staate dem Minister, der für die Sittlichkeit eingetreten, ihre Anerkennung zollen". Der König antwortete durch rasche Quieszirung des Antragstellers. Da dieser ein beliebter Lehrer, beschloß ein Theil der Studentenschaft eine Ovation für ihn, die auf einen Gassenskandal vor dem Hause der Lola Montez, oder wie sie jetzt hieß, Gräfin Landsfeld, hinauslief. (1. März.) Den „ethischen Unwillen des Volkes über die Frechheit eines öffentlichen Weibes" bezeichnet Strodl als bewegende Ursache des Pöbelauflaufes. Während die Menge noch vor dem Hause schrie und lärmte, erschien plötzlich der König zu Fuß mitten unter dem Haufen. Die Erscheinung wirkte zu überraschend, die Rotte wich grüßend auseinander, der König konnte unbehelligt das Haus betreten. Doch auf dem Rückwege zur Residenz entging auch er nicht den rohesten Beschimpfungen. Die Wuth des Pöbels verachtete der König, doch sein ganzer Zorn kehrte sich gegen die Männer, die er für die eigentlichen Anstifter des Skandals hielt. Er verfügte die Entlassung oder Versetzung mehrerer klerikaler Professoren. Von seiner aufgeregten Stimmung zeugen die bezüglichen Signate. Da sich Zu Rhein für das Verbleiben des Professors Philipps in seiner Stellung verwendete, bemerkte Ludwig: „Es bleibt bey meiner Entschließung, entweder nimmt Philipps die Stelle als Regierungsrath in Landshut an oder giebt seine Entlaßung, wovon derselbe in Kenntniß zu setzen. Was er vorgezogen, mir zu berichten." Da Philipps sich für das Letztere entschied, signirt Ludwig: „Philipps Entlaßung bewilligt. Von dieser Bewilligung ihm gleich noch heute früh Kenntniß zu geben."

Die Maßregelung der Professoren wurde von den Liberalen mit Genugthuung aufgenommen, obwohl die Art, jene bloß durch Kabinetsdekret zu entfernen, die Befürchtung möglicher Konsequenzen wohl begründet hätte. Als Ludwig zum Erstenmal nach dem Auflauf vom 1. März wieder im Hoftheater erschien, begrüßte ihn demonstrativer Jubel, und nicht minder freudiger Empfang wurde ihm allenthalben zu Theil, als er im Sommer nach Aschaffenburg und Brückenau sich begab und auf kurze Zeit auch die Pfalz besuchte. Der König war darüber hoch erfreut. Von Brückenau aus schreibt er an seinen Sekretär Kreuzer (27. Juni 1847): „Mit meinem Empfang auf der ganzen Herreise war ich sehr zufrieden. In Mittelfranken, wie nie früher, innig freudig begrüßt". Einige Tage später (30. Juni): „Wie noch nie, in Kissingen gestern empfangen worden, wie ich denn überhaupt in der Meynung durch den Ministerwechsel und was seitdem geschah, sehr gewonnen". Und nach dem Abstecher in die Pfalz (31. August): „Ueberrascht, freudig überrascht war ich in der Pfalz von in Augenschein genommener jubelnder Begrüßung".

Eine Cirkularnote setzte alle befreundeten Kabinete von den Aenderungen im Kronrath in Kenntniß. Die Antworten lauteten sämmtlich auf das Befriedigendste. Ueberraschender Weise ließ sogar die Antwort des päpstlichen Stuhles nicht undeutlich Einverständniß mit den eingetretenen Aenderungen erkennen.

Dagegen machte im eigenen Lande jene Partei, die Bayern gern als hieratisch-archaistische Oase erhalten möchte, entschieden Front gegen die neue Regierung, „so das Land protestantisiren wolle". Die klerikalen Organe ergingen sich in heftigsten Auslassungen über das „Wiederauftauchen des Prinzips der alten Majestätsrechte, dieser Häresie der letzten Jahrhunderte, an der Fürsten und Völker sich berauschten". Namentlich gab ihnen die Wiedereinschärfung einer älteren Verordnung Anstoß, der zu Folge Nonnen erst nach Eintritt in ein reiferes Lebensalter ewige Gelübde ablegen dürfen. Neuen Sturm rief die Unterdrückung der Missionen, sowie ein Erlaß bezüglich des sogenannten dritten Ordens hervor, Maßregeln, die im Interesse des paritätischen Friedens nöthig waren. Da in mehreren Fällen die Tagespolitik in den Bereich der Kanzelberedtsamkeit gezogen wurde, und zwar in einer Weise, ganz darauf berechnet, Aufregung und Unzufriedenheit zu schüren, wurden die Polizeibehörden zu geeigneter Ueberwachung der geistlichen Vorträge angewiesen.

Die ultramontane Presse schrieb alle diese Verfügungen den Einflüsterungen „der Tochter Babels zu, die Bayern den Becher der Wollust kredenzte". Dagegen konnte Minister Zu Rhein 1849 im Reichsrath die feierliche Erklärung abgeben, daß, so lange er und seine Amtsgenossen im Rathe der Krone saßen, sich nicht ein einziges Mal in Staatsangelegenheiten fremder Einfluß zwischen den Thron und seine Räthe zu drängen vermochte.

Der König hatte, sobald die ersten Zorneswallungen verflogen, die wegen der Vorfälle des 1. März eingeleitete Untersuchung niedergeschlagen und Entlassung der Verhafteten, worunter mehrere Studenten, angeordnet. Die Universität wurde von mehreren beschränkenden Bestimmungen der Abel'schen Periode befreit; auch vom Verbindungswesen wurde der Bann genommen, und die Studenten brachten zum Dank für die Zurückgabe ihrer Autonomie dem König einen Fackelzug.

Dagegen erschien dem Könige für die gegenwärtige Zeitlage eine freiere Entwicklung des Preßwesens nicht opportun. Mit Rücksicht auf die ultramontane Agitation wurden vielmehr die Behörden neuerdings angewiesen, „die öffentliche Stimmung und die Tagespresse unausgesetzt im Auge zu behalten, da ein unverkennbares Bestreben von einer gewissen Seite besteht, über die aus dem Willen des Königs hervorgegangenen Veränderungen in der Geschäftsleitung der Ministerien die ungereimtesten Nachrichten auszustreuen, die öffentliche Meinung durch Andeutung angeblicher besonderer Vorgänge und weiter bevorstehender Veränderungen schwankend zu erhalten, eine gewisse Aufregung zu nähren und dadurch im Hinblick auf den künftigen Landtag für bestimmte Tendenzen in der öffentlichen Meinung eine Stütze zu begründen". Mehrere auswärtige Zeitungen konnten den Postdebit in Bayern nicht erlangen.

Auf freisinniger Grundlage wurde dagegen eine gründliche Reform der Gesetzgebung angeordnet. Dem Drängen Maurer's nachgebend, willigte der König in die Trennung der Justiz von der Verwaltung, auch befahl er die schleunige Vorlage eines Entwurfs für Civil- und Strafverfahren, der auf dem Prinzip der Oeffentlichkeit und Mündlichkeit sich aufbaue. Doch sollten nach dem Willen des Königs die Gerichte nur mit gelehrten Richtern ohne Geschworene besetzt bleiben. Als die würtembergische Regierung den Zusammentritt einer Kommission zur Anbahnung von Gleichförmigkeit der deutschen Gesetzgebung beantragte, erklärte das bayerische Justizministerium erst nach erfolgter Zustimmung des Landtags zu den projektirten Aenderungen beitreten zu wollen. Aber die Leipziger Konferenz zu Berathung einer allgemeinen deutschen Wechselordnung wurde von Bayern beschickt, der bayerische Vertreter sprach sich für Annahme des preußischen Entwurfs aus und die übrigen deutschen Regierungen stimmten bei, so daß die Unterhandlungen bald zu positivem Resultate führten.

Ein königliches Dekret verordnete, daß im Falle der Abwesenheit des Monarchen der Kronprinz im Staatsrath den Vorsitz führen solle, zugleich wurde dem Kronprinzen Max die Stelle eines Generalinspektors der Armee übertragen. Nach der Entfremdung, welche während der letzten Jahre aus politischen Gründen zwischen Vater und Sohn eingetreten war, galten jene Verfügungen als erfreulicher Beweis der stattgefundenen Verständigung.

Auch die Begnadigung Behr's und Eisenmann's wurde jetzt von Maurer in Vorschlag gebracht und vom Könige bewilligt.

Ebenso war auf anderen Gebieten des Staatswesens, namentlich im Post- und Eisenbahnbetrieb ein regerer Aufschwung unverkennbar. Da die Regierung die zum Bau neuer Eisenbahnlinien nöthige Summe zu dem gesetzlichen Zinsfuß von $3^1/_2$ Prozent nicht aufbringen konnte, erschien eine Abänderung der bezüglichen Gesetzesbestimmung nothwendig. Um jedoch die älteren Gläubiger nicht zu drücken und den Kredit des Staates zu erhalten, schien überhaupt eine gleichmäßige Erhöhung des Zinsfußes geboten. Der König wollte lange nicht einwilligen, ließ sich aber endlich durch die Vorstellungen Zu Rhein's überreden. Am 14. September 1847 signirte er: „Diese Gründe überzeugen mich von der Räthlichkeit die Zinsen zu erhöhen . . . Als redlicher Mann hat Freiherr von Zu Rhein sich benommen, offen mir sagend, daß ohne diesen die vier Prozent betreffenden Zusatz er als Reichsrath nicht in der Kammer für das Gesetz seyn könnte".

Nur „für den Zweck dieser Abänderung" wurde im September der Landtag einberufen. Doch eine Reihe von eingegangenen Beschwerden über Preßbedrückung gab den versammelten Ständen Anlaß zu längeren Debatten über das Preßwesen. Es wurden bittere Klagen laut über die Zustände, die das vorige Ministerium für das Land geschaffen, und indem das Abel'sche System nur an Staatsrath v. Freyberg einen Vertheidiger fand, zeigte sich, daß im Verlangen nach Freigebung des Worts alle Parteien einig waren. Fast einstimmig wurde beschlossen, die Krone um Vorlage eines neuen Preßgesetzes zu bitten. Der Reichsrath trat dem Beschluß der zweiten Kammer mit einigen abschwächenden Bestimmungen bei.

Zwar ging Ludwig im Landtagsabschied auf die Bitte der Stände nicht ein, durch Verordnung vom 16. Dezember erfolgte jedoch „in Erwägung, daß nach Wortlaut und Geist der Verfassungsurkunde die in § 2 der dritten Verfassungsbeilage vorbehaltene Censur nicht eine Kronverbindlichkeit, sondern eine Kronbefugniß bildet, dann in der Absicht, dem treuen Volke einen sprechenden Beweis landesväterlichen Vertrauens zu geben", Aufhebung der Censur bezüglich der Besprechung innerer Landesangelegenheiten.

Doch fällt diese Verfügung schon in die Periode eines neuen Ministeriums, denn schon vor Schluß des Landtages schied das Ministerium Zu Rhein-Maurer nach kurzer Wirksamkeit aus dem Kronrathe aus.

Der König war ungehalten darüber, daß diese Minister die Kammern nicht auf den Standpunkt eines „einfachen Postulatenlandtags" zurückdrängten. Die wirklich maßgebende Ursache ihrer Entlassung ist jedoch in rein persönlichen Motiven zu suchen.

Gräfin Landsfeld hatte sich in der Gunst des Königs zu erhalten verstanden. „Man hätte dabei an Hexerei glauben mögen!" äußerte ein rechtschaffener Mann aus der Umgebung des Königs. Weil sich um sie allmälig ein Schwarm von Glücksrittern versammelt hatte, wurde im Könige der Wunsch wach, bessere Leute in ihre Umgebung zu bringen. Doch die wilden Ausbrüche ihrer Launen schreckten ebenso ab wie die Geschichte ihrer Vergangenheit. Die Erfolglosigkeit seiner Bemühungen erbitterte den König in höchstem Grade. Da man ihm die wahren Ursachen vorstellte, warum der Umgang mit jener Dame gemieden werde, erwiderte er: „Welcher stolzen Frau aus diesen gerühmten besseren Ständen wäre es wohl anders ergangen, wenn sie jung, schön und hilflos in die Welt geschleudert worden wäre? Und ist etwa die und die wirklich besser?

Ich kenne sie alle und halte den Unversuchten ihre gepriesene Tugend nicht allzu hoch!" Zuletzt hatte er nur noch den einen Maßstab für Jemandes Treue und Anhänglichkeit, ob er bereit sei, in gesellschaftlichen Verkehr mit seinem Günstling zu treten oder nicht. „Wenn Sie eingeladen werden, wo der König ist", schrieb er in einem solchen Fall an einen alten Vertrauten, „und wenn Sie dann doch nicht erscheinen, so sieht dieses der König für Beleidigung gegen ihn an und des Königs Ungnade zieht ein solches Benehmen nach sich."

Als der König dem Staatsrath Maurer das Ministerportefeuille anbot, machte dieser zur Bedingung, daß ihm gestattet sei, der Gräfin Landsfeld fremd zu bleiben. Dieser Forderung wegen blieb ihm die Dame abgeneigt trotz des Dienstes, den er ihr in der Indigenatsfrage, soweit es der Buchstabe des Gesetzes erlaubte, geleistet hatte. Maurer konnte später, als er sich im Reichsrath gegen Abels Angriffe zu vertheidigen hatte, die Erklärung abgeben, daß der Fremden, so lange er und seine Kollegen im Kronrath saßen, niemals irgend eine Einwirkung auf Staatsgeschäfte zugestanden wurde. Eine bescheidene Privatrolle war aber nicht nach dem Sinn der intriguensüchtigen Dame. Sie wußte dem Könige die Erklärung Maurers als persönliche Beleidigung darzustellen und der mißliebige Minister wurde entlassen. Der König bemühte sich, wenigstens Zu Rhein festzuhalten, doch auch dieser lehnte ab, unter den gegebenen Verhältnissen das Portefeuille länger innezuhaben.

Diese Vorgänge mußten im Volke die Ansicht erwecken und befestigen, daß die Laune der Begünstigten auch für die Staatsangelegenheiten maßgebend sei. Die darauf abzielenden Aeußerungen der Uebermüthigen wurden weiter getragen, und nicht mehr der Zorn einer Partei, sondern der Unwille der öffentlichen Meinung erhob die drohende Stimme. In weitesten Kreisen griff die Aufregung um sich, und die treuesten Anhänger der Kroue konnten sich trüber Ahnungen nicht erwehren.

## Das Ministerium Wallerstein-Berks. Die Februar-Exzesse 1848 in München. Die deutsche Bewegung. Das Königliche Patent vom 6. März. Neue Unruhen. Abdankung des Königs.

Fürst Wallerstein hatte namentlich durch die gewandte Durchführung einer diplomatischen Aufgabe gelegentlich der Septemberrevolution in Griechenland die Gunst des Königs wieder erlangt. Als er im Dezember 1847 zum Minister des Aeußeren ernannt wurde, war dies ohne Zweifel des Königs eigene Wahl. Ebenso waren Beisler und Heres, denen die Ministerien der Justiz und der Finanzen übertragen wurden, als tüchtige Verwaltungskräfte bekannt. Dagegen schrieb man die Erhebung des Staatsraths Berks, der in letzter Zeit der Reisekavalier der Gräfin Landsfeld war, allgemein ihrem Einfluß zu, und dieser Argwohn, durch die Prahlereien der Gräfin bestärkt, erschütterte von vornherein seine Stellung.

Eine der ersten Verordnungen des neuen Ministeriums bestimmte, daß keiner der aus der Schweiz verbannten Jesuiten sich länger als einige Tage in Bayern aufhalten dürfe. Rasch folgte darauf der Erlaß einer freisinnigen Studienordnung, die Berufung Fallmerayer's an die Münchener Hochschule und andere Maßregeln, welche die klerikale Partei überzeugen mußten, daß sie eine Aenderung des Systems in ihrem Sinne nicht zu erwarten habe. Andrerseits aber konnte das neue Ministerium ebensowenig an den Liberalen eine entschiedene Stütze finden. Vergeblich erklärte die Münchner Zeitung, das Organ des Ministeriums, es sei gleichsam das politische Glaubensbekenntniß des Kronraths, daß „nur eine wahrhaft freigesinnte, auf vollkommen gerechte Thaterweisungen sich stützende Regierung Bayerns Aufgabe nach Innen, wie auch im deutschen Staatenkomplex und nach Außen lösen könne". Man erblickte jetzt selbst in wohlthätigen Institutionen Danaergeschenke, weil von einem Kabinet herrührend, das seine Berufung den Kombinationen der Gräfin zu verdanken schien und sich ihre Einmischung in Staatsgeschäfte gefallen ließ.

Wallerstein zeigte sich eifrig bestrebt, die modernen Ideen in die Staatsverwaltung einzuführen und dem bayerischen Staate dadurch eine hervorragende Stellung in Deutschland zu erwerben. In ruhigeren Jahren als im aufgeregten 1848 hätte er vielleicht sein Ziel erreichen, eine Vermittlung und Aussöhnung der Parteigegensätze im Lande durchsetzen können. Aber schon traten da und dort Sturmeszeichen zu Tage. Die Presse, welcher von den Regierungen fast zwei Dezennien hindurch die Stellung einer Magd angewiesen war, sprang, als die Banden gelockert wurden, aus einem feilen Servilismus zu nebelhaftem, rohem Radikalismus über. Das Volk trat wieder in das politische Leben ein und alle geistigen Kräfte wendeten sich der Politik zu. Auch jetzt lagen, wie in den dreißiger Jahren, vielen Bestrebungen die edelsten Ideen zu Grunde, doch in die freiheitliche Bewegung mischten sich ebensowohl principienlose Zerfahrenheit als schnöde Selbstsucht. Politische Systeme und Konstruktionen aller Art tauchten deshalb auf und gingen ebenso rasch wieder nieder, weil man nicht das positiv Erreichbare anstrebte, sondern luftigen Verbesserungsprojekten nachjagte.

München sah schon Anfang des Jahres eine Art Vorspiel zu den ernsteren Unruhen, die bald darauf in ganz Europa ausbrachen.

Die Veranlassung war an sich sehr geringfügig. Einige Mitglieder der Studentenverbindung Palatia waren aus dem sogenannten Corpsverband ausgestoßen worden, weil sie an Gesellschaften im Hause der Gräfin Landsfeld Theil genommen hatten. Sie gründeten eine neue Verbindung, Alemannia, die den Charakter einer Satellitenkohorte jener Dame annahm. Bald kam es zwischen ihnen und den übrigen Studirenden zu Zwistigkeiten, die Alemannen wurden nicht bloß von ihren Kommilitonen, sondern auch von dem größten Theil der Münchener Bevölkerung in Verruf erklärt. „Man betrachtete", äußert der Universitätsrektor Thiersch in einem in der

Allgemeinen Zeitung erschienenen Bericht über die Münchener Februarrevolte, „die wenigen in jener Verbindung vereinigten Individuen als einen durch unwiderstehliche Gewalt in die studirende Jugend eingedrungenen Körper, dessen Einfluß auf die übrigen durch Vermeidung aller Berührung unschädlich könne gemacht werden, und bereitete während des Wintersemesters die Mittel der Heilung für den Fall vor, wo es möglich sein und gelingen könnte, die Nebel zu zerstreuen, welche man über jenes Verhältniß und seine schreckbare Natur mit unglaublicher Kunst, Gewandtheit und List zu verbreiten und zu unterhalten unablässig bemüht war.“ Doch bald zeigten mehrere Vorfälle, daß die Aufregung nicht mehr zu beschwichtigen sei.

Es erscheint uns nicht nöthig, auf die Streitigkeiten der akademischen Jugend näher einzugehen, mögen sie nun als gewöhnliche Pro patria-Kämpfe aufzufassen sein oder, wie die gleichzeitige Tagespresse sich ausdrückte, als „hervorgerufen durch eine moralische Entrüstung der edelsten Art“. Das Treiben in den Universitätskreisen, wie in der Residenzstadt überhaupt bietet ein trübes Bild. Es liegt klar zu Tage, daß der Anhang jener Dame, welche selbst die Klugheit als Beschränkung ihrer Freiheit ansah, nicht aus ritterlichen oder loyalen Motiven seine Rolle durchführte; wir vermögen aber auch nicht, dem Gebahren ihrer Gegner, die dem Monarchen gegenüber als Sittlichkeitswächter auftraten, das damals übliche Prädikat der „Hochherzigkeit“ zuzuerkennen. Eine radikale Presse sekundirte schadenfroh jeden Schritt, der gegen den König gerichtet war, und das „Manifest der bayerischen Ultramontanen“ stellte mit Behagen die Münchener Zustände als so verabscheuenswerth dar, „daß jeder damals im Auslande reisende Bayer zu verheimlichen suchte, daß er aus Bayern“.

Zwei Ereignisse im Januar 1848 führten zu gewaltsamer Katastrophe. Bei einem Kommers der Alemannia vergaß sich der anwesende Minister Berks so weit, in einer Rede die Grundsätze dieser Verbindung, „Freude zu den Studien, Sittlichkeit und Humanität“, gegenüber dem „anmaßenden Wesen der übrigen übersprudelnden, mitunter verdorbenen Universitätsjugend“ zu feiern, wodurch begreiflicher Weise die Aufregung unter den Studirenden noch gesteigert wurde. Es war den Lehrern kaum noch möglich, im Universitätsgebäude selbst Ordnung zu erhalten. Zu offener Demonstration kam es bei dem

Leichenbegängniß des alten Görres, des erbittertsten Gegners der Gräfin Landsfeld. Während noch vor kurzem das Urtheil über den Verfasser der Mystik und des Athanasius gerade in akademischen Kreisen ein sehr getheiltes war, fand jetzt der Beschluß, seine Leichenfeier mit besonderer Auszeichnung zu begehen, begeisterte Zustimmung. Die Polizei hatte alle Reden und Gesänge verboten, konnte aber eine demonstrative Wallfahrt zu dem Grabe des „großen Ultramontanen" nicht verhindern. Am 7. Februar begab sich Minister Wallerstein in die Universität und suchte die Studenten durch eindringliche Rede zu bewegen, die Ruhe aufrecht zu erhalten. Die Mahnung hatte geringen Erfolg. Der Tumult verbreitete sich von den Hörsälen auf die Straße und eine aufgeregte Pöbelmasse durchzog lärmend die Stadt. Aehnliche Exzesse wiederholten sich in den nächsten Tagen, ohne daß die Polizei wagte, ernstlich dagegen aufzutreten. Da die waghalsige Lola, um ihren Muth zu zeigen, mitten unter der tobenden Menge erschien, wurde sie mißhandelt und kounte, in Lebensgefahr, sich nur durch rasche Flucht retten.

Der König gerieth über diese Art, „sittliche Entrüstung" zu demonstriren, in heftigsten Zorn und verfügte, wie im Jahr 1830 nach den Christnachtunruhen, sofortige Schließung der Universität und Entfernung aller in München nicht heimatberechtigten Studirenden. Diese Maßregel rief hinwieder den Unwillen auch des ruhigeren Theiles der Bürgerschaft wach, da die Hochschule für das materielle Gedeihen der Stadt von Belang war. Eine Bürgerversammlung auf dem Rathhause beschloß die Absendung einer Deputation an den König. Zugleich rottete sich eine zahlreiche Menge vor dem Schloß zusammen. Die Antwort des Königs lautete nicht günstig; er äußerte, es habe einer solchen Massenabordnung vor sein Haus nicht bedurft, abtrotzen werde er sich Nichts lassen, sondern erst nach gründlicher Erwägung mit seinem Staatsrath Entscheidung treffen.

Mit diesem Bescheid wollten sich die noch im Rathhaus Versammelten nicht zufrieden geben. Der Straßenpöbel — es sollen sich auch manche Persönlichkeiten darunter gemischt haben, die sonst nach ihrer gesellschaftlichen Stellung an Straßenaufläufen nicht theilzunehmen pflegen — ging zu Thätlichkeiten über, einige öffentliche

Gebäude wurden demolirt und das Militär bekam erst Ordre, einzuschreiten, als diese Scenen abgespielt waren.

Während auf dem Max-Josephplatze noch die Menge lärmte, begab sich der König furchtlos in das Theater, wo an eben jenem Abend die Oper „die Sirene" zur Aufführung kam. Erst als es gegen Mitternacht ruhiger geworden war, schrieb der König an den Bürgermeister einen Brief, der die Unzufriedenheit der Bürgerschaft beschwichtigen sollte. Es wurde darin mitgetheilt, daß mit nächstem Sommerhalbjahr die Universität wieder geöffnet werden solle. „Mir liegt", so schloß das Schreiben, „das Wohl der Bürger am meisten am Herzen, das bewies ich seit mehr denn 22 Jahren."

Am nächsten Morgen berieth sich Ludwig mit den Ministern und es gelang ihren vereinten Vorstellungen, ihn zu bewegen, die Ursache der immer gefährlicher um sich greifenden Aufregung zu entfernen. Ludwig entschloß sich, seine Neigung dem Volkswillen zu opfern. Noch im Laufe des Vormittags gelangte an die Versammlung im Rathhause die Nachricht, der Gräfin Landsfeld sei Befehl ertheilt, München zu verlassen, und bald folgte die Kunde, der König habe zur sofortigen Wiedereröffnung der Universität Erlaubniß gegeben. Diese Nachrichten wurden ebenso überschwänglich begrüßt, als vorher an und für sich unbedeutende Vorfälle zu wichtigen Ereignissen hinaufgeschraubt worden waren. „Es war längere Zeit unmöglich, den wiederholten Ausbruch der jugendlichen Gefühle zu bemeistern" berichtet Thiersch, „und Bürgern mit ergrautem Haupte rollten bei der Rede eines Studirenden die hellen Thränen über die Wangen" . . . „Auf der Hauptwache am großen Platz war die Mannschaft unter das Gewehr getreten, um das Annahen der jungen Männer wie das eines öffentlichen Aufzuges zu begrüßen und so waren sie auch auf den übrigen Theilen ihres Wegs mit allen Zeichen der Achtung und Anerkennung umgeben, welche einer Jugend gebührten, die ihren Kampf auf die Ausstoßung eines in sie eingedrungenen unsittlichen Elements beschränkt und das Weitere mit solcher Ruhe und Besonnenheit ertragen hatte."

Es wurden aber auch andere Urtheile über die Münchener Vorgänge laut. Ein keineswegs reaktionäres norddeutsches Organ schließt seinen bezüglichen Bericht: „Eine begünstigte Hauptstadt hat sich gegen ihren Fürsten, gegen den Fürsten empört, dem sie Alles verdankt, was sie ist; sie hat ihren Schild befleckt und um eine verhaßte Herrschaft wieder möglich zu machen, hat sie einen König gekränkt, der seine Schwächen haben mag, der aber ein wohlwollender und treuer und deutscher Fürst ist und der um München solchen Undank nicht verdient hat". Als sich gegen Ende des Jahres 1848 eine Studentenversammlung zu München gegen Erlaß eines Beifallvotums für die Berliner Revolution aussprach und sich zu Einmischung in Politik nicht kompetent erklärte, konnte nicht ohne Grund das republikanische Blatt „Gradaus" die Frage aufwerfen: „Wer, liebe Musen, erklärte euch denn für kompetent, der edlen Dame L. M. die Fenster einzuwerfen? Den König zu zwingen, dieselbe auszuweisen, dazu waret ihr kompetent?"

Der König hatte, von seinen Ministern gedrängt, die Gräfin Landsfeld brieflich gebeten, bis auf Weiteres sich aus München zu entfernen. Als er Kunde erhielt, daß auch nach ihrer Abfahrt der Pöbel vor ihrer Villa in der Barerstraße tobe und mit der Demolirung beginne, begab er sich selbst dahin und forderte die Menge auf, sein Eigenthum in Frieden zu lassen.

Hochrufe auf den König erschollen in allen Straßen, doch konnte ihm dieser Jubel nicht, wie sonst, zur Freude gereichen. Es erregte seinen Unwillen, daß zu Ehren des über ihn errungenen Sieges ein förmliches Dankfest gefeiert wurde, und er zeigte offen, wie tief ihn diese Handlungsweise verletze. Einem Adeligen, der aus Anlaß des freudigen Ereignisses das Volk reich beschenkte, verbot er, ferner bei Hofe zu erscheinen. Er wußte zwar, daß bei der großen Mehrzahl Lust am Skandal die „treibende Idee", die Leiter der Bewegung erblickte er aber in den Führern der klerikalen Partei, deren Macht durch den Einfluß der Verbannten gebrochen war. „Hätte sie nicht Lola Montez geheißen", äußerte er, „sondern Loyola Montez, sie säße ruhig in München!" Bald darauf wurde die Kongregation der Redemptoristen aufgelöst, unter Bewilligung dreifachen Tischtitels, falls sich die Patres entschließen würden, als Missionspriester nach Nordamerika auszuwandern.

Daß die klerikale Partei nicht ausschließlich für die Februarunruhen verantwortlich zu machen ist, unterliegt keinem Zweifel. Die

Unzufriedenheit über das Gebaren der Gräfin hatte viel weiter um sich gegriffen. Jene Partei kam auch gar nicht dazu, „den Sieg des Rechtes und der Sitte" zu ihren Gunsten auszunützen, ihre Anstrengungen wurden überholt durch eine politische Bewegung, die von einem höheren Gesichtspunkt ausging und bald die größten Dimensionen annahm.

Die deutsche Einigungsidee konnte zeitweise niedergehalten, doch nicht unterdrückt werden. Daß in der Bundespolitik keine der Würde und Bedeutung Deutschlands entsprechende Centralgewalt geboten sei, mußte sich Jedem als Ueberzeugung aufdrängen, der zusah, was der Bund that, oder vielmehr was er nicht that. Nach Außen war der deutsche Bund nicht geachtet, in Bezug auf die inneren Verhältnisse war nicht einmal auf dem Gebiet der materiellen Interessen die organische Einigung vollkommen gelungen und ebenso wenig war in vielen Staaten die Einräumung der durch die Bundesverfassung zugesicherten Volksrechte zur Wahrheit geworden. Von dem Frankfurter Organ konnte eine Belebung des nationalen Selbstgefühls nicht ausgehen, eine Reform der deutschen Verhältnisse erschien als das dringendste Zeitbedürfniß und jetzt schien die Zeit gekommen zu sein, an die Lösung der staatlichen Aufgabe Deutschlands heranzutreten.

Vom badischen Landtag aus wurde der zündende Funke in das deutsche Volk geworfen. Jene Kammer erhob zuerst die Forderung nach einem Nationalparlament. Durch eine solche Volksvertretung glaubte man eine kräftige Centralgewalt gesichert, wie sie das gemeinsame Interesse aller deutschen Stämme erfordere. Endlich blies der Sturm, der sich in Frankreich erhob, die allenthalben glimmenden Funken zu einer mächtigen Lohe zusammen.

Während München mit gewohnter Theilnahmlosigkeit für alle politische Fragen noch immer über die Lola-Affaire sich ereiferte, wandte sich in Bayern zuerst die Stadt Nürnberg der wichtigeren, der allgemein deutschen Sache zu. Eine Adresse der Nürnberger Bürgerschaft verlangte in ernster, aber würdiger Sprache, der Monarch Bayerns solle durch zeitgemäße Reformen die Initiative zu einer Neugestaltung der deutschen Verhältnisse ergreifen.

Ein deutsches Parlament sollte die Einigung Deutschlands in der Freiheit durchführen und diese Volksbehörde einerseits die Schranken zwischen den einzelnen deutschen Bundesgliedern beseitigen, andrerseits in den einzelnen Staaten die seit mehr als dreißig Jahren verheißenen Volksrechte garantiren. Eine Umkehr vom bisher herrschenden Regierungssystem erschien geboten. Gleiche Rechte für alle Glieder des Volkes, Aufhebung der Standesprivilegien, freie Presse, freies Versammlungs- und Vereinigungsrecht, volle Gewissens- und Lehrfreiheit, Oeffentlichkeit und Mündlichkeit des Gerichtsverfahrens, Verminderung der stehenden Heere und Einführung der allgemeinen Wehrpflicht, — dies waren die vorzüglichsten Zugeständnisse, welche der Ruf der Zeit verlangte. Neben diesen berechtigten Wünschen wurden aber auch bereits Forderungen laut, die als Endziel nichts weniger denn Aufhebung der erblichen Monarchie bezweckten. „Erlösung von all jenen Uebeln, die unter dem Einfluß der Tyrannei über das deutsche Volk gekommen, Aufhebung der stehenden Söldnerheere, Aufhebung der stehenden Heere von Beamten, Abschaffung der stehenden Heere von Abgaben, die am Mark des Volkes zehren", lautete dieses Programm, und da zu erwarten wäre, daß die Fürsten nicht freiwillig zur Anerkennung der Volksrechte sich bequemten, so müsse die That an Stelle des Worts treten. In der Revolution erblickten Struve und Genossen die Wünschelruthe, die auf einmal die Quelle wahren Volksglücks aufschließen werde. Die politische Bewegung hätte jedoch nicht so tief in das Volksleben eindringen können, wäre nicht Hand in Hand mit ihr die sociale Frage in den Vordergrund getreten. Die Grundlagen, auf denen bisher die Gesellschaft ruhte, waren erschüttert worden, die Bedeutung des Grundbesitzes hatte sich in eben dem Grade gemindert, als das beweglichere Element der Industrie an Wichtigkeit gewann. Dadurch war unausbleiblich das Streben hervorgerufen, alles Stätige beweglicher zu machen, Alles zum Gemeingut Aller zu machen. Wie einst die Herrengeschlechter von ihren Burgen herabsteigen mußten, um an der Arbeit der Städte Theil zu nehmen, so zertrümmerte der Zeitgeist jetzt wieder die Scheidewand zwischen den Kasten der Gesellschaft, Allen sollte die politische und sociale Arbeit, wie der Lohn der Arbeit gemeinsam sein.

Die „Zeichen der Zeit" waren so drohend, daß selbst die Bundesversammlung aus ihrer Schlaffheit sich emporraffte, um die Bewegung noch einzudämmen, so weit es möglich war. Sie, die bisher stets die Unmündigkeit des Volks vorgeschützt und jede Regung freieren Gedankens niedergehalten hatte, appellirte jetzt „an das deutsche Volk" und versprach, fortzuschreiten mit dem Geist der Zeit und Alles zur Erfüllung der Volkswünsche aufzuwenden. Aber man mißtraute dem Organ, das sich bisher der deutschen Entwicklung nur hemmend in den Weg gestellt hatte, und die Bewegung, darüber hinwegschreitend, theilte sich mehr und mehr allen Volksschichten mit.

In der Nürnberger Adresse, der sich die meisten bayerischen Städte anschlossen, war auch die Bitte um schleunige Einberufung der Volksvertretung gestellt, von der allein eine Anbahnung der gewünschten Reformen auf friedlichem Wege ausgehen konnte. Der König aber, durch die jüngsten Vorgänge noch im tiefsten erregt, war nicht Willens, nochmals nachzugeben. Er fürchtete, die Stände würden von der drohenden Zeitlage Nutzen ziehen, um die Kronrechte ganz illusorisch zu machen. Ein Erlaß vom 1. März setzte fest, daß die Stände erst am 31. Mai zusammentreten sollten. Diese Verzögerung erregte Unzufriedenheit. Noch dringlicher aber als die Ständeberufung erschien die Entfernung Berks, der durch die Gunst der Verbannten zu seinem Portefeuille gelangt war.

Fürst Leiningen, der Präsident der Reichsrathkammer, hielt die Volksstimmung für so gefährlich, daß er an den König eine ernste Mahnung richtete, Berks zu entlassen, um einem Aufstand vorzubeugen. Doch Ludwig achtete der Warnung nicht. Am 2. März kam es vor dem Hause des mißliebigen Ministers zu Exzessen. Als das Militär einschritt, wurden einige Barrikaden aufgerichtet, ein Waffenmagazin wurde zu stürmen versucht, Hochrufe auf die Republik tönten durch den wüsten Tumult.

Am nächsten Morgen trat eine Bürgerversammlung auf dem Rathhause zusammen und eine Adresse wurde entworfen, welche die Bitte um Einberufung der Kammern dringend wiederholte. Fürst Leiningen richtete an den König ein zweites Schreiben. „Ich beschwöre Sie bei Allem, was Ihnen theuer ist", rief er dem Monarchen zu, „bei den Ahnen ihres erhabenen Hauses, empfangen Sie heute die Adresse Ihrer Unterthanen gnädig. Versichern Sie, die gestellten Bitten in Erwägung zu ziehen und zu diesem Zweck die sofortige rufung der Stände befehlen zu wollen. Ich komme eben vom anse. Die Adresse enthält Nichts, was das Königthum in den t Zeitverhältnissen nicht freudig annehmen könnte, ich habe sie 6 unterschrieben. Der feste Wille eines Königs ist groß und bleibt er aber unbeugsam gegen die Anforderungen der von der ung beschlossenen Richtung der Zeit, dann zerfällt er in Staub ird zu einem Fluch für Königthum und Volk".

Obwohl sich Ludwig den Ernst der Lage nicht mehr verhehlen , gab er doch nur ein Geringes nach, indem er bekannt machen aß Berks „aus Gesundheitsrücksichten" beurlaubt und Staats-. Voltz an seine Stelle getreten sei, die Einberufung der Stände or dem letzten Märztage erfolgen.

Doch dieses Zugeständniß genügte schon nicht mehr. Am näch-Tage dauerte der Straßenlärm fort, die Läden schlossen sich, die agonier und Wursthändler sprachen in den Bierhäusern von nendruck und Völkerlenz. Andrerseits wurde der König durch eröffentlichung der beiden wohlgemeinten Briefe Leiningen's, die r an Abel's Memorandum erinnerte, nur noch mehr in seinem luß bestärkt, nicht nachzugeben. Da die Zusammenrottungen uerten, ließ er sich durch den Rath des Fürsten Carl Wrede, dem wie verlautete, vorübergehend Ministervollmacht übertragen , überreden, durch strenge Anwendung von Waffengewalt die e zu schrecken. Wrede gab Befehl, Generalmarsch zu schlagen eß Kanonen vor der Königsburg auffahren. Das Volk ant-e mit dem Sturm des Bürgerzeughauses, mit dessen seit Jahr-rten aufgespeicherten Wehrstücken es sich bewaffnete.

Gegen 4 Uhr Nachmittag standen sich eine auf solche Weise e Schaar von Studenten, Bürgern und Arbeitern und das otene Linienmilitär drohend gegenüber. Der Ausgang eines fes wäre nicht zweifelhaft gewesen. Zwar verrieth die Linie eben Begier, mit dem Bürger sich zu messen, aber ebenso wenig sich eine Lockerung der Disciplin. Die Truppen würden dem ando gehorcht und jedenfalls das Uebergewicht der modernen n über Flamberg und Morgenstern blutig bewiesen haben.

Da verbreitete sich in den Reihen der Volksmenge plötzlich achricht, der König gebe den Volkswünschen nach, die Stände würden am 16. März zusammentreten, Fürst Wrede verlasse die Stadt. Und alsbald erschien denn auch der Bruder des Königs, Prinz Carl, vor der bewegten Menge, um die Nachricht zu bestätigen, die Erfüllung mit seinem Ehrenwort zu verbürgen. Darauf hin, vorläufig beschwichtigt, zerstreuten sich die Massen.

Unterdessen bestürmte die Familie des Königs wie der Ministerrath den Monarchen, nicht durch Aufgebot militärischer Gewalt, sondern durch weitere Zugeständnisse das Volk zu entwaffnen. Das Nämliche rieth selbst der entlassene Berks, der mit Minister Voltz eine heimliche Zusammenkunft in Fürstenried hatte.

Der König gab mit innerem Widerstreben nach.

Am 6. März war wieder eine „bewaffnete Volksversammlung" verabredet, um die Mittagszeit eine offene Demonstration erwartet, — da wurde unvermuthet eine königliche Proklamation ausgegeben, die den Volkswünschen in weitestem Sinne Rechnung trug.

Sie verhieß Gesetze über Ministerverantwortlichkeit, über vollständige Preßfreiheit, über Verbesserung der Ständewahlordnung, über bessere Stellung der Staatsdiener rc. und ordnete die unverzügliche Beeidigung des Heeres auf die Verfassung an.

„Bayern, erkennt in diesem Entschluße die angestammte Gesinnung der Wittelsbacher. Ein großer Augenblick ist in der Entwicklung der Staaten eingetreten. Ernst ist die Lage Teutschlands. Wie ich für teutsche Sache denke und fühle, davon zeugt mein ganzes Leben. Teutschlands Einheit durch wirksame Maßnahmen zu stärken, dem Mittelpunkte des vereinten Vaterlandes neue Kraft und nationale Bedeutsamkeit mit einer Vertretung der teutschen Nation am Bunde zu sichern, und zu dem Ende die schleunige Revision der Bundesverfaßung in Gemäßheit der gerechten Erwartungen Teutschlands herbeizuführen, wird mir ein theurer Gedanke, wird Ziel meines Strebens bleiben.

Bayerns König ist stolz darauf, ein teutscher Manu zu sein.

Bayern! Euer Vertrauen wird erwiedert, es wird gerechtfertiget werden! Schaaret euch um den Thron! Mit eurem Herrscher vereint, vertreten durch eure verfassungsmäßigen Organe, laßt uns erwägen, was uns, was dem gemeinsamen Vaterlande Noth thut! Alles für mein Volk! Alles für Teutschland!" —

Das Königswort rief lauten Jubel hervor. Rascher als die Anstalten zu allgemeiner Beflaggung und Beleuchtung der Stadt getroffen werden konnten, war die Volksstimmung umgeschlagen. „Der König hat gesprochen!" Seine Erklärung wurde aber nicht blos in der Residenz und im Königreiche, sondern in allen teutschen Ländern mit Freuden begrüßt. Die königlichen Verheißungen konnten ja nicht blos auf Bayern beschränkt bleiben, man durfte sich die günstigste Einwirkung auf alle deutschen Regierungen erwarten, die ruhigeren und ehrlicheren Politiker konnten sich dem Vertrauen hingeben, daß durch kräftiges, zeitgemäßes Haudeln von Oben die Ursachen der beunruhigenden Symptome beseitigt würden, ohne daß die freiheitliche Bewegung dadurch Schaden erlitte.

Zugleich mit der Proklamation des Königs wurde auch die Instruktion bekannt, welche der bayerische Bundestagsgesandte erhielt. „Nicht blos Verstärkung der deutschen Kriegsmacht nach Außen thut jetzt Noth", hieß es darin, „auch jenes geistige Element muß gekräftigt werden, welches eigentlich die Heere der Befreiungsepoche hervorrief, deren Schlachten schlug und die Entscheidung zu Gunsten des Rechts lenkte: der damals erst auftauchende deutsche Gedanke besiegte Napoleon! .... Der Bundestag muß ächter Mittelpunkt nationaler Einheit werden, soll Deutschland der riesenhaft bewegten Zeit auch riesenhaft entgegentreten. Deutschlands Gesammtinteresse muß die Sonderinteressen überwiegen, das nothwendig selbstthätig und autonom bleibende Leben der einzelnen Bundesstaaten darf nicht ferner das Gesammtleben absorbiren. Damit aber dem also werde, ist eine Revision des Bundesvertrags unerläßlich!" —

Das Ziel, welchem von jetzt an ernstlicher zugesteuert werden sollte, war für Ludwig kein fremdartiges. Sein ganzes Leben lang hatte er den glühenden Wunsch genährt, Deutschland in sich stark, nach Außen geachtet zu sehen und für festere Knüpfung des Bandes zwischen den einzelnen deutschen Staaten mehr als einen entscheidenden Schritt gethan.

Wohl aber waren die Mittel und Wege, die jetzt eingeschlagen werden sollten, um Freiheit und Glück der einzelnen Staaten und Einheit und Ehre Deutschlands zu erringen, für den Monarchen ungewohnt und fremd.

Die politische Bewegung nahm zur Parole: Alles für das Volk durch das Volk! Eine neue Epoche des europäischen Staatslebens kündigte sich an. Das Königthum sollte der bisher innegehabten väterlichen Gewalt sich begeben. Es sollte fernerhin nicht mehr genügen, daß der Staat gut regiert, seine Einnahme nützlich verwendet werde, sondern auch das Geheimniß aufhören, mit dem man bisher den Modus der Verwaltung zu umgeben beliebte; nicht nur die Willkür, sondern selbst der Schein der Willkür sollte schwinden. Mit kurzen Worten: Oeffentlichkeit des ganzen Staatswesens! Der Ruf: Verfassung! wurde immer lauter in denjenigen Staaten, die noch nach Metternich'scher Staatskunst regiert wurden; in Bayern, das sich schon einer Verfassung erfreute, wurde das Verlangen wach, auch das künstliche Wahlsystem beseitigt, die Rechte der Volksvertretung vermehrt zu sehen.

Diese Forderungen erschreckten den König. Sie schienen ihm zu seiner Auffassung der gottverliehenen Würde in schroffem Widerspruch zu stehen. Und war denn überhaupt als dieses allgemeinen Wirrsals Ausgang ein geläuterter, neugekräftigter, festgeordneter Staatsorganismus zu erhoffen? Nur noch die Leidenschaft führt das Wort. Wer will ihr die Ziele abstecken, wer kann ihre Wünsche berechnen? Die idealen Schlagworte auf der Fahne der Bewegung können nicht über die Zuchtlosigkeit und Plünderungsgelüste vieler Kämpfenden täuschen. Wie Friedrich Wilhelm IV. war auch Ludwig des Glaubens, daß unter dem Vorwand der deutschen Interessen die Fahne der Empörung aufgepflanzt werden solle, auch er hielt eine Reichsverfassung, wie sie etwa von der Heidelberger Märzversammlung beantragt wurde, mit den Rechten und der Sicherheit der deutschen Fürsten für unvereinbar. In diesem Sinne pflegte er später zu sagen: „Ich bin der letzte König gewesen!"

Namentlich die Münchener Aufruhrscenen hatten den Widerwillen des Königs gegen die neue Zeitrichtung wachgerufen und ließen ihn die Proklamation vom 6. März bereuen, kaum daß er sie gegeben hatte. Seine Stimmung wird von Zimmermann richtig charakterisirt: „Einen Versuch, sich zu überwinden, hatte er gemacht; die Worte seiner Bekanntmachung vom 6. März, worin er wie aus übervollem Herzen sprach, das in heldenmüthigem Entschluß auf die Bahn der neuen Zeit sich gewendet, — diese Worte waren nicht blos beabsichtigter, blendender Schein, aber es waren Worte, von der Gemüthsstimmung des Augenblicks eingegeben, und was er in einem großen Augenblick seinem Herzen abgerungen hatte, von den augenblicklichen Umständen soweit getrieben, das war ihm zu schwer, nachdem diese erhöhte Stimmung des Augenblicks vorüber war".

Für den Augenblick aber schien diese Erklärung alle Wolken zerstreut zu haben. Rasch folgte die Entlassung Wallerstein's. Sie soll durch einen Argwohn des Königs veranlaßt worden sein, der Fürst habe bei den Februarunruhen die Hand im Spiel gehabt, nach einer andren Version durch die Annahme, die Veröffentlichung der Briefe des Fürsten Leiningen sei auf Wallerstein's Betreiben erfolgt. Am 8. März wurde Thon-Dittmer zum Minister des Innern ernannt, und die Wahl des populären Führers der Linken in der zweiten Kammer konnte nur dazu beitragen, die günstigste Stimmung im Publikum zu erhalten.

Aber schon der 16. März brachte neue Unruhen in München. Das Gerücht, die des Landes verwiesene Gräfin sei nach der Residenz zurückgekehrt, verursachte einen Volksauflauf. Das Polizeigebäude wurde gestürmt und demolirt. Die Thatsache, daß dabei in den Wachstuben Feuer gelegt wurde, liefert den Beweis, daß nicht nur „sittlich Entrüstete" sich das Rendezvous gegeben. Der Aufstand rief denn auch panischen Schrecken wach. Am folgenden Tage ward ein königlicher Erlaß veröffentlicht, daß die Gräfin Landsfeld aufgehört habe, das bayerische Indigenat zu besitzen, und daran reihte sich eine Instruction der Minister Thon-Dittmer und Beisler für die Behörden, die Gräfin, falls sie sich auf bayerischem Boden betreten ließe, verhaften und auf die nächste Festung bringen zu lassen. Da die auf solche Weise Verfolgte weder ein Verbrechen noch ein Vergehen begangen hatte, auch keinerlei Untersuchung eingeleitet war, mußten die dem Volkswillen allzu gefügigen Minister die Erfahrung machen, daß von den Gerichten die verfügte Maßregel als ungesetzlich bezeichnet wurde.

Daß Ludwig selbst sich nicht zum Anwalt der Gräfin machte, hatte seinen Grund in der Einsicht, die er seit ihrer Entfernung in ihren wahren Charakter gewann. Jeder Tag hatte ihm, seitdem Rücksicht und Klugheit nicht mehr Schweigen geboten, Enthüllungen, unwiderlegliche Beweise ihrer Treulosigkeit und Selbstüberhebung gebracht. Aber die Schonungslosigkeit, womit man gerade jetzt ihm die Verblendung nachwies, war ein neuer Stachel in seine Brust.

Am 18. März, an eben dem Tage, da die Ernennung des Appellgerichtsraths Heintz und des Advokaten Kirchgeßner zu Präsidenten der Abgeordnetenkammer als neue Bürgschaft genommen wurde, daß der Monarch der neu einberufenen Kammer vertrauensvoll entgegenkomme und die Regierung ihre Stütze in der freisinnigen Majorität suchen wolle, tauchte andrerseits das Gerücht der Abdankung des Königs auf, und zwar hieß es, eine Palastrevolution habe ihn zu diesem Schritte gezwungen, weil die Proklamation vom 6. März in den konservativen Hofkreisen mißliebig sei.

Diese Nachricht rief plötzlich die alte Liebe für den Monarchen wach, dessen Leben bisher eine fortgesetzte Arbeit für das großartige Gedeihen München's gewesen. Die Landwehr und die Freikorps sammelten sich in ihren Lokalen, sie erklärten, zum Schutze des Königs wie ein Mann bereit zu stehen und ließen den angeblich Gefährdeten ihrer Treue versichern. Auch der Reichsrath sandte eine Ergebenheitsadresse.

Jedoch erst am 19. März Mittags erklärte Ludwig im rasch berufenen Familienrath wirklich den Entschluß, mit dem er sich schon seit längerer Zeit getragen hatte: die Krone zu Gunsten seines Erstgeborenen niederzulegen und sich in das Privatleben zurückzuziehen. Kurz vorher noch hatte er mit Thon-Dittmer, wie gewöhnlich, gearbeitet und sogar mehrere Audienzen ertheilt, ohne dabei Aufregung oder Gemüthserschütterung zu verrathen. Auch noch am folgenden Tage bestürmten der Kronprinz sowohl wie die übrigen Familienglieder den König, von seinem Vorhaben abzustehen, doch vergeblich. Um 6 Uhr Abends unterzeichnete er die Verzichturkunde.

Noch am nämlichen Abend zeigte ein Adjutant dem Studentenfreikorps die Abdankung an. Rasch verbreitete sich die Kunde durch die ganze Stadt. Da die Ansicht sich erhalten hatte, der Entschluß des Monarchen sei kein freiwilliger, sondern durch wer weiß welche Vorspiegelungen und Intriguen herbeigeführt, versammelte sich um Mitternacht eine zahlreiche Menge vor dem Rathhaus. Man gab

as Wort, für den König einzustehen, falls er selbst den Wunsch
ilfe äußern würde.

Der Morgen des nächsten Tages brachte Gewißheit, ein Ab-
wort Ludwigs an sein Volk: „Bayern, eine neue Richtung hat
nen, eine andere, als die in der Verfaßungsurkunde enthaltene,
lcher ich nun im 23. Jahre geherrscht. Ich lege die Krone nie-
Gunsten meines geliebten Sohnes, des Kronprinzen Maximilian.
der Verfaßung regierte ich, dem Wohle des Volkes war mein
geweiht; als wenn ich eines Freistaats Beamter gewesen, ging
it dem Staatsgut, mit den Staatsgeldern um. Ich kann Jedem
in die Augen sehen. Und nun meinen tiefgefühlten Dank Allen,
ir anhingen. Auch vom Throne herabgestiegen, schlägt glühend
Herz für Bayern, für Teutschland!"

Eine Bürgerdeputation erhielt aus seinem Mund die Zusicherung,
einerlei fremder Einfluß auf seinen Entschluß gewirkt habe. Auch
en umliegenden Ortschaften kamen Deputationen, die nöthigen
dem Könige Schutz gegen die Münchener anbieten sollten. „Alles
', sagt ein Historiker, der die Regierung Ludwig's streng beurtheilt,
ermann, „daß die Anhänglichkeit an König Ludwig im Volke
el hatte. Viel that die Macht der Gewohnheit, Viel aber auch
ersönlichkeit Ludwigs. So sehr auch Manches an ihm oft ver-
atte, besonders seine Hartnäckigkeit, sein Eigensinn: so stand er
or den Augen seines Volkes in einem eigenthümlich günstigen
durch den poetischen Schein, der seine Person umgab, durch
Sinn für alles Schöne, durch seine jugendliche Frische und
itigkeit seines Geistes, durch einen gewissen Schwung seines
Wesens."

Am 21. März beschwor Maximilian die Verfassung und Tags
f trat er zum Erstenmal vor die Stände des Reichs. Sein
Königswort war herzlicher Dank für den Vater: „Großes hat
seiner dreiundzwanzigjährigen Regierung vollbracht. Nicht blos
tein und Erz, auch in unseren Herzen wird dankbar dessen
htniß fortleben."

# Römische Tage.

Die begeisterte Liebe zur ewigen Stadt, die den Jüngling seit der ersten Romfahrt erfüllte, drängte auch den Mann, den Greis immer wieder, jene ehrwürdige Stätte aufzusuchen.

„Ziehest mich heimatlich an, fesselst mich ewig an Dich!"

Schon während seiner Regierung konnte er sich den Genuß eines wiederholten Besuches nicht versagen. „Mich zu erholen", schreibt er (20. Februar 1829) von Rom aus an Heydeck, „bin ich seit einigen Tagen hier, der ich zuweilen meine Ketten ablege und lebe." Seitdem er vom Thron herabgestiegen war, suchte er fast jedes Jahr sein römisches Besitzthum, die Villa Malta, auf. Unter Italiens sonnigem Himmel lebte er neu auf, nicht minder wie das milde Klima trug die heitere Sorglosigkeit und Ungebundenheit, die ihm hier vergönnt war, dazu bei, seine Gesundheit zu kräftigen. „Es ist wahre Lebensluft, die man hier athmet", schreibt er an Schenk (18. April 1838) von der Insel Ischia aus, „ja! hier lebt man, Freund sind sich Natur und Mensch unter dem südlichen Himmel, sie sind vereint feindlich getrennt aber den bey weitem größten Theil des Jahres bey uns". Selbst in der Heimat wollte er nicht die Erinnerung an sein geliebtes Italien missen. Ein Gemach neben seinem Wohnzimmer enthielt nur Gemälde von Catel, Rottmann, Bürkel u. A., welche anmuthige Gegenden oder Scenen aus dem fröhlichen Volkstreiben Italiens darstellten.

Nur wenige Vertraute pflegten ihn zu begleiten. Graf Karl Seinsheim, Graf Pocci, ein Adjutant, ein Sekretär, ein Leibarzt und einer der besonders bevorzugten Künstler, Dillis oder Gärtner oder Heinrich Heß, bildeten gewöhnlich sein kleines Gefolge. Einer seiner Sekretäre, Fahrmbacher, zeichnete Erinnerungen von den Reisen, die er in des Königs Begleitung machte, auf; seine Mittheilungen liegen vornehmlich unserer Darstellung zu Grunde.

In Innsbruck wurde gewöhnlich zuerst Halt gemacht. Der König wohnte dort in einem bescheidenen Gasthause, dessen Eigenthümer zur Zeit des Tiroler Aufstandes gefährdete bayerische Soldaten versteckt und dadurch gerettet hatte. Venedig, Verona, Padua wurden abwechselnd besucht. Längeren Aufenthalt pflegte dann der König im schönen Florenz zu nehmen, wo ja Donatelli's, Brunelleschi's, Michelangelo's Meisterwerke immer wieder zu neuer Betrachtung und Bewunderung anregten.

In den ersten Jahren nach seiner Thronbesteigung weilte der König wiederholt einige Wochen auf der Villa Colombella bei Perugia, wo ihm der Gatte seiner geistvollen Freundin, Marquese Florenzi, gastliches Asyl bot. Von diesem myrthenumschatteten Landhause aus wurden dann Ausflüge nach dem ehrwürdigen Perugia oder nach der romantischen Einsiedelei auf dem Monte Corona oder nach Assisi unternommen. Sonntags kamen der Bischof von Perugia und andere Notabeln der Stadt, hieher kamen auch Klenze, Schwanthaler, Eberhard und andere Künstler, die auf der Reise nach Rom begriffen waren. Es waren fröhliche Tage, Nichts erinnerte an die Etiquette eines Hofes. Der König war ein eifriger Spaziergänger. Wenn sich Morgens seine Begleiter erhoben, kehrte er schon von einem Spaziergang in der Morgenkühle zurück. Bei der Tafel setzten sich Alle, wie es eben kam, zu Tische. Der König war ein Freund des Risotto, gute Fische lieferte der nahe Trasimener See, selbstgezogene Weine die umliegenden Rebenhügel. Nur die Ankunft des Kuriers aus München brachte von Zeit zu Zeit ein lärmendes Intermezzo in die stille Zurückgezogenheit. Der König war selbst immer der Erste, der die Treppen herabsprang und mit beiden Armen die Briefe in Empfang nahm, die ihn über das Wohlbefinden der Seinigen beruhigten und von den Vorkommnissen in der Heimat in Kenntniß setzten.

Der Hauptmagnet blieb aber Rom.

„Hin zu den wellenförmigen Bergen in bläulicher Ferne
Zieht es die Seele, es liegt dorten das ewige Rom!
Aber das Rom, das mich Staunenden faßte, mein Wesen erfüllte,
Als ich's zum Erstenmal sah, dieses mein Rom, es verschwand,
Ist versunken in die Vergangenheit, wie meine Jugend . . . . .“

Zog aber auch nicht mehr die glühende Phantasie der Jugend ihren reizenden Duft über Leben und Treiben der Weltstadt, das Schatzgewölbe der Vorzeit bot doch immer neues Interesse.

Durch Wagner wurde ein anspruchsloses Haus auf dem Monte Pincio, die sogenannte Villa Malta, für den König erworben, der sich nicht wenig darauf zu Gut that, durch diesen Besitz civis romanus geworden zu sein.

Ille terrarum mihi praeter omnes
Angulus ridet . . . .

Es ist ein liebliches, heimliches Plätzchen, der Giardino di Malta, eine deutschromantische Einsiedelei mitten im geräuschvollen Gewühl des städtischen Lebens. Von dem Thürmchen der Villa bietet sich die entzückendste Fernsicht über die Kuppeln und Giebel Roms hinweg bis an das Meer, dessen Schimmer an hellen Tagen herüberleuchtet. Geschmackvolle Ausmalung der Gemächer ist ihr einziger Prunk, die Geräthe sind mehr als einfach. König Max ließ einmal, um den Vater zu überraschen, eine prächtige Einrichtung in die Villa schaffen. Ludwig kam nach Rom — und am zweiten Tage war wieder der alte Hausrath in seine Rechte eingesetzt. Auch im umfangreichen Garten durften keine Aenderungen vorgenommen werden, Blumen und Sträucher wuchsen in schrankenloser Freiheit auf, hier wuchert Schilf aus einem wasserlosen Marmorbrunnen, dort wächst eine Aloe auf halbzerbröckeltem korinthischem Kapitäl, inmitten ragt eine stolze Palme, welche der König selbst aus dem Orient mitbrachte und hieher verpflanzte, eine der schönsten in der Tiberstadt. Im Erdgeschoß, das von den Akazien des Gartens freundlich beschattet wird, wurden Ateliers für Wagner und andere Künstler eingerichtet.

Ludwig ernannte 1840 Wagner zum Dank für seine treuen Dienste zum Konservator aller Kunstsammlungen in Bayern. Da aber der Künstler sich durch diese Stellung gezwungen sah, in München Aufenthalt zu nehmen und sein geliebtes Rom zu verlassen, war er über die Ehrenbezeugung seines Königs ganz untröstlich. Er glaubte jedoch, den König durch eine Weigerung zu kränken, und wandte sich deshalb an Staatsrath Maurer um Rath. Maurer legte dem König offen den Sachverhalt dar und die offizielle Ernennung unterblieb. Als Wagner bald darauf zum Könige gerufen wurde, folgte er nicht ohne Besorgniß dieser Einladung, der König aber schüttelte ihm die Hand und rief lachend: „Begreife es, begreife es! Sind lieber in Rom! Hätt' es an Ihrer Stelle ebenso gemacht!" Wagner war eben eine echte Künstlernatur, der jede „Stellung" an und für sich schon lästig war. „Es thut mir unendlich leid", schrieb er einmal an General Heydeck (6. Aug. 1836), „daß vielleicht Ihre Verhältnisse es nicht erlauben, in Rom unter den Künstlern zu leben, wohin Sie eigentlich gehören. Wo lebt ein Künstler behaglicher und schöner als hier, umgeben von den Künstlern aller Nationen, in dem Einzigen Rom, wo, ich möchte sagen, jeder Stein einen zu neuen Gedanken und Bildern inspirirt, fern von allen Hofintriguen und allem kleinstädtischen conventionellen Wesen und Treiben."

Dieses freie Künstlerleben in Rom hatte keinen wärmeren Freund als den König selbst. Im Giardino di Malta gingen Maler und Bildhauer ein und aus wie zu Hause und kamen nur noch zahlreicher, wenn der König selbst seine schmucklosen Zimmerchen bezogen hatte. Es war ein förmlicher Künstlerhof dort aufgeschlagen.

In den Morgenstunden, die der Arbeit gehörten, blieb Ludwig mit seinem Sekretär allein. „Er war dabei in heiterster Stimmung und konnte sich freuen, wenn bei reiner Luft die anstrengende Arbeit ihm keinerlei Beschwerde gab. Manchmal sagte er: „Arbeit ist für mich Genuß". Nach der Tafel aber pflegte er nicht mehr im Kabinet zu arbeiten." Zur Tafel waren täglich ein Paar Künstler geladen und auch Abends gab es kleine Gesellschaften in der Lorbeerlaube des Gartens. Thorwaldsen, Reinhard, Koch, Riedel, Wittmer waren tägliche Gäste. Da wurde gesungen und getrunken und der König, der selbst immer mäßig blieb, sah es um so lieber, wenn seine Gäste dem Saft von Velletri wacker zusprachen. Wenn sich der König entfernte, wurde das Gelage oft recht toll, ohne daß er sich je über die

Störung beklagte, er konnte recht herzlich lachen, wenn ihm anderen Tags bei der Tafel erzählt wurde, daß einer der ehrwürdigen Kunstveteranen die bacchischen Freuden besonders lebhaft genossen habe. Zur Benutzung für die deutschen Künstler in Rom stiftete er auch eine kleine Bibliothek; er bestimmte dafür die Klassiker, einige historische Werke, auch eine Heiligengeschichte („aber keine der süßlich sentimentalen, wie sie jetzt geschrieben werden", schrieb er [1834, 31. Aug.] an seinen Sekretär), und die bekanntesten kunsthistorischen Schriften.

Ludwig war mehr als ein Gönner, er war ein Freund der römischen Künstler. Als die Bilder des alternden Koch, eines Jugendfreunds Schiller's von der Karlsschule, keine Käufer mehr fanden, wies ihm der König einen Ehrensold an, ebenso dem Maler Reinhard. Nie verließ er Rom, ohne aus den Studio's Riedel's, Dorner's, Wittmer's, Frey's u. A. einige treffliche Gemälde erworben zu haben. Wenn während seiner Abwesenheit ein beliebtes Mitglied der Künstlergenossenschaft gestorben war, — und er sah ja fast alle Bekannte seiner Jugendzeit vor sich in das Grab gehen — so besuchte er sofort nach seiner Wiederkehr das Grab des geschiedenen Freundes.

In der Stadt, wo die Hofhaltung des Pabstes und der Kardinäle den größten Pomp entfaltete, wandelte der König von Bayern täglich wie ein Privatmann zu Fuß durch die Straßen, verweilte stundenlang in den Museen und in der Bibliothek, suchte den einen Tag das fröhliche Treiben in einer Osteria auf und am nächsten die majestätischen Ruinen der alten Roma....

„Stumm nur stehet ihr da für die Menge, jedoch den Geweihten
Redet ihr laut, so daß Alles darüber verstummt!"

Der Rè amante delle belle arti genoß einer großen Popularität. Als er 1842 das Collegio di Propaganda Fide besuchte, wurde in der Polyglottendruckerei rasch folgendes Gedicht gedruckt und ihm überreicht:

„Du kamst kein Fremdling zu St. Peter's Dom,
Dich grüßt als seinen Sohn das alte Rom;
Du liebst Italiens Himmel, blau und tief,
Wohin den Jüngling schon die Sehnsucht rief;
Du hast als König seinen Glanz besungen
In Liedern, die dem Herzen tief entsprungen.

Und was von seinem Lichte mild durchglüht
An Himmelsblumen seiner Flur erblüht,

Verpflanztest Du mit königlicher Hand
Hinüber in Dein nordisch Vaterland,
Und ließest Werke dort verjüngt geschehen,
Die staunend einst Italien gesehen!"

Die Vorliebe des Königs für Rom gab Anlaß zu manchen Befürchtungen. Wie unbegründet sie waren, erhellt z. B. aus einigen Briefen an Schenk. „Leider sind nicht wenige junge Bayern im Collegium germanicum", schreibt er (10. März 1829) von Rom aus, „leider, denn Jesuiten sind ihre Lehrer, außerdem wäre wünschenswerth, daß in Rom erzogen würden. Deuleu Sie nach, ob und welche rechtmäßige Mittel mir zu Gebothe stehen, solches zu hindern, worüber, giebt es dereu, ein Antrag an mich zu machen seyn dürfte." „Was doch das Journal Catholique Einen belehrt!" schreibt er ein andermal (15. August 1829) „„que le clerge est en souffrance en Bavière"", davon hatte ich wirklich nichts gemerkt. Wohl nur darum ist er's, weil ich keine Jesuiten berufen, keine Congregation will herrschen laßen!" An denselben (22. August 1829): „Würde ich das an den jetzigen Papst gerichtete, bei seiner Erwählung verfaßte Distichon in meine dermalige Auflage aufnehmen, so könnte es Manchem scheinen, als wäre ich mit den so viel Aufsehen machenden Inquisitionsbullen, diesen aufgewärmten, einverstanden, darum ist dies gedachte an Pins VIII. wegzulaßen!" —

Namentlich liebte der König, wie August Riedel dem Verfasser erzählte, ein Plätzchen eine halbe Stunde von der Porta del popolo entfernt, wo hart an der Tiber ein Sauerbrunnen aus der Erde quillt und wo sich die wundervollste Aussicht auf die von der Tiber in vielen Krümmungen durchzogene Campagna und auf das Sabinergebirge und den frei ragenden Monte Sorakte bietet. Dort steht in Marmor eingegraben die deutsche Inschrift: „Ludwig, Bayerns Kronprinz, ließ diese Bäule und Bäume 1821 setzen." Die Platanen und Ulmen sind seitdem zu prächtiger Höhe gediehen und bieten täglich vielen römischen Familien Schatten, die hier ihren saueren Brunnen trinken. Auch sonst erinnern manche Denkmale Rom's an seinen königlichen Bürger. Ernst Förster äußerte einmal gegen ihn, es wäre wünschenswerth, daß die sogenannte Goethekneipe am Theater des Marcellus, wo der Dichter den Stoff zu seiner schalkhaften 15. römischen Elegie fand, ein monumentales Erinnerungszeichen erhalte.

Ludwig sah gewissenhaft selbst in Goethe's Italienischer Reise nach und ließ dann eine entsprechende Gedächtnißtafel anbringen. Durch den Bildhauer Wolf ließ er 1857 eine kolossale Marmorbüste Winkelmann's anfertigen, die in der Villa Albani aufgestellt wurde. Die Enthüllung faud in festlicher Weise in seiner Gegenwart statt; es betheiligten sich wohl hundert Künstler und Kunstfreunde. Der König selbst sprach zuerst einige Worte: „Was Winkelmann geleistet, schildern zu wollen, wäre überflüssig. Sein Wirken ist bekannt. Haben Spätere gleich die Wissenschaft der Kunst, welcher er sein Leben geweiht, ausgebildet, bleibt ihm doch das große Verdienst, den Grund dazu gelegt zu haben. Keine Stelle dürfte aber seinem Denkmal sich besser eignen, wie diese Villa, wo er so gerne verweilt, er, der von Rom aus die Welt belehrte!" Nachdem auch von Anderen die Bedeutung des Moments hervorgehoben war, pflanzte Ludwig hinter dem Monumente einen Lorbeerbaum, dessen Zweige es einst umschatten sollen. Auch eine Büste Thorwaldsen's wurde auf Ludwig's Befehl vor dem Palazzo Tomati aufgestellt, wo der große Künstler einst gewohnt hatte.

Große Aufmerksamkeit wendete der König den Ausgrabungsarbeiten zu, für dereu Förderung er auch beträchtliche Summen beisteuerte. So oft er nach Rom kam, suchte er die Katakomben, die Via Appia und andere Stätten auf, wo eben gegraben wurde. Der päpstliche Kommissär Visconti war dabei sein Cicerone. Als dieser einmal bei der Rückkehr von Ostia, erzählt Schönchen in einer biographischen Skizze über König Ludwig, bei dem Einsteigen in den Wagen nicht die rechte Seite einnehmen wollte, nöthigte ihn der König dazu mit den Worten: „Mein lieber Großkommandeur, mein Vater sagte mir immer: Wenn du dich bei einem Manne von Talent befindest, so erinnere dich, daß du ihn nicht genug ehren kannst!"

Was er Neues und Schönes in Rom sah, gab reichen Stoff zu Briefen an die Künstler der Heimat. So schreibt er z. B. (1. Okt. 1862) an Klenze: „In Rom giebt's immer Neues, entdecktes Alte oder hervorgebrachtes Nene. Das in der vormaligen Villa Negroni unterhalb S. Maria Maggiore bey Grabung für die Eisenbahn zu Tag geförderte antike Gebäude, für ein Nympheum gehalten, scheint mir ein Baad gewesen zu seyn. Die auf rothen Grund gemalten weiblichen Gestalten sind kunstlos. Interessant ist die unter der Kirche S. Clemente entdeckte Kirche, dereu Säulen noch stehen. Mit ihrer Ausräumung kann nur langsam fortgefahren werden, 'weil immer Mauern dabey zu errichten, damit die obere Kirche nicht einstürze. Bereits vor fünf Jahren sah ich den Nischen, in denen Laokoon, der Apoll von Belvedere rc. stehen, rothe Farbe gegeben, welche sie sehr vortheilhaft hervorheben. Nun faud ich einem Theil der Wände dieses Museums diese Farbe gegeben; alle, insofern sie nicht marmorne, sollen sie bekommen. Die an die raphaelischen gränzenden Loggien sind hergestellt, daß sie wie neu erscheinen. Eine große Stanze, nahe der von Raphael herrliche Fresken enthaltenden, ist im Malen begriffen, in Beziehung der Verkündigung der unbefleckten Empfängniß Mariä. Poverti ist damit beauftragt. Der Papst ist ein großer Kunstfreund. Vom Könige von Neapel gegen eine dem Marchese Selo auf 90 Jahre verliehene Rente wird Farnesina von diesem im Styl cinque cento's hergestellt. Mit Vergnügen unsers im Jahr 1824 gemeinschaftlichen Aufenthalts in dem leider immer mehr und mehr modernisirt werdenden, dennoch ewig einzigen Rom erinnert sich Ludwig". „Wie man nicht bauen soll", schreibt er (27. Mai 1844) an Gärtner, „zeigen Rom's und Florenz' neue Gebäude".

Die dankbaren Künstler ließen ihren Mäcen nie aus Rom ziehen, ohne ihm zu Ehren eines ihrer Feste zu veranstalten, die nur an den Münchener Künstlerfesten ihres Gleichen hatten. Besonders ein Fest im Jahr 1855 rührte den Gefeierten tief, ein Erinnerungsfest, denn vor 50 Jahren hatte der damalige Kurprinz zum Erstenmal die ewige Stadt betreten. Wie vor 50 Jahren, so war auch diesmal wieder Graf Karl Seinsheim sein Begleiter. Das Festmahl wurde im Gartenpavillon der Villa Albani abgehalten. Da saß der König unter sechzig Künstlern aller Nationen. Auf ihn brachte Cornelius den ersten Trinkspruch: „Es ist ein halbes Jahrhundert, daß der erhabene Gast, den wir heute das Glück haben in unserer Mitte zu sehen, um ihm unsre Huldigung darbringen zu dürfen, — es ist ein halbes Jahrhundert, daß er, ein königlicher Jüngling, die ewige Stadt betrat, angethan mit den herrlichsten Gaben der Natur, mit einem schöpferischen Geist, ein geborener Herrscher! Die mächtigen Eindrücke, die Italien, die Rom auf ihn machte, weit entfernt, sich in schwelgerischen, geistigen Ueberschwänglichkeiten und Genüssen zu verlieren, erzeugten unerschütterliche Entschlüsse, und diesen folgte rasch die That. Der hohe Gast erkannte, welche unermeßliche Bedeutung die Kunst auf die Culturentwicklung der Völker habe. Sie soll nicht blos ein Konfekt für die Tafeln der Großen und Reichen, sie soll eine kraftvolle Speise für Alle sein; eine zweite Natur gleichsam, soll sie, wie die Sonne, ihren Glanz über Große und Kleine, über Reiche und Arme verbreiten. Die Poesie hatte durch Goethe und Schiller ihren höchsten Glanzpunkt erreicht, für Wissenschaften war in allen Theilen des Vaterlandes reichlich gesorgt und die Resultate unermeßlich. Also keine Ilias post Homerum. Sein schöpferischer Geist wandte sich entschieden der Kunst zu und ein neuer Morgen brach für sie am vaterländischen Himmel an!... Als aber König Ludwig den Thron bestieg, da ging's erst los! Hei, wie wurde da gemeißelt, gebaut, gezeichnet und gemalt! Mit welcher Lust, mit welcher Heiterkeit ging da Jeder ans Werk! Aber es war eine ernste Heiterkeit, es war nicht so, wie Wilhelm Kaulbach es darzustellen beliebte, auch war München damals kein Treibhaus der Kunst, wie Wilhelm Schadow im modernen, ja wohl modernen! Vasari sich ausdrückt: es war eine gesunde, lebenskräftige Wärme, erzeugt durch die hell auflodernde Flamme der Begeisterung, wovon jene Werke mit allen ihren Mängeln das Zeichen an ihrer Stirne tragen. Jene Männer, die dort in brüderlicher Eintracht wirkten, sie wußten, worum es sich handelte, sie wußten, daß sie vor dem Richterstuhl der Nachwelt und vor dem der deutschen Nation standen. Es galt hier, daß der deutsche Genius sich auch in der Kunst eine Bahn brach, wie er es in der Poesie, Musik und in der Wissenschaft so glorreich gethan hatte. Es galt hier endlich den hohen Absichten unseres erhabenen königlichen Herrn und Beschützers würdig zu entsprechen. Inwiefern dies nun gelungen, mag Welt und Nachwelt entscheiden; wie weit auch jene Werke hinter dem Maßstabe liegen, den diese Männer sich selber angelegt und hier im ewigen Rom geholt hatten, sie können getrost die Hand auf die Brust legen und sich sagen: wir haben einen guten Kampf gekämpft, wir hinterlassen dem Vaterlande eine bessere Kunst, als wir vorfanden, und daß König Ludwig mit seinen ihm in freudigem Gehorsam treu zur Seite gestandenen Künstlern unserer

Zeit gezeigt hat, daß sie nicht blos eine zerstörende, sondern auch eine lebendig schaffende sein kann. Wenn die Phantasmagorien moderner Ostentation und Geistesleere längst von der Erde verschwunden und vergessen sein werden, dann werden die Schöpfungen König Ludwig's noch lange die Gemüther und Seelen der Menschen erquicken, erfreuen und erheben, ihn von Geschlecht zu Geschlecht als ihren Wohlthäter segnen, denn der Mensch lebt ja nicht allein vom Brod! Aber auch wir, die wir das Glück haben, in feierlich schöner Stunde mit ihm vereint sein zu dürfen, auch wir segnen ihn tausendmal!" .... Als die Versammlung in jubelnden Beifall ausbrach, ergriff der König das Glas und sprach: „Ich trinke auf das Andenken Winkelmann's!"

Von Rom aus machte Ludwig kleinere und größere Ausflüge. 1829 verweilte er mehrere Tage in Pompeji und erhielt einige eben ausgegrabene Antiken zum Geschenke. Ein werthvolleres Geschenk erbat er sich von seinem königlichen Vetter in Neapel, die Freilassung von zwölf wegen Desertion gefangen gehaltenen Bayern. Auch noch im Jahr 1867 widmete er zwei Tage dem Besuche Pompeji's, in dessen Tempeln und Theatern und Thermen er rüstig umherwanderte. „Hier in der antiken Welt bin ich jung und spüre nichts von meinen Jahren!" erwiderte er den um seine Gesundheit besorgten Begleitern. Im Jahr 1832 besuchte er Platen in Neapel und genoß mit ihm das furchtbar schöne Schauspiel einer Eruption des Vesuv. Er bot dem Dichter einen Platz in seinem Wagen zur Heimreise an, was dieser jedoch ablehnte. Auch Bajä, Sorrento, Palermo, Messina, Segestä wurden besucht; längeren Aufenthalt nahm der König aus Gesundheitsrücksichten wiederholt auf der Insel Ischia.

Wenn er von Rom Abschied nahm, pflegte er zu Wagner, Schöpf und Anderen, die ihm das Geleit gaben, zu sagen: „Ihr habt's gut, Ihr könnt immer in Rom bleiben!" Das Jahr 1867 sah ihn zum Letztenmal in dieser Stadt. Er lebte diesmal stiller und zurückgezogener als sonst in seiner Villa. Am letzten Nachmittag vor der Abreise besuchte er noch einmal das Vatikanische Museum. „Wahrhaft rührend war es mir da", schrieb ein in Rom weilender Künstler, D. Donner, an den Verfasser, „zu sehen, wie er an diesem Tage von allen Kunstwerken, alten Freunden und guten Genien seiner Jugend förmlich Abschied nahm. Dabei kam aber doch eine ergötzliche, ihn sehr charakterisirende Scene vor. Ich befand mich im braccio nuovo und außer mir nur noch der Wache habende Schweizer und eine Engländerin, die vor einer Statue stehend eifrig in ihrem Reisehandbuch las, ohne nur die Statue zu betrachten. Da sah ich König Ludwig am Eingang des Saales erscheinen und bemerkte sogleich, daß sein ganzes Gesicht von sarkastischer Heiterkeit durchzuckt war und daß er sich rechts und links umsah, ob er nicht Jemand zum Vertrauten seiner Gedanken machen könne. Um zu beobachten, wo hinaus er wolle, trat ich hinter die Statue des Nils und so blieb nur noch der Schweizer übrig, auf den ich denn den König auch alsbald zugehen sah, im ganzen Gesichte lachend. Indem er auf die Engländerin deutete, rief er: „Die haben auch nicht die Augen zum Sehen!" und wandte sich dann gleichsam mit erleichtertem Herzen wieder zur Betrachtung seiner alten Bekannten, von denen er Abschied zu nehmen gekommen war."

Das römische Volk knüpft an die Fontana Trevi die Sage, wer von ihrem Wasser trinke, werde immer wieder von unwiderstehlicher Sehnsucht nach Rom zurückgezogen werden. Ludwig verließ nie die Stadt, ohne daraus zu trinken und seinen Künstlern dabei ein fröhliches „Auf Wiedersehen!" zuzurufen. Als er im Mai 1867 vor der Abreise aus der Quelle trank, weinte er heftig und schied schweigend von seinen Begleitern.

# Die Malerei in München. Neue Pinakothek.

Selbst Goethe, der den Kunstunternehmungen Ludwig's so großes Wohlwollen entgegentrug, konnte, wie wir gezeigt, die Furcht nicht bannen, dem Könige werde es ergehen, wie den mittelalterlichen Bauherren, die selten über verdienstvolle Anfänge hinauskamen. Das „zu viel" und das „zu rasch" erschreckten ihn. Aber alle diese Besorgnisse erwiesen sich als grundlos. Die Neigung, die Begeisterung des Königs für die Kunst blieben wach bis zu seinem Lebensende und durch einen geregelten, wenig kostspieligen Haushalt wußte er sich fort und fort die Mittel zu neuen, großartigen Werken zu sichern. „Ich hoffe", schreibt er an Schenk (11. Juli 1829), da es sich um Beschleunigung des Gusses der Dürerstatue handelt, „man soll nie von mir sagen können, ich hätte einen Grundstein gelegt, auf dem kein Gebäude errichtet wurde!" Und er erreichte dieses Ziel, alle seine größeren Kunstunternehmungen waren vor seinem Lebensende vollendet.

Der Anstoß von Oben war gegeben, der weitere Fortschwung war Sache der Künstler und diese erfaßten ihre Aufgabe mit Ernst und bewundernswerthem Eifer. Wie sich allmälig auch das Interesse der anfänglich indifferenten Privaten steigerte, zeigen unter Anderem die Annalen des Münchner Kunstvereins, dessen Mitgliederzahl während Ludwig's Lebzeiten von 272 bis auf nahezu 4000 anwuchs. Der hiedurch gewonnene Einfluß auf das Gedeihen der Kunst liegt auf der Hand, denn abgesehen von der Verwendung reichlicher Privatmittel zur Erwerbung von Kunstwerken boten die permanenten Ausstellungen den Künstlern fort und fort lebendige Anregung und beförderten andrerseits ebensowohl den künstlerischen Sinn, als den Geschmack und das Verständniß im Laienkreise. Die großartigen Schöpfungen und Sammlungen des Königs zogen auch zahlreiche Fremde in die Stadt am Fuße der Alpen, so daß ihre Umwandlung zum Kunstmarkt langsam, aber stetig voranschritt. So wurde glücklich erreicht, daß Ludwig am Abende seines Lebens sein München, dessen Kunst Vischer noch 1844 als „eine exotische Pflanze für einige lorgnettirende Kenner" bezeichnete, unangefochten die erste Kunststadt Deutschlands nennen konnte.

Im Gegensatz zu den berufenen Gelehrten bürgerten sich die Künstler rasch in München ein; die etwas schwerfällige Art der Eingeborenen erhielt durch das neu hinzugekommene Element höheren Schwung und andrerseits behagte den Musensöhnen die einfache, bequeme Sitte der neuen Landsleute. Im Todesjahr Ludwig's zählte die Künstlergenossenschaft München's 556 ausübende Künstler. Wenn man ältere Münchner Künstler von den Zeiten König Ludwig's erzählen hört, wie enthusiastisch schildern sie die Einigkeit, Geselligkeit, Fröhlichkeit der Künstlerkolonie! Die Malerkneipen München's hatten höchstens ihres Gleichen in der Michel Angelo-Kneipe in Rom und wie behaglich wußten sich die Kunstjünger auch ihr Daheim einzurichten! Alle für Kunst und Künstler bedeutsamen Ereignisse wurden durch Feste verherrlicht, bei welchen Phantasie und Humor reiche Triumphe feierten. Von bescheidenen Anfängen ausgehend gestalteten sich die Maskenfeste immer glänzender. Namentlich das Fest im Jahr 1840 gewann einen Weltruf. Es war eine Nachbildung des Festes in Nürnberg bei Gelegenheit eines Besuches des Kaiser Max I. Der Fröhlichste unter den dazu Geladenen aber war Ludwig selbst. „Ich bin kein Gast", äußerte er bei seinem Eintritt, „ich gehöre zu euch!" Treffliche Zeichnungen Neureuther's u. A. zeigen auch der späteren Generation, wie originell solcher Mummenschanz durchgeführt wurde. Und zur Sommerszeit zog die Künstlerschaar an die Ufer der bayerischen Seen oder in die Thäler des romantischen Vorgebirges. Auf der Insel Nonnenwörth im Chiemsee, zu Brannenburg und an anderen von der Touristenstraße abliegenden Punkten schlug das fröhliche Völkchen sein Sommerlager auf, war redlich bemüht, der Natur ihre Schönheiten abzulauschen, faud aber auch Zeit zu heiteren und sinnigen Gelagen. Mit reichgefüllten Mappen lehrten sie zum Winteraufenthalt nach München zurück und konnten stets darauf zählen, daß der Fürst, der seinen Ruhm im Dienst der Musen suchte, fast für Jeden wieder ein neues Feld ehrenvoller Thätigkeit aufschließen werde.

„König Ludwig schritt auf und nieder:
Malet brav, ihr deutschen Brüder,
Greift die Kunst recht herzhaft an!"
(Corneliuslied von Brentano.)

Das Streben, durch die Kunst veredelnd auf das Volk zu wirken und dadurch ein gewisses geistiges Uebergewicht seiner Residenzstadt zu begründen, war Ursache, daß alle Unternehmungen des Königs für das öffentliche Leben bestimmt waren und vorzugsweise monumentalen Charakter hatten. Daraus ergab sich, daß zuerst und vornehmlich unter allen Kunstzweigen die Freskomalerei in München zur Blüthe gelangte.

Auch Bayern hat in ihrer Art treffliche Fresken aus dem vorigen Jahrhundert aufzuweisen, doch ist es fast ausschließlich die staunenswerthe Technik, welche diese meistens kolossalen Wandgemälde interessant macht. Die Forderung Winkelmann's, der Pinsel des Malers sei in Verstand getunkt, blieb durch jene Dekorationsmalerei, die in Schlössern und Kirchen nur der Sinnlichkeit dienstbar war, unerfüllt. Erst seitdem der deutsche Künstlergeist zu Anfang unseres Jahrhunderts aus der Sphäre solcher rein formaler Kunstthätigkeit in neue Bahnen lenkte, kam wieder, wie Schorn sagt, zum Ausdruck, was es heiße, als Künstler denken und Gedachtes lebendig darstellen.

Merkwürdiger Weise war die Technik der Freskomalerei fast gänzlich verloren gegangen und mußte erst wieder erfunden werden. Fernbach in München forschte unermüdlich nach neuen Farbebindemitteln und erfand jene Mischung, die sodann bei den meisten Fresken in München zur Anwendung kam. Auch Schlotthauer machte sich durch seine Versuche zur Wiederbelebung des pompejanischen Fresko verdient. Er und Oberbergrath Fuchs sind auch die Erfinder der Stereochromie. Ludwig bewilligte wiederholt für Verbesserungsversuche namhafte Summen. In seinem Auftrag gingen auch Schlotthauer, Hiltensperger und Anschütz nach Pompeji, um die Reste der antiken Wandmalerei zu untersuchen.

Da bei Fernbach's Verfahren das Auftragen der Farbe nur stückweise geschehen konnte, so war Farbenharmonie des ganzen Bildes schwer zu erreichen. Daraus erklärt sich großen Theils die Härte und Unwahrheit der Farbengebung bei manchen ersten Versuchen der Wandmalerei in München. Mag aber auch, abgesehen von technischen Gründen, von den „Cornelianern" allzusehr außer Acht gelassen sein, daß die Malerei zunächst zu den Augen sprechen müsse, — wie großartig erscheinen dennoch diese Schöpfungen in der Glyptothek, in den neuen Flügeln der Residenz, in der Allerheiligenkapelle, in der Loggia der Pinakothek, in der Ludwigskirche, in der Basilika! Tiefsinn und Würde, Kraft und Majestät der Darstellung lassen wohl über einzelne Mängel hinwegsehen. „Sie haben verstanden", schrieb Gérard an Cornelius, „dem Genius der Malerei seine erste Jugend und seine erste Frische wieder zu erstatten. Deutschland wird Alles erfüllen, was das 15. und 16. Jahrhundert versprochen hat, und diese Wiedererweckung wird diesmal dauernder sein, da sie auf das Studium der Wahrheit sich gründet, weil sie ganz im Einklang mit der Sitte, dem Geist, der Literatur unserer Epoche steht!" Freilich urtheilten nicht alle Vertreter der Kunst Frankreichs so anerkennend. „Cornelius ist schon ein Mann von Muth", äußerte Delacroix, „er hat den Muth, große Fehler zu begehen, wenn die Energie des Ausdrucks sie fordert!" Ingres urtheilte über den Kunstrecken: „Der arme Mann krankt an Michel Angelo!" Es war eben deutsche Kunst, die sich an die Lösung der höchsten Aufgaben wagte, das Gefällige und Sinnliche verschmähte und gleich der bildenden Kunst der Antike Verständniß für Größe der Einfachheit verlangt.

Und ebenso groß dachten und malten Heinrich Heß und Schnorr und eine würdige Auffassung und stylvolle Komposition ist das Gemeingut ihrer ganzen Schule. Freilich tritt bei den Schülern auch die Schwäche der Meister deutlicher hervor.

Den Künstlern blieb bei diesen Werken die Freiheit der Bearbeitung des Stoffes unverkümmert, sie wurden nur hingewiesen auf eine reiche Mannigfaltigkeit erhabener und lieblicher Gestalten, wie sie die geist=

lichen und weltlichen Dichtungen der Vorzeit überliefern. Es war Wunsch Ludwig's gewesen, gegenüber den Heroengestalten der antiken Welt, die durch Cornelius in den Glyptothekgemälden geschaffen wurden, in einer Kirche die rührende Einfachheit des neuen Testaments durch Overbeck's Meisterhand verherrlichen zu lassen. Overbeck lehnte ab, Cornelius selbst aber ergriff den Gedanken mit Begeisterung. Da die Erweiterung der Stadt gegen Nordwesten eine neue Kirche als nothwendig erscheinen ließ, erhielt Gärtner den Auftrag, eine solche im italienischen Rundbogenstil zu erbauen, der für Fresken breite Wandflächen bietet. In den Jahren 1836—1840 arbeitete Cornelius an den Altarbildern für die Ludwigskirche. Dem unstreitig bedeutendsten, dem „jüngsten Gericht", wird Mangel an Einheit vorgeworfen, ein Fehler, der durch die kalte Farbe noch auffälliger erscheint, dessen ungeachtet zählt eben dieses Gemälde zu den herrlichsten Fresken der Neuzeit. Uebrigens gab es den Anlaß zum Weggang des Künstlers aus München. Er erhielt von dem kunstsinnigen König von Preußen eine Einladung, in Berlin seinen Aufenthalt zu nehmen, wo ihm die große Aufgabe zugedacht war, den Campo santo mit Fresken auszuschmücken. Doch würde er wohl kaum sich entschlossen haben München zu verlassen, wenn ihn nicht eine mißfällige Aeußerung Ludwig's über das eben der Vollendung nahe Freskobild in der Ludwigskirche gekränkt hätte. Doch währte die Entfremdung zwischen dem Künstler und seinem Gönner nicht lange, eine Reihe von Briefen*) giebt Zeugniß, daß sich bald wieder das seltene trauliche Verhältniß anknüpfte. Eine Kolossalstatue Cornelius' war einer der letzten Aufträge des Königs. Widnmann sollte sie bis zum Mai 1868 ausführen, doch erlebte Ludwig nicht mehr ihre Vollendung.

Heinrich Heß und seine Schüler schmückten außer der Allerheiligenkapelle auch die Basilika mit Fresken aus dem Leben Winfrieds, Bildern von schlichter Pracht. Mit ihm rang Joseph Fischer um die Palme christlicher Kunst. Von seiner Meisterschaft zeugen die Entwürfe zu den Glasgemälden in der Auerkirche. Ludwig gab kurz vor seinem Tode Auftrag zur Aufstellung der Cartons in der neuen Pinakothek. Leider wurde Steinle nicht, wie Overbeck wünschte, nach

*) Deren Veröffentlichung durch Ernst Förster bevorsteht.

München gezogen. „Die Wärme", schrieb Ludwig (7. Jänner 1840) an Overbeck, „mit der Sie den Maler Steinle empfehlen, macht diesem jungen Künstler große Ehre und Sie wissen, daß Ihr Zeugniß bey mir ein vollgültiges ist; eine Gelegenheit, Aufträge demselben ertheilen zu können, ist jedoch nicht vorhanden, indem jene, dereu Ausführung gegenwärtig im Werke, Künstlern übertragen sind, welche die Gehülfen zu ihren Arbeiten sich selbst zu wählen haben."

Von Schwind, der im Jahr 1828 nach München übersiedelte, wurden in den Gemächern der Königin sinnige Fresken nach Tieck's Dichtungen ausgeführt, ebenso im Kaiser Rudolph-Saal in der Residenz das überaus anmuthige Kinderfries. Ludwig erwarb aber keines der späteren Werke des Künstlers, in denen sein originelles Talent so unnachahmlich zu Tage trat. Persönliche Motive lagen zu Grunde. Der joviale Wiener ließ es an sarkastischen Ausfällen gegen den „griechischen" Baumeister Klenze nicht fehlen. Dieser aber rieth von Erwerbung der „ärmlich gemalten" romantischen Märchenbilder Schwind's ab. Dessenungeachtet übertrug ihm der König, um ihn an München zu fesseln, 1847 eine Professur an der Akademie. Auch forderte er 1851 den Meister auf, sein „Symphonie"-Gemälde für die Pinakothek in Oel zu malen, doch Schwind ließ sich nicht dazu bewegen. Auch von Genelli's Meisterwerken wurde keines vom König erworben, obwohl die klassische Richtung des Malers seiner Vorliebe entsprach. Wollte man aber solche Lücken der Sammlung dem Könige zum Vorwurf machen, so darf man andrerseits darauf hinweisen, daß weit dringlichere Verpflichtung den Residenzen an der Donau und an der Spree oblag, die aber ihrer berühmten Landessöhne gänzlich vergaßen.

Dagegen wurde eine lange Reihe von Künstlern fort und fort mit Aufträgen Ludwig's bedacht und obwohl es in erster Linie seinen Plänen entsprach, Werle in großem Stil ins Leben zu rufen, so gingen doch auch jene Künstler, die nicht auf den Olymp und auf den Himmel wiesen, seiner Fürsorge nicht verlustig. Er wußte die Selbständigkeit eines Jeden zu schätzen und wenn auch manchmal seine Einwürfe und Anordnungen dem ausführenden Künstler beschwerlich fielen, so ließ er doch das eigentliche Wesen der künstlerischen Kräfte unangetastet und gab Jedem Aufträge, wie sie dessen Talenten und Neigungen angemessen waren. Die stetige Entwicklung seiner Lieblinge an sich war ihm ein Gegenstand der Sorge. So schrieb er 1847 an Schraudolph, der eben mit den Fresken für den Speyerer Dom beschäftigt war: „Wünsche sehr, Sie möchten nicht aus der Uebung kommen, in Oel zu malen, worin Sie ja ebenfalls ausgezeichnet sind, darum, daß Sie doch wenigstens ein kleines Oelgemäldlein in diesem und in jedem Winter verfertigten." Stieler malte außer der sogenannten Schönheitsgallerie lebensgroße Bildnisse aller Glieder der königlichen Familie. Diese Porträts zeichnete damals ein junger unbekannter Künstler auf Stein, Winterhalter, der sich nachmals zum glänzendsten Vertreter der Pariser Maltechnik emporschwang. Das von ihm gemalte Porträt des Grafen Jennison, das in die neue Pinakothek aufgenommen wurde, erklärte er selbst für eines seiner gelungensten Werke. General Heydeck, auch als Künstler trefflich, malte für den König eine Reihe von Darstellungen aus dem spanischen und griechischen Leben. Aus einer Episode, die er in einem Memoirenfragment erzählt, ersicht man, wie Ludwig schon in jungen Jahren mit ganzer Seele an künstlerischen Plänen hing. Als im Jahr 1809 bei Eggmühl die Geschütze beider Armeen schon in voller Thätigkeit waren, ritt Heydeck, damals Adjutant des General Drouot, an der Division vorbei, welche Kronprinz Ludwig befehligte. Hastig rief ihm der Prinz zu: „Heydeck, von hier aus übersicht man das Schlachtfeld trefflich: von hier aus sollen Sie mir eine Gefechtsskizze entwerfen!" Die Zeichnung, die der Adjutant rasch fertigte, liegt dem Gemälde zu Grunde, das später, von Kobell ausgeführt, seinen Platz im sogenannten Schlachtensaal der Residenz fand.

Der Vorwurf, daß Ludwig die Genremalerei, „weil sie seinen ehrgeizigen Absichten nicht förderlich", unterschätzt habe, ist widerlegt durch die große Zahl trefflicher Gemälde in der neuen Pinakothek, die das Leben von seiner Alltagseite auffassen und Menschen aus der „Welt vor unsren Augen" darstellen. Diese Sammlung giebt am besten Zeugniß von dem biederen, keuschen Sinn der deutschen Kunst, die auch dem Familienleben poetische Motive abzulauschen weiß und anregend wirkt, ohne dem Pikanten in gefährlicher Weise Rechnung zu tragen. Auch jener Cultus des Häßlichen wurde damals nicht gepflegt, der sich in modernen Ausstellungen breit macht und an die

Gemälde des Pauson erinnert, die Aristoteles nicht öffentlich ausgestellt wissen wollte, um die Einbildungskraft von widrigen Eindrücken frei zu erhalten.

Anmuthig lyrische Genrebilder spendeten Kirner, Rhomberg, Bürkel, Flüggen, Geyer, Enhuber, Müller, Reinhard Zimmermann und Andere. Albert Adam, der treffliche Pferdemaler, vererbte seine Kunst auf drei Söhne, ein seltenes Künstlerkleeblatt. Ebenso zeichnete sich die Künstlerfamilie Quaglio im Architekturfach aus; mit ihrer Kunst wetteiferten Neher, Gail, Kirchner u. A.

In der Landschaftsmalerei wurden in München Werke geschaffen, die sich neben den besten Alten behaupten können. Man braucht nur den Namen Rottmann zu nennen. Hettner ruft in seinen griechischen Reiseskizzen Angesichts der großartigen Umgebung des Apollotempels zu Bassä aus: „Die Natur ist so groß und so erhaben, daß kein Herz so verhärtet ist, daß es nicht tief im innersten Grunde erbebt und erschrickt vor der Größe und Macht des Unendlichen!" Es muß als ein Triumph der Kunst bezeichnet werden, daß es Rottmann gelang, die gleiche Empfindung durch seine Landschaftsbilder zu wecken. Kein Beschauer wird die Münchner Arkaden und den Rottmannsaal in der neuen Pinakothek unbewegt verlassen.

Die politischen Ereignisse, die einen Sohn Ludwig's auf den griechischen Thron beriefen, blieben nicht ohne Einfluß auf die Entwicklung der Münchner Kunst. Außer Klenze und Gärtner, die zu den großen Bauunternehmungen nach Athen entboten wurden, zogen auch viele Maler, Peter Heß, Claudius Schraudolph, Kranzberger, Halbreiter u. A. nach Griechenland, um entweder Aufträge des Königs Otto zu erledigen oder Studien obzuliegen. „Aber kommen Sie bald wieder zurück", sagte Ludwig beim Abschied, „ich brauche meine geschickten Künstler selbst!" Eine glühende Sehnsucht, das Land Homers zu besuchen, regte sich in den Künstlern. „Ich jauchze bei dem Gedanken, bald Griechenland zu sehen!" schreibt Rottmann (12. März 1834) an Heydeck, „Peter Heß ist nicht befriedigt aus Griechenland zurückgekommen, er äußerte, daß in Griechenland für einen Landschafter nichts zu holen sei. Das ist mir unbegreiflich, denn er hätte wenigstens aus Ihren Zeichnungen lernen können, wie man sehen mußte! Wie will ich in Griechenland blau malen! Eine

Blase mit Kobalt will ich mitnehmen, so groß, als je ein bayerischer Eber eine in seinem Innersten getragen hat." Dagegen tröstet sich der wackere Dorner: „Könnte ich doch so glücklich sein", schreibt er (25. Sept. 1833) an Heydeck, „sie zu sehen, die schönen Gegenden Griechenlands! Doch diesen Gedanken muß unsereiner schon aus dem Sinn schlagen, wir werden das gelobte Land nicht erblicken. In Gottes Namen! Begnügen wir uns halt mit unseren rauhen Felsengegenden, Wasserfällen, Mühlen und Hammerschmieden. Ich tröste mich mit dem Gedanken, daß Ruysdael und Everdingen auch nie das gelobte Land sahen und ihre Arbeiten theuer verkauft werden. Vielleicht hat es die Vorsehung so gewollt, daß ich nicht nach Italien komme, um nicht irre gemacht zu werden. Vielleicht ginge es mir wie so vielen, die schlechter zurücke kamen, als sie hineingingen."

Großartiger Schwung spricht sich in Heinlein's Landschaftsbildern aus. Der liebenswürdige Haushofer entdeckte die schlichte Poesie des Chiemsee's und ebenso empfängliches Auge und Gemüth für die Reize der Heimat und der Fremde zeigten Morgenstern, Bamberger, die Brüder Zimmermann, Klein, Schleich, Lichtenheld, Lange, Baade, Steffan, Zwengauer, Löffler u. A. Wenn wir aus dem Künstlerkreise, der Ludwig umgab, nur diese Namen nennen, so haben wir noch keineswegs die Zahl der Bedeutenden erschöpft, nur unsere Zwecke verbieten eine weitläufigere Ausführung.

Solcher Mannigfaltigkeit künstlerischen Schaffens gegenüber war doch sicher die Anllage ungerecht, die in den 1839 erschienenen „Venetianischen Briefen" erhoben wurde, der Einfluß Corneliusꞌ habe die ganze Münchner Schule einseitig gemacht und die Kunstbestrebungen Ludwigs seien nur als gewöhnliche Liebhaberei aufzufassen. Ein Vertheidiger in der Allgemeinen Zeitung wies den Angriff zurück und kam, nachdem er das organische Zusammenwirken aller Kunstkräfte in München beleuchtet, zu dem Schluß: „Was Cornelius, Schnorr, Heß, Schwanthaler u. A. in München im Verein mit einem kunstsinnigen Könige schufen, sind selbständige Monumente deutschen Geistes, so gut als was in Weimar von Wieland und Herder, von Goethe und Schiller der Nation geboten wurde, als freies Geschenk des Genius, der sich in diesen Begabtesten unter dem freundlichen Schirm eines gebildeten Hofes konzentrirte."

Ludwig selbst war die Beurtheilung seiner Künstler keineswegs gleichgültig. So schreibt er z. B. 1857 (25. Juli) an seinen Sekretär Riedl: „Es ist doch arg, was in der Beilage zu No. 199 der Allgemeinen Zeitung über Schraudolphs herrliches Gemälde Christi Himmelfahrt gesagt ist, daß es in eine Dorfkirche sich eigne. Giebt's denn in München keine gute, in der Kunst bewanderte Feder, um, wie es sich gehört, darauf zu erwiedern?" Und am 10. August: „Nicht genügend fand ich Dietzens Erwiederung des bewußten Aufsatzes in der Allgemeinen Zeitung, in welche ich Zimmermann's seinen eingerückt wünsche und daß solcher nicht von Schwinds Rudolph von Habsburg, sondern nur von Schraudolphs Himmelfahrt Christi handle".

Als ein Kritiker in der Allgemeinen Zeitung 1853 an Schwanthaler's Werken mäkelte, verfaßte Ludwig selbst folgende Erwiderung: „Ludwig von Schwanthalers Figuren für den Ostgiebel der Propyläen wurden vor einigen Tagen von S. M. König Ludwig mehrmals besichtigt und erhielten dessen vollen Beyfall, sowohl was die Composition des unsterblichen Meisters anbelangt, als die treffliche Ausführung unter der Leitung seines verdienstvollen Vetters Xaver Schwanthaler. Die Figuren für beyde Giebel der Propyläen sind des großen Künstlers letzte Werke und nicht das Standbild des Kaisers Franz in Franzensbad, wie vor einiger Zeit in der Allgemeinen Zeitung mit dem Beysatz gesagt wurde, Schwanthaler habe nicht die Kunst, aber sie ihn verlassen. Sie zeigen, herrlich, daß ebensowenig als er sie, die Kunst ihn verließ."

Eine heftige Fehde erhob sich, als Wilhelm Kaulbach im Auftrag des Königs in den Fresken an den Außenwänden der neuen Pinakothek die Entwicklung des deutschen Kunstlebens der Neuzeit darstellte. Der Künstler war dabei von dem Gedanken ausgegangen, daß von einer Verherrlichung noch lebender Persönlichkeiten Umgang genommen werden müsse, und entschied sich deshalb, wie es bei dem Zeichner des Reinecke Fuchs erklärlich, für eine mehr humoristische Schilderung der modernen Kunstwelt. Er ließ seiner Laune frei die Zügel schießen, stellte Overbeck vor einem Kapuziner knieend dar, setzte neben Klenze ein Tausendguldenkraut u. s. w. Der König selbst, obwohl auch er nicht verschont blieb, hatte wohl seine Freude an den vorgelegten Skizzen. „Schön, recht schön! aber malen dürfen Sie das nicht so!" Und damit strich er dies und jenes aus den Blättern. So kam es, daß die Kompositionen an Witz einbüßten, ohne den Wünschen Jener gerecht zu werden, die mit der Art der Darstellung überhaupt nicht einverstanden waren. Förster nannte sie eine „Beleidigung der deutschen Kunst", dagegen vertheidigte Gutzlow den Künstler, der „den Muth gehabt, in die Allegorie und in die akademischen Traditionen die wirkliche Wirklichkeit des Künstlerlebens einzuführen."

Der Gedanke, auch der Kunst der Zeitgenossen ein würdiges Haus zu bauen*), war schon seit langer Zeit in Ludwig rege. Die Erwerbung des kolossalen Gemäldes Kaulbachs „die Zerstörung Jerusalems", für welches kein geeigneter Raum vorhanden, brachte den Plan zur Reife. Von vorne herein wurde dem Erbauer, August Voit, angegeben, an den Außenwänden müsse für große Fresken Raum gelassen sein, „um zur Ausbildung dieser klassischen Malweise beizutragen". Schwind erbot sich 1850, den Festzug bei Enthüllung der Bavaria al fresco darzustellen, nach Art des Dürer'schen Festzugs zu Ehren Kaiser Maximilian's. Voit begünstigte dieses Projekt und wollte das Gemälde in einem an die neue Pinakothek angefügten Arkadenbau anbringen, um so eine würdige Verbindung zwischen beiden Gallerien herzustellen. Ludwig entschied sich jedoch für den Plan Kaulbach's; die malerische Ausführung wurde Nilson übertragen. Auch mußte der Verbindungsbau unterbleiben, beide Gebäude sollten, um jede Feuersgefahr fern zu halten, gänzlich frei stehen.

Am 12. Oktober 1846 wurde der Grundstein gelegt. Ludwig selbst hielt dabei eine kurze herzliche Ansprache: „Für Gemälde aus diesem und aus künftigen Jahrhunderten ist die neue Pinakothek bestimmt. Erloschen war die höhere Malerkunst, da erstand sie wieder im neunzehnten Jahrhundert durch Deutsche. Ein Phönix, entschwang sie sich ihrer Asche und nicht allein die malende, jede bildende

*) Anfänglich sollte diese Gallerie nach Schleißheim kommen. „Ich habe vor", schreibt L. (14. Juli 1829) an Schenk: „a) wie bekannt, der Gemälde Auswahl in die Pinakothek zu thun, b) eine ausgezeichnete Altteutsche Malereyen-Sammlung in Nürnberg zu haben, c) eine große schöne Gemäldesammlung in einer anderen Stadt, die ich später erst nennen werde, d) eine Sammlung Gemälde lebender Maler, die Familienbildnisse und das Depot in Schleißheim. Dagegen gingen die kleinen Gallerien, in so weit sie aus dem Staat gehörigen Bildern bestehen, ein."

Kunst erstand auf's Neue herrlich. Als Luxus darf die Kunst nicht betrachtet werden; in Allem drücke sie sich aus, sie gehe über in's Leben, nur dann ist sie, was sie sein soll. Freude und Stolz sind mir meine großen Künstler. Des Staatsmanns Werke werden längst vergangen sein, wenn die des ausgezeichneten Künstlers noch erhebend erfreuen."

Der Bau des in einer Art byzantinischen Stils ausgeführten Hauses nahm die Jahre 1846—1853 in Anspruch. Es enthält außer der Gemäldesammlung auch die Porzellanmalerei-Kabinete, eine Sammlung von Gypsbüsten hervorragender Zeitgenossen und eine Sammlung photographischer Veduten von merkwürdigen Gegenden und Gebäuden. Die beiden letzteren Sammlungen sind noch nicht vollständig geordnet. Die Gemäldegallerie wurde im Oktober 1853 dem Besuch des Publikums geöffnet.

Die Erwerbung würdiger Bilderschätze für diese Sammlung war namentlich seit seiner Thronentsagung eine wahre Herzensangelegenheit des Königs. Daß er in Folge der Schmälerung seiner Einkünfte die Ausgaben für Kunst und Künstler einschränken mußte, betrübte ihn mehr als der Verlust der Herrschaft. „Was mich am meisten schmerzte", schreibt er (31. März 1848) an seinen Wagner, „gewaltigen Kampf in mir verursachte, war, daß ich sehr beschränkt dadurch, für die Kunst zu thun, was ich vorhatte. Die Befreyungshalle muß ich aufgeben; in Ansehung der Kunst, ungleich mehr aber noch hinsichtlich daß es ein Denkmal der teutschen Siege im J. 1813. 14. 15 gewesen, schmerzt es mich. Dieses schmerzt mich sehr, nicht daß ich zu herrschen aufgehört. Bin vielleicht jetzt der heiterste in München. Ausbau der Ruhmeshalle Bayerns und des Siegesthors, sowie Vollendung der Bemalung des Speyerer Doms, der Nibelungen und der Odyssee in der Residenz sind unter den Bedingungen, die meinem Sohn Maximilian gemacht. Die neue Pinakothek habe ich vor selbst zu vollenden, sowie das pompejanische Haus."

Ludwig wurde bei Completirung seiner Gallerie begünstigt durch die heutzutage enorm billig erscheinenden Preise der Gemälde. Die Künstler rechneten es sich zur Ehre an, wenn ihre Werke in die Ehrenhalle deutscher Kunst aufgenommen wurden. So erklärte Kaulbach in dem wegen Ausführung der Pinakothekfresken 1851 festgesetzten Kontrakt, daß es ihm das größte Vergnügen mache, auch fernerhin für den König, den er als seinen großen Gönner in wärmster Dankbarkeit verehre, weitere Aufträge zu übernehmen; nur die Freude, recht viele Gemälde in Ludwig's Privatbesitz zu wissen, leite ihn, gern erbiete er sich, dieselben unentgeltlich auszuführen. Quaglio's Kirche in Mondbeleuchtung wurde beispielsweise um 6 Louisdors erworben, Kirner's Kartenschlägerin um 1000 Gulden, Rhomberg's Raucher um 396 Gulden, Albrecht Adam's großes Gemälde, die Schlacht bei Kustozza darstellend, um 1650 Gulden, die anmuthigen Wagenbauer um 10—15 Louisdors u. s. w. Eine treffliche Sammlung von Gemälden lebender Meister in Klenze's Besitz, aus 57 Nummern bestehend, darunter treffliche Rottmann's, P. Heß, Bürkel, Catel, Gayl u. s. w. wurde um 26,912 Gulden angekauft. Schorn's Sündfluth wurde um 20,000 Gulden, Kaulbach's Zerstörung von Jerusalem um 35,000 Gulden erworben.

Ludwig sah ungern, daß der glänzendste Vertreter der Gegenwart in der Kunst, Wilhelm Kaulbach, auf lange Jahre durch den Auftrag zur Ausschmückung des Museumstreppenhauses in Berlin in Anspruch genommen wurde. „Kaulbach ist zu schreiben", wies er (31. August 1844) seinen Sekretär an, „daß, was mich betrifft, da ich wahrscheinlich nach Vollendung der Zerstörung Jerusalems, wenn sie zu meiner Zufriedenheit ausgefallen, ein anderes großes Gemälde würde bestellt haben, der ihm gewordene, eine Reihe von Jahren einnehmende Auftrag keine Freude erzeugt habe. Daß ich wünsche, wenn er nicht bereits eingegangen, binnen welcher Zeit sie zu liefern wären, er sich nicht binden möchte; jedenfalls aber ich hoffe, daß er nicht deren Beendigung abwarten würde, um zwey Nürnberger Rathsherren als Gegenstück beyder Ritter aus dem Albrecht Dürer'schen Maskenzug mir um den nämlichen Preis wie diese zu malen." Doch gereichte ihm andrerseits die Auszeichnung des von ihm zuerst erkannten Künstlers zu hoher Befriedigung, er verfolgte die Arbeiten für den Cyklus, dessen kühner Vorwurf die Geschichte der Menschheit, mit größtem Interesse. Er äußerte sich auch keineswegs, wie eine von Sepp mitgetheilte Episode glaublich machen will, über die großartige Komposition des Reformationszeitalters ungehalten. Er bestritt zwar, als ihm der Künstler seine Ideen mittheilte, die Ausführbarkeit eines

Planes, „Gedanken zu malen", zollte aber dem vollendeten Bild volle Anerkennung.

Vom Wirrsal der politischen Ereignisse, die seiner Thronentsagung folgten, flüchtete er immer wieder zu dem unberührten Heiligthum der Kunst. Der Engländer Inglis, ein begeisterter Verehrer des Königs — wie überhaupt die Britten den wärmsten Antheil an Ludwig's Kunstbestrebungen nahmen — erzählt in seinen Reiseerinnerungen, daß der eifrigste Besucher der Münchener Gallerien der König von Bayern gewesen sei, oft stundenlang habe er denselben vor einem Gemälde oder einer Statue verweilen gesehen. Jedes angekaufte Gemälde wurde ein halbes Jahr lang im sogenannten Gemäldezimmer im Palaste des Königs aufbewahrt, war also in dieser Zeit der Begleiter seines häuslichen Daseins. Nach Ablauf dieser Frist kam das Kunstwerk in die Gallerie und wurde zum gemeinschaftlichen Eigenthum Aller.

Es wäre ein Wahn, wollte man glauben, daß die Ansammlung so bedeutender Kunstschätze mit keinen Mühen verbunden gewesen. Die Anlegung der neuen Gemäldegallerie allein nahm das rüstige Schaffen einer Reihe von Jahren in Anspruch. Die Akten des Gallerieachivs, welche viele hundert eigenhändige Signate Ludwig's enthalten, geben davon Zeugniß. Kein Bild wurde ohne speziellen Auftrag des Königs erworben. Wie ein Privatmann suchte er selbst vor und nach dem Jahr 1848 die Künstler in den Ateliers auf, um ihre Staffeleibilder kennen zu lernen, ohne besondere Rücksichten zu beanspruchen. An drastischen Bemerkungen und Einwendungen ließ er es nie fehlen, hatte aber die größte Freude, wenn der Angegriffene schlagfertig zu erwidern wußte. Manchmal kounte er zwar über Widerspruch in heftigen Zorn gerathen, des anderen Tages kam er aber wieder und rief: „Sie haben Recht gehabt, hab' in der Nacht darüber nachgedacht!" oder er sandte an den Künstler ein Paar launige Zeilen. Wenn für ein Gemälde nach seiner Ansicht zu hoher Preis verlangt wurde, brauste er auf: „Viel zu theuer! Viel zu theuer! Hab' mehr Kinder zu versorgen! Künstler sind all meine Kinder!" Doch stand er nicht leicht von der Erwerbung eines Bildes, das ihm wohlgefiel, wieder ab; auch waren die Künstler gern bereit nachzugeben, wußten sie doch, in welch edler Weise der Käufer mit seinem Talent Wucher trieb. Rathgeber des Königs waren bei Bilderkäufen gewöhnlich Klenze oder Clemens Zimmermann. An letzteren schreibt er z. B. (12. April 1849): „Heute im Kunstverein Schön's Gemälde, die ihren Geliebten Behorchende. Anfangs wurden 70 Karolin dafür verlangt, jetzt um 50 gelaßen. Aber nicht auf den Preis kommt es an, sondern auf Würdigkeit für die Pinakothek. Nur Ausgezeichnetes soll für sie erworben werden. In Augenschein zu nehmen und mir schriftliches Gutachten darüber noch heute abzugeben." Hatte Ludwig für einen Künstler besondere Vorliebe gefaßt, so war er allerdings auch gegen dessen Mängel zu nachsichtig. So erklärt sich die Aufnahme mancher Gemälde, die nicht wohl das Prädikat Ausgezeichnet beanspruchen können. Dergleichen einzelne Mängel aber können nicht den Werth der Sammlung herabsetzen, welche einst für die Kunstgeschichte des neunzehnten Jahrhunderts von hervorragender Bedeutung sein wird und in der Gegenwart den Kunstfreund weihevolle Stunden genießen läßt.

Viele freilich betrachten heutzutage die in dieser Gallerie gesammelten Schöpfungen fast insgesammt als „überwundenen Standpunkt". Aber wenn die Kunstgeschichte Entwicklung ist, was wird und ist eines Tages nicht Produkt einer „überwundenen" Periode?

Als gelegentlich der zweiten Münchener Kunstausstellung im Jahr 1817 Max v. Freiberg die Gemälde des damaligen Akademiedirektors Peter Langer besprach und an denselben die „Kraft der Färbung, welche mit Nichts als den Werken eines Rubens und seiner Schule verglichen werden kann", rühmte, überschüttete ein Gegenkritiker, Christian Müller, den Lobredner wie die gesammte „Stylistenschule" mit beißendem Spott und wies im Gegensatz zur letzteren auf die Repräsentanten der Zukunft, Heinrich Heß, Koch, Stieler u. A. hin, welche allein „Sinn für Wahrheit und Natur verriethen".

Mutatis mutandis spielt ein Menschenalter später die gleiche Scene; jetzt sind jene Streiter gegen das Kunstmonopol der Akademie die Angegriffenen, Zurückgebliebenen, Ueberholten.

„Deutschland macht nicht Bilder, sondern Gedichte, es malt nicht, es schreibt die Idee", lautet das Urtheil Théophile Gautiers über die Werke der älteren Münchner Schule. Vom Standpunkte der Technik von heute aus zugegeben. Aber nichtsdestoweniger epochemachend war jene Schule doch. Epochemachend nennen wir den Genius, der seinen Zeit- und Kunstgenossen neue, weiter führende Bahnen eröffnet. Was jedoch die auf Kosten der Münchener verhimmelten Pariser Virtuosen betrifft, so zeigt es sich nachgerade, daß die angeblich neuen Wege, die sie erschlossen, nur Sackgassen sind.

Seien wir, wie immer die Werke jüngeren Datums uns blenden oder in der That begeistern mögen, seien wir gerecht und dankbar gegen den König und seine Meister! Ihnen standen die höchsten Ziele der Kunst vor Augen: den Menschen erheben und veredeln!

Es hätte nicht der etwas marktschreierischen Reklamen für die Kunst unsrer romanischen Nachbarn bedurft, — so viele Prachtwerke der alten Gemäldegallerie belehren eindringlich, daß ein geistiges Element auch in der Farbe als solcher liege. Eine Reaktion gegen die zu weit getriebene Vernachlässigung des Kolorits, ein Durchschlag des sinnlichen Elements, das an frischer, voller, naturwahrer Farbe sein Wohlbehagen findet, war in der Fortentwicklung der Münchener Kunst unausbleiblich. Der Anstoß dazu kam von der belgischen Schule. Die Ausstellung von Gallait's Abdankung Karl's V. im Jahr 1843 war für München ein folgenreiches Ereigniß. Bald ließen sich Nachwirkungen der realistischen Richtung auf die Malerei in München erkennen.

Ludwig erkannte den Nenen in gewissem Sinn volle Berechtigung zu. Er suchte 1853 ein Bild von Gallait zu erwerben, als „Musterbild, da es der Münchner Schule noch an einer kräftigen Farbengebung fehlt". Er kaufte auch später ein Gemälde dieses Meisters, den Mönch im Klosterhofe. Auch wurde dem großen Gemälde des ersten und bedeutendsten Realisten unter den Münchner Künstlern, Carl Piloty, Seni vor der Leiche Wallensteins darstellend, ein Ehrenplatz in der Pinakothek angewiesen.

Ueber den Einfluß, den Ludwig selbst auf die Entwicklung der Kunst durch ein sechzigjähriges Wirken ausgeübt, lassen wir den berühmtesten Künstler der Gegenwart sprechen, der in seinen Werken die Richtungen beider Kunstepochen vermittelt und verbindet.

„Ich kounte" — wir geben die eigenen Worte Wilhelm von Kaulbach's — „und kann auch heute nicht mit der kleinlichen Anschauungsweise so Vieler über unsren König Ludwig übereinstimmen. Mir erschien er immer als ein ganzer König, geistreich und hochgesinnt. Seine kleinen Schwächen übersah ich, wie ich einen kleinen Schmutzflecken an seinem Kleide entweder übersehen oder für Nichts geachtet hätte. Schwung hatte er, wie Keiner! Wenn er zu mir ins Atelier kam, so grüßte er gewöhnlich mit einem klassischen Citat. Die Gedanken, die er dann über das Bild äußerte, das ich eben in der Arbeit hatte, oder über irgend ein Projekt, mit dem er sich eben trug, hatten immer etwas Großes, Originelles! Wenn er auch nicht für das einzelne Kunstwerk volles Verständniß hatte, so besaß er dafür den großartigen Blick für die Aufgabe der Kunst und für Alles, was sie fördern kann und zu ihrem Gedeihen nöthig ist. Und das dachte und sagte er nicht blos, er handelte auch und scheute kein Opfer. Wenn man nur eine Pflanze im ersten Wachsthum hegt und pflegt, später wächst sie schon von selbst in die Höhe, und der Fruchtbaum der deutschen Kunst ist in die Höhe gediehen! Deshalb ist es ebenso thöricht als undankbar, wenn eine jüngere Generation, auf die eigene Kraft stolz, über das eigenthümliche Wirken des Königs die Nase rümpft. Freilich, nach der von Ludwig gemachten Kunststadt München selbst verkaufen wir auch jetzt noch wenig Bilder, aber wenn ich meine Werke nach Amerika verkaufe, so verdanke ich das dem König Ludwig, denn er hat an mich geglaubt und mir zu arbeiten gegeben, als ich ein Anfänger, und wenn heute ein schöner Brunnen von Kreling nach Cincinnati geht, so hat der alte König sein Verdienst daran, denn er hat den Künstler, da er noch ein Corneliusschüler war, mit kleinen Aufträgen bedacht und er hat die Corneliusschule ins Leben gerufen, und wenn heutzutage die Pilotyschule eines Weltrufs genießt, so hat auch an diesem Meister der König das Verdienst erkannt, zu einer Zeit, wo er diese Ansicht noch mit Wenigen theilte. Er war eine groß angelegte Natur, die man nicht mit dem gewöhnlichen Maßstab bemessen darf, und nur von diesem Gesichtspunkt aus darf seine Geschichte geschrieben werden!" —

## Schöpfungen der Plastik.

---

Ein Hauptverdienst der Bestrebungen Ludwig's ist darin begründet, daß er, wie bei jedem einzelnen Unternehmen die Vereinigung, so im Allgemeinen die Förderung aller Künste im Auge behielt. Brachte er den Malern herzliche Gunst entgegen, so wurde auch die Plastik nicht vernachlässigt. Mit dem Anfang unsres Jahrhunderts trat auch diese Kunst in eine Reformationsepoche und auch für dieses Kunstgebiet zeigt sich zuerst in Rom der neue Tag. Thorwaldsen, Canova und andere dort wirkende Künstler überwanden den prunkvollen, geistlosen Barockstil und kehrten zur einfachen Schönheit der griechischen Plastik zurück, dereu Verständniß namentlich durch Winkelmann aufgeschlossen worden war. Die ersten und bis jetzt noch unerreichten Meisterwerke jener römischen Bildhauer hatte der bayrische Kronprinz auf seinen Reisen nach Italien kennen und lieben gelernt, unter ihrem Einfluß war seine Begeisterung für die Antike und der Sammeleifer erwacht, der in verhältnißmäßig kurzer Zeit eines der köstlichsten Museen klassischer Skulpturwerke schuf. Die schlichte Pracht dieser Werke bot einen würdigen Kanon für die nachstrebende Gegenwart, doch verhehlte sich der kunstsinnige Fürst nicht, daß gerade für die Entwickelung der Schüler in dieser Kunst auch der lebende Meister, der selbst schaffende Lehrer nothwendig sei. Auf seine Verwendung wurde Courad Eberhard, der unter Canova's Leitung zehn Jahre in Rom gearbeitet hatte, als Professor der Bildhauerkunst 1817 nach München berufen. Dem trefflichen ausübenden

Künstler fehlte jedoch die Gabe zu lehren, so daß im akademischen Unterrichtswesen für die Bildhauerkunst eine Lücke bestehen blieb, während auf dem Gebiet der Malerei Cornelius, Schnorr, Heß und A. so mächtig anregend wirkten.

Um so eifriger suchte Ludwig den größten Bildner der Neuzeit, Thorwaldsen, für München zu gewinnen, doch der Künstler gab seiner Vaterstadt Kopenhagen den Vorzug. Nun lenkte Ludwig sein Augenmerk auf Rietschel, der für das Giebelfeld der Glyptothek einige Figuren ausgeführt hatte. Auch dieser Meister lehnte ab, abgeschreckt, wie er selbst äußerte, durch die Eilfertigkeit, womit in München gearbeitet wurde. Ebenso wenig gelang es, den von Ludwig hochverehrten Rauch zu gewinnen. „Es bedarf wohl der Versicherung nicht", schrieb Ludwig an den Künstler gelegentlich der Vollendung der Dürerstatue (8. April 1837), „wie es mich freut, dieses Kunstwerk von Ihrer Hand vollendet zu wissen. Ich hoffe auch von Teutschlands größtem Bildhauer die Victorienstatuen Walhalla's besitzen zu können."

Während so die Versuche fehlschlugen, fremde Kräfte zu gewinnen, gedieh ein einheimisches Talent zu schöner Reife. Ludwig Schwanthaler erlangte für München gleiche Bedeutung, wie Rauch für Berlin, er repräsentirt die Plastik in der von Ludwig hervorgerufenen Kunstepoche. Bis in das 16. Jahrhundert zurück läßt sich künstlerische Thätigkeit der Familie Schwanthaler in Bayern nachweisen. Dem Vater Ludwig Schwanthaler's verdankt München mehrere nicht unbedeutende Skulpturwerke. Als der Sohn in die Akademie eintrat, sprach ihm der damalige Direktor Langer alles Talent ab, doch bald zeigte der Schüler glänzende Proben. Im Jahr 1823 erhielt der Jüngling von König Max den Auftrag zu einem großen Tafelaufsatz mit zahlreichen mythologischen Figuren und die reiche Erfindungsgabe, welche das Modell verrieth, erregte die Aufmerksamkeit des Kronprinzen. Er gewährte dem Kunstjünger Unterstützung zu mehrjährigem Aufenthalt in Rom und empfahl ihn mit warmen Worten dem Meister in seiner Kunst. „Meinem lieben Thorwaldsen", schrieb er an diesen Künstler (18. September 1826), „wird Schwanthaler, ein vorzüglich Hoffnung gebender, der Bildhauerkunst beflißener Münchner, diesen Brief überreichen. Sein heißer Wunsch ist: Thorwaldsen's würdiger

Schüler zu werden, darum empfehle ich ihn nachdrücklich dem wenigstens seit 18 Jahrhunderten größten Meister dieser herrlichen Kunst. Daß er wirklich Ihr Schüler werde, jetzt gleich oder doch nach einem Jahre, daran liegt mir viel; er hat, wie mir scheint, zum Plastischen ausgezeichnete Anlage, und gut ist seine Aufführung." Als Schwanthaler während der Anwesenheit des Königs in Rom gefährlich erkrankte, überließ er ihm seinen eigenen Leibarzt, der den Künstler glücklich rettete. Mehrere kleinere unter Thorwaldsen's Aufsicht entstandene Arbeiten befestigten ihn so sehr in der Gunst des Königs, daß dem noch so jungen Manu 1831 eine großartige Aufgabe, der plastische Schmuck der Friese für die Walhalla, anvertraut wurde. Die Emsigkeit und das Geschick Schwanthalers ließen überraschend schnell das Meisterwerk gelingen Ludwig belohnte ihn durch Uebertragung der Professur für die Bildhauerkunst an der Akademie. Charakteristisch für die Anspruchslosigkeit der Künstler jener Zeit sind die bescheidenen Bedingungen seiner Anstellung. Sein Einkommen betrug 925 fl., wovon jedoch nur 400 fl. als wirklicher Standesgehalt zu betrachten, und einen Naturalbezug von 2 Scheffel Waizen und 5 Scheffel Roggen. Da ihm so das Nothwendigste zur Existenz gesichert war, entfaltete er eine reiche Wirksamkeit als Lehrer wie als Künstler. Er war so recht der Künstler, wie ihn Ludwig liebte*), der vom Morgen nicht sprach, so lange das Hente noch eine Arbeit zuließ, der den Augenblick ausbeutete und doch auf kühnste Zukunftspläne sann.

---

*) „Ew. Majestät wissen", schrieb Sulpiz Boisserée nach Schwanthaler's Tod an König Ludwig (20. November 1848), „wie innig wir Schwanthaler verehrt und geliebt haben, Sie werden es daher gütig aufnehmen, daß wir beim ersten Empfang der Nachricht dem Drang unsres Herzens folgen und Ihnen die lebhafteste Theilnahme an dem großen Verluste ausdrücken, den Sie durch den Tod unsres Freundes erlitten. Ew. Maj. haben den hochbegabten Künstler zuerst in ihm erkannt, Sie haben durch die mannigfaltigsten und großartigsten Aufgaben ihm Gelegenheit zur reichsten Entfaltung seiner schönsten Kräfte geboten und er hat dieselbe mit rastlosester Thätigkeit, mit dem bewunderungswürdigsten Erfolg benützt. Aber Schwanthaler war auch ein durchaus edler, wohlwollender und uneigennütziger Mensch und es gewährt uns eine wahre Genugthuung, aus dem vertraulichsten Umgang mit ihm versichern zu können, daß er immer und in allen Stücken Ew. Majestät mit treuester Dankbarkeit anhänglich gewesen. Nun hat er sein noch junges Leben beschlossen, wo eine dunkle Zeit der Ver-

Wie hohe Anforderungen auch Ludwig an den Meister stellte, derselbe führte Alles zur Befriedigung seines Schutzherrn durch, nie ermüdet oder entmuthigt. Allerdings war dabei unvermeidlich, daß die Ausführung oft hinter der genialen Idee zurückstand. Seine Werke ermangeln jener technischen Durchbildung, welche man bei Rauch's und Rietschel's Arbeiten nie vermißt. „Seines phantasiereichen, produktiven Geistes Eigenthümlichkeit scheint das Entwerfen", urtheilte Rietschel über Schwanthaler, „zum Durchbilden fehlt ihm die Geduld". Dessenungeachtet gehen jene Kritiker viel zu weit, die ihn nur als „Skizzisten" gelten lassen wollen. Um ihr Urtheil zu entkräften, genügt der Hinweis auf die Fürstenstatuen im Thronsaal, an deren Ausführung er mit besonderer Liebe ging. Er war unbestritten der fruchtbarste Meister seiner Zeit; über zweihundert Statuen gingen aus seinem Atelier hervor, dazu kamen noch die großen Reliefs an mehreren Münchner Bauten, sowie Skizzen zu den Fresken in den Odysseussälen der Residenz und mancherlei dekorative Entwürfe. Auch als Lehrer wirkte er unermüdlich und verpflanzte seine große Auffassung der Bildnerei auf die seiner Leitung anvertrauten Talente. Sein begeisterter Nacheiferer war Brugger, dessen echt antike Auffassung mit Genelli's Stil verglichen wurde. Schüler Schwanthaler's waren auch Widnmann und Halbig, letzterer namentlich durch klare Naturanschauung ausgezeichnet, welche seinen Porträtbüsten seltenen Werth verleiht. Die Schwanthaler eigenthümliche romantische Richtung wurde durch seinen Schüler Fernkorn auch nach Wien verpflanzt.

Wie bei Schwanthaler, so bekundete Ludwig glücklichen Scharfblick auch bei seinem Vertrauten Wagner, indem er diesem rieth, von der Malerei zur Bildhauerkunst überzugehen. Für das Giebelfeld der Glyptothek entwarf Wagner nur die Zeichnung, die Reliefs für die neue Reitschule aber modellirte er bereits selbst und sofort über-

wirrung hereinbricht; jedoch sein Andenken wird nicht enden, die Nachwelt wird ihn allezeit in Verbindung mit seinem königlichen Schutzherrn rühmlichst nennen." Ludwig antwortete (3. Dezember 1848): „Sie wissen, wie werth ich Schwanthaler schätzte. Viel zu früh starb er der Kunst, zu meinem großen Bedauern. Ein harter Verlust ist es für die Kunst, ein harter Schlag für mich."

trug ihm Ludwig, was damals als ein Wagniß erschien, die Ausschmückung des 300 Fuß langen Frieses für das Innere der Walhalla. Es galt, die Culturentwicklung Deutschlands in der ältesten Zeit darzustellen, und Wagner rechtfertigte durch seine meisterhafte Ausführung das königliche Vertrauen. „Wagner's Namen wird Walhalla's Fries unsterblich machen!“ dankte ihm Ludwig (24. Oktober 1830).

„Ein Sprichwort sagt: Gelegenheit macht Diebe!“ äußerte Halbig zu dem Verfaßer, „man kann aber auch sagen: Gelegenheit macht Künstler! Wo hätten wir aber in jener Zeit Gelegenheit gefunden, unser Talent durch fortgesetztes Schaffen auszubilden, wenn nicht immer wieder der König Anregung und Mittel zu Werken geboten hätte, die auch dem Künstler selbst innere Befriedigung gewähren.“

Der Fortschritt, welchen unter seiner Aegide die Plastik in München machte, wird am Besten erkannt, wenn man mit den neueren Denkmälern die Monumente aus Carl Theodor's und Max Joseph's Zeit vergleicht; selbst da, wo die Skulptur mehr dekorative Zwecke verfolgt, wie in dem Antheil der Plastik an den Werken des Donau-Mainkanals, tritt die der ganzen Epoche eigenthümliche künstlerische Tendenz zu Tage.

Namentlich der historische Sinn Ludwig's trug zur Förderung der Plastik bei. „Das beste Monument des Menschen ist der Mensch“, sagt Goethe, „eine gute Büste in Marmor ist mehr werth, als alles Architektonische, was man Jemandem zu Ehren und Andenken aufstellen kann.“ Von dieser Ansicht ging auch Ludwig aus. Um den großen Männern der Vergangenheit und Gegenwart den schuldigen Dank zu bekunden, trug er sein ganzes Leben lang Sorge, ihre Büsten zu sammeln und an würdigem Platze aufzustellen. Welche Aufgaben für die Plastik! 162 Brustbilder wurden für die Walhalla bestimmt, 76 für die Ruhmeshalle. Welche Unterscheidung er dabei zog, erhellt aus folgender Bemerkung. „Den lieben, trefflichen Schubert laße ich fragen“, schreibt er an Kreuzer (11. August 1840), „ob er Regiomontanus (Johann Müller) und Martin Behaim für würdig in die Walhalla oder nicht hinlänglich für sie, doch aber für Bayerns Ruhmeshalle erachte, daß nehmlich, einen Vergleich zu machen, die in letzterer als wie die Grenadiere zu betrachten wären, die in Walhalla aber als die Garde, die aus ersteren auszuwählen. Ruhmeshallen könnten

Oesterreich, Preußen, Sachsen &c. haben, Walhalla kann Teutschland nur eine besitzen." Nicht etwa nur die vorgenannten Künstler, sondern die Bildhauer von ganz Deutschland waren für den König von Bayern thätig. Außerdem wurde auch eine Gallerie von Brustbildern der Zeitgenossen angelegt, welche größtentheils Halbig modellirte. Bei der letzten Sitzung kam gewöhnlich der König, um sein Urtheil abzugeben, welches meist, wie der Künstler äußerte, den Nagel auf den Kopf traf. Daß seine Anordnungen nicht immer glücklich waren, ist selbstverständlich. Er war z. B. nicht zu überreden, von der unschönen Aufstellung der Standbilder auf dem Münchener Promenadeplatz, welche Lübke mit Recht einer bitteren Kritik unterzieht, abzustehen. Er schreibt darüber an seinen Sekretär Riedl (30. August 1860): „Gerade diese 5 Standbilder auf diesem (keineswegs dafür zu kurzen) Platze in einer Reihe werden imponiren, originell seyn, von ausnehmender Wirkung. Von dieser Ansicht weiche ich nicht ab. Dieses ist dem Bürgermeister zu eröffnen." „Solche Statuen unter freiem Himmel zu sehen", schreibt er an Bildhauer Schöpf in Rom, (1. September 1861) „muß man jetzt nicht nach Rom, sondern nach München." „Wir haben noch lange nicht zu viele öffentliche Denkmäler", erwiderte er auf eine Andeutung, daß in München nachgerade der Statuen zu viel würden, „hat ja doch Lysipp allein dem Plinius zufolge 600 Standbilder gegossen und in Rhodus standen außer dem großen Koloß noch 100 kleinere."

Erzbilder berühmter Männer, von König Ludwig errichtet, sind durch ganz Bayern zerstreut. Jede Stadt, dereu Namen mit demjenigen eines bedeutenden Fürsten, Gelehrten oder Künstlers verknüpft ist, erhielt dessen Standbild.

Das edelste Erzbild, welches München aufzuweisen hat, verdankt es der Munifizenz des Königs und dem künstlerischen Genius Thorwaldsen's. Wir meinen die Reiterstatue des Kurfürsten Maximilian I. Die Kosten betrugen 91,000 Gulden. Wenn auch nicht so bedeutenden, doch im Ganzen günstigen Eindruck machen die Standbilder der Tonsetzer Gluck und Orlando di Lasso, des Kurfürsten Max Emanuel, der Feldherren Tilly und Wrede, der Baumeister Klenze und Gärtner. Zu stilvoller Durchführung hielt der König die Manteldraperie für unumgänglich nothwendig, dadurch erhielten viele Statuen etwas Gedrücktes, Schwerfälliges, doch ist ihnen Kraft und Bedeutsamkeit nicht abzusprechen. Ludwig litt nicht, daß für Statuen antikes Kostüm gewählt werde; nur bei den Standbildern an den Façaden der Glyptothek galt eine Ausnahme. „Die Statue Thorwaldsen's", schreibt er an Wagner, „ist von ihm selber modellirt, die Strümpfe ließ ich aber ausziehen und statt dem mit einer Schnalle versehenen Riemen um den Leib einen Gürtel ihm geben, denn so sehr ich gegen antike Darstellung Neuerer bin, muß dennoch, was in der Glyptothek, antik gehalten werden, soll Einklang nicht gestört seyn." Fast alle die genannten Standbilder wurden in gleicher Höhe ausgeführt.

In Landshut steht Ludwig der Reiche, der Gründer der ersten bayerischen Universität, in Augsburg Hans Jakob Fugger, der eifrige Kunstfreund, in Erlangen Markgraf Friedrich, in Regensburg Bischof Sailer, in Bamberg Fürstbischof Franz Ludwig, in Würzburg Fürstbischof Julius Echter von Mespelbrunn, in Ansbach der Dichter Graf Platen. Für Heidelberg bestimmte er das eherne Standbild des Heerführers Wrede, für Mannheim die Statuen der Haupt-Vertreter der Glanzperiode des Mannheimer Kunstlebens, Iffland und Dalberg. „Mich freut", schrieb er (28. Juli 1862) an den Bürgermeister Mannheim's, „damit zur Verschönerung Ihrer Stadt, an die mich so viele Erinnerungen knüpfen, etwas beyzutragen." Als jedoch die Mannheimer mit dem Aufstellungsplan nicht einverstanden waren, wandte sich der König deßhalb an den Großherzog von Baden. „Iffland und Dalberg müßen in der Nähe der Schillerstatue stehen, da ja auch Dalberg Intendant, da die Räuber zum Erstenmal aufgeführt wurden, Iffland ebenfalls, weil er als Schauspieler Schiller's dramatische Größe unterstützt."

Auch die beiden Männer, deren Namen seiner Jugend als Leitsterne vorschwebten, Schiller und Johannes Müller, ehrte er durch Monumente. An Georg Müller, den Bruder des Letztgenannten, schrieb er schon am 15. Juli 1819: „Unter den mir versagten, von mir vorzüglich bedauerten Dingen gehört, daß es mir nicht vergönnt war, Ihren Bruder seiner politischen Fesseln zu befreien, ihn sich selbst und dem Vaterlande wieder zurückzugeben und ihn schuldenlos zu machen; dann: daß Schillern nach Rom zu versetzen ich nicht vermöchte." Johannes Müller erhielt ein Grabdenkmal zu Kassel, Schiller ein Erzbild in München.

Außerdem schenkte er das Erz oder bedeutende Summen zur Errichtung der Monumente für Westenrieder und Kreitmayr in München, Wieland und Herder in Weimar, Radetzky in Wien, Mozart in Salzburg, Christoph Schmid in Dinkelsbühl, Justinus Kerner in Weinsberg, Palm in Brannan, Körner in Ludwigsluft, Hübsch in Karlsruhe u. A. Zum Andenken an die in Rußland gefallenen 30,000 Bayern errichtete er den Obelisk in München, den bayerischen Kriegern, die in Griechenland den Tod fanden, wurde ein Denkmal in Nauplia gesetzt.

Im Jahre 1852 wandte sich Ernst Förster an Ludwig mit der Bitte um einen Beitrag zur Errichtung eines Standbildes für den Großherzog Carl August von Weimar. Ludwig erwiderte, es habe ihn schon lange der Gedanke beschäftigt, den vier Sternen Weimar's und ihrem Beschützer Carl August ein gemeinsames Denkmal zu errichten. Da aber bereits ein Standbild Herder's aufgestellt sei, so bleibe nichts übrig, als auch die Bildsäulen Goethe's, Schiller's und Wieland's in der Größe der Herder'schen zu errichten; für die beiden ersten könne die von Rauch modellirte Gruppe gewählt werden, jedoch mit der eine Bedingung abgebenden Vereinbarung, daß auch Schiller statt der Rolle einen Lorbeerkranz in die Hand bekäme. Er sei gerne bereit, wenigstens die Kosten für das Erz zu bestreiten. „Wie schön wenn in der Stadt, wo diese 4 Männer lebten, sie nach Jahrhunderten noch zu sehen wären!"

Als Rietschel den Plan für das nunmehr in Angriff genommene Goethe-Schiller-Denkmal dem Könige übersandte, schrieb dieser zurück (26. Februar 1853), die Skizze habe seinen vollkommenen Beifall, er habe bloß ein Bedenken über die Zusammenstellung Goethe's im Degenkleide mit Schiller im Hauskleide, er wünsche, daß Goethe als Dichter, nicht als Minister, mithin ebenfalls im einfachen Rock dargestellt werde, „da auch die Wirkung des kurzen Kleides bei einer im Großen ausgeführten Statue gewiß nicht vortheilhaft sein möchte". „Diese Bemerkungen", fügte er jedoch bei, „sollen keineswegs einen Wunsch zur Abänderung ausdrücken, sondern ich glaubte Sie nur darauf aufmerksam machen zu müssen." Rietschel antwortete mit künstlerischem

Freimuth (25. März 1853): „Dasjenige, was Ew. Majestät als wünschenswerthe Aenderungen bezeichneten, will ich, bevor ich die große Arbeit beginne, in die sorgfältigste Erwägung ziehen und mich nicht scheuen, zu diesen Aenderungen zu schreiten, sobald ich sie als vortheilhaft anerkennen muß. Im Voraus aber empfinde ich eine unaussprechliche Beruhigung in dem Gedanken, daß Ew. Majestät in so huldvoller Weise mir die Freiheit zugestehen, unter allen Umständen meiner innersten Ueberzeugung folgen zu dürfen." Ludwig verübelte dem Künstler nicht, als dieser seiner eigenen Auffassung gemäß die Gruppe ausführte. Mit Festigkeit beharrte er jedoch auf der Bedingung, daß das Monument in der Münchner Erzgießerei gegossen werden müsse. Rietschel gab ungern seine Zustimmung. Das herrliche Gelingen des Gusses bewies, wie unbegründet seine Besorgnisse waren.

Ludwig nahm regsten Antheil an den Versuchen der berühmten Münchner Erzgießer, ihre Kunst zu vervollkommnen, und spornte immer zu neuen Anstrengungen. Ein Meisterstück waren Guß und Vergoldung der für den Thronsaal bestimmten Kolossalstatuen. Als der junge Miller, eben von Paris zurückgekehrt, sich anheischig machte, eine Statue von 10 Fuß Höhe im Feuer zu vergolden, betheuerte der berühmte Gießer Manfredini, die Vergoldung einer solchen Figur müsse wegen der gefährlichen Quecksilberdämpfe zehn Menschen das Leben kosten. „Wenn Sie", sagte er zur Bekräftigung, „und Jeder, der Ihnen dabei hilft, noch 10 Jahre leben, so lasse ich mir den Kopf abschlagen!" Und doch wurde das Werk begonnen, und es gelang. „Der arme Manfredini ist abermals um einen Kopf kürzer!" wiederholte König Ludwig, so oft wieder eine Statue vollendet war.

Der ehrgeizige Wunsch, durch seine Gießerei etwas außergewöhnlich Großartiges ausgeführt zu sehen, erzeugte auch die Idee zum Kolossalstandbild der Bavaria. Da, wo sich das Volk aus allen Gauen Bayern's zum Octoberfest alljährlich versammelt, sollte Bayern's Ruhmeshalle errichtet werden, überragt von dem Riesenerzbild, gleichwie im alten Athen die Athene Promachos hoch über die Akropolis hinwegschaute. 1837 wurde Schwanthaler mit dem Auftrage betraut. Erst 1844 begann man mit dem Guß. Die Geschichte des kühnen Unternehmens, wie sie Professor Sepp nach Miller's Mittheilungen erzählt, gemahnt an den Bericht Benvenuto Cellini's über den Guß der Perseusstatue, wobei ähnliche Schwierigkeiten zu überwinden waren. 400 Zentner Erz mußten auf Einmal geschmolzen werden, eine fast um das Doppelte größere Erzmasse, als je einen Gußofen füllte. Der Guß des Löwen mißlang beim ersten Versuch völlig, große Auslagen waren damit verloren und Meister Miller war fast entmuthigt. So traf ihn Ludwig früh Morgens in der Gießstätte. Miller verhehlte seine Besorgnisse nicht. „Ein Werk von solchen Dimensionen geht über den Mann, meine Manneskraft wenigstens reicht nicht aus!" Da ergriff der König den Arm des Künstlers und überhäufte ihn nun, auf und ab promenirend, mit eindringlichen Vorstellungen. „Denken Sie an den Koloß von Rhodus, dann an Lysippus, welchem Alexander der Große zum Siegesdenkmal am Granikus 25 Reiterbilder nebst 9 kolossalen Statuen auf Einmal zu machen übertrug! Das waren ja auch nur schwache Menschen wie Sie! Dafür bleibt dann Ihr Ruhm unsterblich!" Die rege Theilnahme des Königs überwand auch hier wieder alle Bedenken und vermochte alle bei dem großen Werk Beschäftigten zur Anspannung aller Kräfte. Der Guß des Kopfstückes der Statue machte dem Meister die größte Sorge. Welche Freude, als das kolossale Erzbild sich trefflich gelungen zeigte! Der König selbst eilte zur Hebung aus der Gußgrube. Als das Haupt majestätisch emporstieg, begrüßte aus seiner Höhlung Gesang den König, als hätte die Riesin selbst Leben und Stimme erhalten. Da nun 26 Sänger aus dem Innern des Hauptes stiegen, rief Ludwig enthusiasmirt: „Gesehen! gesehen! und doch unglaublich!" Ebenso glücklich gelang nach unsäglichen Anstrengungen die Zusammenfügung und Aufstellung der Statue. Die Kosten beliefen sich auf nahezu eine Viertelmillion Gulden. Um einen Begriff zu geben, wie riesig die Dimensionen dieses größten Erzbildes der Neuzeit, genügt die Erwähnung, daß im Innern der Statue eine Treppe mit 66 steinernen Stufen zu dem Haupte emporführt. Der Kunstkritiker Riegel sieht darin nur „eine zwecklose Aufthürmung von Massen". Dem Vorwurf ist nicht alle Berechtigung abzusprechen, doch trifft eine Schuld weder Bildner noch Gießer. Der Erstere darf sich mit Recht rühmen, eine Figur von originellstem Typus erfunden zu haben, welche trotz der kolossalen Verhältnisse nicht ohne Anmuth ist und — ein nicht zu verachtendes Beweismittel für ihren Werth — rasch populär wurde: Die Technik des Gießers bedarf nicht erst des Lobes.

Die Enthüllung am 9. Oktober 1850 gab den Münchnern Gelegenheit zu einem Ehrenfeste für den Fürsten, welchem ihre Stadt so Viel zu verdanken hat. Auf der weiten Theresienwiese wogte eine zahllose Volksmenge, die den König mit donnerndem Jubelruf empfing. In festlichem Zuge begaben sich die Münchner Künstler und Industriellen vor das Zelt ihres Schutzherrn, um ihm durch eine Reihe von Geschenken, sämmtlich Werken der Münchner Kunst und Industrie, ihren Dank zu bezeugen.

Es ist hier wohl am Platze, den gegen Ludwig oft erhobenen Vorwurf, daß er die Einwirkung der Kunst auf das Gewerbe nicht gefördert habe, zurückzuweisen. Der König selbst forderte z. B. den Oberbaurath Voit, Vorstand des Vereins für Ausbildung der Gewerke auf, ihm die Vereinszeitschrift zuzusenden. „Mein lebhafter Wunsch war immer, daß die Kunst auch in das Gewerbe dringe", schreibt er dabei. Die dem König bei Gelegenheit der Bavaria-Enthüllung überreichten Geschenke lieferten auch den besten Beweis, daß die von Ludwig gehegte und geförderte Kunst auf das Gewerbe in der That veredelnden Einfluß ausgeübt habe. Als die Hülle fiel und das Riesenerzbild im Strahl der Sonne sichtbar wurde, gab langanhaltender Jubel die Freude des Volks über das gewaltige Werk kund. Der König selbst war tief ergriffen. „Ich bin 64 Jahre alt", äußerte er zu seiner Umgebung, „hab' viel des Schönen gesehen, so Schönes noch nie, hab' viel Freuden erlebt, doch solche Freude noch nie!"

Es war von der Künstlerschaft beabsichtigt gewesen, bei diesem Feste den Gefeierten durch Ueberreichung eines goldenen Lorbeerkranzes zum „König der Künstler" zu krönen. Ludwig erhielt jedoch von dem Vorhaben Kenntniß und lehnte die Huldigung ab.

Schon im Jahr 1841 war unter den Künstlern der Gedanke rege geworden, ihren königlichen Schutzherrn durch ein Monument zu ehren. Thorwaldsen, der sich eben in München aufhielt, erklärte sich freudig bereit, das Modell für eine Reiterstatue zu fertigen und zu schenken, das sonst Erforderliche sollte durch Beiträge der Künstler aller Nationen aufgebracht werden. Doch wurde das Projekt nicht ausgeführt, weil bald darauf Thorwaldsen starb.

Im Jahr 1856 nahm die Münchner Bürgerschaft den Gedanken
es Monuments wieder auf. Klenze wurde mit dem Entwurf be-
ut. Dieser besaß eine Bleistiftskizze von Schwanthaler's Hand zu
em Denkmal des Königs Stephan von Ungarn*). Der Bildhauer
te sie dem nach Ungarn berufenen Architekten übergeben, damit
selbe dort für die Ausführung Gönner werbe. Die Zeitverhält-
se waren dem nicht günstig gewesen und nun schlug Klenze vor,
hwanthaler's Gedanken für Ludwig's Statue zu verwerthen. Der
uptgedanke von Schwanthaler's Entwurf war eine Reiterstatue,
lcher zur Seite zwei Pagen gingen, die Symbole der christlichen
ligion und der Gesetzlichkeit tragend. Der Magistrat beschloß, die
ldhauer Halbig, Widnmann und Brugger zur Konkurrenz aufzu-
dern. Ludwig ertheilte dazu seine Einwilligung. „Die von mir
vünschte Genehmigung dieser Beschlüsse hiemit ertheilt. Wiederhole
dieser Gelegenheit, daß ich nicht glaube, daß einer dieser drey
achten Künstler eine schönere Gruppe machen werde, als Ludwig
ı Schwanthalers Ungarischer König mit den zwei Edelknaben bil-
t." (26. Sept. 1856.) Halbig, welchem die Ausführung der Büste
Königs so gut gelungen war, wollte sich bei einer Konkurrenz
ht betheiligen, die beiden anderen Künstler fertigten Modelle nach
n Vorbilde jener Gruppe. Ludwig selbst traf Entscheidung zu
ınsten des Widnmann'schen Projektes. „Wie sehr ich Widnmann
d Brugger für ausgezeichnete Künstler schätze, gebe ich doch dem
odell Widnmanns den Vorzug." (23. Febr. 1857.) Das Piedestal
rde nach Klenze's Entwurf mit vier lebensgroßen symbolischen Fi-
ren, Religion, Poesie, Kunst und Industrie, geschmückt. Auf die
frage seines Sekretärs, ob nicht der für den Sockel benöthigte
armor aus dem Untersberger Bruche billiger als gewöhnlich be-
hnet werden solle, schreibt Ludwig (20. Juli 1858): „Habe vor,
Bestellung wie für einen fremden Gegenstand zu behandeln. Es
ıt Noth, die Zubuße der Marmorbrüche zu vermindern. Ohne daß
n einer Entschließung von mir dem Besteller Erwähnung geschieht,

*) So Klenze in der Korrespondenz mit dem Münchner Magistrat. Das
hwanthalermuseum verwahrt das Modell einer Reiterstatue des Mathias Cor-
us von ähnlicher Anlage.

den Kubikfuß wie bei Bestellern üblich zahlen zu laßen. Würde ich Verminderung eintreten laßen, trüge ich ja gewißermassen selbst zu meinem Denkmahl bey". Am 25. August 1862 wurde das Denkmal enthüllt. Es erhebt sich inmitten der Schöpfungen Ludwigs, in der nach ihm benannten Straße. Ein bekannter Kunsthistoriker gießt eine volle Schale hämischen Spottes über den König aus: „König Ludwig war bei der Enthüllung seines Monuments Selbst zugegen und fand es äußerst gelungen, daß Er wie ein Karnevalsheld mit erhobenem Scepter im Krönungsschmucke zwischen zwei Knaben, welche Tafeln mit den Worten „Gerecht" und „Beharrlich" halten, — mitten hindurchreitet". Das ist einfach eine Unwahrheit. Ludwig befand sich zur Zeit der Enthüllung auf seiner Villa zu Edenkoben in der Pfalz. Dahin ging ein Telegramm der Münchner Künstlerschaft ab: „In diesem Augenblick haben die Künstler Ew. Majestät chernes Bild in unbeschreiblicher Begeisterung mit Blumen und Kränzen bedeckt. Es sind nur vergängliche Blätter, doch auf dem Haupte von König Ludwig's Majestät wird jedes Reis zum unverwelklichen Lorbeer!"

# Werke der monumentalen Baukunst.

Es wurde schon auf die Anfänge der Umgestaltung München's hingewiesen, auf die ersten architektonischen Schöpfungen Ludwig's, deren rasches Werden den Zeitgenossen fast wie ein Wunder erschien.

Was er in und für München that, traf glücklicher Weise auch mit der bedeutenden Veränderung der Physiognomie der größeren Städte überhaupt zusammen. Die Erleichterung der Verkehrsmittel hat tausenderlei neue Erscheinungen zur Folge, die Zahl der Einwohner wird durch Zuzug aus der Nachbarschaft und Fremde vermehrt, es wird laut nd lebendig in den Straßen, man beginnt am Comfort Behagen zu finden, alle Anstalten und Einrichtungen, welche auf größere Oeffentlichkeit und rascheren Puls des Handels und Wandels bedacht sind, werden begünstigt, Ausstellungen werden veranstaltet, die Konkurrenz tritt kräftig auf und bringt Bewegung in die stillsten Winkel.

Doch indem Jeder aus dem engen, ruhigen Dasein heraustritt, um an der allgemeinen Hast und Emsigkeit theilzunehmen, verwischt sich mehr und mehr das persönlich Besondere, die Originalität; wie in der Stadt die Stände sich äußerlich kaum noch unterscheiden, wagt sich auch in den Wohnhäusern und öffentlichen Gebäuden nur ein eintöniger, nüchterner, allein auf das Bedürfniß gerichteter Stil an's Licht.

Da war es Ludwig, der auch dem idealeren Wunsche und der künstlerischen Richtung noch Rechnung trug und in seiner Residenz

Bauwerke schuf, welche mehr als nur nützlich, welche schön sein wollen und im großen, ruhelosen Strom als bleibende Malzeichen emporragen.

Was auf architektonischem Gebiete geleistet wurde, ist um so anerkennenswerther, wenn man die Schwierigkeit in Beschaffung des Baumaterials berücksichtigt. Allerdings ließ die Ausführung der neuen Straßenkörper, die so zu sagen über Nacht entstanden, Viel zu wünschen übrig und der Nachwelt die Sorge, Kanäle zu legen, Brücken zu schlagen und schattenlose, verstaubte Plätze zu bepflanzen. Aber es wäre eine falsche Annahme, wollte man glauben, der königliche Bauherr habe ausschließlich für seine großen Bauten Sorge getragen und jene materielle Seite außer Acht gelaßen. Schon im Jahr 1829 (28. März) z. B. schreibt er an Schenk: „Treiben Sie ja den Münchner Magistrat wegen der Gasbeleuchtung!" Er berieth sich wiederholt mit Sachverständigen, wie man zur Besserung der klimatischen Verhältnisse beitragen könne, und wollte deßhalb die benachbarten Moore trocken legen. „Wie steht's", schreibt er (4. April 1829) an Schenk, „mit der Freisinger Moos-Austrocknung? Reden Sie noch vor meiner Ankunft mit Freiherrn von Hallberg, um mir äußern zu können, was am förderlichsten". Um Handel und Industrie zu fördern, sollte von München aus ein Kanal bis an die Donau geführt werden. Er schreibt darüber (19. April 1829) an Schenk: „Lesen Sie „Mittheilungen aus Nordamerika" von Fr. List, I. Heft. Trotz allem Gesagten dürften dennoch, (wenn die Mittel vorhanden,) Kanäle zwischen München und der Donau und zwischen der Donau und dem Main Eisenbahnen vorzuziehen seyn. Ein gar nicht bemerkter Hauptgrund für erstere die Dauer. Wie leicht können in einem Kriege Eisenbahnen zerstört werden bis auf die Spur, ein Kanal aber, (für dessen Speisewasser gesorgt,) kann nach Jahrhunderten leicht wieder hergestellt werden. In keinem Fall dürfte Jos. v. Baader mit der Ausführung von Bahuen beauftragt werden, soll dieses stattfinden oder doch nicht den Voranschlag sehr, sehr übersteigen. Reichenbach, warum mußtest du mir todt seyn! Auf obige Schrift zurückzukommen, so gränzt's an's Unglaubliche, was mit wenig Geld Privatactiengesellschaften ausführen, aber bey uns fehlt der Sinn! Die Regierung soll alles thun, der man aber keine Mittel dazu geben will."

Vor Allem aber sollte das gesammte Bauwesen in eine künstlerische Sphäre gehoben werden. Ludwig schreibt darüber an Schenk (26. Juli 1829): „Von allen auf Staatskosten erbaut werdenden Kirchen, und wären es nur Dorfkirchen, und großen Gebäuden die Pläne mir vorzulegen, dürfte räthlich seyn, nachdem sie bereits durch den Ausschuß Baukunstverständiger gut geheißen worden. Baukunstverständige müssen es seyn, diesen werde jedes neue, auch kleine Staatsgebäude, jedes Schulhaus, zur Entscheidung vorgelegt, wenigstens aus jenen Kreisen, wo der Bauvorstand kein wirklicher Künstler im Baufach ist. Daß alles dieses eben Gesagte gleichfalls auf die Gemeindebauten angewendet werde, ohne Rechtsverletzung, wünsche ich, erwarte über das eine wie über das andere Ihren Antrag. Ebenfalls wenn Sie mit Gärtner sich benommen, wie tüchtige Baukünstler zu bilden?" Den Berichten der Baukommission schenkte er stets eingehende Aufmerksamkeit, Hunderte von eigenhändigen Signaten bezeugen es.

Die in den ersten Regierungsjahren bedeutend hervortretende Anspannung von Staatsmitteln für bauliche Zwecke rief nicht bloß den Tadel der einseitigen Nützlichkeitsanwälte wach, sondern stieß auch bei Vielen, welche die monumentale Verwirklichung großer Gedanken an und für sich zu schätzen wissen, auf Bedenken. „Es ist eine höchst merkwürdige Erscheinung", schrieb Sulpiz Boisserée (20. August 1831) an Goethe, „und sie zeigt sich nirgend auffallender, als in der Geschichte der Baukunst, daß die Menschen, sowie sie Großartiges unternehmen, gar leicht das Maß der Mittel und der Zeit überschreiten, nicht bedenkend, daß sie mit ihrem Bestreben an und für sich auch bei der größten Mäßigung schon im Wiederstreit mit dem gemeinen Weltlauf stehen, der alles Höhere in seinen unersättlichen Schlund hinabzuziehen sucht. Die Anwendung auf König Ludwig liegt so nahe, daß man sich ihr nicht entziehen kann." Seitdem die Bauunternehmungen des Königs im Landtag 1831 so stürmischen Angriff erfahren mußten, wurden alle Neubauten, die nicht unmittelbar staatlichen Zwecken dienstbar, aus den Privatmitteln Ludwigs bestritten. Aber auch damit waren die Stimmen der Mißvergnügten und Unzufriedenen nicht zum Schweigen gebracht. Ueberhaupt wurden Ludwig's Werke von den Fremden schneller und dankbarer anerkannt, als von den Einheimischen. Dies war dem Könige nicht unbekannt. „Habe nicht vor", schreibt er (23. September 1844) an Kreuzer, „mit bengalischem Feuer die Feldherrnhalle erleuchten zu laßen. Statt Anerkennung des ihnen gegebenen Genusses würden es mir Münchener nur verargen, diesen Aufwand während der Fleischtheuerung zu machen. Was hat München mir nicht zu verdanken, der ich Millionen meines Geldes in Umlauf unter die ärmere Classe setzte, und wie wird's mir gedankt? Die Fleischtheuerung dient, gegen mich aufzuhetzen, aber was in aller Welt kann ich für dieselbe? Die Bosheit findet Dummheit, die es glaubt. Man hat Mühe, nicht bitter zu werden. Mein treuer Kreutzer weiß, wie viel ich gebe an unmittelbaren Unterstützungen und an mittelbaren, wie gesagt, durch's Bauen." Selbst nach Ludwig's Thronentsagung sprach von der „Verschwendung" des Privatmanns jeder Banause, der die Anlage der für gemeinnützige Bauwerke verwendeten Kapitalien in irgend einer ausländischen Bank ganz in der Ordnung gefunden hätte. Andere Stimmen tadelten die „Willkür und Gemachtheit" der „idealen Architektur". Als ein Kritiker die Bauwerke der „mäcenatisch-epigonischen" Aera Ludwig's, da sie nicht socialen Bedürfnissen entsprächen, als todtgeboren zu brandmarken suchte, forderte Ludwig den auch mit der Feder gewandten Klenze zur Vertheidigung auf. „Nach dem Schönen, nach dem Idealen", schreibt er (19. Oktober 1858), „soll die Kunst streben, glücklich also, wenn physisches Bedürfniß nicht hemmt!"

Die Beharrlichkeit des königlichen Bauherrn siegte über alle Bedeulen, Schwierigkeiten und Angriffe und er faud seinen Lohn durch die reiche Anerkennung, welche ihm von unparteiischen Kunstfreunden gezollt wurde. Im Jahr 1833 kam der kunstsinnige Kronprinz Friedrich Wilhelm nach München. Ein Brief Rauch's an Klenze zeigt, welchen bedeutenden Eindruck das Münchener Kunstleben auf den Prinzen ausübte. „S. königl. Hoheit der Kronprinz", erzählt Rauch (8. Februar 1834), „hat uns auf's schönste und speziellste von den kolossalen Unternehmungen des Königs vielfach unterhalten, wie weit Sie mit den begonnenen Werken vorangeschritten, das bunte Getreibe der verschiedenen Künstler in den Räumen zum Entzücken lebendig geschildert, über alles wahrhaft ergriffen. Jede Erwartung übertreffend, ist die Wirkung des Königsbaues, das Ganze, wie das Einzelne hat diesen Eindruck auf ihn gemacht, daß das Bild davon durch wiederholte

Darstellung nur desto schöner und reichhaltiger auf uns übergegangen ist."

Klenze, der Erbauer der Residenz, wurde 1829 zum Vorstand der obersten Baubehörde ernannt, welcher die Leitung des gesammten Bauwesens übertragen war. Das große Talent dieses Baumeisters, sein Verständniß für die Bauformen der Antike, sein geläuterter Geschmack hatten an dem Könige einen aufrichtigen Bewunderer. Ihm übertrug er auch besonders deßhalb am liebsten Bauunternehmungen, weil Klenze zugleich ein praktischer Geschäftsmann war. Seine Kostenanschläge erwiesen sich stets als richtig, er hütete sich vor nachträglichen Planänderungen des schon in Angriff genommenen, er führte sein Werk rasch zu Ende und stellte es doch in unübertroffener Solidität hin.

Aber der König wollte nicht bloß großartige Banten billig ausgeführt sehen, ihm lag der Aufschwung der Kunst selbst, mithin vor Allem zweckmäßige Förderung und Heranbildung jüngerer Kräfte am Herzen. An Schenk schreibt er darüber (22. September 1829): „Daß Klenze im Bauwesen keinen Großvezier abgebe, dieses muß verhütet werden, und doch dabey möglichsten Nutzen aus seinem hohen Talente und seiner großen Tüchtigkeit zu ziehen, dieses ist die (nicht leichte) Aufgabe. Ausgezeichnete Künstler und Techniker, beydes vereinigende, wenn solche vorhanden, über das Bauwesen zu setzen in dem Baurathe, die unabhängig von Klenze, redlich sind und frey zu sprechen das Herz haben, z. B. Gärtner, scheint mir das geeignetste. Gutensohn wäre indessen auch würdig, und Ziebland, dem jedoch die Ausübung, das Praktische, noch abgeht. Wie Cornelius, Schnorr, Heß neben einander unabhängig malen, so müssen es auch die Architekten können, soll das Bauwesen gedeihen. So war es im Alterthum, so in Italien's cinque cento, der herrlichen Zeit. Ziebland Gelegenheit verschaffen und gleich im nächsten Frühling, bey eines Baues Ausführung ihn anstellend, ohne daß er darum mehr beziehe als die 600 fl. bis auf weiteres, damit er die Ausübung lerne, finde ich wesentlich, erwarte darüber Vorschläge."

Klenze ist der Erbauer des in prächtigem Florentiner Stil ausgeführten Palastes des Herzogs Maximilian von Bayern, des schönsten

Privatgebäudes der Stadt. Fast alle übrigen Gebäude der imposanten Ludwigstraße sind von Gärtner erbaut.

Auch dieser Architekt hatte sich in Italien namentlich das Studium der antiken Architektur angelegen sein lassen. Während aber Klenze an diesen Bauformen fast durchgehends festhielt, neigte Gärtner bei seinen eigenen Bauten mehr zur Renaissance mit romanischen oder gothischen Einzelformen. Schon 1820 wurde er zum Professor für Architektur an die Münchner Akademie berufen, doch da ihm zugleich auch die Leitung der Anstalten für Glasmalerei und Porzellanfabrikation übertragen war, blieb er zunächst mehr mit administrativen Arbeiten beschäftigt. Epochemachend für seine Künstlerlaufbahn war das Jahr 1829, da ihm der Entwurf eines Kirchenbaues, der Ludwigskirche, übertragen wurde. Die äußere Façade macht zwar, da die Thürme zu weit von einander ab stehen, keinen günstigen Eindruck, das Schiff der Kirche aber ist von großartigem Charakter.

Drei Jahre später wurde der Grundstein zu dem benachbarten Bibliothekgebäude gelegt, für welches byzantinisch-florentinischer Stil gewählt wurde. Schon Herzog Albrecht der Weise hatte in Italien so reiche Bücherschätze erworben, daß seine Sammlung als die erste „Liberei" Deutschlands galt. Fast alle Nachfolger hatten sich die Vermehrung angelegen sein lassen, namentlich die Säkularisation der an Büchern und Handschriften reichen bayerischen Klöster trug zur Completirung bei. Ludwig's Sorge war nunmehr, ein würdiges Haus für die literarischen Schätze zu errichten. Im Erdgeschoß des stattlichen Palastes wurde das Reichsarchiv untergebracht, das an Reichhaltigkeit und Werth keinem anderen europäischen Archive nachsteht.

Aus Privatmitteln des Königs wurde der Bibliothek gegenüber das Blindeninstitutsgebäude erbaut, nach seiner Vollendung aber tauschweise dem Staat gegen das alte Kriegsministerialgebäude neben der Residenz übergeben, welches abgebrochen wurde. Dafür wurde ein neues Kriegsministerialgebäude neben der Bibliothek aufgeführt, zur rechten und linken Seite des Blindeninstituts aber große Gebäude zur Aufnahme des Damenstifts und der Salinenadministration. Sämmtliche letztgenannte Bauten sind von Gärtner entworfen, ebenso das von 1835 bis 1840 erbaute Universitätsgebäude, sowie die gegenüber liegenden Häuser für das Klerikalseminar und das Mädchenerziehungsinstitut. Auf den großen, freien Platz in Mitte der letztgenannten drei Gebäude sollte ein Obelisk kommen, doch entschied sich Ludwig später für Aufstellung von zwei kolossalen Erzbrunnen, welche den Fontänen Bernini's auf dem St. Petersplatz in Rom nachgebildet sind. „Die beiden Fontänen in Rom", schreibt Ludwig von Rom (27. Mai 1844) an Gärtner, „haben auf mich nicht mehr und nicht nur auf mich allein die frühere Wirkung hervorgebracht, die auf dem Universitätsplatze gesehen habend, welche mein hochbegabter Gärtner gemacht hat." Ihren Abschluß nach der Stadtseite erhielt die fast eine halbe Stunde lange Ludwigstraße durch die sogenannte Feldherrnhalle, eine schwächliche Nachbildung der Loggia dei Lanzi in Florenz. Die offene Halle enthält bis jetzt nur die ehernen Standbilder Tilly's und Wrede's. Am nördlichen Ende der Straße erhebt sich das Siegesthor, im Stil römischer Triumphbogen von Gärtner entworfen und nach dessen Tod von Eduard Metzger vollendet. Die reichen Skulpturen an dem Prachtbau sind nach Wagner's Modellen von verschiedenen Künstlern ausgeführt, die Bavaria in der von vier Löwen gezogenen Quadriga ist von Brugger modellirt, die prächtigen Löwen von Halbig, den Guß leitete Miller. Zu großem Verdruß Wagner's traf der König die Bestimmung, die Figur solle der Stadt den Rücken zuwenden, denn „das siegreich zurückkehrende Heer begrüßend sei sie gedacht". Wenn Ludwig Hauff in seiner 1862 erschienenen Beschreibung der Kunstschätze München's spottend bemerkt, der Zweck der königlichen Anordnung sei noch immer nicht in Erfüllung gegangen, so ist wenigstens dieser Einwurf seit 1871 haltlos geworden.

Auch die kirchliche Baukunst feierte in München Triumphe. „Es war ein königlicher und künstlerischer Gedanke", sagt der Protestant Bunsen, „mit Verschmähung des Halben und Gemischten vier kirchliche Musterbauten in München ausführen zu lassen." In der That verdienen wenigstens die Mariahilfkirche in der Vorstadt Au und die Bonifaziuskirche solche Auszeichnung.

Zu Plänen für die Vorstadtskirche wurden 1830 mehrere Architekten aufgefordert. Ludwig lenkte die Wahl der Gemeinde auf den Plan des Baukondukteurs Ohlmüller in Bamberg, welcher durch einen Entwurf zu einer Walhalla in altdeutschem Stil die Aufmerksamkeit des Königs auf sich gezogen hatte. Als die Bauangelegenheit in's Stocken kam, mahnte der König. „Wann wird", schreibt er (18. April 1830) an Schenk, „die Bonifaziuskirche in der Au begonnen? Doch nach Ohlmüllers Entwurf und als Bauführer Ziebland aufgestellt?" Er schenkte zum Bau 100,000 Gulden und spendete überdies die herrlichen Glasfenster, welche nach Cartons von Fischer, Schraudolph, Ruben u. A. in der Münchner Glasmalerei ausgeführt wurden. Kein anderes Bauwerk München's bringt die Schönheit des altdeutschen Kirchenstils so mustergiltig vor Augen. Tritt man zumal in einer hellen Mondnacht vor das Münster, so wirkt der Reiz dieser schlank emporstrebenden Formen überwältigend.

Der Wunsch, dem Apostel der Deutschen ein Gotteshaus zu weihen, wurde zur That, als die Vergrößerung des fashionablen Westendes der Stadt das Bedürfniß nach einer neuen Kirche hervortreten ließ. Es wurde dafür die altchristliche Basilikenform gewählt und der Bau Ziebland übertragen. Ludwig hatte diesen jungen Architekten schon 1827 nach Italien geschickt, damit er dort nach den vorhandenen Basiliken Studien mache. Nicht Imitation, sondern Wiederherstellung des reinen Stils schwebte dem Künstler vor Augen und sein Werk ist ein Musterbau in jeder Beziehung. Ludwig erkannte dies begeistert an, nur schien ihm das Werk zu langsam fortzuschreiten. Er ertrug nichts so schwer, als wenn ein Künstler, wie Alphons von Tasso sagt, beständig die Hoffnung zu hintergehen schien. Kreuzer wurde wiederholt angewiesen, eine raschere Durchführung zu betreiben. „Trachten Sie", schreibt Ludwig (20. August 1846), „jedoch nur, wenn sicher Zieblands Gesundheit keinen Schaden dadurch erleiden kann, nehmlich daß es ihm keine Alteration zu verursachen vermag, daß er diejenigen Gegenstände, welche bey Einweihung von St. Bonifaz Abtey und Pfarrkirche nothwendig neu verfertigt seyn müßten, zuerst zeichne und rechtzeitig sie im May vornehme. Besser alles zugleich fertig, doch was einstweilen geliehen werden kann, dürfte anfangs aushelfen. Fuchsteufelswild möchte ich über Zieblands Verzögerungen werden, habe Mühe, mich zurückzuhalten". Die trefflichen plastischen Arbeiten an der Kirche sind von Schönlaub gefertigt. Die Farbenpracht der inneren Ausschmückung beeinträchtigt etwas den Eindruck des Harmonischen, doch gehören die Darstellungen aus dem Leben Winfrieds, durch H. Heß und seine Schüler ausgeführt, zu den besten Kirchenfresken der Neuzeit. Namentlich das Christusbild im Halbrund des Hauptaltars ist ein begeisterter Lobgesang christlichen Gefühls. An die Kirche ist ein Kloster angebaut, das den Benediktinern eingeräumt wurde, deren Orden bei dem Könige in hoher Achtung stand. Die Gesammtkosten des Baues, aus den Mitteln der Civilliste bestritten, beliefen sich auf mehr als eine Million Gulden. Ludwig hatte bei der Wiederherstellung der Abtei Scheyern beabsichtigt, dort eine Familiengruft anzulegen; seine Vorliebe für die Basilika bestimmte ihn später, sich hier den Platz zur letzten Ruhestätte auszuwählen. Das Vorbild zu seinem Grabmal hatte er schon als Jüngling bei seiner ersten Reise nach Sicilien ausersehen, es war das schmucklose Grabmal der Normannenkönige in Monreale bei Palermo. Der steinerne Sarkophag wurde nach Ziebland's Zeichnung 1854 ausgeführt und in der Gruftkapelle der Kirche aufgestellt. Der Anblick dieses ernsten Mahners hatte für den König nichts Abschreckendes; er wies, so oft er daran vorbeiging, darauf hin und rief dabei ein lautes: Memento mori! —

Für moderne Städte haben Thore nur noch monumentale Bedentung. Dies genügte aber, um dem König ihre Erhaltung und Vermehrung werthvoll erscheinen zu lassen. Seine wiederholten Vorstellungen, an den Münchener Magistrat gerichtet, bewahrten das altersmüde Angerthor vor dem Abbruch. Das Isarthor wurde nach dem alten Plan durch Gärtner wiederhergestellt und erhielt anmuthigen Schmuck durch ein Freskogemälde Neher's, den Einzug Kaiser Ludwig's des Bayern in München darstellend. Leider ging Ludwig nicht auf ein Projekt Ziebland's ein, an Stelle des durch eine Explosion theilweise demolirten Karlsthores einen großartigen Portikus am Karlsplatz zu errichten, und ließ die geschmacklose Restaurirung des alten Thores geschehen.

Dagegen beschloß er den herrlichen Königsplatz mit der Glyptothek und dem 1845 von Ziebland erbauten Kunstausstellungsgebäude durch Errichtung eines Prachtthores, gleichfalls in griechischem Stil, abzuschließen. Der Plan, der Stadt München diese neue Zierde zu schenken, datirt vom Tag nach seiner Thronentsagung, wozu ihn doch namentlich die Haltung der Münchener Bürgerschaft vermocht hatte. Am 21. März 1848 weist er seinen Sekretär an: „Geheimrath von Klenze in Kenntniß zu setzen, daß auf so lange ich nicht anders verfüge, ich im Untersberger Marmorbruch für die Propyläen des Jahrs für 12,000 fl. werde brechen lassen." Fünf Jahre dauerten diese Vorarbeiten. Am 6. April 1854 wurde sodann durch Ludwig selbst der Grundstein gelegt. Der Bau Klenze's erinnert an den gleichnamigen Bau des Mnesikles in Athen, ohne eine Arbeit nach gegebenem Schema zu sein. Neben dem Doppelgiebelraum erheben sich pelasgisch-achäische Pylonen. Das ganze Werk macht den Eindruck mit Anmuth gepaarter Kraft, allerdings ist die praktische Bestimmung des Thores nicht gerade glücklich festgehalten. Wohl in hundert Briefen an Klenze beschäftigt sich Ludwig mit allen Einzelheiten des Planes und der Ausführung. So schreibt er z. B. (3. September 1855): „Von den Propyläen komme ich und was ich sah, gefiel mir. Vernahm aber zufällig, daß nur die äußeren Säulen dorischer Ordnung seyn sollen, die inneren korinthischer, zugleich aber auch, daß glücklicherweise von letzteren noch nichts bestellt sey. Ich war immer der Ueberzeugung, daß durchaus dorisch die Säulen würden. Ob bey einem solchen Gebäude, ob zu Ebener Erde die Griechen in der Kunst Blüthezeit unterschiedenerley Ordnungen angewendet, mir wenigstens ist nichts dergleichen bekannt. Einklang, Durchführung derselben scheint mir wesentlich. In jedem Falle behalte ich mir die Entschließung vor." Am nächsten Tage (4. Sept. 1855): „Wieder auf das Gestrige zurückzukommen, halte ich Durchführung einer Ordnung in den Prophläen als etwas, das sich von selbst versteht, wie denn auch in denen zu Athen einzig die dorische sich angewendet findet. Zweyerley in den Propyläen widerstrebt mir. Mein Gefühl läßt sich nicht überreden, diese Erfahrung haben Sie mehr denn einmal gemacht, obgleich ich Sie für einen sehr ausgezeichneten Künstler halte." Klenze zählte darauf mehrere analoge Fälle auf, daß bei griechischen Bauten verschiedenartige Ordnungen Anwendung fanden. Auch bei den Propyläen Athen's seien dorische und jonische Säulen aufgestellt, und da dessenungeachtet das Auge des Königs bei ihrem Anblick den Eindruck einer harmonischen Einheit erhielt, so sei dies der sicherste Beweis, daß die getroffene Anordnung richtig berechnet sei. Ludwig beruhigte sich erst, als er selbst an den Plänen der Propyläen zu Athen und zu Eleusis Klenze's Behauptung bestätigt fand. Der Bau verschlang große Summen (im Ganzen über 700,000 Gulden), was dem sparsamen Bauherrn manche Klage entpreßte, aber auch dem Baumeister mochte bei vielen Abstrichen und Aenderungen, die er aus Ersparungsrücksichten treffen mußte, das Auge feucht werden. Er schreibt an Ludwig (10. Oktober 1859): „Ἁ πενία, Διόφαντε, μόνα τὰς τέχνας ἐγείρει! sagt sehr poetisch, schon Theokritos, was ich bei meinem Bau sehr prosaisch durch „Noth lehrt beten" übersetzen möchte." Ludwig munterte dann wieder auf, lobte, schmeichelte. „Am Tag meiner Abreise von München", schreibt er (13. Oktober 1860) an Klenze, „prachtvoll schien eben die Sonne, schickte ich zu Ihuen, bey den Propyläen sich einzufinden, aber Sie waren abgereist und so sah ich allein bewundernd den vom Gerüst befreyten Theil. Es ist ein herrliches Werk!" Zugleich überschickte er ein an Klenze gerichtetes Sonett: „Im Mondschein vor der Glyptothek." Die Propyläen sollten ein Denkmal der Befreiung Griechenlands vom türkischen Joche sein. Diesen Gedanken prägen die reichen Skulpturwerke in den Giebelfeldern und die Reliefs an den Thurmwänden aus. Ihre Conception rührt von Schwanthaler her und zeugt von der Versatilität seines schaffenden Geistes. Das westliche Giebelfeld versinnbildlicht den Befreiungskampf, das östliche den Wiederbeginn der staatlichen Ordnung; lebhafte Bewegung in jenem, majestätische Ruhe in diesem! Wer hätte 1862, als zum Erstenmal das Thor dem Verkehr geöffnet wurde und zuerst das Gespann mit dem Erzmonument König Ludwig's durchzog, geahnt, daß sich bald darauf bittere Erinnerungen an den plastischen Schmuck des Thores knüpfen würden. Als nach der Katastrophe in Griechenland durch die Zeitungen das Gerücht lief, Ludwig wolle die Propyläen abbrechen lassen, richtete ein Förster M. an den König die naive Bitte, das Werk bestehen zu lassen. Ludwig antwortete, daß es ihm nicht im Traume eingefallen sei, an den Propyläen etwas zu ändern. „Was dort dargestellt, gehört der Geschichte an, und habe vor, nicht das geringste daran zu ändern." Es bestand anfänglich die Absicht, der Außenseite des Baues Farbenschmuck zu verleihen, wie er sich bei den antiken Vorbildern findet, doch rieth Ludwig aus Rücksicht auf die

Einwirkungen des Klima's davon ab. Das Innere der Säulenhalle enthält auf farbigem Grund 32 Namen der hervorragendsten Philhellenen. Neben den Namen Eynard's, der auch in der gefährlichsten Krisis nicht an der Sache Griechenlands verzweifelte, des bayerischen Obersten Heydeck, der den Aufstand militärisch organisirte, des Dichters Byron, dessen begeisterte Muse dem Befreiungskampf so viele Freunde gewann, steht auch der Name Ludwig's. „Mißachtet auch die Gegenwart", schreibt der König an Klenze (2. Februar 1863), „was ich für Hellas gethan, wird die Zukunft mir nicht die Anerkennung versagen."

Auch der an den alten südlich gelegenen anstoßende neue Friedhof verdient unter Ludwig's Bauschöpfungen genannt zu werden. An einem Frühlingsmorgen 1842 trat der König, auf der Rückreise von Rom begriffen, in Begleitung des Architekten Gärtner zu Bologna in den Campo santo und der in mittelalterlich-lombardischem Stil ausgeführte Kreuzgang machte auf den König solchen Eindruck, daß er Gärtner aufforderte, nach dem Vorbild dieser Todtenstadt die Münchener Arkaden zu bauen. Das Schicksal fügte, daß fast gleichzeitig mit ihrer Vollendung der Erbauer zur ewigen Ruhe einging. Ludwig schreibt an Riedl (22. August 1849): „Ist noch immer nicht festgesetzt, wann der neue Friedhof eingeweyht wird? Was verzögert's so lange? In der Nacht nach der Einweyhung soll der Erbauer von dessen Bögen, Gärtner, in der von der Stadt mir hinsichtlich seiner geschenkten Grabesstätte, die zu seinem Familienbegräbniß ich bestimme, beygesetzt werden. Es ist Sorge zu tragen, daß seine Leiche die erste sey, die auf diesen Friedhof kömmt." Auch Schwanthaler erhielt hier ein Grabdenkmal, nach Anordnung und auf Kosten des Königs von dem Vetter des Verlebten, Xaver Schwanthaler, ausgeführt. An ihn schrieb Ludwig (13. Oktober 1850): „Die Inschrift ist mir genehm, aber besser schiene mir, wenn mit dem Worte Ritter x. beginnend, alle folgenden weggelaßen würden, mithin nur Geburt- und Sterbeangabe bliebe. Ludwig von Schwanthaler ist ein solch großer Künstler, daß es des Ordensverzeichnisses nicht bedarf."

Von Gärtner rührt der Entwurf zu dem Wittelsbacher Palast her, welcher, auf Staatskosten erbaut, ursprünglich zur Kronprinzenwohnung bestimmt war, nach Ludwig's Thronentsagung aber von diesem bezogen wurde. Offenbar ist die Lage für den im mittelalterlichen Palaststil ausgeführten Bau nicht glücklich gewählt, auf erhöhtem Platze würde er weniger schwerfällig erscheinen. Gothische Formen sind auch bei dem Gebäude verwerthet, das der Anstalt für Glasmalerei eingeräumt wurde. Der mittelalterliche Stil sollte ebenfalls bei einem Gebäude zur Anwendung kommen, welches der König, ein Freund des Volksthümlichen, seinen Münchnern zu besondrer Lust und Freude widmen wollte. „Etwas will ich doch bauen", äußerte er zu Voit, „das den Beifall der Münchner haben wird, bisher hat noch nichts ihren ungetheilten Beifall. Ich meine einen Bockkeller." Von Gärtner war auch bereits der Plan zu einem geräumigen Hallenbau entworfen, kam aber nicht mehr zur Ausführung.

Immer wieder aber kehrte der König zur antiken Bauweise zurück. Durch die Ausgrabungen in Pompeji, welchen er wiederholt seine Aufmerksamkeit schenkte, wurde er auf den Gedanken gebracht, ein römisches Gebäude mit seiner ganzen Einrichtung auf deutschen Boden zu verpflanzen. Bei Aschaffenburg, wo sich noch heute Spuren römischer Ansiedlung vorfinden, wurde durch Gärtner das „Pompejanum" aufgeführt. Auch die Ausmalung der innern Räume sowie die Hausgeräthe geben das Bild einer römischen Privatwohnung. Auf des Königs dringenden Wunsch übernahm Wagner die Leitung der inneren Einrichtung. „Es ist rührend", erzählt Urlichs in einem Nachruf an den so verdienstvollen Vertrauten des Königs, „wie sorgfältig er es ausführte, wie er für jedes Stück ein entsprechendes Muster in Pompeji aufsuchte, wie er die alten Nachrichten verglich und erwog, er war auch im Kleinen groß, jene Gefäße kamen den Antiken gleich, und des Königs Entzücken war sein Lohn." Ein herrliches antikes Mosaikbild schenkte Pabst Gregor XVI. dem Könige. Die Nachbildung des ganzen Baues wie jedes Details ist so treu, daß man sich ganz in die alte Zeit versetzt glaubt; dazu kommt, daß sich von der Terrasse aus ein liebliches, sonniges Landschaftsbild bietet wohl geeignet, die Phantasie in die Gefilde Italiens zu tragen.

Ueber der Aufführung neuer Bauten wurde der Sorge um Erhaltung des alten historisch oder künstlerisch Werthvollen nicht vergessen. Ludwig ordnete die Restaurirung der originellen Narrenstiege in der Trausnitz und der imposanten Renaissancetreppe im Würzburger

Schlosse an, auch dem fast zur Ruine gewordenen Lustschloß Schleißheim mit dem prächtigen Park wendete er in den letzten Jahren seine Sorgfalt zu.

Bei dem Auftraggeben hatte es niemals sein Bewenden, fast jeden Tag erhielten die mit größeren Bauten Beschäftigten entweder einen Besuch oder einen Brief des Königs, er stellt Anfragen, ertheilt Rathschläge, tadelt, muntert auf. Sein Rath wurde auch bei Bauten im Auslande gesucht; so war z. B. sein Votum bei der Wahl des Planes zur Votivkirche in Wien von maßgebendem Einfluß. Nichts erscheint ihm unbedeutend, nichts entgeht seiner Aufmerksamkeit. So schreibt er z. B. an Klenze (7. September 1833): „Ziehen Sie doch ja noch einmal genau die perspektivische Wirkung recht in Erwägung, damit in der Nähe durch die Terrasse nicht ein Theil Walhalla's bedeckt, somit durch Verausgabung eines großen Kapitals nur die Aussicht verdorben werde." An den nämlichen (24. März 1862): „Nicht 12 Säulen, wie Sie mir sagten, sondern 10 hat sowohl der Monopteros im Englischen Garten als der in Nymphenburg, beide Jonischer Ordnung. Ich zählte selbst die Säulen. Wenn ich einen bauen würde laßen, wo in letzterem der aus Holz steht, in Stein, will ich ihn ebenfalls haben von 10 Säulen jonischer Ordnung ohne Canelirung." Als Gärtner, erzählt Sepp, bei dem Bau des Blindeninstituts gegenüber dem neuen Salinengebäude noch ein Astragalfries anbrachte, mißfiel dies dem Könige. Gärtner beließ es in der Meinung, sein Mäcen werde darauf vergessen, aber Ludwig mahnte fort und fort und schrieb endlich von Berchtesgaden an Kreuzer, er solle das Fries durch Maurer herabschlagen lassen." Da Gärtner den Ernst des Königs sah, ließ er rasch den Befehl ausführen. Bald darauf kam der Monarch Nachts in München an. Am nächsten Morgen um 6 Uhr erhielt Gärtner ein Billet des Königs: „Habe das Blindeninstitut angeschaut und viel schöner befunden, seit der Astragal weg ist. Sie müssen es auch einsehen, ich habe Recht gehabt." Der Baumeister war erstaunt; wie sollte der König die Aenderung schon gesehen haben? Nach ein paar Tagen klärte ihn der König auf: „War recht müde von der Reise, aber der Mond schien so schön, da bin ich noch in der Nacht hinuntergegangen und habe es angesehen." Gärtner gestand zu, der König habe die richtige Anschauung gehabt, der Bau nehme sich jetzt ruhiger und schöner aus. Wie der König selbst ruhmliebend war, suchte er auch den Ehrgeiz seiner Künstler zu wecken und zu befriedigen. An Klenze schreibt er (30. Oktober 1861): „Obgleich im Alterthum kein Denkmahl des Architekten Namen enthält, so bin ich dennoch der Ansicht, daß jeder die Befreyungshalle Besuchende lese, daß derselben Sie es sind. Auf der Rückseite des Gebäudes in dessen Mitte, daß es Jeder bemerke, befinde sich ausgedrückt: Dieses Gebäudes Architekt ist Leo von Klenze." An Gärtner schreibt er von Rom aus (27. Mai 1844): „Wie man nicht bauen soll, zeigen Rom's und Florenz's neue Gebäude. Eine Freude ist es, einen Baumeister zu besitzen, wie Gärtner!" Die glückliche Vollendung eines Bauwerks galt ihm als Fest- und Ehrentag. Als die Befreiungshalle eröffnet werden konnte, schrieb er an ihren Erbauer Klenze (22. August 1863): „Von Ihnen allein begleitet, ohne die Eingeladenen, zum Erstenmal die vollendete Befreyungshalle zu betreten, wird genußreicher seyn, ungetheilt mit Ihnen mich abgeben könnend." Und als er allein mit dem Baumeister in die imposante Halle trat, umarmte er den Begleiter und rief unter Thränen: „Klenze, so schön, so schön habe ich mir den Bau nicht geträumt!" Nachdem auch der kühne Kuppelbau der Halle glücklich gelungen war, schrieb er an Klenze (13. November 1863): „Ihnen wünsche ich Glück und mir wegen der Kuppel glücklich vollbrachter Setzung an der Befreyungshalle. Eine solche Kuppel, dieses große Werk, war Klenze vorbehalten, der wie kein Architekt weder in der antiken noch neuen Zeit eine solche Zahl herrlicher Gebäude aufgeführt hat!"

Die Pläne zum Walhallabau wie zur Errichtung eines Denkmals der Erhebung von 1813 hatten schon den Jüngling beschäftigt. Ein friedliches Greisenalter gewährte ihm auch die Erfüllung eines anderen Jugendgelübdes. Bei einem Besuche der alten Kaiserstadt Speier hatte den Knaben der Dom, dieses ehrwürdige Denkmal der romanischen Epoche, mit seinen in Trümmer gesunkenen Kaisergräbern auf's Lebhafteste angeregt. Als die Pfalz 1689 von den Franzosen heimgesucht wurde, entging auch dieses Münster am Rhein nicht der Verwüstung und im vorigen Jahrhundert war kein würdiger Wiederaufbau versucht, sondern nur die äußere Façade geschmacklos hergestellt worden.

Endlich im Jahr 1818 schritt ein Dombauverein zur Restauration und in den nächsten Jahren wurden nach Martin's Plänen die nothwendigsten Ausbesserungen vorgenommen. Doch die Beiträge flossen nur spärlich, so daß an eine würdige Erneuerung dieses Pantheons, wo so viele deutsche Herrscher ihre Ruhestätte fanden, nicht zu denken war. Aber Ludwig hatte des ernst mahnenden Zeugen deutscher Größe nicht vergessen. Anfänglich schwankte er, ob der Speirer oder der Bamberger Dom Gemäldeschmuck erhalten sollte. Eine Restaurirung des Münsters Otto's des Heiligen war schon durch Verfügung vom 7. August 1826 angeordnet worden. Am 18. Juni 1829 schreibt Ludwig an Staatsrath Grandauer: „Wie steht's mit dem Dom von Bamberg? Ich will Nichts einschlafen laßen!" Bei der Entfernung der barocken Zuthaten der Rokokoepoche im Bamberger Dom kamen Spuren alter Malerei zum Vorschein. Ludwig war deshalb dem Bamberger Projekt geneigter, doch die Künstlerkommission, welche er zur Entscheidung der Frage berief, stimmte für den Speirer Dom, da die Rundbogenflächen des Bamberger einer zusammenhängenden Reihenfolge von Gemälden große Schwierigkeiten bieten. Am Dreieinigkeitsfest 1843 gab der König selbst zu Speier seinen Entschluß kund, die Ausschmückung des inneren Kirchenraumes zu übernehmen. Von diesem Tage beginnt eine neue Periode der Baugeschichte des Domes. Auf Heinrich Heß' Empfehlung erhielt Schraudolph den Auftrag zur Ausführung der Fresken, dereu Stoffe theils aus der Bibel, theils aus der Geschichte der alten Kaiserstadt entnommen wurden. Am 8. Juni 1846 las Bischof Nikolaus eine Messe im Dom, welcher Schraudolph und seine Mitarbeiter beiwohnten, und dann wurde mit der Malerei begonnen, Schraudolph selbst vollendete noch am nämlichen Tage das Gotteshaupt im Stiftschor. „Meine erste Idee", schreibt der Künstler (26. November 1848) an Ludwig, „beim Beginn des Werkes war, das Hauptchor mit der Hauptkuppel und den zwei Seitenchören in Ein harmonisches Ganze zu bringen und so dieselben als Haupt des Domes durch ihre großartige herrliche Wirkung besonders hervortreten zu lassen. Dazu ist nun allerdings erforderlich, daß die Hauptkuppel mit den beiden Seitenchören in derselben Weise wie das Hauptchor ausgeführt werden; das Schiff der Kirche und die beiden Seitenschiffe können dann einfacher gehalten werden". Nach diesem Plane wurde das Werk durchgeführt; je mehr sich die Dekoration der Kuppel und dem Hauptchor nähert, desto reichere Farbenpracht wird entfaltet und so wird erreicht, daß auch die architektonische Wirkung nicht beeinträchtigt ist. Schwarzmann, welchem die dekorative Arbeit übertragen, bewährte sich durch diese Ornamentik als Künstler, der nicht blos mißt, sondern fühlt. Schraudolph's Fresken erreichen an Innigkeit der Conception die besten Vorbilder. Als Ludwig der Krone entsagte, nahm er unter die Abdankungsbedingungen auf, daß sein Nachfolger die ferneren Kosten für Vollendung der Arbeiten im Kaiserdom übernehme; er selbst gab aber auch später wiederholt Darlehen und Zuschüsse. Da 1849 in der Pfalz die Revolution ausbrach, ließ er den im Dom beschäftigten Künstlern sagen, sie sollten getrost fortmalen, „sie möchten sich in ihrem Werk, das der Ewigkeit gehöre, durch Zeitereignisse nicht stören lassen". Ludwig wollte nichts Halbes ausführen. Als die inneren Räume wieder in majestätischer Pracht glänzten und auch die Kaisergräber würdevoll hergestellt waren, dachte er an die Erneuung des Aeußeren. Er suchte 1853 um die Bewilligung nach, statt der beiden verunstaltenden Pyramiden an der Westseite Thürme nach den Plänen des Architekten Hübsch in Karlsruhe errichten zu dürfen. Die ministerielle Erlaubniß wurde nur unter bestimmten Klauseln gegeben, Ludwig erwiderte deshalb (7. Oktober 1853): „Kein Plan, als der des regierenden Königs Zustimmung bekömmt, soll ausgeführt werden und ich bin weit entfernt, in dieses Recht eingreifen zu wollen, aber mit meinem Gelde baue ich nur, was mir genehm ist, also wenn der Entwurf, der mir gefällt, verworfen würde, ich gar nicht zu bauen Willens wäre, der ich auch nur durch Hübsch vorhabe, es ausführen zu laßen, doch letzterer Punkt ist mir bereits zugestanden, und ich hoffe, daß auch die Wiederherstellung, wie ich sie wünsche, da mir doch einiger Geschmack im Bauwesen zuzutrauen seyn dürfte, nicht beanstandet werden wird." An Hübsch, der sich gekränkt zurückziehen wollte, schrieb er (16. September 1853): „Auf Ihr Schreiben vom 10. d. erwidere ich, daß es mein lebhafter Wunsch ist, Sie nicht in der Zurücknahme des Anerbietens, den Speyerer Dom betreffend, verharren zu sehen. Nicht nur sind Sie ein bewährter Baumeister, sondern haben sich auch mit Liebe des Doms angenommen, con amore, wie die Italiener sagen, sich damit befaßt, dieses fördert sehr." Die Schwierigkeiten aller Art wurden überwunden, Hübsch brachte die Arbeit rasch und glücklich zu Ende, schon am Weihnachtsfest 1857 tönten zum Erstenmal wieder die Glocken von Thurmeshöhe herab.

In edlem Ehrgeiz strebte Ludwig seinen Namen auch an den herrlichen Dom zu Regensburg zu knüpfen. Als man zur Restanrirung des Innern schritt, schenkte er eine stattliche Reihe gemalter Glasfenster, unstreitig der besten Schöpfungen der Münchener Glasmalerei. Namentlich die große Rosette erzielt fast die Farbenwirkung mittelalterlicher Kunst. Der Munifizenz Ludwig's ist es aber auch zu danken, daß sich zum völligen Ausbau des Doms die Bauhütte wieder aufthat. Als er Kenntniß erhielt, daß sich die Regensburger mit solchen Gedanken trügen, gab er sofort 10,000 Gulden unter der Bedingung, daß der Bau der beiden Thürme gleichzeitig in Angriff genommen würde. Es schreckte anfänglich ab, daß der Ansatz zu den Thürmen vielfach verschiedenartig; Maßverhältniß, Mauerstärke und zumal ornamentale Ausstattung sind nicht durchaus gleich. Es entspricht dem Geist der Gothik, daß namentlich bei großen Bauwerken mehr auf phantastischen Reichthum der Formen, als auf strenge Symmetrie gesehen wird, wie ja auch im Walde kein Baum dem anderen gleich und alle zusammen doch ein harmonisches Ganzes bilden. Es galt nun, bei dem Ausbau der Thürme die vorhandenen Ungleichheiten einander zu nähern und zu versöhnen, bis endlich die Helme gleichförmig abschließen. Ludwig verfolgte die Berichte des Dombaumeisters Denzinger, der sich durch dieses Werk einen Ehrenplatz neben den Meistern des Mittelalters errang, mit großem Interesse. Namentlich warnte er vor Zersplitterung der Kräfte. „Von Giebel und Kreuzschiff kann meines Erachtens nicht die Rede seyn, als bis die Thürme vollendet sind." Als er im Oktober 1863 von der Weihe des Ehrenmals zu Kelheim nach Regensburg kam und vor das ehrwürdige Münster trat, war er hocherfreut, zu sehen, wie genial Denzinger das Unternehmen leitete. Sofort war der Entschluß gefaßt, den Ausbau des ehrwürdigen Denkmals altdeutscher Kunst mit gewohnter Energie zu fördern. Er wies einen jährlichen Beitrag von 20,000 Gulden an, unter der Bedingung, daß das Werk binnen sieben Jahren vollendet

iffe. Dadurch wurde erst ein frischer Fortgang des Baues
cht, das Donauthal widerhallte von den Hammerschlägen der
ellen, rasch hoben sich die schlanken, edlen Thürme. Alle Jahre
an Ludwig photographische Aufnahmen des Baues überschickt.
'. Oktober 1867 vor seiner letzten Reise nach Nizza schrieb
noch an Denzinger: „Meine volle Anerkennung Ihren Zeich-
über die Thurmhelme, dann über Vollendung des Giebels
uerschiffe. Ich erwarte aber, daß die auf Staatskosten in An-
nommene Herstellung des Querschiffes keine Störung auf den
der Thürme äußert: das Jahr 1870 muß eingehalten wer-
Leider erlebte Ludwig nicht mehr die Freude, die Vollendung
önen Werks zu sehen, die durch glückliche Schicksalsfügung mit
usbau des deutschen Reichs zusammenfiel, der für Deutschthum
ist und Leben eine neue Epoche bezeichnen wird.

# Vom Throne herabgestiegen.

„Habe immer gesagt, wirklich König sein oder die Krone niederlegen", schrieb Ludwig am 31. März 1848 an Wagner, „und so habe ich nun gethan. Die Empörung hat gesiegt, mein Thron war verschwunden. Regieren konnte ich nicht mehr und einen Unterschreiber abgeben wollte ich nicht. Nicht Sklave zu werden, wurde ich Freyherr."

„Man kann wohl sagen", sprach Döllinger zwanzig Jahre später an Ludwig's Grab, „die Abdankung des Königs steht einzig da in der Geschichte. Nicht durch Krankheit gebrochen, nicht durch Vereitelung seiner Unternehmungen entmuthigt, in der vollen unversehrten Kraft des Leibes und Geistes hat er seinen Entschluß gefaßt und ausgeführt und ihn später nie bereut, nie auch einen Versuch gemacht, in den Gang der Regierung irgendwie wieder einzugreifen. Alle Fürsten, welche der Herrschaft entsagten, zogen sich in die Abgeschiedenheit eines Klosters zurück oder verlebten weitab von der Heimat im fremden Lande den Rest ihrer Tage; sie ertrugen es nicht, machtlos unter denen zu wandeln, die früher ihnen gehorcht hatten. Ludwig dagegen ist in der Hauptstadt geblieben, in welcher er 22 Jahre als Alleinherrscher gewaltet hatte, ist täglich in freundliche, vertrauliche, theilnehmende Berührung mit Personen aus allen Ständen getreten, wo er immer gesehen worden, haben ihn alle Zeichen der Verehrung und der Volksliebe umgeben. Jeder hat sich gefreut, ihm zu begegnen, einen Blick, ein Wort, ein Erkennungszeichen von ihm zu empfangen, und kein Fremder hätte es ahnen können, daß dieser Gegenstand der allgemeinen Ehrfurcht und Huldigung nicht mehr Herrscher sei."

Auch ein Ahne Ludwig's, Wilhelm V., stieg vom Herrscherstuhl und lebte als Privatmann unter der Regierung seines Sohnes. Aber welch ein Kontrast zwischen den Lebensabenden des Herzogs und des Königs! Während jener der Welt mönchisch sich verschloß, blieb Ludwig bis zur letzten Stunde rastlos thätig und verwerthete die Muße, welche durch die Enthebung von den Regierungsgeschäften gewonnen war, auf das Gewissenhafteste, emsig schaffend und schöpferisch fast auf allen Gebieten, auf welchen der Privatmann dem großen Ganzen sich nützlich machen kann.

Freilich wenn er in dem oben angezogenen Briefe an Wagner fortfährt: „Bin vielleicht jetzt der heiterste in München!" so blieb diese Stimmung nicht stetig. „Sie und ich halten auf das bestehende Recht, darum sind wir nicht für diese Zeit, die es verwirft!" schreibt er (7. April 1848) an Graf von Rechberg. „Wir leben jetzt in einer Zeit, wo die Undankbaren alle Kräfte anstrengen, über die Redlichen den Sieg davon zu tragen!" schreibt er an die Prinzessin Elisabeth von Wagram (25. Dezember 1848). Es beschlich ihn eben oft das Gefühl des Baumeisters, der in dem von ihm errichteten Hause Andere sich's wohnlich machen und schaffen sieht. Die neue Zeit schritt über so Manches hinweg, was er geschaffen hatte, auch manche Männer, welche er seines Vertrauens gewürdigt hatte, fielen den Reformen zum Opfer. „Daß ich Rücksichten hatte", schreibt er 29. Juli 1848) an Berks, „das soll nicht angehen, aber ganz in der Ordnung, daß die Tagesblätter über Alles absprechen. Obskure Literaten sind die Gewaltigen jetzo, vor ihnen scheinen Minister Angst zu haben".

Aber solche Verbitterung war nur ein fremder Tropfen in seinem Blute, sie dauerte nur Augenblicke. Als er einmal die Schröder besuchte und sie in trüber Stimmung fand, ergriff er ein auf dem Tische liegendes Blättchen und schrieb darauf:

„Was ist, das ist,
Ein Thor Du bist,
Willst Du darum Dich grämen,
Wirst nur Dein Leben lähmen."

Darnach handelte er selbst. Das Jahr 1848, die stürmischen Debatten in der Kammer, die Rücksichtslosigkeit einer zügellosen Presse gaben ihm mehr denn einmal Gelegenheit, Proben seiner Selbstbeherrschung abzulegen. Als er eines Tags unter den Arkaden promenirte, kam eine Zeitungsverkäuferin des Wegs. Auf sein Begehren händigte sie ihm das illustrirte Blatt ein, welches sie kolportirte. Gleich sein erster Blick traf ein gegen ihn selbst gerichtetes und mit einer Karikatur geschmücktes Schmähgedicht. Er las es aufmerksam, gab dann das Blatt zurück und schritt lachend weiter. Manch kleinliche Zurücksetzung empfand er zwar, faßte sie aber nur humoristisch auf. „Der alte Amschel Rothschild", erzählte er dem Grafen P., „hat mir, so lang ich König war, jedes Jahr die ersten Häringe zum Präsent geschickt. Nachdem ich aber vom Thron gestiegen war, gab's keine Häringe mehr. Aecht jüdisch! aber freilich, die Christen haben es mir mitunter noch ärger gemacht."

Obwohl er den Abdikationsbedingungen gemäß den Königstitel fortführte, betrachtete er sich doch nur als Privatmann. Als er z. B. bei einem Künstlerfest zugleich mit den regierenden Majestäten anwesend war und letztere sich um Mitternacht entfernten, klatschte Ludwig in die Hände und rief: „Kinder, jetzt wird es erst gemüthlich, der Hof ist fort!"

An diese seine „Kinder", die Künstler, schloß er sich eng und enger an. Als eine Deputation der Münchner Künstlergesellschaft ihm ihren Schmerz über seine Thronentsagung ausdrückte, erwiderte er: „Drei Stunden hab' ich gebraucht zu dem Entschluß, mich von der Krone zu trennen, aber drei Tage zu der Resignation auf die Kunst." Auch in dem Gedichte, welches er nach seiner Thronentsagung an die Münchner Künstler richtete, sprach er aus:

„Kein Opfer war's, der Herrschaft zu entsagen;
Daß für die Kunst ich weniger vermag,
Das ist das einzige, was schwer zu tragen,
Der Schatten ist es mir in meinem Tag!

Ihr zieht mich an, ich leb' in Eurem Wirken,
Gemein nur ohne Kunst erscheint die Welt,
Und nur in ihren heiligen Bezirken
Ist hier von hehrem Lichte es erhellt!"

Unter „Resignation auf die Kunst" verstand er jedoch nur die Beschränkung der bisher zu Gebote stehenden Mittel, denn wir haben gesehen, wie er auch als Privatmann nicht nur den größten Theil seines Vermögens auf künstlerische Zwecke verwandte, sondern auch persönlich, so weit es in seiner Kraft lag, an ihrer Förderung mitzuarbeiten fortfuhr. Das Verhältniß Ludwig's zu den Künstlern kann man im wahren und edelsten Sinne ein väterliches nennen. Wo die fröhliche Künstlerschaar tafelte, galt der erste Trinkspruch „ihrem" Könige. Wenn sie im Mai auszogen, um den Frühlingsanfang im Walde zu feiern, gesellte sich Ludwig zu ihnen und war der heiterste der Festgenossen, als hätte nicht das Alter sein Haar gebleicht, eine Krone nie seine Stiru gedrückt. Zu einem herrlichen Doppelfeste, einer Huldigungsfeier des Schönen in Kunst und Natur, gab die Enthüllung des Denkmals Anlaß, welches der König dem Maler Claude Gelée genannt Lorrain auf der Harlachinger Höhe errichtete. Mag auch die Nachricht, nach welcher Gelée dort eine Villa bewohnt haben soll, apokryph sein, das Denkmal der Pietät für den feinfühlenden Landschaftsmaler steht auf jener sonnigen Höhe immerhin am rechten Platz. Als Ludwig in die Mitte der Künstlerschaar trat, wurde er mit Jubel begrüßt und ihm als dem König des Festes das erste Glas mit würzigem Maitrank kredenzt, das er auf das Wohl der Kunst leerte. Solch frohe Stunden wogen ihm manche trübe Erfahrung auf. „Jetzt bin ich fast 80 Jahr alt", äußerte er bei jenem Feste zu einem Kunstveteranen, „aber wenn ich in eurem Kreise bin, hab' ich 40 Jahre weniger auf dem Rücken!"

Den Winter brachte er in München zu, wo er die zweite Etage des Wittelsbacher Palastes bewohnte. Am liebsten verweilte er in dem hochgewölbten Gemach des östlichen Eckthurmes, wo antike Büsten des Marc Aurel und Antoninus Pins standen. Hier pflegte er zur Mittagzeit die Zeitungen oder ein historisches Werk oder einen Klassiker zu lesen. Das Schlafzimmer war einfach ausgestattet; einige Büsten von Familiengliedern waren der einzige Schmuck, das Bett, einige Stühle und Büchergestelle mit einer kleinen Handbibliothek — darunter Schiller's Werke und Thomas von Kempis — der ganze Hausrath. Reicheren Schmuck zeigte der Audienzsaal. Das Arbeitszimmer enthielt wohlgeordnet in mehreren Kästen seine Tagebücher und Korrespondenzen, ein besonderer Schrank war für das Rechnungswesen bestimmt. Einige Sommermonate brachte er in den Jahren mit ungeraden Zahlen in seinen Villen in Berchtesgaden und Leopoldskron zu, in den Jahren mit geraden Zahlen in Aschaffenburg und Ludwigshöhe. Außerdem aber unternahm er häufig größere Reisen, am liebsten nach Italien. Im September 1859 begab er sich nach Dresden, um seine hohen Verwandten zu begrüßen. Die Dresdener Künstlerschaft brachte ihm einen glänzenden Fackelzug. Im nächsten Jahre ging er nach Wien. Auf der Fahrt dahin suchte er seine Walhalla auf, deren Bildersaal durch einen neuen glänzenden Namen bereichert wurde. An seinen Sekretär Riedl schreibt er (18. Mai 1860): „Die Sonnenstrahlen schienen eben in die Walhalla, als ich in meiner Gegenwart Schelling's Brustbild aufstellen ließ. Trefflich wurde ich bewillkommt." Von Wien aus schreibt er (23. Mai 1860): „Ich war vom Wetter auf der ganzen Reise sehr begünstigt und nicht besser hätte es gestern bey der Enthüllung der Reitersäule des Erzherzogs Karl seyn können, sie war ergreifend, groß der Enthusiasmus. Habe mich sehr zu beloben über das Benehmen gegen mich." Eine Deputation der Wiener Künstler brachte „dem hohen Regenerator, dem väterlichen Schützer und Förderer der deutschen Kunst" Dank und Huldigung dar. Bald erzählte man sich allerlei pikante Aeußerungen, die der König in diesem und jenem Atelier gemacht hatte. In einer Gallerie fragte er, ob sie denn auch von Cavalieren besucht werde? und antwortete sogleich selbst: „Nein, nein, sie besuchen sie nicht, ich weiß das!"

Auch die Abneigung gegen einen Besuch der Stadt Paris überwand er in seinem letzten Lebensjahre, als die Weltausstellung sein Interesse im höchsten Grade erregte. Mitte Juli 1867 reiste er als „Graf von Spessart" nach der Seinestadt. Am Tage nach der Ankunft besuchte er sogleich in den ersten Morgenstunden die Ausstellung und wanderte bis Mittag umher, bis er endlich eine bayerische Restauration aufsuchte, um sich mitten unter den Fremden an einem nationalen Frühstück zu erquicken. Am lebhaftesten erregte begreiflicher Weise die Kunstabtheilung seine Aufmerksamkeit, konnte er ja doch von einem glänzenden Siege seiner Münchner Künstler Zeuge sein. Aber ebenso charakteristisch war auch der Eifer, welchen er den

Plänen des Suezkanals zuwendete, wobei ihm Herr von Lesseps selbst als Führer diente.

Der Kaiser und die Kaiserin begrüßten Ludwig mit außerordentlicher Artigkeit. Beim ersten Besuch aber, als Louis Napoleon seinem Gaste, weil er ja ein entthronter König war, nur bis zur Hälfte der Treppe entgegenkam, wartete Ludwig ruhig unten und machte sich mit einem Gardesoldaten zu schaffen, bis der Kaiser verwundert herabstieg. Die Frage Napoleon's, um welche Stunde sein Gast die Erwiderung des Besuchs am liebsten entgegennehmen wolle, beantwortete Ludwig: „Von 4 Uhr Morgens bis 4 Uhr Abends stehe ich allzeit zu Gebote." Unermüdlich widmete er die nächsten Tage dem Besuche der Pariser Kunstschätze; ein Korrespondent bemerkte, wenn er noch einige Zeit mit solchem Eifer Paris durchstöbere, werde er dort bald ebenso populär sein wie in München.

Auch in Nizza, welches er wiederholt aus Gesundheitsrücksichten aufsuchte, war er eine wohlbekannte und beliebte Persönlichkeit. „Ein höflicher Fürst, ein geselliger. sympathischer, alter Herr, der seine eigene gewinnende und doch königliche Weise hat", schreibt ein Engländer in der Times über ihn. Welch merkwürdige Geistesfrische sich der Greis bewahrte, davon zeugen seine Briefe. So schreibt er z. B. aus Nizza an Sophie Schröder (22. Februar 1866): „Das ist zu viel, meine werthe Sophie Schröder, mir an den Augen leidend eigenhändig zu schreiben. Teutschlands größte Tragödin soll sich schonen. Hier haben wir Frühling, ohne daß Winter gewesen. Seit ich in Nizza, blühen Rosen in der von mir bewohnten Villa und jetzt duften Märzveilchen in Menge im Garten, der voll goldener Aepfel aus dunklem Laube prangt. Sonnenschein ist Regel, Regen gar selten. Wir sind hier verwöhnte Kinder" &c. Von Algier, wo er die Wintermonate 1863—1864 zubrachte, schrieb er an Klenze (8. Jänner 1864): „Wünschte, Sie wären hier, (will aber des Meeres wegen keinesfalls überreden zu kommen), das maurische Gebäude unfern der Stadt, vom Gouverneur bewohnt, mir aufzunehmen, namentlich den Hof mit den Springbrunnen dariu. Der Mahommedaner Wohngebäude drücken ihre Eifersucht aus, fensterlos sind sie gegen Außen. Der Hof hat mit dem atrium große Aehnlichkeit. Vor einigen Tagen fiel hier Originalschnee, löste sich aber augenblicklich in Wasser auf. Auf den

Bergen aber blieb er liegen. Des Atlas Höhe sah ich nie ohne Schnee. Das beirrt aber nicht das Blühen von Blumen in und außer den Gärten, noch in ersteren unter freyem Himmel das Gedeihen der Erdbeeren und das Zeitigen der Bananen. Es ist jetzt Algiers Regenzeit, aber die Sonne scheint weit mehr als daß es regnet. Entzückende Ansichten giebt die Gegend und wie ansprechend ist die der die Höhe hinan gebauten Altstadt, oon Arabern bewohnt, wo ein weißes glattdachiges Haus über das andere ragt, wie schön im Glanze der Sonnenstrahlen!" —

„Muse, bleibe mir treu, verlasse mich nur mit dem Leben!"

hatte er einst gewünscht, und sein Wunsch ging in Erfüllung. Noch wenige Tage vor seinem letzten Erkranken richtete er an einen Abendzirkel bei der Gräfin Sophie Lodrou von Nizza aus folgende Strophen (28. Dezember 1867):

„O könnte ich Euch doch versetzen
In diese ew'ge Blumenflur,
Euch fühlen lassen das Ergötzen
In der bezaubernden Natur,
Wo auch im Winter Rosen blühen
Und Immergrün die Bäume schmückt,
Die goldnen Früchte glänzend glühen,
Wo überall es uns entzückt!
Vermöchte doch auf Zephyrs Schwingen
Ein Zauberwort in's Zauberland,
Euch Theuere, zu mir zu bringen,
An diesen heitren Meeresstrand!"

Er wußte aus Reisen Nutzen zu ziehen. Das Verzeichniß der Bücher, welche er oor oder während der Reise las, beweist, wie er immer bemüht war, sich auch mit Geschichte und Culturleben der bereisten Länder vertrant zu machen. So las er z. B. 1863 vor der Reise nach Algier Schlözer's Geschichte von Nordafrika, Bötticher's Geschichte von Carthago, Maltzan's Reisen im nordwestlichen Afrika u. A. Gregorovius' Geschichte der Stadt Rom schätzte er ungemein hoch.

Ein heller Sonnenblick in seinen Greisentagen war 1854 der Besuch des ehrwürdigen Köln. Schon im August 1848 hatte Erzbischof Johannes im Namen der Stadt den König eingeladen, an der sechsten Sekularfeier des Domes Theil zu nehmen. „Die politische Gestaltung Deutschlands", schrieb der Erzbischof, „die lange Zeit hindurch unserer

Feier hindernd entgegen zu treten schien, hat durch die von dem Volke wie bei den Regierungen freudig begrüßte Wahl des Reichsverwesers eine Wendung genommen, die unserm Feste eine ganz besondere Erhebung zu geben verspricht." Ludwig hatte vermuthlich aus politischen Gründen diese Einladung abgelehnt, doch war seine Theilnahme an dem Fortgedeihen des Dombaues nicht erloschen. Durch Sulpiz Boisserée ließ er sich von Zeit zu Zeit Nachricht über die Restaurationsarbeiten geben. „Gott gebe", schreibt Boisserée (18. März 1849), „daß der Denkspruch des Dombauvereines: Eintracht und Ausdauer! in den großen deutschen Angelegenheiten wahr werde, dann würde mit der Blüthe des Vaterlandes auch der Dombau als eine der schönsten Früchte derselben gedeihen!" Dieser deutsche Charakter des Werkes war es auch, der Ludwig's Interesse wach erhielt. Als die Theilnahme des Volks erlahmte, schrieb er an den Bürgermeister von München, er möge doch auf Mittel und Wege sinnen, den Dombauverein wieder zu beleben (24. Jänner 1850). „Des Cölner Domes Vollendung ist Ehrensache Teutschlands, nur teutsche Beharrlichkeit kann sie bewirken." Die gleiche Bitte richtete er auch an Cultusminister Ringelmann, denn Nichts liege ihm so sehr am Herzen als „die Förderung dieser für Befestigung der nationalen Eintracht Deutschlands, wie für Verherrlichung der Religion hochwichtigen Angelegenheit."

Im Juni 1854 beschloß er sich selbst von dem Fortschreiten der Arbeiten zu überzeugen. Den Kölnern war dies frohe Kunde. Ihre Dankbarkeit bereitete dem Fürsten, der durch Wort und That das bedeutungsvolle Werk gefördert, ein seltenes Fest. Bei seiner Ankunft empfing ihn der Jubelruf einer zahllosen Menge, ein Musikcorps spielte das Prinz Eugen-Lied, seine Lieblingsweise, alle Kirchenglocken läuteten zum feierlichen Gruße. Als der Dampfer „Schiller", welcher den König trug, vor dem Trankgassenthor landete, erstrahlte plötzlich der majestätische Dom in hellem Lichtschimmer. Ludwig rief voll Entzücken: „O wenn das nur die Königin sehen könnte!" Am nächsten Morgen fuhr er wieder durch die festlich geschmückten Straßen zum Münster. Mehrere Stunden lang wurde Alles und Jedes besichtigt bis zur höchsten Chorgallerie. Es machte ihm Freude, daß seine viel jüngeren Begleiter sich nicht so rasch mit dem Treppensteigen abfinden konnten. Auch die Steinmetzhütte entging seiner Aufmerksamkeit nicht, und er überraschte die Beschäftigten durch manche Bemerkung, die fein praktisches Verständniß für dergleichen Arbeiten bekundete. Bald ging das Lob seiner Leutseligkeit von Mund zu Mund und als ihm Abends ein Fackelzug gebracht wurde, betheiligte sich fast die ganze Bürgerschaft. Gerührt schrieb Ludwig in das Domgedenkbuch: „Einzig wie dieser Dom ist der Cölner Dankbarkeit!" An seinen Sekretär Riedl schreibt er (1. Juli 1854): „Worte habe ich keine, die Freude über meinen Aufenthalt in Cöln auszudrücken!" —

In jedem Lebensalter Ludwigs begegnen wir der gleich lebendigen Theilnahme für große, dem ganzen deutschen Volke zu Nutz und Ehre gereichende Denkmale und Stiftungen.

Er ist auch der intellektuelle Gründer des germanischen Museums in Nürnberg.

Schon 1830 (15. September) sprach er in einem Briefe an Hans Freiherrn von Aufseß den Wunsch aus, in Bayern ein vaterländisches Museum nach dem Muster des böhmischen in Prag gegründet zu sehen und zwar in der Weise, daß Besitzer von merkwürdigen Gegenständen solche mit Vorbehalt ihres Eigenthums in einem öffentlichen Lokal zur Beschauung und Belehrung aufstellten. „Sie würden sich", äußert er schließlich, „ein bleibendes Verdienst erwerben, wenn es Ihnen gelänge, eine so gemeinnützige Anstalt ins Leben zu rufen." Aufseß erfaßte die Idee in großartigem Maßstabe. Mit unsäglicher Mühe gelang ihm die Gründung einer Sammlung von künstlerisch und historisch wichtigen Reliquien der Vorzeit, doch dabei sollte es nicht sein Bewenden haben, das germanische Museum sollte ein Mittelpunkt werden, in welchem alle Quellen nicht nur der politischen Geschichte mit ihren Hilfswissenschaften, sondern auch der Kunst-, Kultur- und Literaturgeschichte Deutschlands zusammenfließen, eine Centralanstalt für die gesammte Geschichts- und Alterthumskunde von ganz Deutschland. Ludwig wollte sich anfänglich nicht selbst bei dem Unternehmen betheiligen, aber Aufseß ließ nicht ab, mit Bitten in ihn zu dringen. „Ich spreche zu Ew. Königlichen Majestät, wie einst Jakob zu Jehova: Ich lasse dich nicht, du segnest mich denn!" So gab denn Ludwig, da die Sammlung eines Obdachs entbehrte, 1857 5000 Gulden „für dieses wahrhaft teutsche Unternehmen zur Restaurirung der Karthause." Als aber Aufseß ihn aufforderte, sich an die Spitze des ganzen Unternehmens zu stellen, lehnte er ab (25. November 1859), weil er der Meinung, „daß, wenn sich ein Fürst an die Spitze stellte, die Sache einen partikularistischen Charakter annehmen und derselben eher schaden als nützen würde." Doch bald kam für das Unternehmen eine gefährliche Krisis. Aufseß, dessen auf 100,000 Gulden geschätzte Privatsammlung den Hauptschatz des Museums bildete, sah sich zur Forderung genöthigt, daß ihm diese Sammlung entweder abgekauft oder doch verzinset werde. Da bot Ludwig im entscheidenden Augenblick seine Hilfe an. Er versprach einen Beitrag von 50,000 Gulden, „falls auch andere teutsche Fürsten sich um das Unternehmen annehmen werden, so daß die Summe, um welche Aufseß seine Sammlungen überlassen will, gedeckt würde". (31. Mai 1863.) „Nicht leicht", erwiderte Aufseß, „war ich in meinem Leben von einer Zuschrift so wahrhaft glücklich überrascht, wie heute, als mir durch die Post Ew. Majestät Allerhöchstes Handschreiben zugestellt wurde; mein Dankgefühl überwältigte mich so, daß ich auf die Kniee fiel und Gott, der das Herz des Königs gelenkt und Glück und Segen brachte, dankte." Aufseß erließ nun einen Aufruf an Deutschlands Herrscher und ging zu Frankfurt die zum Fürstentag Versammelten persönlich um Unterstützung an. Vergeblich. Am 30. Oktober 1863 mußte er Ludwig in Kenntniß setzen, daß die Hoffnung, die fehlende Summe aus Beiträgen deutscher Fürsten aufzubringen, vorläufig aufgegeben werden müsse. Er baue nur noch auf Ludwig allein. „Möchten Ew. Königliche Majestät, nachdem Allerhöchstdieselben zwei große deutsche Nationalwerke, die Walhalla und die Befreiungshalle, so ruhmvoll und glänzend vollendet, von dem dritten, dem germanischen Museum, die schon halb geöffnete milde Hand nicht wieder zurückziehen." Der Freiherr selbst erbot sich, seine Privatsammlung dem Museum als Eigenthum zu überlassen, wenn ihm von Ludwig die versprochene Spende als Abschlagzahlung überlassen würde. Da der König sah, daß auch auf diese Weise der Zweck seiner Schenkung vollständig erreicht werde, erklärte er sich einverstanden, Aufseß's Sammlung ging in den Besitz des Museums über, und die herrlichen Zeugnisse deutscher Kunst und deutscher Größe blieben dem Vaterlande erhalten, die Zukunft des nationalen Werkes war gesichert. Auch später noch bot der Retter in der Noth durch beträchtliche Zuschüsse hilfreiche Hand.

Als König Maximilian II. eine ähnliche Anstalt für Bayern im Nationalmuseum schuf, schenkte Ludwig dazu eine große Anzahl werthvoller Gegenstände.

Sein Sammeleifer fand überall, wohin er auf seinen Reisen kam, reiche Ausbeute. Auf Completirung des Münzkabinets nahm er namentlich während seines Aufenthalts in Rom Bedacht. Seine Vasensammlung, wozu er 1817 durch den Ankauf von Prachtstücken der Fesch'schen Sammlung den Grund gelegt hatte, wurde fort und fort vermehrt, so daß sie Otto Jahn für eine der kostbarsten und vollständigsten Sammlungen ihrer Art erklärte. Bald giebt Ludwig Weisung zum Erwerb antiker Schmuckgegenstände, bald läßt er phelloplastische Kunstwerke anfertigen, bald bereichert er die botanischen, bald die ethnographischen Staatssammlungen. „Denken Sie sich nur", erzählte er einem Münchener Gelehrten, „aus meiner Jugendzeit erinnere ich mich, daß die Prachtrüstungen der bayerischen Fürsten herhalten mußten, um das Gitter des botanischen Gartens herzustellen. Eine solche Barbarei wäre doch heutzutage nicht mehr möglich!"

Wie er auf Completirung der Gemäldegallerie besonderes Augenmerk richtete, wurde schon hervorgehoben. Nach dem Feldzug 1866 wandte sich der Münchener Magistrat an ihn mit der Bitte, für die Erhaltung der aus Düsseldorf nach München gekommenen Gemälde sich zu verwenden. Ludwig antwortete (25. August 1866): „So viel ich weiß, ist Preußen auf den Rechtsweg hingewiesen, auf dem aber, wie mir scheint, es Nichts machen kann." Er hatte sich über diese Frage schon 1835 durch Galleriedirektor Dillis eingehenden Bericht erstatten lassen.

Er wünschte, daß die gräflich Schönborn'sche Gallerie in Pommersfelden vom Staat angekauft werde, und schrieb deshalb an Riedl (8. August 1857): „Wenn noch der Auftrag von mir nicht ertheilt wurde, ihn nebst Freundlichem dem Central-Galleriedirektor Zimmermann auszurichten, ob ihm die in Pommersfelden befindliche Gallerie bekannt, und wenn, ob Gemälde für die Pinakothek aus Staatsmitteln zu erwerben, wünschenswerth wäre." Um so schmerzlicher berührte es ihn, daß man die werthvolle Sammlung ins Ausland verkaufen ließ, doch erwarb er ıs eine Perle, die trauernde Mutter mit dem Kinde, die dem da Vinci zugeschrieben wird, für die Pinakothek.

ꞌtz dieser kolossalen Ausgaben für Kunstzwecke ꝛc. blieben ihm r Sparsamkeit in Allem, was seine eigene Person betraf, doch hliche Mittel zu Wohlthätigkeitsspenden. Ein volles Fünftel sammten Einnahmen gab er an Arme. „Gleich allen Fürsten", linger, „und vielleicht noch in höherem Grade als die meisten, ig Ludwig unzählige Erfahrungen von Lüge, Heuchelei und an denen gemacht, die sich an ihn drängten, die seiner Gaben zu werden trachteten. Das Herz eines gewöhnlichen Menrde darüber vertrocknet, sein Sinn verhärtet sein, ein Zug nschenverachtung würde sich vielleicht in ihm angesetzt haben. von war keine Spur bei ihm zu entdecken. Mit beschränkten spendete er gleichwohl jährlich große Summen und was mehr t, er gab nicht nach Gunst und Laune, sondern mit umsichisheit nach sorgfältiger Prüfung und Abwägung und immer " Als das Städtchen Traunstein 1851 vom Brande verheert chrieb Ludwig von Rom aus an Riedl (8. Mai 1851): „Ich ich, daß Sie gleich der Stadt Traunstein wegen dem gehabten glück 3000 fl. sollen überschicken, dazu schreibend, daß wie als dem Throne mich noch befand, wie von ihm herabgestiegen, fern, der Traunsteiner Treue meinem Herzen unvergeßlich rgeßlich, wie ihr Bürgermeister an der Spitze einer Abordeser Stadt sich ausgedrückt habe. Daß meine Gabe nicht st, möge der gewaltigen Verminderung meiner Mittel zugewerden." Es verging fast keine Woche, ohne daß irgend ein derer Akt seiner Munifizenz zu verzeichnen war. „Sollten unter schreibern", heißt es in einem Briefe (23. August 1850) an Riedl, tige und Würdige aus Mannheim seyn, so wäre bei Antrag terstützung für den Augenblick solche zuerst einzustellen." nicht pericolum in mora", schreibt er an den nämlichen ust 1851), „haben die Münchner Armen, die ja neun Monate zugsweise bedacht werden, den anderen nachzustehen."

mentlich in den letzten Lebensjahren schenkte Ludwig große n für fromme Stiftungen und Kirchenbauten, doch wurden tische Gemeinden kaum minder reichlich bedacht, als die katholischen. Ludwig blieb bis an sein Ende ein streng religiöser Fürst, aber ein ausgesprochener Feind konfessionellen Haders. Als die Verwendung des Stiftungsvermögens der Blindenanstalt gehässigen Zwist hervorrief, schrieb Ludwig an den Cultusminister Koch (14. November 1865): „Mir scheint, daß in neuerer Zeit über Endzweck und Form jener Stiftungen, welche ich für arme Blinde mit meinen Urkunden vom 20. September 1826 und 25. August 1836 errichtet habe, Zweifel angeregt werden, und diese veranlassen mich, wiederholt auszusprechen, was ich als Stifter und Fundator gewollt habe und noch will. Für Blinde ohne Unterschied der Religion habe ich das Blindeninstitut gestiftet. An eine gewisse Verhältnißzahl derselben oder Parität zwischen Katholiken und Protestanten dachte ich auch nicht im Entferntesten, das darf auch in Zukunft nicht stattfinden. Ich weiß ferner, daß in Nürnberg ausschließlich für Protestanten ein Blindeninstitut errichtet wurde und ich finde es geeignet und gut, wenn die Confessionen getrennt werden. Aber einer Trennung des von mir gegebenen Stiftungsvermögens, wenn je eine solche beabsichtigt werden wollte, trete ich jetzo schon auf das Bestimmteste entgegen, es hat für immer unangetastet und untheilbar zu bleiben. Wenn Legate für Katholiken oder Protestanten ausschließlich gemacht werden, so müssen sie auch gewissenhaft dafür verwendet werden, auf meine Stiftungen aber erkenne ich keine anderen Ansprüche als Armuth und Würdigkeit.“ Als der durch seine Bemühungen zur Wiedervereinigung der christlichen Konfessionen hochverdiente Erzbischof Diepenbrock zum Cardinal ernannt wurde, schrieb Ludwig an ihn (9. Oktober 1850): „Herr Cardinal! Es ist noch keine Viertelstunde, daß ich die Ernennung Ew. Eminenz zu dieser Würde erfuhr, zu welcher ich meinen Glückwunsch ausspreche. Den eine bekannte Parthey in Bayern nicht zum Bischof daselbst wollte, den wollte der verstorbene Papst zum Fürstbischofe des größten Sprengels, und der jetzige erhebt denselben zu der nach seiner eigenen höchsten Würde der Kirche. Das sind glänzende, große Genugthuungen“ . . . . . . . Diepenbrock macht davon seinem Freunde Passavant Mittheilung und fährt fort (14. Oktober 1850): „In diesem Brief ist viel zwischen den Zeilen zu lesen; deßhalb hat mich auch dieser Brief mehr gefreut als Alles, was sich bisher an das Cardinalat geknüpft!“ —

Wie viel Segensreiches hätte der kunstsinnige und wohlthätige Fürst erst ausführen können, wenn er nicht durch die Rückzahlung des an Griechenland geleisteten Darlehens an die Staatskasse über ein Drittheil seines ganzen Privatvermögens verloren hätte! War schon in den darauf bezüglichen Kammerdebatten die Hilfe, welche Ludwig dem jungen Hellenenstaate gewährt hatte, als staatsmännischer Mißgriff getadelt worden, so mußte er bald ein Ereigniß erleben, das diesen Vorwurf um so mehr gerechtfertigt erscheinen ließ.

Seit der Septemberrevolution 1843, welche den König Otto gezwungen hatte, allen Forderungen der Opposition sich zu fügen, spann sich, wenn auch unter gemäßigteren Formen, der Kampf gegen die „fremde Dynastie" in Griechenland fort. Der strengste Beurtheiler des bayrischen Regiments in Griechenland, K. Mendelssohn-Bartholdy, sagt: „Otto war ein achtbarer und wohldenkender deutscher Mann, der sich in die schwierigen griechischen Verhältnisse, soweit es ihm möglich war, einzuleben suchte und der den redlichen Willen hatte, sein griechisches Adoptivvaterland zu beglücken. Allein er hatte seine Aufgabe in Griechenland nicht besser begriffen, als ein für sichere und gemüthliche Verhältnisse auferzogener deutscher Prinz es konnte; er hatte keinen Einblick in die Gefahren des Regierungssystems, welches seine Vorgänger und insbesondere der Präsident Kapodistrias hinterlassen hatte." Otto konnte der durch seine übel angebrachte Nachgiebigkeit mehr und mehr gestärkten Parteibewegung nicht mehr Herr werden. Im Oktober 1862, noch im nämlichen Jahre, da die Eröffnung der Propyläen in München Anlaß zu festlicher Begehung der griechischen Erhebung gegeben hatte, kam der Sturm zum offenen Ausbruch. Am 22. Oktober brachte ein Telegramm dem Vater die Nachricht von dem bedauernswerthen Geschick Otto's. Während einer Rundreise des Königs brach in Athen der Aufstand los und die Verschworenen proklamirten die Absetzung ihres königlichen Herrn. Als das Schiff, auf welchem der König zurückkehrte, im Golf von Salamis vor Anker ging, stellten sich zu seinem Schutze ein französisches und ein englisches Schiff zur Seite, doch darauf beschränkte sich auch die ganze Hilfe der „garantirenden Schutzmächte". Otto wollte um jeden Preis Blutvergießen verhindern und war nicht zu bewegen, einen Versuch zur Bezwingung des Aufstandes zu wagen.

Krank und im Innersten gebrochen verließ er das Land, wo das ärmliche Jetzt so düster absticht gegen das herrliche Einst, wo er vor dreißig Jahren als blühender Jüngling, den Busen voll schöner Hoffnungen, seinen Einzug gefeiert hatte.

Das Mißgeschick des Sohnes war für Ludwig ein schwerer Schlag. Wie er selbst später seinem vertrauten Sekretär erzählte, lenkte am Abend jenes Tages, welcher die trübe Nachricht brachte, bei der gewöhnlichen Spaziertour sein Kutscher absichtslos zu den Propyläen, — da zuckte der König zusammen und schloß die Augen. Tags darauf wurde Staatsrath von Maurer, der mit den griechischen Verhältnissen so wohl vertrant war, zur Tafel des Königs geladen, mit der Bemerkung, er solle eine halbe Stunde vor Tischzeit beim Könige vorsprechen. So wie er in das Gemach trat, fuhr der König von seinem Stuhl in die Höhe und ergoß sich in einer Fluth von Vorwürfen gegen diesen und jenen und von bittersten Selbstanklagen. Sobald Maurer anheben wollte, ihm Trost zuzusprechen, eilte der König ganz verstört im Zimmer umher, kehrte dann wieder zu ihm zurück und begann mit neuen Klagen. Dies wiederholte sich noch einigemal, bis zur Tafel gerufen wurde. Der König, der sonst bei Tisch mit frischester Laune die Unterhaltung beherrschte und seinen Gästen allerlei Anekdoten und Späße erzählte, saß diesmal ganz still und wortlos, sprang daun plötzlich auf und wollte sich entfernen. Da sich ihm aber ein Diener mit verlegener Miene näherte und herausstotterte, es sei ja noch gar nicht der Braten servirt, mußte der König bei aller Niedergeschlagenheit lachen, setzte sich wieder und gewann allmälig seine heitere Gelassenheit.

Die griechische Revolution wurde von den europäischen Mächten als „vollendete Thatsache" betrachtet. Otto leistete zwar nicht Verzicht auf seine Kroue, wollte aber auch nicht zu Gewaltmitteln zur Wiedergewinnung greifen. Nach wenigen Jahren (26. Juli 1867) saul er in ein frühes Grab. Bis zu seinem letzten Lebenstage nährte er die Hoffnung, seine Hellenen selbst würden ihn wieder in das Laud zurückrufen, das ihm wie ein verlorenes Paradies erschien. Von ihm und seinem königlichen Vater gilt, was Haneberg in der Erinnerungsrede an Ludwig hervorhob: „Was der König von Bayern und sein Sohn dort im Süden vollführt hat, bleibt ein großes Werk der erung der Humanität und Cultur. Viele gute Keime sind aus= t, nützliche Anstalten errichtet, schädliche Vorurtheile zerstreut, es ist vorbereitet worden, woraus dem Volk dort ein neuer licher Zustand kann verheißen werden. Dann vielleicht wird her gebildete und über die Blüthe seines Vaterlandes glückliche ne zum königlichen Sarkophag dieser Basilika dankbar wall= en." —

Glücklich, wer sich durch solch bittere Erfahrungen und Ent= hungen den frischen Lebensmuth nicht verkümmern läßt und für warme Empfindung sich bewahrt, was dem Vaterlande zu Wohl Weh gereicht.

Trotz mehrfacher Schwankungen der inneren und äußeren Politik e in Bayern seit Ludwig's Thronentsagung eine Reihe glücklicher rmen durchgeführt, welche namentlich den konstitutionellen Cha= r des Staates festigten. Die Verfassungsgesetzgebung machte utsame Fortschritte, die Rechtspflege wurde in einheitlichem und eitlichem Sinn verbessert, die Schulverhältnisse wurden geregelt, höheren Unterrichtsanstalten auf eine rühmliche Stufe gehoben, ische Culturgesetze erlassen, die allgemeine Aufklärung über die tlichen Angelegenheiten gefördert. Vieles, was die neuere Legis= mit sich brachte, war schon von Ludwig selbst angestrebt worden, e Aufhebung der grundherrlichen Gerichtsbarkeit, Anbahnung der erbefreiheit, größere Theilnahme des Volkes an der Verwaltung. Aber die neue staatliche Entwicklung Bayerns schlug auch che Wege ein, die von der durch Ludwig vorgezeichneten Bahn ntlich abwichen. Daraus erklären sich manche mißbilligende und illige Privatäußerungen Ludwig's aus den letzten Jahren. Er elt sich aber jedes Eingreifens in den Gang der inneren oder ren Politik. Ludwig's Anschauung widerstrebte dem wahren Kon= tionalismus; auch der Presse wollte er nicht so ausgedehnte Frei= eingeräumt wissen, ebensowenig entsprach die freie Entwicklung Associationswesens seinen Intentionen. Auch manche Aenderungen, he eine rein staatliche Politik da treffen mußte, wo früher eine kirchliche geübt worden, konnten an ihm keinen Lobredner finden. nche Aeußerungen, welche bekannt wurden, bekundeten den bewähr= praktischen Sinn. Als kurz vor seiner letzten Reise nach Nizza der neue Schulgesetzentwurf die Politiker eifrig beschäftigte, sagte er zu einem vertrauten Diener: „Der Hauptfehler daran ist, daß man bei uns die Landschule und ihre Lehrer auf gleiche Stufe stellen will mit der Stadtschule. Auf dem Lande muß der Lehrer zufrieden sein, wenn er in sechs Jahren den Kindern Lesen, Schreiben, Rechnen, Katechismus und biblische Geschichte beibringt. Aber in der Stadt verlangt man mehr. Da sind auch mehr Mittel gegeben, die Kinder aufgeweckter und bekommen Nachstunden. Deshalb muß auch die Bildung der Lehrer für die Stadt eine andere sein.“ Als ein Baron Weveld das Projekt einer Staats-Hagelversicherungsanstalt ausarbeitete, schrieb Ludwig an ihn (26. Jänner 1862): „Mit großer Aufmerksamkeit, welche dieser wichtige Gegenstand verdient, habe ich Ihre Schrift gelesen. Nützlich finde ich Ihren Vorschlag, aber wäre er auch gerecht? Mir scheint nicht, daß diejenigen, dereu Besitzungen selten von Hagelschlag heimgesucht, gezwungen werden dürfen, den Schaden derer größtentheils zu tragen, dereu Besitzungen ihrer Lage nach häufig davon getroffen werden. Mir scheint ein weit ausgedehnter freywilliger Hagelversicherungsverein das geeignetste, das Königreich Bayern aber nicht groß genug, einen solchen allein zu bilden.“

Mit nicht minder warmer Theilnahme verfolgte Ludwig alle Entwicklungsphasen der deutschen Verhältnisse.

Als im Jahr 1846 Bayerns Monarch, der einst in richtiger Erkenntniß der Identität deutscher Interessen sagte: „Auch Bayerns Häfen liegen an der Wesermündung!“ als dieser Monarch sich in der Schleswig-Holstein'schen Frage offen der deutschen Rechte annahm, da sang Zedlitz:

„Es hat uns nicht betrogen
Das Wittelsbacher Blut;
Er hat nicht scheu erwogen,
Er ist vorangezogen
Mit ritterlichem Muth . . . .

So klang's durch Berg und Auen
Wie Siegesjauchzen fort;
Da flog ein frisch Vertrauen
Durch alle deutschen Gauen:
Das war ein Königswort!“

)och wie bei jener Verwicklung eine Lösung im deutschen Sinne die Eifersucht der Großmächte verhindert wurde, so ließ auch eitere Verlauf im Jahr 1849 die deutsche Energie nicht in m Lichte erscheinen. Schleswig-Holstein, sich selbst überlassen, im Kampfe mit dem überlegenen Gegner verlieren, so muthig auch aufnahm.

udwig hatte kein Heer, das er den bei Idstedt Niedergeworfenen u Hilfe senden können, doch ließ er wenigstens keine Gelegen- rbeigehen, seiner Sympathie für den Bruderstamm Ausdruck en. Er wies dem Freischaarenführer Obersten von der Tann Gulden zu beliebiger Verwendung für die Herzogthümer an. Münchner Comité für Schleswig-Holstein gab er 1000 Gulden. r der einzige deutsche Fürst, der nach dem unglücklichen Aus- es Feldzugs für Unterstützung hilfsbedürftiger Schleswig-Hol- her Offiziere eine bedeutende Summe schenkte. Als sich für ützung der von den Dänen vertriebenen Geistlichen ein Comité ngen bildete, schrieb Ludwig (6. September 1851): „Es ist ein erthes Unternehmen, für diese vertriebenen Geistlichen, für ärtyrer teutscher Gesinnung Unterstützungen zu sammeln; für t es eine Freude, unaufgefordert hiemit einen Beytrag von ulden zu geben." Die gleiche Summe übersandte er dem verein in Altona, seine Freude darüber aussprechend, „daß es utsche Frauen giebt, die mit ächt teutscher Gesinnung ihren en Brüdern zu helfen suchen." Als für die entlassenen Pro- in Kiel durch Professor R. Wagner eine Sammlung veran- wurde, sprach Ludwig, um einen Beitrag gebeten, seine Ge- ung darüber aus, daß man an ihn als einen ehemaligen Göt- Studenten gedacht habe, und gab wieder 500 Gulden, „freilich Tropfen, aber ich bin mit Ausgaben überhäuft." An Ge- ajor von der Horst, der ihm eine Schrift über die Schlacht bei überschickte, schrieb er (31. Oktober 1852): „Freundlich danke en für diese Zusendung; überflüssig wäre es, hier zu wieder- welchen Antheil ich an dem Geschicke Schleswig-Holsteins ge- t und wie die Wendung, welche diese Angelegenheit genommen, utsches Herz schmerzt." Auch der koburgische Regierungsprä- Francke widmete dem Könige seine „Erinnerungen an Schleswig-Holstein". Ihm antwortete Ludwig (22. April 1854): „An Schleswig-Holstein denkend blutet mein teutsches Herz!" —

Als der Neujahrsgruß des französischen Kaisers 1859 das deutsche Blut in Wallung brachte und die nationale Antipathie gegen den Uebermüthigen im deutschen Volke allen Parteihader zum Schweigen brachte, da stand auch der alte König mit seinen heißesten Wünschen auf Seite Oesterreichs. Er konnte nicht begreifen, warum nicht sogleich Alldeutschland gegen den Ruhestörer zu Felde ziehe:

„Das mit dem Lorbeer Hochbekränzte,
Das teutsch vor Allen sich gezeigt,
In dem Befreyungskampfe glänzte,
Nur dies ist stille, — Preußen schweigt?" —

Ludwig bekannte sich offen zu den Grundsätzen der großdeutschen Partei, welche Oesterreich von einer Neugestaltung Deutschlands nicht ausgeschlossen wissen wollte. Als Fürst Ludwig Oettingen-Wallerstein in der Augsburger Allgemeinen Zeitung eine Reihe von Artikeln gegen den preußisch-französischen Handelsvertrag, der eine Annäherung an Frankreich zu dokumentiren schien, veröffentlichte, sagte Ludwig dem Verfasser, mit welchem bisher jeder Verkehr abgebrochen war, brieflich Dank. Wie Fürst Wallerstein, so war auch Ludwig ein Gegner des Bundesstaats; er glaubte, daß die populären Wünsche durch geeignete Abänderungen und Zusätze zur Bundesakte befriedigt würden und zugleich auf diesem Wege der Bund eine positive Machtstellung gewinnen könne. Als Oesterreich auf dem Frankfurter Fürstentag 1863 eine Lösung der deutschen Verfassungsfrage im großdeutschen Sinne anbahnen wollte, gab er frohen Hoffnungen Raum. Als das Unternehmen resultatlos blieb, wollte er wenigstens soviel in seinen Kräften stand, zur Versöhnung der schroffen Gegensätze beitragen. Am Tage der Jubelfeier der Leipziger Schlacht 1863 eröffnete er die Befreiungshalle und rief vor dem Portale den um ihn versammelten Generalen aus den verschiedenen deutschen Landen zu: „Willkommen, tapfere Krieger des Befreiungskampfes, willkommen Alle! Es ist Teutschlands herrlichste Zeit, an sie wollen wir uns halten. Ich kann nur sagen, was ich hier in der Befreiungshalle geschrieben: Möchten die Teutschen nie vergessen, was den Befreiungskampf nothwendig machte und wodurch sie siegten."

Kurze Zeit darauf hatte er die Freude, daß wenigstens die Angelegenheit, die ihm so ernst am Herzen lag, in nationalem Sinne durchgefochten wurde. Deutsche Fahnen wehten wieder von den Düppeler Schanzen und am Alsener Straude und diesmal verdarben die „Schreiber", wie der alte Blücher zu sagen pflegte, nicht, was das deutsche Schwert gut gemacht hatte.

Doch es trat immer klarer zu Tage, daß der klaffende Dualismus eine politische Wiedergeburt Deutschlands unmöglich mache und daß es zwischen den beiden Mächten, an welche sich die deutsch-patriotischen Hoffnungen wechselweise geknüpft hatten, um die Suprematie zu ernstem Kampfe kommen müsse.

Klagend rief Ludwig, als er im Juli 1866 aus Aschaffenburg vor den Kriegsstürmen in die Pfalz flüchten mußte: „Ich hab' umsonst gelebt!"

Es zeigte sich, daß Oesterreichs Entwicklung nicht gleichen Schritt gehalten habe mit der jugendlichen Kraft Preußens und damit war die Frage der Führerschaft erledigt. Der deutsche Patriot kounte sich, ob freudig, ob nur den Umständen sich fügend, der Konsequenz dieser Thatsache nicht entziehen, wenn er überhaupt für Größe und Wohlfahrt seines Vaterlandes ein offenes Herz hatte.

Auch Ludwig fühlte dies und wollte treu an dem Schutz- und Trutzbündniß mit Preußen festgehalten wissen. In diesem Sinne sprach er sich im Mai 1867 in einem Briefe an den damaligen Lenker der auswärtigen Politik Bayerns aus, betonte aber zugleich, er könne keine weiteren Verträge mit Preußen gutheißen, Bayerns Aufgabe sei noch immer, auf eine aufrichtige Versöhnung Oesterreichs mit Preußen hinzuwirken. Als daher im Herbst 1867 der Landtag über den Fortbestand des Zollvereins zu entscheiden hatte, gab er in einem Briefe an den Präsidenten des Reichsrathes zu erkennen, daß er auf Seite der Gegner einer engeren Verbindung mit Preußen stehe.

Doch nachdem der geniale Staatsmann an der Spitze der preußischen Regierung einen Bundesstaat geschaffen hatte, der in Wahrheit diesen Namen verdiente, konnte der Anschluß Süddeutschlands und das Fallen der unnatürlichen Schranke nur noch eine Frage der Zeit sein.

Leider erlebte Ludwig die glorreiche Zeit nicht mehr, welche die Lösung brachte!

Döllinger zog am Grabe Ludwig's im März 1868 für die Frage: Was wohl Ludwig I. zu unseren neuen Verhältnissen sagen würde? aus des Königs Schriften und aus so vielen früheren immer von der gleichen Grundanschauung getragenen Aeußerungen den Schluß, er rufe seinen Bayern zu: „Damit jenes vom fremden auf deutschen Nacken gelegte Joch der Knechtschaft nicht wiederkehre, so lasset euch die Opfer nicht verdrießen, die nun einmal zur Herstellung eines großen, einigen und mächtigen Deutschlands nothwendig sind!"

Es mag zweifelhaft sein, ob Ludwig schon in jener Zeit sich so opferwillig ausgesprochen hätte, aber im Jahre 1870 wäre gewiß auch nicht einmal ein Zweifel in ihm rege geworden. In keinem deutschen Fürsten würde in dem Augenblicke, da Frankreich wieder die Hände beutegierig gegen Deutschland ausstreckte, Rechts- und Selbstgefühl lebendiger erwacht sein, als in dem Erbauer der Befreiungshalle!

Während seines Aufenthaltes in der Pfalz im Sommer 1860 schreibt er an Riedl (17. Juni 1860): „Die Gesinnung in der Pfalz ist durchaus antifranzösisch und in Landau ist sie's geworden. Sehr gut!" Als bei Einweihung der Kehler Brücke 1861 ein deutscher Minister in Baden-Baden auf Napoleon III. „den Bezwinger der Revolution", einen Toast ausbrachte, konnte sich Ludwig nicht versagen, dem Souverän jenes Staatsmannes brieflich sein entschiedenes Mißfallen über solches Auftreten eines Deutschen auszusprechen.

Wie wäre es anders möglich gewesen, als daß dieser Fürst 1870 nicht blos die ruhmvollen Erfolge der deutschen Waffen freudig begrüßt, sondern auch die von Bayern geforderten Opfer gutgeheißen hätte, zumal durch dieselben so Herrliches ermöglicht wurde, die Gründung eines neuen Reiches, das mit voller Schonung der berechtigten Sonderinteressen ein einheitlicher, lebendiger Organismus ist, dem Deutschen ein Vaterhaus, für den Nachbar eine Schutz- oder Trutzburg.

## Ludwig's Tod.

Ludwig erreichte ein Alter von nahezu 82 Jahren. Wenige seiner Vorfahren, von den Regenten Bayern's nur Ludwig im Bart und Wilhelm V. waren zu so hohen Tagen gekommen. Seine Gesundheit war namentlich im späteren Alter ganz vortrefflich, nur über Migräne hatte er zuweilen zu klagen, die jedoch durch strenge Diät stets alsbald gehoben wurde.

Nur einmal, im Dezember 1854, während eines Aufenthalts am Darmstädter Hofe fiel er in schwere Krankheit. Er arbeitete wie gewöhnlich schon früh Morgens am Schreibtisch, als er plötzlich in Ohnmacht fiel. Zwar kam er bald wieder zu sich, aber ein heftiges Fieber stellte sich ein. Hartnäckig weigerte er sich, Arznei zu nehmen, nur die Bitten seiner Lieblingstochter, der Großherzogin, vermochten ihn endlich dazu. Die Ohnmachten wiederholten sich, doch allmälig hob sich das Fieber, und mit dem Nahen des Frühlings kehrten auch die alten Kräfte und die alte frohe Laune wieder. Als sich zur Feier seiner Genesung in München die beiden Kammern zu einem Festdiner versammelten, ließ Ludwig telegraphiren, er fühle jetzt schon die wohlthätige Wirkung der auf ihn ausgebrachten Gesundheiten und danke der versammelten Gesellschaft herzlich dafür. Im März 1855 kehrte er nach München zurück, nachdem er in Nürnberg in gewohnter Weise rüstig einen halben Tag dem Besuche der Kunstschätze gewidmet. Die Münchner Künstler brachten ihm einen Fackelzug und überreichten eine Adresse mit einer Zeichnung Genelli's; der Magistrat gab reichliche Geldspenden an die Armen. Die Hamburger Künstlerschaft schickte ein prächtiges Album mit Originalzeichnungen aller Mitglieder. Deputationen aus den bayerischen Städten brachten Glückwünsche, auch die Kölner sandten eine Huldigungsadresse. Solche Zeichen von Theilnahme und Anhänglichkeit, wie sie wohl niemals einem Privatmann zu Theil geworden, trugen nicht wenig dazu bei, daß der Genesene rasch die frühere körperliche und geistige Frische wieder gewann. Als er mit den Deputirten Köln's zu Tische saß und „mit Wein, am Rhein gewachsen" auf das Wohl ihrer Stadt trank und unermüdlich sich mit jedem Einzelnen seiner Gäste unterhielt, wer hätte da glauben mögen, einen erst seit Kurzem von dreimonatlicher Krankheit genesenen 70jährigen Greis vor sich zu haben?

Abnahme der Körperkräfte war erst seit dem Jahr 1861 bemerkbar. Er fing an, über Frost und über Steifheit der Beingelenke zu klagen. Seine Promenaden mußten abgekürzt werden, rasches Aufwärtsgehen benahm ihm den Athem. Er sagte zu seinen Aerzten: „Wenn ich nur nicht die Herzwassersucht bekomme, nur keine langwierige Krankheit!" Er wurde oft im Wagen und auch im Theater von festem Schlaf übermannt. Sein Geist aber blieb rege, nur machte sich eine Schwächung des Gedächtnisses durch öftere Wiederholung von Fragen und Erzählungen bemerkbar.

Gegen Ende Oktober 1867 verließ er München, um sich zum Winteraufenthalt nach Nizza zu begeben. Er nahm den Weg über Straßburg, wo er sein Geburtshaus besuchte, und Paris, wo er noch einige Tage angestrengte Aufmerksamkeit der Weltausstellung widmete, obwohl er sie schon im Sommer wiederholt besucht hatte. Diesmal hatte er seine Kräfte überschätzt. Ungewöhnlich abgespannt kam er in Nizza an. Er bewohnte dort den ersten Stock der Villa Diesbach, mit der Aussicht auf das Meer. Solange die Lüfte milde wehten, fühlte er freilich seine Lebensgeister wieder erstarken; als aber gegen Ende November kalte Witterung eintrat, stellten sich Athmungsbeschwerden ein, der Schlaf war unruhig, die Füße schwollen an. Noch einmal im Laufe des Januar 1867 trat eine günstige Wendung ein und sofort begann der König auch wieder mit seinen Promenaden und Besuchen, selbst von Abendgesellschaften. Und so fest war sein Glaube, daß er den Körper zur gewohnten Dienstbarkeit zwingen könne, daß selbst neue Krankheitssymptome ihn nicht zur Aenderung seiner Tagesordnung bewogen, bis eine Entzündung des rechten Unterschenkels sich zeigte. Zur Verhütung des Brandes mußten wiederholt gefährliche Operationen vorgenommen werden. Er sträubte sich gegen Beiziehung eines Arztes aus Nizza: „Ich möchte nicht, daß ein Fremder mich etwa einen Schmerzensschrei ausstoßen hörte!" Chloroformiren ließ er sich nicht, er trug den Schmerz geduldig und standhaft und sagte nach Beendigung der Operation scherzweise zu seinen Aerzten „Ich danke Ihnen für den wohlthätigen Schmerz!"

Vorläufig war er gerettet, auch konnten die Aerzte auf längere Erhaltung Hoffnung geben, weil sämmtliche höhere Organe merkwürdig gesund waren. Sofort begann er wieder, eigenhändig Briefe an die Seinen zu schreiben, die er in herzlichster Weise über sein Befinden zu beruhigen suchte.

Es war aber nur ein letztes Aufflackern der Lebenskräfte.

Der Schwächezustand wurde bedenklicher. Am 24. Februar stellten sich Delirien ein. Die Prinzen Luitpold und Adalbert eilten an das Krankenlager des Vaters. Die Sterbsakramente wurden ihm — am Morgen des 26. Februar — gereicht. Am 27. erfolgte Blutung unter der Haut, und jetzt wußte der König, daß sein Ende nahe sei. „Glauben Sie ja nicht", sagte er zu dem Oberstabsarzt Cabrol, „daß ich den Tod fürchte, ich habe ihm während meines Lebens mehrmals in's Auge geschaut!" Nach dem Tode Friedrich Wilhelm's IV. 1861 hatte er einmal geäußert: „In Preußen heißt es immer „der höchstselige König", ich bin froh, wenn ich nur selig werde. Ich fürchte den Tod nicht, aber ich lebe gerne und verlange mir gar nicht zu sterben. Denn man weiß, was man hat, aber nicht, was man bekommt und drüben hört aller Unterschied auf, da ist Alles gleich!" Am Abend des 27., da er von schweren Schmerzen gequält schien, sagte er: „Wenn ich heut Nacht sterbe, dann ist der König von seinen Leiden erlöst!" Später richtete er sich noch einmal auf und sprach mit fester Stimme: „Allen, Allen in München meinen Dank!" Nach Mitternacht erwachte er aus dem Delirium und rief: „Ein Uhr, und ich bin noch nicht todt!" — Es waren seine letzten Worte. Den ganzen 28. Februar über blieben seine Sinne umnachtet. Am folgenden Morgen trat Agonie ein, ohne schweren Todeskampf verschied er um 8 Uhr 35 Minuten.

In Italien ging er hinüber, wie er einst gewünscht hatte:

„Geistiger fühlen wir uns in euch, ihr südlichen Fluren;
Ladet der Himmel zu sich, schrecket das Sterben uns nicht.
Uebergehen zu besserem Leben, zu ewiger Liebe
Ist's; die Zukunft hebt freudeerfüllend den Geist."

Die Einwohner Nizza's gaben bei seiner Krankheit und seinem Tode herzliche Theilnahme kund, als gälte es nicht einen Gast, sondern einen eingebornen Fürsten oder den besten Bürger zu betrauern. Auf Anordnung Napoleon's segelte eine Corvette von Toulon nach Nizza, um dort Trauersalven zu geben.

Von München, wo um die Mittagstunde des 29. die Bennoglocke das Hinscheiden des Königs der Bürgerschaft verkündete, ging eine Hofkommission nach Nizza, um die Leiche des Königs in die Heimat zu geleiten. Inzwischen blieb sie zu Nizza auf dem Paradebett ausgestellt. Das Antlitz des Todten war nicht entstellt. Den Sarg umknieten nach Landessitte acht liebliche Kinder, die als Engel mit goldenen Flügeln geschmückt waren. Ein prächtiger Leichenkondukt brachte den Sarg vom Dom zum Bahnhof, eine große Menschenmenge gab das letzte Geleite. In engem Todtenschrein kehrte der Fürst in die Stadt zurück, die er geschaffen hatte.

Nicht bloß im Königsschloße und in den Palästen der Familie des Todten, in vielen Häusern, in jeder Hütte rief der Tod des Königs die Trauer wach. Die großen Züge seines Charakters traten jetzt in hellerem Lichte hervor. Die Einen gedachten seiner Verdienste um Stadt und Land, die Anderen empfanden schmerzlich den Verlust des Wohlthäters.

Die Königsleiche wurde nach der Ankunft in München vorläufig in der Hofkapelle beigesetzt. Der Verstorbene selbst hatte verfügt, daß seine sterblichen Reste an der Seite seiner ihm vorangegangenen Gemahlin Therese in der Bonifaziuskirche bestattet, sein Herz aber zu denen seiner Ahnen nach Altötting gebracht werden sollte; an Stelle des Herzens sei sein Trauring zu legen. Er hatte auch den Wunsch ausgesprochen, daß seine Leiche an der Glyptothek vorbei durch die Propyläen geführt werde.

Am 9. März, als alle Glocken der Münchner Kirchen sich zu gewaltigem Chor vereinten, setzte sich der Leichenzug in Bewegung.

Außer der Militärgarnison und den sämmtlichen Staats- und Gemeindebeamten betheiligten sich auch viele Abgesandte fremder Höfe und Deputationen bayerischer Städte. Die Spitze des Zuges bildete ein Häuflein Veteranen, die einst ihrem Kriegskameraden Kronprinz Ludwig in rühmlichen Kämpfen zur Seite gestanden hatten. Dem Trauerwagen folgten die Söhne und Verwandten des Verlebten. Der Sarg war außer den königlichen und den Ordensinsignien mit zwei Lorbeerkränzen geschmückt, dereu einer von Schiller's Tochter, der andre von der Wiener Künstlergesellschaft niedergelegt war. Langsam bewegte sich der Trauerzug aus der Königsburg vorbei an der Feldherrnhalle und am Bazar mit seinen Bilderarkaden und lenkte dann in die Briennerstraße, welche ebenfalls ihre Anlage und ihre monunumentalen Zierden dem Könige dankt. Hier stehen Thorwaldsen's Statue des Kurfürsten Maximilian, der Wittelsbacher Palast, der eherne Obelisk, die Glyptothek, das Kunstausstellungsgebäude, und die Propyläen schließen die Straße mit ihren des alten Athen's würdigen Bauten ab. Die einfache Gruftkapelle der Basilika nahm die Leiche auf, und dankbare Liebe schmückt diese Ruhestätte noch heute mit frischen Kränzen.

Die Künstlerschaft München's beschloß, den großen Todten durch eine gesonderte Trauerfeier zu ehren. Die Künstler in Düsseldorf, Dresden, Wien, Nürnberg, Stuttgart, Weimar, Karlsruhe und Hamburg ordneten dazu Deputationen ab, um die gemeinsame Trauer über den Verlust zu bekunden, den die deutsche Kunst erlitten.

Mit Fackeln und umflorten Fahnen zogen am Abend des 12. März Hunderte von Künstlern, darunter die bedeutendsten der Nation, auf den freien Platz vor die Glyptothek. Die Marmorfaçade des dorischen Tempels glänzte im Flackerschein bengalischer Flammen. Das Thor war geöffnet, im Atrium stand die Büste des Königs, durch elektrisches Licht hell beleuchtet. Eine ernst lauschende Menschenmenge drängte sich auf dem Platz und in den umliegenden Straßen; die Theilnahme an dieser Ovation überbot weit die offizielle Feier. „Mitten wir im Leben sind vom Tod umfangen!" stimmte ein Männerchor an. Der Sprecher der Münchner Künstlerschaft pries dann in gedrängter Rede die Verdienste des Heimgegangenen. Als seine Büste den verdienten Lorbeer erhielt und die Fahnen Derer, die er vor

Allen geehrt und geliebt, seine Siegesfahnen, das Marmorbild umrauschten, da konnte sich Niemand des überwältigenden Eindrucks erwehren: Nur ein großer Fürst und Mensch wird so geehrt. Es war eine Trauerfeier von erschütternder Romantik. —

Es ist charakteristisch für die Uebertreibungen der Volksmeinung, daß man von unermeßlichen Schätzen sprach, die der König hinterlassen habe, und deßhalb der Eröffnung des Testaments mit Spannung entgegensah. Wie es bei den großen Ausgaben Ludwig's für Kunst- und Wohlthätigkeitszwecke wohl hätte vermuthet werden können, ergab sich, daß der Nachlaß das Vermögen eines mäßig reichen Privatmannes nicht überstieg.

In dem Gedichte „Königsgefühl" hatte Ludwig die Hoffnung ausgesprochen:

„Einstens, wenn die Leidenschaften schweigen,
Wird, was er vollbracht hat, rein sich zeigen,
Wenn die Mitwelt längst im Grabe ruht!"

Carl Friedrich von Baden erließ 1756 eine Verfügung, „daß Jedermänniglich eines Urthels über die Handlungen hoher Fürsten ebenso als alles ohnzeitigen Raisonnirens ohnfehlbar sich enthalten solle." Die neue Zeit gab das Wort frei. Auch Könige verlangen nicht mehr, daß die Stimme der öffentlichen Meinung sich des Urtheils über ihre Regierung enthalte, wie etwa Häßliche dem Maler zumuthen, sich zum Schmeichler zu erniedrigen.

Freilich — ist die Zeit schon gekommen, um ein endgiltiges Urtheil über Ludwig zu fassen? Die Stimme der sogenannten öffentlichen Meinung ist eben nur Stimmung; das hat Niemand öfter erfahren als Ludwig selbst, und auch die schwerer wiegenden Urtheile über ihn sind heute noch vielfach in Widerspruch miteinander.

Bei der Durchsicht der Privatpapiere des Fürsten blickt uns daraus manches Janusantlitz entgegen. Neumann z. B., der in mehreren Aufsätzen in den Jahrbüchern für Politik und Literatur ein abschreckendes Bild des bayerischen Staatslebens unter Ludwig entwirft, schreibt 1859 an den König gelegentlich der Uebersendung von Schiltberger's Reisebeschreibung: „Ein so ächt deutscher König wie Ew. Majestät wird den vaterländischen Interessen nach allen Richtungen seine Aufmerksamkeit zuwenden wollen ꝛc." Der durch seine mehr

ıls wahrheitsgetreue Schilderung bayerischer Verhältnisse
Ritter v. Lang übersendet dem Könige 1830 sein Werk über
Gauen und nennt es „eine Frucht des Königlichen Willens
Regierung, unter welcher sich Kunst und Wissenschaft des
ten Schutzes erfreuen ꝛc."

Ludwig's Tod waren die Urtheile wenigstens darin aus-
übereinstimmend, daß sie das Originelle und Große dieser
Natur, die bedeutende Persönlichkeit anerkannten.

den offiziellen Gedächtnißreden ist namentlich Döllinger's
von hervorragender Bedeutung, weil es wahr und rück-
n der Hand der Geschichte das Streben des Fürsten, ein
önig zu sein, beleuchtet. Der Präsident der zweiten Kam-
fessor Pözl, hob vornehmlich den idealen Zug in Ludwig's
hervor, der ihn über das Gewöhnliche erhob, und seine
che Gesinnung, um dereu willen nicht blos der bayerische,
uch der deutsche Historiker seinen Namen in hohen Ehren
ird. Auch ein Nachruf in der Allgemeinen Zeitung giebt
berzeugung Ausdruck: „Es war ein großer König, der von
ieden ist, ein Fürst, der Großes gewollt und Großes vollführt
den nicht nur die Geschichte Bayern's, sondern auch die
unseres deutschen Vaterlandes zu den größten Männern
hrhunderts zählen wird."

h nicht blos in München und in Bayern zollte man jetzt
g den Tribut, welchen Stadt und Land schuldeten, auch
mte europäische Presse beschäftigte sich mit dem großen

l spricht sich der Parteien Gunst und Haß auch in diesen
aus und mannigfaltige Empfindungen werden an die Ge-
ines Lebenslaufes geknüpft.

n im Monde der „katholische Fürst" hoch gefeiert wird, nicht
issige Streiflichter auf die „Verirrungen" seiner Nachfolger,
f Reinhard, Präsident des institut historique, im In-
ur mit Recht hervor: „König Ludwig, wenn er auch während
nzen Lebens treu der katholischen Kirche anhing, ließ sich
ei seinen Beziehungen mit Andersgläubigen nie von anderem

Geiste als wahrer christlicher Toleranz leiten." Die Times widmete dem Verstorbenen, „der im wahren Sinn des Wortes ein König und mehr als ein König" einen ehrenvollen Nachruf. Auch in Griechenland wurden dankbare Stimmen laut. Die Himera feierte die Verdienste „des größten der noch übrigen Philhellenen", der schon als Jüngling die Eingebungen seiner Muse Griechenland gewidmet, auf den Thron berufen den Schutz der Griechen gegen Metternich muthig übernahm, München zum Mittelpunkt des deutschen Philhellenismus erhob, die namhaftesten Summen opferte, die Kinder der Griechenhelden erziehen ließ, Brot den Familien, Pulver den Streitenden schaffte und München's Hallen mit Scenen des Befreiungskampfes schmückte. Auch die Elpis bezeugt, daß das Hinscheiden Ludwig's in Hellas schmerzlichsten Eindruck machte. „Alles war vergessen", versichert la Grèce, „nur die einzige Saite der nationalen Dankbarkeit hat bei der schmerzlichen Nachricht vom Tode des erhabenen Philhellenen erzittert." Die Salpinx schließt ihren ehrenvollen Nekrolog: „Wenn heute unser Blatt aus Anlaß des Ablebens König Ludwig's in Trauer erscheint, können wir nicht umhin, auch seines unglücklichen Sohnes uns zu erinnern, der dreißig volle Jahre mit Aufopferung Griechenland regierte. Otto beschloß seine Tage in Bamberg: erst heute können wir unsere tiefe Trauer über den Verlust dieses besten aller unglücklichen Fürsten aussprechen und eine Thräne auf sein entferntes Grab weinen. Ward er auch des Königsthums enthoben, so wird doch kein Grieche sein Andenken und seine Tugenden je vergessen." Die Eklektike schreibt unterm 16. März 1871: „Unter den Freunden und Wohlthätern Griechenlands sind unseres Erachtens drei, welche die erste Stelle in der Dankbarkeit aller Griechen einnehmen: der Erste der große George Canning, der Zweite König Ludwig von Bayern, Vater unsres Königs Otto, und der Dritte der Verfasser unsrer Gesetzgebung, Maurer, der geachtetste von den drei Mitgliedern der Regentschaft unter König Otto."

Namentlich in Rom, wo Ludwig so gern verweilt und so viel gewirkt, rief die Todesnachricht schmerzliche Trauer wach. Die Künstler, die den Lebenden so oft durch frohe Feste ehrten und ergötzten, veranstalteten eine erhebende Todtenfeier.

Darin äußerten sich alle Stimmen einig, daß sich Ludwig in

hichte des Wiedererwachens der deutschen Kunst den ersten
tz errungen habe.

eine Unternehmungen für Kunst und Wissenschaft", sagt eine
Zeitung, der Bund, „zeigen seine wahrhaft königliche Größe
trübten Lichte und machen seinen Tod betrauerungswürdig
"

nig Ludwig hat wohl gewußt", sagt die Neue freie Presse,
roßer geistiger Fonds in dem Geistesschachte des deutschen
uht. Ehre ihm, der diesen Schatz zu heben verstand; Ehre
eutschen Fürsten, der ihm nachstrebt. Seine Schwächen,
h schöne und auch künstlerische, verschwinden mit der Zeit, sein
ird von Jahrzehend zu Jahrzehend größer werden.... Ueber-
vurde er in der Pflege der Kunst gewiß von keinem seiner
sen; ihm am nächsten dürfte Prinz Albert von England zu
in." Bei Eröffnung der deutschen Künstlerversammlung in
t 31. August 1868 erhob sich der ungarische Maler Sellenv
nerte an den Doppelverlust, den die deutsche Kunst seit
ist erlitten: „König Ludwig und Cornelius, Beide Fürsten im
er Geister, die durch erhabenes Streben im Reiche der Kunst
Unsterblichkeit gesichert, der Eine ein großartiger deutscher
r Andere ein vollendeter deutscher Künstler, haben durch ihr
en eine Lücke gelassen, welche nimmermehr ausgefüllt werden

yern kann ein zweites Bayern in sich selbst gewinnen!"
ast Fürst Ludwig Oettingen-Wallerstein in einer Kammerrede.
dabei die Förderung der Industrie und Landeskultur im
Die Wahrheit des Ausspruchs gilt aber in erhöhtem Maße
ger Hebung dieses deutschen Stammes. Es ist nicht in Ab-
tellen, daß Ludwig I. für Förderung dieser Interessen rastlos
ır, als Regent wie als Privatmann. Bedeutendes wurde er-
edeutendes angebahnt. Der thatkräftige Gebrauch seines
Vermächtnisses, Benützung des Geleisteten, Ausbildung und
ng des Begonnenen ist der beste Dank, den das Vaterland
nialen Fürsten zollen kann.

# Ueber Quellen und Hilfsliteratur.

Ein Artikel des Testaments König Ludwig's I. verfügt, daß seine in sieben Koffern verwahrten Privatpapiere 50 Jahre lang im Hausarchive verschlossen bleiben, mithin erst im Jahre 1918 der Oeffentlichkeit übergeben werden sollen; nur eine ebenfalls mit Dokumenten gefüllte Kiste darf schon nach 25 Jahren geöffnet werden.

Es lag offenbar seit langem in der Absicht Ludwig's, den Stoff für eine Biographie in möglichster Vollständigkeit zu sammeln. Bei Gelegenheit des Umzugs aus der königlichen Residenz in den Wittelsbacher Palast wurden über das bis zu jener Zeit Angesammelte Verzeichnisse entworfen. Die sogenannte ältere, bis zum Jahr der Thronbesteigung reichende Registratur umfaßt Briefe des Kronprinzen Ludwig an seine Eltern und Geschwister, Korrespondenzen mit verschiedenen berühmten und bekannten Persönlichkeiten jener Periode, ein eigenhändig geschriebenes Rechnungsbuch des Kronprinzen, Dokumente über Kapitalsaufnahmen, ferner Packete mit den Ueberschriften: Ausgeführtes in Staatssachen, Einstige Staatssachen, Kriegswesen, Bemerkungen über Hofsachen, Reversion der Rheinpfalz betr., Curiosa, Miscellanea, sämmtlich eigenhändig so überschrieben. Die neuere Registratur enthält Briefe der Familienglieder, Briefe von Fürsten und Staatsmännern verschiedener Länder, Künstlern u. A. Ueberdies befinden sich unter diesem versiegelten Nachlaß nicht weniger als 246 eigenhändig geschriebene Tagebücher Ludwig's, die bis in das Jahr 1868 heraufreichen.

che Fülle interessanten Materials erwartet da den künftigen
ıen! Ihm wird es möglich sein, ein Charakterbild mit
ɔhischer Treue zu schaffen, während ich nur einen Schatten-
:eten vermag.

nentlich in Bezug auf die Tagebücher sind hochgespannte Er-
n berechtigt. Der König selbst äußerte wiederholt, er habe
in Denken, Streben und Schaffen, sowie die Beziehungen
:ivatlebens unverhüllt dargelegt. „Gar Nichts habe ich ver-
, den ganzen Menschen muß man aus Memoiren kennen
Welches Interesse versprechen Mittheilungen eines Königs,
ılle Zeitfragen empfänglich, mit den merkwürdigsten Männern
:hunderts in mündlichem und schriftlichem Verkehr stand, in
ɔicklungsgang des europäischen Staatswesens ebenso Einsicht
e in den des deutschen Kunstlebens.

ɥ auch ohne diese noch nicht gehobenen Schätze kann der
) Ludwig's nicht über Mangel an Quellen klagen, sondern
mehr durch Ueberfülle bedrängt und sieht sich nur zu bald
tande, eine erschöpfende Lese des Wichtigen und Bedeutsamen

.

3 wichtigste Quellenmaterial wurde mir durch die allerhöchste
ɔes königlichen Enkels des verewigten Fürsten aufgeschlos-
m mir unbeschränkte Einsicht in den gesammten schriftlichen
Ludwig's I., so weit derselbe nicht versiegelt ist, gestattet

besteht aus mehreren Tausenden von Briefen von Zeitgenos-
en König nebst den Koncepten der Antwortschreiben. Obwohl
:zahl der Schriftstücke, Gratulations-, Kondolenz-, Widmungs-
Bittgesuche u. A. für unseren Zweck von keiner Bedeutung,
ı sich doch auch viele interessante; es sei nur der für die
ıng benützten Briefe von Eynard, Hormayr, Ludwig Fürst
ingen-Wallerstein, Hans v. Gagern, Sulpiz Boisserée, Thor-
Friedrich Halm, Friedrich Raumer, Closen, Rückert, Meyer-
ıten, Friedrich Schlegel, Rohmer, Görres u. A. gedacht.
ıer lagen mir die Korrespondenzen Ludwig's mit seinen Ka-
'etären von 1813—1862 vor, ebenfalls mehrere Tausende

von Briefen mit den verschiedenartigsten Aufträgen, Fragen und Nachrichten.

Wichtige Aufschlüsse boten die Privatakten des Königs über sämmtliche Kunstschöpfungen, Sammlungen und Wohlthätigkeitsstiftungen, welche außer dem blos Geschäftsmäßigen auch interessante Mittheilungen von Künstlern, Anweisungen des Königs u. A. enthalten.

Endlich standen zu Gebot die Rechnungen des königlichen Kabinets, die in einzelnen Fällen zu Rathe gezogen wurden.

Dieses Material faud erwünschte Ergänzung durch eine Reihe von Manuskripten, welche in Ludwig s Privatbibliothek aufbewahrt sind und dereu Benützung von dem Erben, S. k. Hoheit dem Prinzen Luitpold, dem Verfasser gnädigst gestattet wurde. Vorzüglich einige staatsrechtliche Aufsätze des Kronprinzen sind für seine Charakteristik von Belang.

Die Herren Hofrath v. Hüther und Cabinetsrath v. Schels unterstützten mich bei Benützung des handschriftlichen Nachlasses in liberalster Weise.

Wichtige Ausbeute gewährten die im k. allgemeinen Reichsarchiv und im k. Archivkonservatorium München verwahrten Ministerialakten aus der Regierungsperiode Ludwig's I. Namentlich die Akten über die politische Bewegung und die daraus erwachsenen Prozesse und geheimen Verhandlungen der Bundeskommission ließen an Vollständigkeit und Reichhaltigkeit Nichts zu wünschen übrig, so daß auf Grundlage dieses authentischen Materials eine durchaus selbständige Behandlung des Stoffes ermöglicht war. Für die Darstellung der Feldzüge Ludwig's wurden die Akten des k. Kriegsministeriums benützt. Bei der kolossalen Masse der im k. Archivkonservatorium verwahrten Akten mußte selbstverständlich davon abgesehen werden, alle durchzuforschen, und es kounte nur auf diejenigen Rücksicht genommen werden, in welchen man eigenhändige Signate des Königs zu finden hoffen kounte. Dies war namentlich in den Staatsrathsprotokollen der Fall, ferner in den Personalakten derjenigen Staatsdiener, welche unter Ludwig's Regierung eine bedeutende Rolle spielten, sowie in den Bauakten. Den Herren Archivbeamten, welche mir zur Einsichtdieser Quellen bereitwilligst Hilfe boten, spreche ich wärmsten ius.

ne erstaunliche Menge Originalbriefe des Königs sind in esitz zerstreut. Es gelang dem Verfasser, eine große Anzahl oichtigen Hilfsmittel einzusehen, obwohl er hier leider nicht der gleichen Liberalität begegnete, welche ihm die öffentlichen rückhaltlos aufschloß. Ich bin namentlich den Herren Re- 3rath von Schenk, Oberst v. Klenze, Professor Halbig, Auditor ͻer, Bildhauer Schwanthaler, Architekturmaler Gärtner u. A. :itwillige Mittheilung der in ihrem Besitze befindlichen Kor- :nzen zu herzlichstem Danke verpflichtet. Es faud sich in die- efeu nicht blos viel interessantes Detail bezüglich der Thätig- Monarchen auf verschiedenen Gebieten, sondern auch mancher ß über die Individualität des Briefschreibers. Der gewonnene ische Stoff gab sicheren Boden, um manche Widersprüche in ıur der Eingebung des Augenblicks folgenden Aeußerungen t zu lassen.

beraus reichhaltig ist die Memoirenliteratur, welche für unsere benützt werden kounte; allerdings gilt dies mehr für die ältere :i dereu Darstellung ich mich auf das Nothwendigste beschrän- ßte. Von hohem Werth für die Charakteristik der inneren e Bayerns unter Max Joseph sind das Memoirenmanuskript naligen Galleriedirektors v. Mannlich und die Tagebücher des s Clerembault, ersteres in der k. Hof- und Staatsbibliothek, :m k. allgemeinen Reichsarchiv verwahrt. Für die jüngere ınten Memoirenfragmente des Generals v. Heydeck und Auf- zen des Grafen Pocci benützt werden. Von der gedruckten enliteratur waren von Belang die Schriften von Sambuga, Hormayr, Platen, Jakobs, Atterbom, Sailer, Varnhagen, Lupin auf Illerfeld, Gaus, Gagern, Metzger, Fahrmbacher Hieher sind anzureihen die Briefsammlungen von Goethe und ferée, Montgelas, Joh. Müller, Bunsen, Feuerbach, Jakobi, Thorwaldsen, Moll, Thiersch, Schelling, Wilh. v. Humboldt, u. A. Bieten die dariu zerstreuten Mittheilungen auch nicht bjektive Wahrheit, so sind sie immerhin werthvoll als acces- Zeugnisse.

Es versteht sich von selbst, daß für die Geschichte eines Fürsten, der bis vor wenigen Jahren noch in unsrer Mitte weilte, die Tradition nicht unberücksichtigt bleiben durfte. Ich gab mir redlich Mühe, von denjenigen Persönlichkeiten, welche dem Könige im Leben nahe standen, mündliche Mittheilungen einzuziehen. Es war dies der mühevollste und peinlichste Theil der Aufgabe, um so mehr, da in manchen Kreisen nicht viel Sinn und Muth für die Oeffentlichkeit zu finden war. Die dabei gemachten Erfahrungen genügten wohl, um ein eigenes Kapitel anzufügen: Wie eine Königsbiographie geschrieben wird! Auch drängte sich immer mehr die Ueberzeugung auf, daß die Erzählungen selbst unmittelbarer Theilnehmer an historischen Begebenheiten durchaus keine sehr verlässige Erkenntnißquelle. Mit Recht bemerkt Wachler: „Die Zeit der Thätigkeit in einer großen Handlung ist nicht die Zeit der Unbefangenheit, und das wahre Wesen und der Gang der Begebenheit ist dem, der mitten dariu thätig ist, oft mehr verschlossen, als dem, der durch Zeit und Raum entfernt davon gestanden hat. Affekt und Leidenschaft im Innern und die nur theilweise in die Erkenntniß fallende äußere Erscheinung der Begebenheit ziehen auch dem scharfen und denkenden gleichzeitigen und theilnehmenden Beobachter einen Schleier vor die historische Wahrheit.“ Ich befolgte den Grundsatz, bei der Benützung mündlicher Mittheilungen entweder den Gewährsmann zu bezeichnen oder die Unsicherheit der Nachricht anzudeuten. Glücklicher Weise kann ich für diejenige Partie, bei welcher die Tradition in erster Reihe als Grundlage dienen mußte, für die Darstellung des Privatlebens des Königs Mittheilungen bieten, welche ich unbedenklich als authentisch bezeichnen darf. Ich verdanke sie den Herren Graf Pocci, Hofrath v. Hüther, ehemals Kabinetssekretär Ludwigs I., Staatsrath v. Maurer, Akademiedirektor v. Kaulbach, Oberbibliothekar Föringer u. A.

Gleiche Vorsicht wurde bei Benützung von Zeitungsnachrichten beobachtet, obwohl namentlich für die Geschichte der jüngsten Zeit von solchen nicht Umgang genommen werden kounte. Für diese Periode wurden auch den biographischen Arbeiten Sepp's und Schönchen's über Ludwig I. häufiger Mittheilungen entlehnt. Eine umfangreich angelegte Arbeit v. Ritter's „Beiträge zur Regierung Ludwigs I.“ umfaßt nur die beiden ersten Regierungsjahre 1825—1826. Wichtige

Quellen für die Regierungsgeschichte sind Döllinger's Verordnungensammlung und vor Allem die Landtagsprotokolle.

Wo so viele neue Schöpfungen und Umwälzungen auf dem Gebiet des Staatslebens vorliegen, konnte es mir nur um einen Hinweis darauf, nicht um eine erschöpfende Darlegung zu thun sein, es könnte ja sonst überhaupt nicht ein Verfasser, sondern nur ein Verein verschiedener Fachkundiger den Versuch wagen, Landesgeschichte zu schreiben. Es wurde auf die einzelnen Erscheinungen, z. B. auf die Bemühungen um Landeskultur, Schulwesen u. A., nur insoweit Rücksicht genommen, als diese Verhältnisse durch Wollen und Handeln des Fürsten selbst geschaffen wurden oder Umwandlung erfuhren.

Von einer genauen Aufzählung, ja selbst von einer übersichtlichen Charakteristik der Hilfsliteratur, muß ich der überaus großen Zahl des Benützten und Durchmusterten wegen Abstand nehmen. Welche Fluth von Broschüren und Flugblättern wurde nur durch die Ereignisse der Jahre 1847—1848 hervorgerufen! Auch die kirchliche Bewegung der vorausgegangenen Jahre ließ sich nur durch Prüfung einer großen Anzahl polemischer Schriften beurtheilen. Bedeutendere Schriften, wie z. B. über diese Kirchenfrage diejenigen Thiersch's, Strodl's, Rohmer's ꝛc. wurden in der Regel im Text namentlich aufgeführt.

Für die Geschichte der Kunstbestrebungen Ludwig's gewährte neben den oben genannten Kabinetsakten auch das Archiv der königlichen Kunstsammlungen dankenswerthe Aufschlüsse.

Was auf diesem Gebiet geleistet und geschaffen wurde, steht vor Aller Augen aufgerichtet und ich gab mir redlich Mühe, durch Autopsie von Allem möglichst genaue Kenntniß mir anzueignen. Doch es liegt noch eine weite Kluft zwischen genügender Kenntniß des Laien und gründlicher Erkenntniß des Künstlers. Kritische Prüfung des Geleisteten lag weder in meinem Vermögen, noch in meiner Absicht und ich muß auch nach dieser Richtung betonen, daß die vorliegende Arbeit nicht für den Gelehrten oder Fachmann bestimmt ist, sondern für den weitesten Kreis Aller, die mit Leben und Beispiel eines großen Fürsten sich vertraut machen wollen.

Dessenungeachtet lastet das trübe Bewußtsein schwer auf mir, nur Unfertiges bieten zu können und für die Beurtheilung so wichtiger und folgenreicher Ereignisse nicht das gereifte Urtheil mitzubringen, das allein zum Biographen Ludwigs befähigt. Für viele Lücken des Inhalts und Mängel in der Verbindung und Beurtheilung des Erforschten werde ich die gütige Nachsicht des Lesers in Anspruch zu nehmen haben. „Was aber immer tröstet", schreibt Böhmer einmal an Hennes, „ist: Gearbeitet zu haben!"

# Zusätze und Berichtigungen.

Zu Seite 1. Das deutschpatriotische Wort Ludwig's zu Straßburg wurde zuerst 1841 von Hormayr in seiner Biographie des Grafen Münster veröffentlicht. Hormayr bemerkt darüber in einem an König Ludwig gerichteten Briefe: „Graf Münster hegte bis an seinen Tod, ohne eine denkbare egoistische Nebenabsicht, innige Verehrung und rein menschliche Liebe gegen Ew. Königliche Majestät und citirte mir wie oft in dem schönen Dernburg jene prächtige Anekdote als den Anlaß seiner, wie er hinzufügte, in Wien und London noch gesteigerten Gesinnung. Ich bin eben daran, einen frischen Kranz auf das Grab meines seligen Freundes zu legen, hocherfreut, daß Ew. Königliche Majestät es nicht ungnädig aufnehmen, daß ich jenes ächt teutonischen Kraftspruches einfach ohne panegyrische Salbaderei, die hier höchst überflüssig wäre, mit treuer wörtlicher Anführung meiner Quellen und der bonapartischen Incartaden erwähne, die für sich selbst das eloquenteste Lob sind.... Wer ein ganzes langes Leben dem Geschichtstudium, insonderheit seiner Vedette, seinem edelsten Kerne, der Biographie, gewidmet hat, dem kann es unmöglich gleichgiltig sein, zumal unsere Zeit um einen wahrhaft Plutarchischen Zug reicher zu wissen und ihn der Nachwelt überliefern zu dürfen. Die fraglichen Worte auf den Lippen eines kaum neunzehnjährigen Fürstenjünglings, dessen ganze große Zukunft in eben dem Augenblick auf Schwerterspitzen ruhte, ist ein ganz anderes monumentum aere perennius als 20 Becker'sche Rheinlieder". Ludwig erwiderte (12. April

1844): „Es war mir angenehm zu erfahren, daß ich die Aeußerung, von welcher ich keine Gewißheit hatte, wenn auch meinen Gesinnungen entsprechend, auch wirklich gemacht habe, und ich habe nichts dawider, daß Sie sie auch drucken laßen."

Zu Seite 9. Die Akademie der Wissenschaften verdankt dem Kronprinzen einen der wichtigsten Bestandtheile ihrer Sammlungen, die sogenannte Cobresische Naturaliensammlung und Bibliothek, die er mit großen Opfern erwarb. Schlichtegroll, der im Auftrage der Akademie dankte, schreibt (November 1808) an Freiherrn von Moll: „Der Kronprinz war unbeschreiblich liebenswürdig. Er müsse, sagte er, jetzt selbst noch etwas borgen, um die ersten 6000 Gulden sogleich zahlen zu können, aber das halte ihn nicht ab, etwas zu thun, was man nicht versäumen dürfe. Da es nicht seine Lieblingsfächer, Alterthümer, Münzen &c. betreffe, so sey es ein reines Opfer, das er den Wissenschaften bringe.... Ich fühle mich durch diese schöne Handlungsart des Kronprinzen ordentlich in meinem Eifer für unser großes, schönes und rühmliches Institut bestärkt."

Zu Seite 37. Zu Enthusiasmus geneigt theilte auch Ludwig die patriotische Täuschung, die einen „Sieg" der Bayern bei Hanau feiern ließ. Er schreibt an Heydeck (17. Jänner 1814): „Bald wie nur immer thunlich, wünschte ich von Ihnen die Hanauer Schlacht dargestellt zu erhalten, wie sich der Sieg für uns entschied. Daß man die ganze Schlachtordnung sehe! Wäre dieses nicht möglich, doch eines ansehnlichen Theils, nicht aber einer Gruppe nur. Solch künstlich vollendete Darstellung, wie die jüngst überschickte, erfordert mehr Muße, als Sie jezo haben können, also nur Skizzen, aber auf das strengste wahr, wie es in jenem Augenblick gewesen, so die Gegend und die Witterung. Sehr angenehm für mich, illuminierten Sie, aber auch in diesem Fall bemerken Sie mir auf ein Nebenblättchen vermöge mit der Zeichnung korrespondirender Zahlen die Namen der Regimenter und Oerter und die der im Vorder- oder im Mittelgrund deutlich zu sehenden Offiziere, wenn Sie sich der Namen besinnen. Bald wie thunlich, ich wiederhohle es, diese Darstellung zu bekommen, wünsche ich besonders lebhaft, auf daß Kobell dann sogleich mit dem Gemälde beginne."

Auch Heydeck, Adjutant des Feldmarschalls Fürst Wrede, bestätigt (in einem Briefe an General Graf Guiot du Ponteil), daß der Fürst vor Beginn der Schlacht des Glaubens war, man habe es nur mit höchstens 20,000 Franzosen zu thun. Eine Kosackenabtheilung unter Kaisaroff, welche die französische Armee seit der Schlacht bei Leipzig beobachtete und mehrmals durchschnitt, hatte die Meldung gebracht, Napoleon habe mit dem Gros der Armee die Straße nach Giessen eingeschlagen. Der österreichische Oberst Scheibler berichtete zwar am Tage vor der Schlacht, daß das ganze französische Heer sich gegen Hanau bewege, doch Wrede schenkte der russischen Meldung Glauben. Als von seinem Generalstabe eine Aufstellung auf dem linken Kinzigufer vorgeschlagen wurde, erwiderte Wrede: „Eine solche Aufstellung sähe aus, als ob es uns mit dem Schlagen nicht Ernst wäre und als ob wir dem Feinde das Loch offen lassen wollten; schlagen und den Feind aufzuhalten suchen, müssen wir um jeden Preis! Wir sind zu neue Freunde, um nicht unseren guten Willen mit blutigstem Ernst zu bethätigen.“ Erst das Vive l'empereur der französischen Truppen nach Beginn des Gefechts brachte vollständige Aufklärung über die Sachlage. Auf diese Meldung hin sagte Wrede: „Jetzt ist nichts mehr zu ändern, wir müssen als brave Soldaten unser Möglichstes thun.“

Zu Seite 38. In dem Gedichte „Teutschlands Heerführer im Befreyungskampf“ sagt Ludwig von Wrede:

„Wenn noch Andere berathend zagen,<br>
Hat die Feinde Wrede schon geschlagen,<br>
Sein ist der Zernichtungsmarsch, ist sein!“

und fügt in einer Anmerkung bei: „Daß nach der Schlacht von Arcis sur Aube der Marsch nach Paris, welcher Napoleons Herrschaft zernichtet, ausgeführt werde, setzte Wrede durch.“

Diese Behauptung findet wenigstens theilweise Bestätigung durch die Erzählung einer Campagne-Episode nach dem Treffen bei Arcis, welche Heydeck in einem Memoirenfragment überliefert hat.

Heydeck wurde von Marschall Wrede an General Frimont abgeschickt, um ihm die Meldung zu überbringen, daß die Cavallerie ihren Marsch gegen La Fère Champenoise beschleunige. Während des Rittes gewahrte er in einer Niederung einen Trupp von etwa

20 Reitern, welche er für fouragierende Offiziersbediente hielt. Da er zu einem Dorfe gelangte, hielt er einen jungen Bauer an, um sich nach dem Namen des Ortes zu erkundigen. Der Franzose hielt den Adjutanten in seinem einfachen dunkelblauen Mantelkragen für einen Landsmann und ließ sich mit ihm in ein Gespräch ein, in dessen Verlauf er auch jene Reiter als Franzosen bezeichnete, die eine andere Richtung einschlügen, weil das nahe Dorf Domartin von den Oesterreichern besetzt sei. Heydeck wandte sich dahin und auf seine Bitten wurde Forgatsch, Adjutant des General Frimont, mit einer Abtheilung Szeckler Husaren zur Verfolgung jener Reiter auf der Straße von Vitry nachgeschickt. Sie wurden eingeholt und gefangen in das Hauptquartier gebracht und es faud sich, daß es keine Fouragenrs, sondern zwei Gouvernementskuriere mit Eskorte waren, welche von Paris kommend den Kaiser Napoleon zu erreichen suchten. Bei der Durchsuchung ihrer Briefschaften fanden sich keine eigentlichen offiziellen Depeschen. Ein Husar wurde deshalb auf dem nämlichen Wege zurückgeschickt, um zu untersuchen, ob nicht etwa von den Kurieren Briefe unterwegs weggeworfen worden wären. Wirklich faud sich unter einem Zann ein Packet Briefe, unter denen einige der Kaiserin waren, worin sie ihrem Gemahl über die Lage der Dinge und die Stimmung in Paris Nachricht gab und ihn beschwor, in seine Hauptstadt zu kommen.

„Diese Briefe bestimmten den Feldmarschall, mit aller Kraft in den Kaiser Alexander zu dringen, daß er das Heer nach Paris führen möge.

Es hatte diese für das Schicksal des Krieges und der Welt so entscheidende Unterredung am folgenden Tage auf einer kleinen Anhöhe seitwärts der Straße und unweit von Vitry le français statt. Fürst Schwarzenberg wollte durchaus zurückgehen, um seine Operationslinien nicht bloszustellen, allein Feldmarschall Wrede drang mit gewaltiger Energie, die aufgefangenen Briefe in der Hand, auf den Marsch nach Paris.

Ich war kaum funfzehn Schritte davon entfernt und da Kaiser Alexander bekanntlich ein dumpfes Gehör hatte und man sehr laut mit ihm reden mußte, so kounte ich deutlich vernehmen, wie Wrede, auf unser soeben unter dem Hügel vorbeimarschirendes, stark zusammengeschmolzenes Armeecorps deutend, sagte: „Je n'ai pas plus de 15,000 hommes, mais avec ceux-là-seuls je m'engage à marcher sur Paris, si votre majesté y consent.“

Bekanntlich drang dieser kluge und kräftige Rath durch. Ob wir Paris nehmen würden, war zwar nicht bestimmt vorherzusagen, doch war unbezweifelt, daß bey dem Zustand unsres Heeres und bey dem Geiste, der in den Provinzen hinter uns spuckte, ein Rückzug zu unberechenbarem Unheil geführt und uns um die Früchte des ganzen zwar keineswegs musterhaft geführten — aber von Gott mit Glück gesegneten Feldzuges gebracht hätte.

Hätte das Bäuerlein von l'Estrée mich nicht für einen Landsmann gehalten und mir nicht jenen Reitertrupp als Franzosen designirt, so wären wahrscheinlich die Kuriere zu Napoleon gelangt, Marie Louisens inhaltsschwere Briefe nicht in unsere Hände gekommen, und Feldmarschall Wrede hätte nicht dieses entscheidende Argument für den Marsch auf Paris in die schwankende Waagschale werfen können.“

Zu Seite 38. Interessant ist das Widmungsschreiben Meyerbeer's an den König (Paris, 30. Aug. 1829): „Schüchtern nur wage ich es, mich dem Throne Eurer Majestät mit der Bitte zu nahen, die Widmung einer Tondichtung gnädigst annehmen zu wollen, die ihre Entstehung der mächtigen Inspiration verdankt, welche mich bei Lesung eines Liedes ergriff, aus dem mit wahrhaft poetischer Gluth hoher Enthusiasmus für deutsche Freiheit und deutsches Recht, glühender Haß gegen Druck und Tyrannei spricht.

Wie fänden solche Gefühle nicht ein Echo in jedes wahren Künstlers Gemüth? und wie viel mächtiger regten sie mich an, aus dem Munde eines großen Fürsten tönend, dem das Geschick auch Macht und Herrschaft und Scepter über Völker verlieh, und dessen Genius doch solche begeisterte Laute für Menschenrecht, solche Indignation gegen Tyrannei entströmen.

Unwiderstehlich drängte es mich, in Töne die hochherzigen edlen Worte zu kleiden, und es würde mir nach Lesung des Gedichts unmöglich gewesen sein, die Komposition desselben zu unterlassen.

Möge es Eure Majestät nur nicht zu kühn finden, daß ich dem

Monarchen die Frucht der Begeisterung darbringe, welche ich dem Dichter verdanke, und dem prüfenden Blick des königlichen Dichters die Tonsetzung des bayerischen Schützenmarsches zu unterwerfen wage. Der Beifall Eurer Majestät ist ein zu schönes, edles Ziel, um nicht für das Streben darnach Verzeihung zu hoffen.

Mögen mir noch einige Worte zur Rechtfertigung der musikalischen Auffassung der Dichtung vergönnt sein.

Obgleich das Gedicht des bayerischen Schützenmarsches der äußeren Form nach sich dem Liede anzuschließen scheint, so gehört es doch der Wesenheit nach einer Gattung an, die mehr musikalische Ausführung bedingt.

Ich konnte mich daher auch nur theilweise der Liederform bedienen; aber auch wo dieses geschah, mußte stets des Königs Lied wie ein königliches Lied behandelt und in Großartigkeit der Form bis an die äußerste Grenze der Liederform gerückt werden, z. B. der Chor als Repräsentant des königlichen Sängers genommen und überhaupt von der Coupe nur dasjenige beibehalten werden, was in der Musik (bei glücklicher Wahl) dem Liede Volksthümlichkeit verleiht, d. h. der Refrain.

Obgleich also das Gedicht durchkomponirt ist, so liegt dennoch dem letzten Verse jeder Strophe derselbe Refrain zum Grunde. Zu diesem Refrain habe ich die Melodie eines original bayerischen Scharfschützenmarsches gewählt, den ich in Aschaffenburg von den königlich bayerischen Truppen hörte, und habe außerdem auch diese Melodie als einleitendes Vorspiel des Ganzen benutzt.

Nur bei den Schlußversen der vierten und fünften Strophe schien mir die Wiederkehr des Refrain unstatthaft, indem der Ausdruck von Unzufriedenheit und Unmuth in derselben nicht zu der fröhlichen, kriegerischen Melodie des Marsches gepaßt hätte. Außerdem herrscht in diesem Theil der Dichtung ein Treiben und Drängen nach vorwärts, wodurch die nothwendige Worte-Wiederholung des Refrains schleppend geworden sein würde. Transitorisch, drängend und treibend also wie die Dichtung mußte die Musik durch die fünfte und sechste Strophe eilen, bis zu den Schlußversen:

„Bis der Welt den Frieden wir gegeben,
Bis das große Werk durch uns vollbracht.“

' tritt der Refrain des Marsches wieder ein, aber rauscht r wie bisher in seiner kriegerischen Einfachheit vorüber, son= ) stetig und breitet sich zu derjenigen Form aus, welche die ntwicklung und Durchführung des einzelnen musikalischen s darbietet, der Fuge. Denn auch die Dichtung hat hier e Steigerung erreicht, und das Ziel des Sehnens und Hof= onzentrisch in den beiden Schlußversen ausgesprochen.

' schien mir Verweilen und Wiederhohlung erlaubt, ja zweck= :nn dieser deutsche Wille und Vorsatz, der in den Schluß= gt, ward durch Ausdauer That und Erfüllung.

Instrumentalbegleitung habe ich mir nur die bei den bräuchlichen Blechinstrumente erlaubt. Solange die Lieder= waltet, schweigen die Instrumente ganz und treten immer )em Refrain mit der Melodie dieses Marsches ein. Bei der r wird die Instrumental=Begleitung stetig.

zen Ew. Majestät dieses Werk einer Aufführung würdig nd mir vielleicht dadurch das schönste Ziel meiner Wünsche, iedenheit Ew. Majestät mit der Tondichtung des bayerischen narsches, zu Theil werden.

tiefster Devotion ersterbe ich, E. K. Majestät allerunter= :

Giacomo Meyerbeer."

Seite 64. Das in jüngster Zeit in die neue Pinakothek ie Gemälde Heinrich Heß' „Bildniß einer vornehmen Floren= ı der Tracht der 20er Jahre" ist das Porträt der Marquesa

Seite 84. Graf Platen, k. bayr. Lieutenant, übersandte die 9. Dezember 1825 an den König. „Ich schätze mich mehr lich", schreibt er, „vor ganz Deutschland die Gesinnungen en zu dürfen, die mich und vielleicht jeden Gutgesinnten be= ie unvollkommen auch der Ausdruck derselben in diesen Ver= mag."

Seite 90. Luden empfing von Ludwig seit seiner Thronbe= ein Jahresgehalt zur Vollendung seiner deutschen Geschichte. Februar 1832 schreibt der Historiker an Ludwig: „Ew. Ma= ben die allerhöchste Gnade gehabt, die fünf ersten Bände meiner Geschichte des teutschen Volkes mit Königlicher Huld und Nachsicht aufzunehmen. Deswegen wage ich, auch den sechsten Band, wenn auch nicht ohne Schüchternheit, vor dem Thron Ew. Majestät in tiefster Ehrfurcht und Unterthänigkeit niederzulegen. Allergnädigster Herr! Die Zeiten sind nicht ermunternd für eine so große und schwierige Arbeit. Ich biete Alles auf, was meine Kräfte vermögen, die Ungunst dieser Zeiten zu überwinden, damit wenigstens die Nachwelt dem Buche nicht ansehen soll, daß es in unheilvollen Tagen und unter mannigfaltigem Kummer geschrieben worden ist; denn den Glauben halte ich fest, daß dieses Werk, welches Ew. Majestät erhabenen Namen auf der Stirne trägt, auf die Nachwelt kommen soll. Aber der Mensch bedarf der Theilnahme, er bedarf der Ermunterung bey seinem Ringen und Streben, wenn er nicht ermüden soll. Und wo wären jene zu finden, woher diese zu erwarten in solcher Zeit? Wohl ist mir häufig der Gedanke gekommen, daß es besser sein möchte, in die verworrene Zeit hineinzureden, um unter den wilden Leidenschaften zur Mäßigung und zur Besonnenheit zurückzurufen und die Lehren der Geschichte geltend zu machen für unsere Tage; theils aber schien mir der Augenblick noch nicht gekommen, der Erfolg versprach, und theils schien es rathsamer, in der Erforschung und Darstellung alter Zeiten die Gegenwart zu vergessen oder doch für dieselbe Trost zu suchen."

Zu Seite 91. Die Unterhandlungen mit Frhrn. v. Hormayr wegen seiner Uebersiedlung nach München wurden im Auftrage des Königs durch den Ministerialrath v. Schenk geführt und es entspann sich daraus ein Briefwechsel, der für die inneren Zustände Bayerns und Oesterreichs großes Interesse bietet. Eine Anstellung als akademischer Lehrer lehnte Hormayr ab. „Dann gestehe ich", schreibt er an Schenk (22. April 1826), „eine Schwachheit, die ich gegen den Kanzelvortrag habe, ein erbärmliches Vorurtheil, aber ein bereits historisch gewordenes, das wenigstens zeigt, wie wenig ich ein niveleur, ein ultra liberal bin, ich glaubte dadurch meinen Töchtern die opinion ihrer Abkunft zu verderben, denn, leider, keunen wir Deutsche Niemanden vom alten Adel, von der Noblesse d'épée, der sich in dieser Weise dem Lehrstande widmete." Er will mittelbar durch literarische Thätigkeit auf die geistige Hebung des bayerischen Volkes die Förderung des bayerischen Staatskredits nach Außen Denn „Bayern steht jetzo, wo bei Friedrichs II. Regierungs- reußen, ja vortheilhafter als dieses in seiner damaligen 'talt und noch weit größeren Zerrissenheit.... Lassen Sie wahrlich weder ein unedler, wenn auch noch so natürlicher t, noch überreitzte Empfindlichkeit beseelt, davon schweigen, tes Spiel Oesterreich gehabt hätte, in und nach dem großen skampfe an der Spitze alles germanischen Volkes die geistige e der Meinung auf sein Haupt zu setzen? Preußen hat he Heft nie de bonne foi, immer nur aus Eifersucht er- d mit dieser fallen laßen.... Wem stände also das mächtige r Gott und Recht füglicher als dem Könige Ludwig zur Wenn Ihn uns die Vorsicht durch 15—20 Jahre schenkt, urch ihn auch den contrecoup der Reformation ausgeführt, igung oder mindestens Versöhnung der Gemüther — und das lebergewicht der katholischen Sache in Deutschland! Keinem nen Beobachter der Zeit kann es entgangen sein, wie das tische Fremdlingsjoch den Norden und Süden Deutschlands wie der große Kampf viele alte Rittertugend, viele Erhe- Seele, viel mehr Wärme — und in einem dem Verständniß lalters aufgeschlossenen Sinne, in den aus dem ewigen Rom vehten Kunstblüthen, zahllose befruchtende Keime des Ka- ausgebreitet habe! Die protestantischen Historiker sind in Farbe, vielleicht unbewußt, aber in dem Grade mehr katho- Gluth und Darstellungsgabe in ihnen ist, Raumer, Ranke, . A.... Alle meine Gedanken und mein letzter Blutstropfen n edlen und großen Regentenleben Ludwig's geweiht sein, vige Vorsehung in ihrem unerforschlichen aber anbethungs- Rathschluß gerade jetzt am jetzigen gewitterschwülen Nacht- s einen Stern des Trostes heraufgehen ließ, den schmählich pften Leumund des deutschen Volks zu retten und mancher raft desselben einen Hort darzubieten, unter dessen Schirm wird zu zeigen, was ein gelehrter Kirchenschreiber sagte: esse ecclesiae nostrae sanctis commentitiis neque pie- norantiae filiam esse, — und der Thron habe keine :re, keine unzerstörbarere Stütze als Wissenschaft und Kunst."

Zu Seite 92. Wie eingehend sich Ludwig mit der Universitätsfrage beschäftigte, erhellt aus Briefen an Schenk. Von Colombella aus schreibt er (25. Mai 1827): „Die mir seyende Muße benützend habe ich nebst anderem auch Tirsch über die Universitäten gelesen, ein Heft, das folgende wird es gleichfalls von mir werden. Viel Gutes fand ich darinnen, und ungesäumt, was bereits von mir ausgesprochen, soll sich die Münchner Universität daran machen, ihre Statuten zu durchsehen und die nützlichen Abänderungen vorzuschlagen. Dabey soll sie jene der Georgia Augusta in Erwägung ziehen, namentlich was die Studenten betrifft, denen dort nicht vorgeschrieben ist, welche Collegien sie hören müssen. Diese in Göttingen bestehende Satzungen, sowohl was das Verhältniß zwischen der Hochschule und der Regierung betrifft, als die Einrichtung von ersterer, sowohl der Lehranstalt als was die Studierenden betrifft, sollen mir alsdann zugleich vorgelegt werden, und wenn es nicht in München, sie kommen zu laßen. Es wäre sehr traurig, wenn nicht vor Beginn des nächsten Semesters die erforderlichen Veränderungen bereits ausgesprochen wären, um mit denselben zugleich einzutreten." An denselben schreibt er (10. Oktober 1827): „Verbesserungen enthält der mir von Ihnen zugekommene Entwurf zu Veränderungen der Universitätssatzungen, aber keine Hebung des Uebels, gewährt nicht das, was ich will. Den Weg, auf welchem die Georgia Augusta im Gebiethe der Wissenschaften so ruhmvoll vorgeschritten, finde ich in diesem Entwurfe nicht. Zu Salzburg und Berchtesgaden las ich solchen, den ich kurz vor meiner Abreise dahin erst empfangen hatte, schickte ihn (es ist dieses nun meine Art, auch Andere außer den Antragsteller zu vernehmen) an Tirsch, in dessen Werk über Universitäten mich vieles ansprach (nicht in jenem, die Akademie betreffend), ihn auffordernd zu seiner Aeußerung, welche ich Ihnen hier mittheile, der ich von Eduard v. Schenk überzeugt bin, daß er das Gute will, von wannen es auch immer komme. Das quinquennium academicum, die Trennung der allgemeinen Wissenschaften von den speziellen, der Collegienzwang, dieses schädliche trifolium hat in dem neuen mir zukommenden wegzubleiben. Die Vorschrift, inländische Hochschulen zu besuchen, hätte ich gerne, wenigstens gegen jene Länder, in denen bayerische zu beziehen nicht verbothen, aufgehoben, aber es stände zu

t, daß die meisten Studierenden des Rheinkreises näher ge-
sländische Universitäten vorziehen dürften, um die Reisekosten
ayerischen zu vermeiden."

Seite 93. Friedrich von Schlegel begrüßte enthusiastisch die
welche Ludwig für Pflege der Wissenschaft unternahm. Er
16. Juni 1826) an den König: „Eine neue Aera der deut-
ssenschaft beginnt mit Eurer Majestät den schlummernden
s Vaterlandes mit voller Lebenskraft erweckendem Scepter.
hon ein Zeichen des Erwachens, daß dieser neue Lebensauf-
in der öffentlichen Stimme so allgemein anerkannt, so dank-
unden wird.

s Wesentliche und Beste von dem, was ich für meine Person
verhängnißvollen Zeit noch wissenschaftlich vollenden möchte
ich, nach dem eigenen Gefühl von meinem Beruf, noch an
ampf der Geburt ringende Welt zu bestellen habe, wünsche
vorzüglich dem aufmerksamen Auge und hohem Schutze Ew.
empfohlen zu wissen.

rarisch ausgesprochen ist es die „christliche Philosophie", deren
zung ich das übrige Leben mit aller Kraft zu widmen ent-
bin. Ich verstehe darunter aber wohl noch etwas anderes,
nst meystens gemeint wird: nicht bloß ein geistreiches, wissen-
s Gedankenspiel mit religiösen Begriffen oder Gefühlen, son-
: die antichristlichen Bestrebungen aller Art siegreich über-
Kraft oder eine die Räthsel der Zeit und die Verwirrung
ehen welthistorisch lösende, entscheidende und ordnende Macht.
ssenschaft mehr für Männer, für die Ersten in Kirche und
ir selbstwaltende Regenten, als für wißbegierige Jünglinge.
e Kampf dieser unsrer wunderbaren Zeit ist nun schon lange
der schon herannahende zweite Akt desselben aber wird weit
t dem Schwerte des Geistes durchgefochten werden müssen
materiellen Kräften; wiewohl es in jeder Hinsicht einer rüsti-
nung bedarf. Wie glücklich würde ich mich schätzen, dem
genden Blick Ew. Majestät einige dieser Ideen näher dar-
dürfen." —

Seite 95. Die Geschichte des räthselhaften „Kindes von

Europa" spielt in der neueren Literatur eine ähnliche Rolle, wie in der Tagespresse die immer wieder auftauchende Mythe von der großen Seeschlange. Die Literatur über Hauser ist zu einer kleinen Bibliothek angewachsen, namentlich in den Reaktionstagen der dreißiger Jahre, da die Erörterung politischer Fragen als Noli me tangere galt, war die Geschichte des Nürnberger Findlings ein beliebtes Thema. Doch befindet man sich bei der Lektüre jener Schriften auf schlüpfrigem Boden; es ist nicht in Abrede zu stellen, daß ihre Glaubwürdigkeit in vielen Fällen nicht gar hoch anzuschlagen ist. In der jüngsten Zeit veröffentlichte daher Julius Mayer „authentische Mittheilungen über Kaspar Hauser", aus den Akten des Monstreprozesses selbst gezogen. Er spricht darin die Ansicht aus, mit seinen Mittheilungen dürften wohl die Akten über Hauser als geschlossen zu betrachten sein. Daß er damit im Irrthum, zeigte eine Reihe von Artikeln in der Augsburger Allgemeinen Zeitung, in welchen der Oberappellrath v. Tucher, der ehemalige Vormund Kaspar Hauser's, gegen die Ausführungen Mayer's scharf zu Felde zieht und den Beweis zu liefern sich bemüht, daß Hauser fälschlich als Betrüger bezeichnet werde, und auch der Pflegevater Hauser's, Professor Daumer, veröffentlichte neue Mittheilungen und stellte weitere in Aussicht.

Auch nach Kenntnißnahme dieser jüngsten Bekanntmachungen bleiben wir bei unserem Urtheile über den Findling. Wir können uns nicht zur Ansicht neigen, daß der ganzen Erscheinung nur ein Betrug zu Grunde liegt, ohne jedoch mit Tucher und Daumer völlig übereinzustimmen. So lange das Dunkel über Hauser's Stand und Herkunft nicht gehoben wird, bleibt in erster Reihe die Annahme naheliegend, daß er wirklich das Opfer von Familienrücksichten und daß das „Verbrechen an seinem Seelenleben" nicht gänzlich in das Reich der Fabel zu verweisen sei. Einzelne Unwahrheiten, die sich in Hauser's Erzählung von seiner Gefangenhaltung aufspüren lassen, können auch auf die verkehrte Verhörsmethode zurückgeführt werden, denn was läßt sich nicht aus einem Kinde oder einem geistig zurückgebliebenen Erwachsenen herausfragen! Es wäre doch eine seltsame Erscheinung, daß ein Bauernjunge ganz aus freiem Antrieb eine Rolle übernähme, wie sie Hauser bei seinem Auftreten in Nürnberg spielte, und so viele Beobachter zu täuschen verstände. Dagegen erscheint es gar nicht so unglaublich, daß ein lange Jahre hindurch schlimm behandelter Bursche, der offenbar gute Naturanlagen besaß, durch die Bewunderung, die ihm fast von allen Seiten gezollt wurde und die ihm eine behagliche Lebensstellung verschaffte, verleitet wurde, den Roman seines Lebens phantastisch fortzuspinnen. Fiktion waren demnach unsres Erachtens seine Aussagen über seine wunderbaren Empfindungen und Seelenerscheinungen, seine Ahnungen und Träume u. s. f. Als er sah, daß das Interesse der Umgebung für den „Prätendenten" zu erkalten beginne, suchte er durch das Märchen geheimnißvoller Verfolgung wieder die Aufmerksamkeit auf sich zu lenken und verfiel endlich, um seine Aussagen glaublicher zu machen, auf den Plan einer Selbstverwundung, der jedoch für ihn so unglücklichen Ausgang nahm.

Aber dies ist eben auch nur ein Urtheil, kein positives Resultat. Feuerbach sagt am Schluß seines Memoire's: „Wenn nun aber die Neu- und Wißbegier des Lesers noch mehr von mir zu vernehmen wünscht, wenn er mich nach den Ergebnissen der gepflogenen gerichtlichen Untersuchung fragt, wenn er gern wissen möchte, nach welchen Richtungen hin jene Spuren geführt haben, an welchen Orten die Wünschelruthe wirklich angeschlagen hat und was dann weiter geschehen und erfolgt sei: so bin ich im Falle antworten zu müssen, daß nach den Gesetzen wie nach der Natur der Sache ich dem Schriftsteller nicht erlauben darf, öffentlich von Dingen zu reden, welche vor der Hand nur noch dem Staatsmann zu wissen oder zu vermuthen erlaubt sind." Aber auch aus dem authentischen Aktenmaterial ist eine wirkliche Lösung des Räthsels nicht zu erholen, die Wünschelruthe, die den positiven Sachverhalt zu Tage förderte, ist noch nicht gefunden.

Zu Seite 99. In Bezug auf die Armeeverhältnisse schreibt Ludwig (19. Juni 1829) an Grandauer: „Kriegsminister soll einen kurzen Aufsatz einrichten, daß er von mir fremden Regierungen mitgetheilt werden kann, um ihre Ansicht zu berichtigen: wie ich das Heer nicht vernachläßigt, was zur Vervollkommnung desselben bereits geschehen, daß demnach gerade das Gegentheil von dem, was Einzelne aussprengten, geschehen ist, nehmlich statt es sinken zu laßen, ich es gehoben habe; daß obgleich zwar der Friedensstand der Infanterie geringer ist, dennoch ebenso Viele present sind, demnach weniger in

Urlaub sich befindende geübter sind, daß die Offiziere und Unteroffiziere alle vorhanden sind, in sechs Wochen die Armee auf den Kriegsstand schlagfertig gebracht werden kann, denn ausgehoben ist bereits die ganze Mannschaft und nur sechs Wochen bedarf es zu ihrer Ausbildung, in welcher Zeit 50,000 Bayern im Feld stehen können; daß, was unter der vorigen Regierung nicht der Fall, die ganze Reiterey bey mir immer unter den Waffen steht." —

Zu Seite 99. Die Briefe des Königs an Eduard v. Schenk gelegentlich der Uebertragung des Ministerpostens sowie der Enthebung davon sind für die Regierungsprinzipien des Königs so charakteristisch, daß wir sie, da sie für die Darstellung nicht mehr benützt werden konnten, hier unverändert wiedergeben.

I.

Berchtesgaden, 14. September 1828.

Bereits hatte ich vor Ihnen zu schreiben, als ich Ihren Brief vom 9ten bekam, diesen Ihre mir so werthen Gesinnungen von neuem ausdrückenden. Bleibe Schenk der alte, der Minister ändere ihn nicht. Ein religiöser Geist, ein von Kunst und Wissenschaft durchdrungener, lebe in dem Ministerium des Innern, in allem Uebrigen herrsche der bisherige fortwährend; sollten jedoch Ungerechtigkeiten vorgefallen seyn, so erwarte Anträge zu deren Beseitigung. Auch nicht wähnen können soll die Opposition des letzten Landtages, daß sie mich zum Ministerwechsel gebracht. daß die Grundsätze der Staatsregierung nach ihrem Sinne sich geändert. — Ausgezeichnete Künstler und Gelehrte sind bey uns zu niedergehalten, ausgeschloßen von den Adlichen Gesellschaften (wie anders in Ansehung der ersteren in Rom, in Berlin beyder). Schenk's Erhebung zum Minister, hoffe ich, wird auch die gute Folge haben, daß sie in der Gesellschaft erhoben werden. Wenn der Minister weniger Umgang mit dem durch Talent und Benehmen ausgezeichneten Israeliten Michael Beer haben sollte als der Ministerialrath gehabt, würde auf mich unangenehmen Eindruck hervorbringen. Eduard von Schenk berathe mit Gott und sey selbstständig, gebe keinen Congregationischen Einflüsterungen Gehör, fern sey aller Jesuitismus. Nie war ich für die Jesuiten, obgleich mein verehrter Religionslehrer Sambuga sich zu ihnen neigte; ich kenne die Geschichte dafür zu gut, und offen sind gegen alle Seiten meine Augen, bin wachsam. Sind Sie sicher, daß Berks religiös und nicht jesuitisch ist? Sonderbar: ich meinte, Grandauer's Stelle wäre schon lang wieder besetzt im Studienrathe, die des Vorstandes soll es nicht werden; da Eduard von Schenk Minister des Innern, bedarf es keinen. Metten und St. Jakob in Regensburg, an beyden liegt mir viel, was wäre beförderlich? — In dem ersten Bande, aber nicht an deßen Ende sollen die Distichen an die Geliebte kommen. Sehr wünsche ich, daß beyde Bände zugleich erscheinen. — Daß Ihr Herz immer für mich schlage, wünsche ich sehr, der ich auf Anhänglichkeit an mich viel halte, was bey Staatsdienern in unsren Tagen seltener Fall ist, wie anders war es vor Alters! Wenn ich frage, Wahrheit, unvermischte, verlange ich streng. Mir werde geglaubt, daß man beßer dabey befahre, um vieles beßer, sollte es gleich geschehen, daß im ersten Augenblick ich ungehalten würde. Schenk's sehr gewogener

Ludwig.

II.

München, 6. May 1831.

Muth! Muth! werther Schenk! streiten Sie tapfer den Kampf in der Kammer aus, Sie stehen auf dem Boden des Rechts! Vertrauen Sie auf den gesunden Sinn der Mehrheit und glauben Sie, daß Closen's leidenschaftlich heftige Rede Ihnen mehr nützt als schadet. Nur nicht niedergeschlagen in der Kammer, nicht capitulierend, sondern fortgefahren mit männlichem Ernst und entschiedener Festigkeit. Dieses erwidert auf Ihr gestriges Schreiben der Ihre Anhänglichkeit zu schätzen wissende

Ludwig.

III.

München, 24. May 1831.

Schwer ging ich daran, den Entschluß zu faßen, Ihr Gesuch, Sie der Ministerstelle zu entheben, bewilligen zu wollen; einen Mann von solcher Anhänglichkeit und Treue entbehre ich hart an der Spitze eines Ministeriums, doch gebe ich Ihren Gründen nach und ernenne Sie mit dem ersten des nächsten Monats zum Staatsrath in außerordentlichem Dienst und zum Generalkreiscommissär in Regensburg. Daß ich vorhabe, Link nach Beendigung dieses Landtags in einem anderen Kreis zum Generalkreiscommissär zu ernennen, das schreiben Sie ihm, daß er bis dahin jedoch nicht in Quiescenz gesetzt werden würde, sondern nebst dem Standes- auch den Dienstgehält fortbeziehen soll, jedoch das Tafelgeld fällt weg. Unmittelbar oder mittelbar auf eine Art, daß es keine nachtheilige Wirkung auf seine Gesundheit hervorbringe, darum auch daß zu einer hiezu geeigneten Zeit er diese Nachricht erhalte. Ich wünsche, daß Sie gleich die Abgeordneten Faßmann und Fahrnbacher kommen ließen, denselben sagend, daß Sie selbst dieses Gesuch gestellt und deßen Gewährung mir schmerzlich gefallen, sie sich nicht entmuthigen, sondern im engen Verein für die Staatsregierung fest beharren sollen, desgleichen zu trachten, ihn zu vermehren. Graf Karl Seinsheim, Rudhart, auch Abgeordneten der katholischen Geistlichkeit und welchen Sie es zu sagen für gut finden, theilen Sie dieses mit, keinem nach Tische, sondern eine Stunde zuvor. Bis zu diesem Augenblick habe ich noch Niemanden diesen mir schmerzlichen Entschluß mitgetheilt. Rudharten sagen Sie in's Besondere, auch Andern, wenn Sie wollen, daß ich erst nach beendigtem Landtage einen Minister des Innern zu ernennen vorhabe. Edel ist Ihr Benehmen, um so härter ist es darum, das Opfer, was Sie bringen, anzunehmen. Der seines Schenk's Werth erkennende

Ludwig.

Zu Seite 99. Die Majorität der Festungsbaukommission entschied sich für die Befestigung Regensburg's, doch kam dieser Plan nicht zur Ausführung, weil Fürst Wrede dafür hielt, daß eine Befestigung jener Stadt offensiv gegen Oesterreich erscheine.

Das Hauptfort Tilly am rechten Donauufer bei Ingolstadt sollte ursprünglich nach Streiter's Plan mit Albrecht Dürer'schen Thürmen 2c. versehen werden, der Kunstsinn des Königs begünstigte dieses Projekt. Nach Heydeck's Rückkehr aus Griechenland verlangte jedoch Ludwig von diesem ein offenes Urtheil über die bereits in Angriff genommene Befestigung des Brückenkopfs und als Heydeck sich ungünstig äußerte, wurde eine neue Kommission berufen, welche das Streiter'sche Projekt verwarf. Da nun aber gerade die Landstände versammelt waren und die Genehmigung des für den Festungsbau nöthigen Kredits postulirt werden mußte, zeichnete Heydeck nach eigenen Ideen einen neuen Entwurf, bei welchem hauptsächlich die Cavaliere mit ihren Hörnern, die Verengerung des Hauptgrabens ꝛc. Neuerungen waren. Heydeck's Entwurf wurde auch im Wesentlichen bei der Ausführung zu Grunde gelegt. Als Ludwig mehrere Jahre später zufällig diese Thatsache erfuhr, schrieb er an den General (15. Sept. 1842): „Wegen dem ausgezeichneten Verdienste, das Sie sich um Ingolstadt's Befestigung in Betreff der Cavaliere erwarben, benenne ich einen nach Ihnen und angebracht wird Ihr Brustbild daran."

Zu Seite 106. Die Angabe, es sei schon 1810 der Platz bei Regensburg für die Walhalla bestimmt worden, ist unrichtig. Vom Hofgartenintendanten F. L. v. Sckell wurde (14. Juli 1811) dem Kronprinzen Ludwig ein Plan zu neuen Anlagen für einen Theil des englischen Gartens in München vorgelegt, nach welchem zwischen Biederstein und dem See ein Lustschloß aufgeführt werden sollte. Ludwig erwiderte (Salzburg, 21. August 1811): „Auf die Stelle, wo ein zu erbauendes Lustschloß in diesem Plane angezeigt, die vorzüglichste in der Gegend, kömmt Walhalla. Mit den zu vollführen angegebenen Anlagen völlig einverstanden, daß sie es einst werden sollen."

Zu Seite 115. Für die Bauten und Kunstanschaffungen des Königs wurden aus den Kabinetsfonds nach den Kassajournalen folgende Summen geleistet:

| | fl. | kr. | pf. |
|---|---|---|---|
| Verschönerung der Hofgartenbögen . . . . . | 71,920 | — | 2 |
| Glyptothek: | | | |
| a) Für den Bau . . . . . . . . . . | 191,690 | 4 | 3 |
| b) Giebelfeld und Bildsäulen . . . . . | 136,689 | 56 | — |
| c) Unterhalt . . . . . . . . . . | 82,319 | 7 | 3 |
| d) Brandschaden . . . . . . . . . | 3,358 | 47 | — |
| e) Anbau für die assyrischen Bildwerke . . | 12,505 | 25 | — |
| | 426,563 | 20 | 2 |
| Dazu für Baukosten und Skulpturen vor dem November 1825 . . . . . . | 829,565 | 55 | 1 |
| sohin im Ganzen | 1,256,129 | 15 | 3 |

| | fl. | kr. | pf. |
|---|---|---|---|
| Walhalla | | | |
| a) Für den Bau . . . . . . . . . | 2,143,671 | 52 | — |
| b) Hauptreparaturen . . . . . . . . | 46,000 | — | — |
| c) Unterhalt . . . . . . . . . . . | 88,163 | 49 | — |
| im Ganzen | 2,277,835 | 41 | — |
| Grund- und Bodenerwerb . . . . . . . . | 363,769 | 8 | 3 |
| Saalbau . . . . . . . . . . . . . . | 1,004,639 | 47 | 1 |
| Königsbau . . . . . . . . . . . . . | 2,157,428 | 35 | 2 |
| Allerheiligen Hofkirche . . . . . . . . . | 481,499 | 43 | — |
| St. Bonifaziuskirche . . . . . . . . . . | 739,882 | 48 | 2 |
| St. Bonifaziusabtei . . . . . . . . . . | 337,130 | 46 | — |
| Kunstausstellungsgebäude . . . . . . . . . | 346,159 | 49 | — |
| Restauration des Isarthors . . . . . . . . | 25,858 | — | — |
| Ionischer Tempel im englischen Garten . . . | 42,000 | — | — |
| Bemalung des k. Hoftheaters . . . . . . . | 21,877 | 27 | 2 |
| Feldherrnhalle . . . . . . . . . . . . | 246,257 | 30 | 2 |
| Bayern's Ruhmeshalle: | | | |
| a) Für den Bau . . . . . . . . . | 915,117 | 24 | 2 |
| b) Unterhalt . . . . . . . . . . | 25,103 | 48 | 3 |
| c) Brandschaden . . . . . . . . . | 1,437 | 34 | — |
| im Ganzen | 941,658 | 47 | 1 |
| Brunnen am Universitätsplatz . . . . . . . | 174,434 | 47 | 2 |
| Pompejanisches Haus | | | |
| a) Für den Bau . . . . . . . . . | 253,757 | 59 | 3 |
| b) Unterhalt . . . . . . . . . . | 18,716 | 13 | 1 |
| im Ganzen | 272,474 | 13 | — |
| Familienbegräbniß . . . . . . . . . . . | 91 | 26 | — |
| Befreiungshalle: | | | |
| a) Für den Bau . . . . . . . . . | 2,144,507 | 4 | — |
| b) Unterhalt . . . . . . . . . . | 10,319 | 29 | 2 |
| im Ganzen | 2,154,826 | 33 | 2 |

| | fl. | kr. | pf. |
|---|---|---|---|
| Siegesthor . . . . . . . . . . . . . . . | 420,580 | 57 | 2 |
| Pinakothek, alte, dereu Vollendung . . . . | 494,623 | 18 | 3 |
| **Pinakothek**, neue: | | | |
| a) Für den Bau . . . . . . . . . . | 473,270 | 28 | — |
| b) Unterhalt . . . . . . . . . . . . | 44,678 | 29 | 2 |
| c) Regeneration der Gemälde . . . . | 5,600 | — | — |
| im Ganzen | 525,548 | 57 | 2 |
| Bemalung des Speierer Doms . . . . . . | 138,520 | 9 | — |
| Ludwigshöhe: | | | |
| a) Bau und Einrichtung . . . . . . . | 402,153 | 18 | — |
| b) Unterhalt . . . . . . . . . . . . | 42,960 | 25 | — |
| im Ganzen | 445,113 | 43 | — |
| **Honorare** für Bauführung . . . . . . . . | 51,300 | — | — |
| **Landhaus** an der Schwabinger Landstraße . . | 90,000 | — | — |
| **Propyläen**: | | | |
| a) Für den Bau . . . . . . . . . . | 625,852 | 3 | 2 |
| b) Für die Giebelfelder . . . . . . . | 102,800 | — | — |
| | 728,652 | 3 | 2 |
| **Leopoldskron** . . . . . . . . . . . . . | 76,528 | 4 | 2 |
| **Giardino di Malta** . . . . . . . . . . | 35,826 | 7 | — |
| Monopteros in Nymphenburg . . . . . . . | 38,406 | — | — |
| **Park** in Schönbusch . . . . . . . . . . | 13,833 | 56 | — |
| Schloß zu Schleißheim . . . . . . . . . . | 95,656 | 2 | 1 |
| Für Glasmalereien . . . . . . . . . . . | 371,705 | 26 | — |
| Für Kunstanschaffungen verschiedener Art . . | 1,450,819 | 35 | 2 |
| Gesammtsumme | 17,889,988 | 41 | — |

Zu Seite 125. Selten wird ein Kauf bei Käufer und Verkäufer von so edlen Motiven getragen werden, wie derjenige der Boisserée'schen Sammlung. Nach Melchior Boisserée's Tod schrieb sein Bruder Sulpiz an Ludwig (20. Juni 1851): „Durch die Abberufung meines lieben einzigen Bruders Melchior aus diesem Leben fühle ich mich verpflichtet, die Gesinnungen der treuesten Dankbarkeit und Anhänglichkeit, womit derselbe Ew. Majestät ergeben war, ehrfurchtsvollst zu wiederholen. Ich würde diese Pflicht schon längst erfüllt haben, wenn ich nicht geglaubt hätte, Ihre Rückkehr nach Bayern abwarten zu müssen. Nun aber eile ich, Ihnen, meinem gnädigsten Herrn und Beschützer, zu versichern, daß mein lieber Bruder, sowie ich und unser seliger Freund Bertram stets dankbar der thatsächlichen Anerkennung gedacht haben, welche Ew. Majestät unseren Bestrebungen für die bessere Würdigung der altdeutschen Kunst bewiesen. Wir haben dadurch, daß Sie unsere Gemäldesammlung mit den Schätzen von Bayern vereinigt, erst das Werl unsres Lebens für die Nachwelt gesichert gesehen und haben uns immer zur hohen Ehre gerechnet, daß derselbe königliche Herr, der durch seine großartigen Aufgaben und seine edelmüthige Unterstützung die deutsche Kunst neu belebt, ja über die aller anderen Völker der Gegenwart erhoben, auch unseren den Denkmalen vaterländischer Vergangenheit gewidmeten Bemühungen Beifall und bleibenden Schutz gewährt hat. Bei dem Gedächtniß meines lieben Bruders finde ich mich um so mehr gedrungen, dies Zeugniß zu geben, als er es hauptsächlich gewesen, der die Gemäldesammlung zu Stande gebracht hat. Unsere ganze Wirksamkeit für das deutsche Kunst-Alterthum war zwar eine vielverschlungene gemeinschaftliche, aber ohne Melchior's Beharrlichkeit und persönliches Glück hätte die Sammlung nie den Umfang, nie den Reichthum und die Auswahl werthvoller Stücke erreicht, wodurch sie sich so sehr auszeichnet."

Zu Seite 128. Adolf Thiers schrieb (Baden 12. juillet 1863) an Klenze: „Je me suis fait conduir (à Munich) de nouveau devant la Pinacotheque et je reste convaincu que c'est le plus bel édifice élevé en Europe depuis le 17. siècle."

Zu Seite 131. Am Morgen des 30. Dezember schrieb Ludwig ein Billet an Schenk: „Es ist doch gut, über eine Sache zu schlafen, so kam mir aufwachend der Gedanke, daß, wenn auf die Bürgerschaft widrigen Eindruck der Universität Schließung hervorbringen würde, ich aus Rücksicht ihres trefflichen Benehmens, wenn nicht durch einzelne Gewerbe, sondern durch die Stadtobrigkeit eine Bitte dagegen mir eingereicht würde, ich ohne mich zu kompromittiren, um einen Beweis meiner Gesinnungen für die Stadt zu geben, die Ausführung gedachter Maßregel verschieben könnte, mit Ausnahme der (weder verhafteten noch kranken) Mitglieder der Germania, jedoch mit der Versicherung, daß bey der ersten Zusammenrottung von Studierenden oder wenn von Studierenden Neckereyen oder gar Beleidigungen gegen Soldaten stattfinden sollten, ohne weiteres der Befehl in Vollzug käme." Gegen die Germanen wurde er aufs Neue aufgebracht durch den Ton einer Beschwerde dieser Gesellschaft. Es heißt darin u. A.: „Gegen die Gerüchte, welche über die Veranlassung zu der allerhöchsten Verfügung verbreitet sind, eine Vertheidigung zu versuchen, wäre ein zweckloser Kampf, denn sie sind so abgeschmackt, daß wir sie in das Reich der Fabel verweisen, so unwürdig, daß sie nur die Phantasie des niedrigsten Pöbels beschäftigen, so ungereimt, daß sie nur in Lissabon oder Konstantinopel geglaubt werden können." Als Minister Schenk Bedenken über die Gesetzlichkeit der Relegation der Germanen äußerte, erwiderte Ludwig (7. Jänner 1831): „Die wegen der dahier durch Studierende veranlaßten Unruhen ergriffenen Maßregeln können als polizeyliche durch die Umstände gebothene Mittel zur Wiederherstellung der Ruhe nicht nach den auf den gewöhnlichen Gang der Dinge berechneten Satzungen bemessen werden, auch habe ich nirgends eine Relegation der Germania, sondern einstweilige Entfernung ihrer Glieder nicht als Strafe, sondern als Sicherheitsmaßregel verfügt. Ergiebt die Untersuchung gegen den einen oder den anderen der Hinweggewiesenen etwas Strafbares, dann erst finden die §§ 56, 59 und 60 der Satzungen eine Anwendung und ich werde keinen Schuldigen seinem Richter entziehen. Die Untersuchung, nicht blos die gerichtliche gegen die Verhafteten, sondern, soweit es nöthig ist, auch eine polizeyliche gegen die Verbindung Germania ist schleunig fortzusetzen und wird ergeben, ob und wen eine Strafe zu treffen hat, bis dahin hat die Sicherheitsmaaßregel zu bestehen, und ich erwarte seiner Zeit das Ergebniß. Uebrigens muß es mir sehr auffallen, daß das Ministerium erst nach sechs Tagen mit Einwendungen hervortritt, die, wenn doch dasselbe solche machen zu müssen glaubte, sogleich vorzubringen die Pflicht erfodert hätte." Am 10. Jänner wurde jedoch auch die Ausweisung der Germanen zurückgenommen.

Zu Seite 156. Heydeck charakterisirt die griechischen Zustände in jener Periode in einem Briefe an Feldmarschall Gneisenau (21. August 1829) folgendermaßen: „Ich hätte gewünscht, das begonnene Werk zur Vollendung in die Hände eines Scharnhorst (Major v. Scharnhorst kam mit einem Empfehlungsschreiben Gneisenau's 1829 zu Heydeck nach Hellas) übergeben zu können, denn manche neue Schöpfung, die der Pflege noch bedarf, um Frucht zu tragen, hat mir am Herzen gelegen, unter diesen in technischer Hinsicht obenan das Zeughaus, in allgemeiner militärischer Beziehung die Vestungen, welche der bestehenden beizubehalten, welche nicht; welche neue Punkte zu befestigen und wie überhaupt Bewaffnung und Dienst in innerer und äußerer Beziehung zu regeln seien, die Lage des jungen Hellas ermessend, die noch mit sehr beschränkten Mitteln ihr Inneres zu befestigen und die Möglichkeit eines kräftigen Widerstandes gegen feindlichen Andrang — wo er auch herkomme — zu erschaffen suchen muß, wenn es als Staat unabhängig bestehen will. An Wirkung nach Außen ist vor der Hand nicht zu deulen. Es hat genug gethan und Gott war mit ihm, denn daß es besteht, ist ein Wunder. Wer den Jammer in der Nähe sah, wie ich, und seine Tiefe zu ermessen im Stande war, wird daran glauben. Major v. Scharnhorst kann Ew. Exzellenz alle Details mittheilen und Sie **auf den Punkt stellen, von dem aus die Dinge in Griechenland richtig gesehen und beurtheilt werden können**; denn man muß da gewesen sein, um die Widersprüche zu erklären, die wirklich vorhanden sind, dem Fernen ein Räthsel, dessen Lösung Kenntniß der Oertlichkeiten und Personen und des politischen und moralischen Zustandes der Nation bedingt, **denn bis jetzt ist nicht ein Hellas**, wohl aber ein tolles Conglomerat von Morea, Rumelien, Hydra, Spezzia, Ipsala &c. [und unter diesen wieder lokale, Familien- und persönliche Interessen ins Endlose und schädlicher Einfluß von Außen. Aber das Volk wird bestehen und gut und glücklich werden, wenn man es gewähren läßt und eine feste, redliche Hand am Steuer steht. Doch ist kaum Tugend genug im Lande, um als Freistaat kräftig und glücklich zu sein. Ein Fürst ist nöthig, dessen Erhabenheit dem Ehrgeize der Einzelnen imponirt und dessen Macht die etwaigen Anmaßungen der Primas niederhält. Das Volk, d. h. Bürger und Bauer, wünscht Ruhe, Sicherheit der

Person und des Eigenthums, Gleichheit vor dem Gesetze; es wird jede Regierung kräftigst unterstützen, die ihm diese Güter schafft. Der Beweis davon liegt in dem Resultat der jüngsten Nationalversammlung. Die Sehnsucht nach solchem Zustande ist so naturgemäß, wie der Trieb des Kindes nach der Brust der Mutter; den braucht keine Intrigue zu wecken; man soll sie nur frei schalten lassen, ein so kluges Volk wie das der Hellenen, wenn auch ohne Bildung, weiß, was ihm frommt."

Zu Seite 164. In einem Brief an Eduard v. Schenk (Athen, 31. Dezember 1835) sind diese griechischen Reiseeindrücke geschildert: „Werther Schenk! In München, in Bayern überhaupt mangelt mir fast immer die Zeit, Ihuen eigenhändig schreiben zu können, der ich, hier Muße dazu habend, einige Zeilen an Sie richten will, bevor der nun täglich von München erwartete Curier mich in Geschäfte hineinversetzt. — Meinen Sohn Otto faud ich sehr wohl aussehend, an Körper etwas, an den Wangen viel stärker geworden, in bester Gesundheit und in ihm dasselbe kindliche Gemüth gegen mich, das er im Vaterhaus hatte. Er ist fast so groß wie ich. — Von Athen's Alterthümern ward im letzten Kriege keines zerstört, z. Th. nur das Erechtheum auf der Akropolis, wo Alterthümer und sie nicht allein mehr oder minder beschädigt wurden. Wenige Häuser der Stadt, sogar wenige Bäume der vielen Gärten, welche sie früher enthielt, sind verschont geblieben, im Zernichten sind die Türken Meister. Auffallend schnell erhebt sie sich wieder. Hat man Ursache, mit der quantitaet der Häuser zufrieden zu seyn, so sieht es dagegen ganz anders aus, was die qualitaet betrifft. Athen bietet jetzt einen ganz eignen Anblick dar. Europäer fast jeden Landes, Teutsche fast jeden Stammes, Bayern jeden Kreises sind da neben einander, nebst Amerikanern, Türken und Mohren und den Griechen, dabey giebt's Kamelle und Palmen (einige wenige sind übrig). In der Hermesstraße (die Hauptstraße), welche, von Pflaster keine Rede, ärger als ein Feldweg, nicht geebnet, durchrissen, finden Sie ein Gasthaus, auf dessen Schild die Aufschrift in Griechischer, Teutscher und Französischer Sprache ist: Magazin von Frank und Bernau aus München. So vieles, und nun gar mich bey meinem Sohne wohnend, was in die Heimath versetzt, und dann wieder eine ganz fremde Welt und in ihr Trümmer der griechischen und römischen, es ist etwas Einziges! — Wie Raphaels Gemälde, je mehr sie betrachtet werden, desto mehr gefallen, so des Parthenons Vorderseite, vor der ich anstaunend stehe, schon aus meinen Fenstern sehe ich es und den Theseustempel. Zuweilen friert's in der Nacht, aber wir genießen auch die schönsten Frühlingstage, wie der gestrige und vorgestrige. Schwitzend, obgleich nur einen Gehrock anhabend, kam ich vom Spaziergang zurück. Blumen blühen in freyer Erde unter freyem Himmel und erst seit einigen Tagen sehe ich kein grünes Weinlaub mehr im Rebengarten vor unserer Wohnung. Wind weht hier fast immer.

Das griechische Volk gewann sehr in meiner Meinung, seit ich mich unter demselben befinde. Das Griechenland, wie es wirklich, ist sehr verschieden von dem, wie es die Allgemeine Zeitung bis jetzt dargestellt; auch weder nach der Smyrnaer, noch nach hiesigen Zeitungen darf geurtheilt werden. Die Finanzen, kein Zweck, aber Grundlage des Staatsgebäudes, sind geordnet. Freundliches Ihrer Gemahlin und Regensburgs würdigem Bischof von dem Ihnen wohlgewogenen Ludwig."

Zu Seite 165. Fallmerayer, damals Lycealprofessor in Landshut, übersandte seine Geschichte der Halbinsel Morea, sowie die Geschichte des Kaiserthums Trapezunt (10. Nov. 1830) an den König In dem Begleitschreiben heißt es: „Von den beiden Druckschriften, die der unterthänigst Unterzeichnete Ew. Majestät in der Anlage übersendet, enthält die größere eine von der k. dänischen Akademie der Wiss. zu Kopenhagen cum eminentia gekrönte Preisschrift über das Kaiserthum Trapezunt, dereu Inhalt dem Verfasser in englischen, französischen, deutschen und skandinavischen Literaturblättern nicht gemeines Lob, in Bayern aber die Aufnahme in die Akademie der Wissenschaften erworben hat.

Die kleinere ist der erste Theil einer Untersuchung über ein Land, an dessen Schicksalen kein König der Christenheit innigeren Antheil nimmt, als Ew. Majestät. Beide Schriften zusammen, die Frucht langer Studien, sollen den Beweis liefern,

1) daß der Verfasser zu Landshut nicht müßig lebt,

2) daß er in seinem Fache kein Neuling ist und

3) daß er zum literarischen Ruhme des bayerschen Volkes etwas beizutragen vermag."

Im Sommer des nächsten Jahres bat er um Urlaub und Unterstützung zu einer Reise nach Griechenland, „da es sich um die Enthüllung der Schicksale eines Volkes handelt, dessen Thaten und Leiden unter allen Königen der Christenheit zuerst in den hohen Gesinnungen Ew. K. Majestät einen Anklang gefunden haben." Ein einjähriger Urlaub wurde bewilligt, ebenso die Verlängerung auf ein weiteres Jahr, doch bemerkte der König dazu: „Fallmerayer zugleich zu verweisen, daß er, obgleich sein Urlaub nur nach Italien und Griechenland lautete, nach Aegypten ohne Erlaubniß gereist sey." 1834 beantragte die Regierung des Isarkreises, „daß es bei den bekannten besonders in religiöser Hinsicht für das Lehrfach nicht geeigneten Gesinnungen des Professor Fallmerayer sehr wünschenswerth wäre, daß derselbe vom Lehramt fern gehalten und auf eine andere seinen ausgezeichneten Kenntnissen und umfassenden Gelehrsamkeit angemessenen Weise bei einer Bibliothek oder sonstigen literarischen Anstalt verwendet werde." Als Fallmerayer in die Heimat zurückkehrte, (er überschritt den Urlaub um ein Jahr) war über seine Stelle verfügt. Er wandte sich deshalb (30. Nov. 1834) an Ludwig mit der Bitte um „Ertheilung irgend einer nützlichen und angemessenen literarischen Beschäftigung" und bemerkt dabei: „Ein Ausfluß der königlichen Gnade, dieser unversiegbaren Quelle der Glückseligkeit, hatte ihm (dem Unterzeichneten) die Mittel gebracht, neben Italien und dem neu aufblühenden Griechischen Reiche die schönsten Länder des Orients zu sehen und durch einen Jahre lang dauernden Aufenthalt daselbst seinem eigenen Bildungsgange neue Schwungkraft einzuhauchen. Nicht nur hat er Materialien für manche literarische Arbeit gesammelt, wichtiger noch und segensreicher muß die Wirkung bleiben, welche der Anblick und das Spiel eines so vielfach bewegten und gegliederten Völkerlebens, die Beobachtung und Vergleichung der Sitten, der öffentlichen Moral und des Maaßes bürgerlicher Glückseligkeit im Gemüthe des Wanderers hervorgebracht haben. Oder hat man nicht von jeher die Reisen in entfernte Himmelsstriche und zu auswärtigen Nationen als die große Weltschule betrachtet, in welcher das Einseitige der Schultheorien und das Mangelhafte der Büchergelehrsamkeit ergänzt, gesichtet, abgeschleift, auf seinen wahren Gehalt zurückgeführt, und schiefe politische Ansichten häufig auf jene Grundlagen zurückgebracht werden, die sich im Drange der Zeiten von jeher als die allein heilsamen und erhaltenden bewährt haben. In vielfacher Beziehung gleichsam umgewandelt und neu gekräftigt, an Erfahrung reicher und weniger verblendet von Trugbildern falscher Glückseligkeit ist derselbe nach einer dreyjährigen Wanderschaft wieder in das Abendland zurückgekommen, um auf seiner vorigen Stelle als Lehrer am königlichen Lyceum in Landshut die unterbrochene Arbeit wieder aufzunehmen." Trotz der Betonung der Umkehr „auf jene Grundlagen, die sich im Drange der Zeiten als die allein heilsamen und erhaltenden bewährt haben", wurde F. nicht reaktivirt, bezog jedoch sein Gehalt fort. Die Verwerthung der „gesammelten Materialien" war nicht nach Ludwig's Sinn. Als F. 1845, „um statt unbedingt dem Rufe eines neuen Brodherrn (nach Freiburg) nachzuziehen, lieber unter der ruhm- und glanzvollen Herrschaft Ew. Majestät noch ferner fortzuleben", um Erhöhung seines Gehalts aus den Fonds der Akademie nachsuchte, signirte Ludwig (20. Mai 1845): „Nach der von mir getroffenen, seit einer Reihe von Jahren getroffenen Verfügung werden keine neuen Besoldungen an der Akademie der Wissenschaften ertheilt, wodurch die Nichtgewährung dieses Gesuches ausgesprochen ist. Ich will Professor Fallmerayer, dessen ausgezeichnete Gelehrsamkeit mir bekannt ist, nicht hinderlich seyn an der Annahme einer Professur in Freyburg." Nach dem Umschwunge der inneren Politik Bayern's wurde jedoch endlich (durch Signat vom 23. Februar 1848) der vorzüglichste bayerische Historiker an die Münchener Universität berufen.

Zu Seite 165. Die Darstellungen aus dem griechischen Befreiungskampfe sind von Peter Heß entworfen und von Nilson al fresco ausgeführt.

Zu Seite 175. Ueber seine Stellung zum Landtag schreibt Ludwig (13. Sept. 1837) an den Regierungspräsidenten v. Schenk: „Goldene Worte sind's: „„Jetzt ist's noch Zeit, — jetzt oder vielleicht niemals mehr kann von früheren nicht verfaßungsmäßigen Beschlüßen oder Zugeständnissen wieder eingelenkt und das Recht der Krone gerettet werden, ehe seine Schmählerung zur Observanz wird."" Ich hoffe, daß dieses von der Kammer der Reichsräthe geschieht, und sollte, was traurig wäre, sie's nicht, so hat der König vor, allein in die Schranken zu treten. Wie die Felswände an dem See ragen, unerschütterlich, so bin ich."

Zu Seite 224. Es wurde wiederholt darauf hingewiesen, daß bei Verwendung der Staatseinnahmen, wenn man den heute zur Geltung gekommenen konstitutionellen Maßstab anlegt, Ungebührlichkeiten zu Tage traten, es sei nur an das Darlehen für Griechenland erinnert. Dagegen läßt sich die unausgesetzte Sorge für Ordnung des Staatshaushalts und Hebung des Finanzstandes nicht verkennen. Unter dem Ministerium Montgelas wurden zwar Anstalten zur Tilgung der verhältnißmäßig sehr großen Schuldenlast getroffen, man kam aber nicht über verdienstvolle Anfänge hinaus, die Ungewißheit der Größe der Verbindlichkeiten hinderte einen günstigeren Fortgang ebenso wie die widrigen Zeitverhältnisse. Eine feste Grundlage sowohl für Herstellung des Gleichgewichts zwischen den laufenden Einnahmen und Ausgaben als auch für allmälige Ablösung der Schuldenlast wurde erst geschaffen durch die von der Volksvertretung übernommene Garantie aller Staatsschulden und die eingeführten Controlmaßregeln bezüglich der Verwaltung derselben. Dessenungeachtet entzifferte, wie wir Stockar's statistischen Belegen entnehmen, die Staatsschuld am 1. Oktober 1824 eine Steigerung gegenüber dem Stande von 1819, indem die Gesammtziffer mit 110 Millionen abschloß. Auch der Abschluß für die zweite Finanzperiode weist in Folge der Unterstützung der Pensionsamortisations-Kasse, der Realisirung der Creditvoten &c. eine Erhöhung auf 132 Millionen auf. Die glücklichen Operationen der Staatsschuldentilgungs-Anstalt hatten aber so günstigen Erfolg, daß selbst die 3½%igen Staatspapiere während der nächsten Finanzperioden meistens über al pari standen. Am Ende der dritten Finanzperiode belief sich der Gesammtschuldenstand nur noch auf 128, am Schluß der vierten Periode auf 127 und zur Zeit der Thronentsagung Ludwig's trotz großer Ausgaben auf Festungsbauten, Anlage des Ludwigskanals &c. auf 126 Millionen. Der strengste Kritiker der Regierungsmaßregeln Ludwig's, der ehemalige Minister Graf

Montgelas, sagt (24. Juli 1837) in einem Briefe an Frau v. Zerzog: „Trotz großer Kosten für das Bauwesen wird an dem sparsamen Regierungssystem, das hie und da fast sogar an Härte streift, konsequent festgehalten, so daß ohne wenigstens direkt neue Opfer von den Steuerpflichtigen zu fordern, die Kassen immer gefüllt sind und daß man, ohne zu schmeicheln, sagen kann: Die Finanzverwaltung ist unseres Staates glänzendste Seite."

Zu Seite 234. Fürst Wallerstein charakterisirt die kirchlichen Zustände unter Abel folgendermaßen: „Was mußten wir nicht seit 1837 erleben? Wir haben in mehr denn einer Diöcese düstren Sinn an der Stelle früherer Glaubensfreudigkeit; junge Priester ascetischen Gepräges, fernstehend den Herzen ihrer Heerden, mehr Verdammniß drohend als Rath gebend, als kräftigend und mild ins Leben greifend; Schullehrerseminaristen gleichen Geistes; Controverspredigten, gemacht, die heftigsten Leidenschaften anzufachen, und eine vorgerückt katholische Parthei, gebildet aus vier Kategorien, aus Leuten tiefer Ueberzeugung, geehrt von Jedermann, aus Personen, welche sich die Richtung aufgeimpft, ohne eben von ihr durchdrungen zu sein, aus solchen, denen katholischer Formalism als der beste Regierungsbehelf, als das sicherste Mittel gilt, die geringeren Klassen fügsam zu erhalten, und deren Rigorismus häufig eben nicht in despotische Strenge gegen die eigenen Sitten ausartet; aus einer Unzahl von Leuten endlich, die ohne alles innere Gefühl der vermeintlichen Regierungstendenz huldigen als einer Quelle der Gunst und der Beförderung, bereit, das erborgte Gewand bei dem ersten Windwechsel meilenweit von sich zu schleudern....

Sind gewisse Zustände in Bayern zu beklagen, so kommen sie nicht aus der höchsten Region. Obwohl dieser nicht mehr so nahestehend als früher, weiß ich doch gewiß, daß das gekrönte Centrum der Gewalt in unsrem Staate Kopfhängerei und Jesuitism nie wollte und nicht will. Ich weiß, daß dort gleicher Schutz allen Bekenntnissen zugedacht, daß dort der gute freundlich Andersglaubende mit christlicher Liebe beurtheilende und behandelnde Katholizism Zweck und Ideal ist."

Zu Seite 243. Im Jahr 1828 bemühte sich Spontini, der sich von Seite des Berliner Publikums zurückgesetzt glaubte, die Stelle eines Dirigenten der Münchener Oper zu erhalten, und bot dem

Könige von Bayern in einem Briefe seine Dienste an. Zugleich übersandte er die Partitur der „Olympia", die zuerst unter seiner Direktion in München aufgeführt werden sollte. Ein Gutachten des Intendanten des k. Hoftheaters, Freiherrn v. Poißl, sprach sich jedoch gegen eine solche Berufung aus. Gegen Spontini's Talent und Kenntnisse sei zwar kein Einwand zu erheben, aber es sei auch erforderlich, daß der Dirigent „ein billig denkender und besonnener Mann sei, welcher die bestehenden Verhältnisse zu beachten und sich mit jener bescheidenen Rücksicht auf dieselben zu benehmen wisse, welche nothwendig ist, wenn Ew. Königlichen Majestät ein für allemal bestehende Anordnungen in Bezug auf den Gang des Instituts vollzogen, den Verpflichtungen gegen die Abonnenten Genüge geleistet und einem neu einzustudierenden Werke zu Liebe nicht alles übrige vernachlässigt und momentan gelähmt werden soll." Spontini nun werde der Ruf dieser Eigenschaften nirgendwo zugestanden, „vielmehr besteht die allgemeine Klage gegen ihn, daß ihm nicht leicht eine Darstellung seiner Werke prächtig und großartig genug gemacht werden könne, und daß er gewohnt sei, durchaus nicht die mindeste Rücksicht auf anderweitige Verhältnisse zu nehmen, ja vielmehr zu fordern, daß da, wo er wirke (sei es für immer oder nur momentan) alles Uebrige ins Dunkel trete und nur er und sein Werk glänze." (31. März 1828.) Ludwig lehnte deshalb dankend das Anerbieten des Komponisten ab.

Zu Seite 270. Eine 1847 bei Hoffmann & Campe erschienene Schrift „Lola Montez und die Jesuiten" von Paul Erdmann feiert enthusiastisch die spanische Abenteurerin, die der liberalen Richtung in Bayern den Sieg, dem Protestantismus die Freiheit wiedererrungen habe. Sie beginnt mit einem „Prolog über die Sittlichkeit": „Die Welt ist noch keineswegs darüber im Reinen, was denn eigentlich Sittlichkeit sei" u. s. f. Die Frivolität des ganzen Machwerks berührt noch unangenehmer als die Brutalitäten Venedey's u. A.

Da die Angabe, daß unter dem Namen Erdmann der 1847 zum Justizminister erhobene Staatsrath v. Maurer verborgen sei, immer wieder in geschichtlichen Darstellungen jener Periode auftaucht, so glauben wir den Manen eines verdienstvollen Ehrenmannes die Mittheilung zu schulden, daß Maurer selbst uns auf Ehrenwort versicherte, zu der fraglichen Broschüre in keinerlei Beziehung gestanden zu haben. Für Diejenigen, welche die Schrift gelesen und Staatsrath v. Maurer gekannt haben, konnte darüber ohnehin kein Zweifel möglich sein.

Zu Seite 277. Nach den Münchner Ereignissen begab sich Lola Montez in die Schweiz, kehrte aber nach kurzem Aufenthalt nach England zurück, wo sie sich mit einem Offizier Namens Heald verheirathete. Von König Ludwig wurde ihr reiche Unterstützung zu Theil, bis er durch Erpressungsversuche, indem die Dame mit Verkauf der Briefe des Königs drohte, über ihren wahren Charakter vollends aufgeklärt wurde. Im Pariser Journal Le Pays veröffentlichte sie ihre Memoiren, die jedoch in Bezug auf die Münchner Erlebnisse nicht viel Neues enthielten; auch gefälschte Memoiren erschienen unter ihrem Namen. Von Heald geschieden, begab sie sich 1852 nach Nordamerika, wo sie als Schauspielerin und Tänzerin ihr abenteuerliches Leben fortsetzte. Die Münchner Ereignisse wurden unter ihrer Mitwirkung zu einem Spektakelstück verarbeitet, das mit einer brillanten Feuerwerkscene, der glücklichen Flucht Lola's aus dem brennenden Palast, schloß. Der Humbug erregte namentlich in Kalifornien ungeheures Aufsehen, eine Reihe kecker Streiche gewann ihr großen Anhang; in einigen Orten, wo die katholische Bevölkerung gegen sie aufgewiegelt war, kam es ihretwegen zu förmlichen Straßenkämpfen. Wiederholt verheirathet trennte sie sich immer wieder bald von ihren Gatten, da sie nicht die Kraft hatte, ihrem Hang nach Abwechslung und Abenteuern zu entsagen. Als die theatralischen Vorstellungen an Anziehungskraft verloren, ergriff sie ein neues Fach, sie hielt über social-politische Fragen öffentliche Vorlesungen, die in Amerika und Australien viel Anklang fanden. Sie gab auch mehrere Essay's über die Emanzipation der Frauen, über berühmte Frauen der alten und neuen Geschichte &c. in Druck heraus. In New-York im Juni 1860 wurde sie durch einen Nervenschlag gelähmt; am 17. Jannar 1861 endete ihr bewegtes Leben.

Zu Seite 330. Herr Regierungsrath von Schenk hatte die Güte, mir Einsichtnahme des in seinem Besitz befindlichen Planes des von

Ludwig projektirten Kanals zu gewähren. In der Nähe des englischen Gartens an der Isar sollte ein geräumiger Hafen angelegt werden. Von dort aus sollte der Kanal mit Benützung des Türkengrabens über Feldmoching geleitet werden, bei Hebertshausen über die Amper, bei Aspach über die Glonn gehen, Reichertshausen und Pfaffenhofen berühren, dann eine große Strecke längs der Ilm an Königsfeld und Engelbrechtsmünster vorbeifließen, unweit Ilmendorf über die Ilm setzen und unterhalb Vohburg in die Donau münden.

Die Schwierigkeiten, welche bei Anlage des Ludwigsdonaumain-Kanales hervortraten, und die überaus bedeutenden Kosten, welche bei diesem Unternehmen erwuchsen, hauptsächlich aber die großartigen Fortschritte, welche inzwischen das Eisenbahnwesen machte, ließen von dem Projekte — glücklicher Weise rechtzeitig — abstehen.

# Orts- und Personen-Register.

Lightning Source UK Ltd.
Milton Keynes UK
UKHW020756081118
331957UK00010B/1150/P

9 780267 103331